문제중심

여행사 실무연습

정 찬 종 저

백산출판사

머 리 말

여행업은 관광산업에 있어서 실로 중요한 업종 중의 하나이다. 그러나 이 분야는 기업의 영세성에 기인하여 연구자도 적을 뿐 아니라 관련서적 또한 흔치 않다. 특히 여행업과 관련되어 관광통역안내사나 국외여행인솔자, 또는 국내여행안내사 등 자격시험을 준비하는 사람들조차 시험과목에 여행업무가 포함되어 있지 않은 관계로 여행사의 3대 업무라고 할 수 있는 일정표, 견적서, 여행조건서 등의 작성은 말할 필요도 없고, 열차시각표(Thomas Cook Timetable), 여행정보책자(TIM), 항공여행스케줄(ABC나 OAG)의 판독이나 항공권 판독을 제대로 이해할 수 있는 인재는 거의 양성되지 않은 채 여행사의 취업문을 두드리고 있는 실정이다. 한편으로 여행업계에 다년간 종사하고 있는 사람들 또한 몸으로 부딪히고 경력만이 여행업무를 해결해주는 것으로 알고 있는 경우도 허다하다.

이 책은 본인이 10수년간 여행사에서 직접 체험하고, 교육계에서 학생들을 가르쳐 오면서, 여행사 종사원들이 가장 취약한 분야가 무엇인지를 하나하나 찾아내, 궁극적으로는 여행업무를 수행하는데 길잡이가 되며 나아가 여행관련지식을 심화시켜 여행사의 국가경쟁력을 제고시키고자 하였다.

이 책에서 다루고 있는 내용은 광범위하다. 우선 철도시각표 해독과정에서부터 시작하여 항공시각표 판독요령, 항공여행요금 산출방법, 항공권 판독요령, 지상비용의 계산, 세계 각국의 정치, 역사, 문화, 지리, 종교, 교통 등을 망라하여 여행사의 데스크에서 업무를 담당하는 직원들은 물론 현지안내를 담당하는 국외여행인솔자, 지상수배를 전문적으로 하는 랜드사 직원들이라면 누구나 알고 있지 않으면 안될 내용을 전부 망라하고 있다.

그러므로 이 책은 여행업무와 관련되어 흔히 발생하는 업무가운데 가장 중요한 업무만을 엄선하여 연습문제를 통해 실력을 향상할 수 있도록 엮어진 것이다. 내용적으로는 중국의 「국제가이드」, 대만의 「도유집업증(導誘執業證)」, 싱가포르 및 태국의 「투어가이드」, 영국의 「블루배지(bluebadge)가이드」, 일본의 「종합여행업무취급관리자」자격시험을 참조로 하면서 우리 실정에 맞도록 배려하였다. 아무쪼록 본서를 통해 여행업무의 산 지식을 체득하여 훌륭한 여행사맨이 될 수 있다면 그보다 더 큰 영광은 없을 것이다.

끝으로 이 책의 출판을 흔쾌히 허락해주신 백산출판사 진욱상 사장님을 비롯하여 임직원 모두에게 감사드리는 바이다.

2009년 신정

저자 드림

여·행·사·실·무·연·습 | 차례

【여행사실무문제 1】

【1】 인천국제공항에서 출국자가 내는 공항세와 관광진흥개발기금은 최근 1인당 얼마인가?

① 16,000원　② 17,000원　③ 18,000원　④ 25,000원

【2】 2001년 영종도에 개항한 국내최대의 공항 이름은?

① 인천공항　② 영종공항　③ 세종공항　④ 서울국제공항

【3】 2세 이상 12세 미만의 어린이가 보호자 없이 여행하는 것을 무엇이라고 하는가?

① children　② unaccompanied minor

③ non adult　④ frequent traveler

【4】 무료수하물 허용량은 항공권의 등급에 따라 결정되는 바, 중량제 적용구간의 우등석(business class)의 경우는 _______kg까지 무료로 실을 수 있다.

① 20kg　② 30kg　③ 40kg　④ 50kg

【5】 다음 중 여권대용서류가 아닌 것은?

① 여권　② 비자　③ 여행증명서　④ 선원수첩

【6】 항공사의 비용부담으로 처리되는 STPC의 해당사항이 아닌 것은?

① 항공기의 결항　② 항공기의 접속지연

③ 오버부킹 등 탑승불가　④ 천재 · 지변

【7】 여행사에서 발행하는 항공권 중 대금결제방식이 은행결제를 통해 이루어지는 항공권은?

① BSP항공권　② TAT항공권

③ MIT항공권　④ AST항공권

【8】 다음 각 국가와 통화코드가 일치하지 않는 것은?

① 미국–USD ② 일본–JPY

③ 한국–KRW ④ 영국–UKP

【9】 다음의 도시와 코드가 일치하지 않는 것은?

① 뉴욕–NYC ② 방콕–BKK

③ 서울–SUL ④ 포항–KPO

【10】 일반적으로 통용되고 있는 "Yellow Card"는 무엇을 의미하는가?

① 경고장 ② 검역증명서

③ 세관신고서 ④ 탑승증명서

【11】 외국인이 사증 없이 체류할 수 있는 제도(TWOV) 중 해당사항이 아닌 것은?

① 외교관계가 수립되어 있을 것

② 제3국에의 여행서류를 가지고 있을 것

③ 제3국에로의 항공편이 확약되어 있을 것

④ 여행목적이 관광이어야 할 것

【12】 일괄수속(through checkin)의 조건이 아닌 것은?

① 도착공항과 출발공항이 동일해야 한다

② 동일한 항공사여야 한다

③ 최소한의 연결시간이 확보되어 있어야 한다

④ 연결시간이 최대 24시간 이내여야 한다

【13】 수하물의 종류 중 "Checked Baggage"란 다음 중 어느 것인가?

① 휴대수하물 ② 위탁수하물

③ 동반수하물 ④ 비동반수하물

【14】 다음 중 한국 세관에서 규정한 면세범위를 벗어난 것은?

① 담배 1보루 ② 미화 400달러 이하의 물품

③ 향수 3온스 ④ 술 1병

【15】 항공권은 일반적으로 4쿠폰(coupon)으로 구성된다. 다음 중 항공권쿠폰이 아닌 것은?

① agent coupon ② flight coupon
③ passenger coupon ④ exchange coupon

【16】 다음 중 세관의 반·출입 금지품목이 아닌 것은?

① 총기·도검·화약류
② 국헌·공안·풍속을 저해하는 물품
③ 정부의 기밀을 누설하는 물품
④ 위조·변조·모조의 화폐, 지폐, 은행권

【17】 우리나라 해외여행자가 소지할 수 있는 외화소지 한도액은?

① 미화 5,000 달러 ② 미화 10,000 달러
③ 미화 15,000 달러 ④ 미화 20,000 달러

【18】 항공여행시 특수한 취급을 요하지 않는 사람은 다음 중 어느 것인가?

① 맹인 ② 임산부
③ 전과자 ④ 알콜중독자

【19】 다음 중 한국의 공항에서 공항세를 면제받을 수 없는 사람은?

① 외교관 ② 2세 미만의 유아
③ 당일통과여객 ④ 국제올림픽위원회 위원

【20】 다음 중 우리나라 병무해당자는 어떤 사람인가?

① 20세 이하의 남자 ② 18세~30세 미만의 남자
③ 25세~30세 미만의 남자 ④ 30세 이상의 남자

【21】 여행업무와 관련하여 정부부처의 연결이 옳지 않는 것은?

① 사증-법무부 ② 사증면제협정-외교통상부
③ 세관-관세청 ④ 항공항로건설-건설교통부

【22】 관광객의 국외여행시 전(全)일정 동안 동반하여 인솔하는 사람은?

① Tour Conductor
② Tour Guide
③ Receptionist
④ Local Guide

【23】 다음 설명문에 해당하는 여행의 종류는?

> **보 기**
> 여행사의 기획에 의해 여행일정, 요금, 제공받을 여행서비스의 내용 등을 미리 정해놓고 불특정 다수를 모집하여 실시하는 여행

① 공최여행
② 주최여행
③ 선택여행
④ 주문여행

【24】 국외여행업자에게 선전하는 판촉홍보물 중 매월 1회 이상 부정기적으로 발행하는 판매촉진을 위한 선전 · 홍보물을 무엇이라 하는가?

① Bulletin
② Confidential Tariff
③ TIM
④ Tour Brochure

【25】 우리나라 여권법상 부모의 여권에 병기할 수 있는 동반자녀의 연령은?

① 18세 미만
② 15세 미만
③ 10세 미만
④ 8세 미만

【여행사실무문제 2】

【1】 우리나라에서 해외여행이 완전히 자유화된 연도는?

① 1985　② 1988　③ 1989　④ 1995

【2】 여행사의 아버지로 불리는 영국의 토마스쿡 여행사의 설립연도는?

① 1785　② 1841　③ 1880　④ 1901

【3】 여행사의 경영적 특성이 아닌 것은?

① 고정자본에 대한 투자가 크다　② 계절성이 강하다
③ 사무실의 입지의존도가 크다　④ 인적 의존도가 강하다

【4】 다음 중 여행사의 수배업무에 해당되는 것은?

① 여행상품의 판매　② 관련업체(Principal)의 예약
③ 여권 및 사증의 발급대행　④ 여행안내

【5】 내국인이 국외여행을 할 때 사증(비자)을 발급해 주는 곳은?

① 외교통상부　② 법무부
③ 문화관광부　④ 주한 외국 대 · 영사관

【6】 다음에 설명하는 여행의 전문용어를 보기에서 찾아 그 기호를 써 넣어라.

① 단체할인의 순회여행　(　　　)
② 탐험 · 조사 · 원정여행　(　　　)
③ 비정기노선의 선박유람여행　(　　　)
④ 해로 또는 공로의 긴 여행　(　　　)
⑤ 공공경비로 하는 호화여행　(　　　)

보 기

ⓐ Excursion　ⓑ Cruise　ⓒ Junket　ⓓ Voyage　ⓔ Expedition

【7】 여행권(旅行權)을 주장할 수 있는 우리 헌법의 여러 조항과 관계없는 것은?

① 행복추구권 ② 거주이전의 자유 ③ 신체의 자유
④ 상호불가침권 ⑤ 인간다운 생활을 할 권리

【8】 여행권의 특성과 관계가 없는 것은?

① 평화성 ② 제한성 ③ 행복추구성
④ 평등성 ⑤ 불가침성

【9】 여행에 있어서의 권리의 제한과 관련이 없는 것은?

① 출입국제한 ② 여권발급제한 ③ 여권수속의 제한
④ 외화소지금액의 제한 ⑤ 해외이주의 제한

【10】 여행업이란 "여행자와 여행관련기업(기관) 사이에서 예약, 수배, (   ), 이용, 알선 등의 여행서비스를 제공하고 그 대가를 받는 사업"이다.

① 계약 ② 대리 ③ 영업 ④ 판매 ⑤ 중개

【11】 다음 설명에 적합한 여행의 종류를 보기에서 골라 그 기호를 써 넣어라.

① 관광지 이동은 고객자신이 하면서 안내만 받는 여행 (   )
② 여행사의 독자적 기획상품을 일반모집하는 여행 (   )
③ 여행기본상품만 제공하고 나머지는 본인 스스로 해결하는 여행 (   )
④ 동일기간, 동일목적, 동일형태의 여행을 정기적으로 실시하는 여행 (   )
⑤ 실적을 증진시키고자 일정 목표를 달성하면 초대하여 실시하는 여행 (   )
⑥ 항공사가 가맹대리점을 초대하여 실시하는 여행 (   )
⑦ 내국인의 국외여행 (   )
⑧ 외국인의 국내여행 (   )
⑨ 내국인의 국내여행 (   )
⑩ 국제회의 참가자를 대상으로 실시하는 여행 (   )

보 기

ⓐ inbound tour ⓑ convention tour ⓒ interline tour ⓓ domestic tour
ⓔ outbound tour ⓕ series tour ⓖ Inclusive Independent Tour
ⓗ incentive tour ⓘ half made tour ⓙ package tour

【12】 Inplant Travel Agency란?

① 수출전문여행사 ② 부설여행사 ③ 항공전문여행사
④ 답사전문여행사 ⑤ 공항전문여행사

【13】 다음은 세계의 유명여행사와 그 여행사가 속한 국가를 연결한 것이다. 연결이 잘못된 것은?

① JTB ↔ 일본 ② AMEX ↔ 미국
③ Thomas Cook ↔ 영국 ④ Wagonlits ↔ 프랑스
⑤ Carson ↔ 독일

【14】 다음 중 여행사의 기본적 기능이 아닌 것은?

① 알선기능 ② 수속대행기능 ③ 발권기능
④ 정산기능 ⑤ 영사기능

【15】 여행자 입장에서 본 여행사의 4가지 특성이 아닌 것은?

① 염가 ② 정보판단력 ③ 시간절약
④ 여행상품배달 ⑤ 신용

【16】 여행상품의 유통을 기준으로 하여 분류한 여행사의 형태가 아닌 것은?

① 종합형 ② 순도매업자형 ③ 순소매업자형
④ SIT형 ⑤ 출장전문형

【17】 SIT투어란 다음 중 어느 것인가?

① Special Incentive Tour ② Special Interest Tour
③ Single Independent Tour ④ Separate Inclusive Tour
⑤ Special Inclusive Tour

【18】 다음 중 여행의 4요소가 아닌 것은?

① 볼거리(見) ② 먹거리(食) ③ 살거리(買)
④ 탈거리(乘) ⑤ 체험(體驗)

【19】 다음 중 여행사 종사원의 자격명칭이 아닌 것은?

① 관광통역안내사　　② 국외여행인솔자
③ 국내여행안내사　　④ 국내관광안내사

【20】 다음 (　　)안에 적당한 낱말을 보기에서 골라 그 기호를 써 넣어라.

① 프린서펄(principal)의 각종 권류(券類: ticket)를 대리판매하는 것 (　　)
② 여행자와 프린서펄 간의 계약을 체결하도록 도와주는 행위 (　　)
③ 개개의 여행상품을 구매하는 행위 (　　)
④ 하나 이상의 예약행위를 통하여 상품화 작업을 하는 것 (　　)
⑤ 타인이 경영하는 운송기관 및 숙박시설을 이용하여 여행자를 운송시킨다든가 숙박시키는 것 (　　)

보 기

ⓐ 알선(斡旋)　ⓑ 수배(手配)　ⓒ 예약(豫約)　ⓓ 대매(代賣)　ⓔ 이용(利用)

【21】 다음 설명문이 맞으면 ○표, 틀리면 ×표 하라

① Travel Wholesaler란 여행도매상을 말한다. (　　)
② Land Operator란 여행소매상을 지칭하는 용어이다. (　　)
③ IATA란 국제여행업협회이다. (　　)
④ PLP란 여행비용 후불제도를 말한다. (　　)
⑤ TC란 국외여행인솔자를 지칭하는 용어로 사용되고 있다. (　　)
⑥ 21세기는 창조화 사회로서 그 가치는 표준화에 달려 있다. (　　)
⑦ 일촌일품(一村一品)운동이란 한 마을에 한 가지씩 상품을 특성화하자는 것이다. (　　)
⑧ 여행의 3안(三安)이란 안전, 안심, 안락한 여행을 하자는 것이다. (　　)
⑨ 우리나라에서 가장 오래된 여행사는 대한여행사이다. (　　)
⑩ 커미션(commission)이란 여행사끼리 주고받는 송금수단을 말한다. (　　)

【22】 여행상품의 특성이 아닌 것은?

① 무형성　② 동시성　③ 이질성　④ 영구성　⑤ 계절성

【23】 여행상품의 구성요소가 아닌 것은?

① 교통수단　② 숙박기관　③ 음식
④ 날씨　⑤ 쇼핑

【24】 여행상품의 설명에 해당하는 것을 보기에서 골라 그 기호를 써 넣어라.

① 기업이나 법인, 협회 각종 단체 등을 모체로 하여 조직된 단체여행. (　　)
② 개인이 여행을 기획하고 현지에서의 행동도 개인단위가 되는 여행상품이다. (　　)
③ 여행목적이 아닌 회원조직 · 단체를 모체로 한 단체조직형 여행상품. (　　)
④ 시장조사나 공장방문(technical visit)을 목적으로 한 여행상품. (　　)
⑤ 여행사가 설정한 여행에 개인(혹은 소수인원)으로 참가하는 단체여행상품. (　　)
⑥ 포괄여행상품(package travel) 가운데 영업소나 지점에 건네진 상품. (　　)
⑦ 복수의 목적지를 순회하는 여행상품. (　　)
⑧ 잘 알려지지 않은 곳을 여행하는 상품. (　　)
⑨ 여행사가 미리 정한 여행일정에 따라 운송, 숙박 등의 여행서비스를 여행자가 받아들이는 여행상품. (　　)
⑩ 출발국 또는 도착국 중 어느 쪽에 항공여정이 아닌 불연속 여행으로서 가위벌린 여행 또는 영어로는 Open Jaw여행이라고 불리는 여행상품. (　　)

보 기

ⓐ 개인참가형 상품　ⓑ 단체기획 상품　ⓒ 설형여행 상품
ⓓ 어피니티(affinity)형 상품　ⓔ 주유형 상품　ⓕ FIT형 상품
ⓖ 시찰여행 상품　ⓗ 주최여행 상품　ⓘ 단체조직형 상품
ⓙ Off The Beaten Track형 상품

【여행사실무문제 3】

【1】 다음 설명문에 해당하는 것을 보기에서 골라 그 기호를 써 넣어라.

① 여행을 고무하는 단체 및 모임이나 회의기획자, 호텔대리상, 항공사의 가맹여행사 대리상, 여행에 집행력이 있는 협회나 단체, 법인여행사무소, 여행상담역 등 여행상품의 유통중재자. ( )

② 국내의 여행사로부터 여행업무 중 현지수배부문만을 위탁받아 이를 전문적으로 수행하고 있는 업자. ( )

③ 최종 소비자에 대한 직접 판매활동을 하는 것을 주요 업무로 하는 업자. ( )

④ 판매는 일절 하지 않고 상품생산에만 전념하는 여행사. ( )

⑤ 상품생산과 판매를 동시에 겸하고 있는 여행사. ( )

보 기

ⓐ 순여행도매업자　ⓑ 종합형여행도매업자　ⓒ 여행소매업자
ⓓ 특별유통경로자　ⓔ 지상수배업자

【2】 다음 여행상품의 판매방법을 설명한 것이다. 보기에서 정답을 골라 그 기호를 써 넣어라.

① 표적여행자에 대면하여 의사소통(communication)을 하고 여행자의 욕구를 충분히 인식시킬만한 상품 및 서비스를 제공하는 것으로 일명 판매원 판매라고도 한다. ( )

② 4대 미디어를 비롯하여 다중(多衆)을 대상으로 하는 판매방법. ( )

③ 현물(現物)을 상대에게 설명하여 상품을 구입케 하는 방법. ( )

④ 직접 우편이나 전화에 의한 대상한정 판매방법. ( )

⑤ 피아르(PR) 홍보 등 사회적 신뢰획득을 목적으로 한 판매방법. ( )

보 기

ⓐ 정시판매　ⓑ 대중매체판매　ⓒ 개인매체판매
ⓓ 인적판매　ⓔ 공중관계판매

【3】 다음은 여행사의 조직편성의 예를 든 것이다. 어느 부서에 해당하는지 보기에서 정답을 골라 (　　)안에 그 기호를 써 넣어라.

① 손익분석(　　)　② 행사보조(　　)　③ 여행소재의 구매(　　)
④ 항공권발급(　　)　⑤ 여행비용계산(　　)　⑥ 쇼핑안내(　　)
⑦ 여행상품기획(　　)　⑧ 여행장부의 정리(　　)

보 기			
ⓐ 서무회계과	ⓑ 영업기획과	ⓒ 수배과	ⓓ 발권과
ⓔ 판매과	ⓕ 영업과	ⓖ 안내과	ⓗ 정산과

【4】 여행사에서 사용하고 있는 용어 중 Repeater란 어떤 사람인가?

① 단체를 소개하는 사람　② 재방문자
③ 단체에서 이탈하는 사람　④ 개인적으로 단체에 합류하는 사람
⑤ 항공사직원

【5】 여행사에서 사용하고 있는 용어 중 Deviator란 어떤 사람인가?

① 단체를 소개하는 사람　② 재방문자
③ 단체에서 이탈하는 사람　④ 개인적으로 단체에 합류하는 사람
⑤ 항공사직원

【6】 여행사에서 사용하고 있는 용어 중 Complimentary란 어떤 의미인가?

① 초대인원　② 무료인원　③ 정산인원
④ 추가인원　⑤ 차감인원

【7】 여행사에서 사용하고 있는 용어 중 Invoice란 어떤 의미인가?

① 지불청구서　② 비용계산서　③ 행사전도금
④ 안내원배정표　⑤ 단체예약표

【8】 여행사에서 사용하고 있는 용어 중 OAG란 어떤 의미인가?

① 여행사안내서　② 항공여행관련안내서　③ 선박여행관련안내서
④ 여행지도관련안내서　⑤ 관광자원관련안내서

【9】 여행사에서 사용하고 있는 용어 중 TIM이란 어떤 의미인가?

① 여행정보관련안내서 ② 항공여행관련안내서
③ 선박여행관련안내서 ④ 여행지도관련안내서
⑤ 관광자원관련안내서

【10】 여행사에서 사용하고 있는 용어 중 TWOV란 어떤 의미인가?

① 국제관광기구 ② 세계관광기구 ③ 무사증체류
④ 여행업협회 ⑤ 한국관광공사

【11】 다음 중 여정관리자(tour conductor)의 5S 덕목이 아닌 것은?

① 성실 ② 명랑 ③ 신속 ④ 청결 ⑤ 확실

【12】 다음 중 여행업의 경영지침이 아닌 것은?

① 고객창조 ② 비전확립 ③ 사회적 책임 ④ 저가판매 ⑤ 이윤추구

【13】 다음 중 여행사의 기본 수입원이 아닌 것은?

① 항공권의 대매수수료 ② 여권 · 비자 등 수속대행수수료
③ 숙박업체알선수수료 ④ 관광시설 입장료수수료
⑤ 쇼핑수수료

【14】 여행사에서 사용하고 있는 용어 중 Land Fee란 어떤 의미인가?

① 땅값 ② 지상비 ③ 교통비 ④ 숙박비 ⑤ 항공료

【15】 관광통역안내원의 면접시험내용과 관계가 없는 것은?

① 복장과 과거의 여행경험 ② 전문지식과 응용능력
③ 의사발표의 정확성과 논리성 ④ 해당외국어의 회화능력 및 듣기평가
⑤ 국가관 · 사명감 등 정신자세

【16】 다음 중 관광통역안내원의 시험과목이 아닌 것은?

① 여행사경영론, ② 관광법규 ③ 국사
④ 관광사업개론 ⑤ 해당외국어

【17】 여행사에서 사용하고 있는 용어 중 FAM Tour란 어떤 의미인가?

① Family Tour ② Farm Tour ③ Famed Tour
④ Famine Tour ⑤ Familiarization tour

【18】 플레이 가이드(play guide)행위란 무엇인가?

① 유사안내행위 ② 입장권만 취급하는 행위 ③ 놀이안내행위
④ 안내원소개행위 ⑤ 운동경기안내행위

【19】 다음 중 여행업자의 의무가 아닌 것은?

① 국외여행인솔자의 자격 ② 여행업종사원의 교육
③ 여행업의 승계신고 · 휴폐업 통보 ④ 보험의 가입
⑤ 기획여행의 신고

【20】 다음 문장에 알맞은 낱말을 보기에서 찾아 ( )안에 그 기호를 써 넣어라.

여행업의 등록에는 일반여행업의 경우 (①)원, 국외여행업의 경우(②)원, 국내여행 업의 경우에는(③)원이다. 또한 여행업자가 가입 또는 예치하고 이를 유지하여야 할 보증보험 등의 가입금액 또는 영업보증금의 예치금액은 일반여행업의 경우 (④)원 이상, 국외여행업의 경우(⑤)원 이상, 국내여행업의 경우 (⑥)원 이상이다. 한편, 기획여행을 실시하고자 하는 자는 위의 규정에도 불구하고 (⑦)원 이상의 보증보험 등에 가입하거나 영업보증금을 예치하고 이를 유지하여야 한다.

보 기

ⓐ 5억 ⓑ 3억5천만 ⓒ 1억 ⓓ 5천만 ⓔ 3천만 ⓕ 2천만

【21】 다음 중 국외여행인솔자의 자격이 아닌 사람은?

① 관광통역안내사자격증을 소지한 자.
② 여행사에서 2년 이상 근무하고 1회 이상 국외여행경험이 있는 자로서 소양교육과정(15 시간 이상)을 이수한 자.
③ 문화관광부장관이 지정한 국외여행인솔자 양성과정(192시간 이상)을 이수한 자.
④ 여행사에서 임원급(이사 이상)으로 재직한 자로서 국외여행인솔경험이 있는 자.

【22】 다음 중 여행약관의 기능이 아닌 것은?

① 여행사간 송금의 간소화
② 여행업경영의 합리화
③ 여행업자의 우월적 지위확보
④ 법률적 분쟁의 예방
⑤ 국제여행거래의 원활화

【23】 다음 중 여행업자의 해제권에 속하지 않는 것은?

① 여행자의 요청이 있는 경우
② 외국여행사의 요청이 있는 경우
③ 불가항력에 의해 여행의 실시가 불가한 경우
④ 최저행사인원에 미달되어 여행자에게 통지한 경우
⑤ 여행자가 여행의 실시를 방해할 경우

【24】 다음 중 여행자의 해제권에 속하지 않는 것은?

① 여행자의 안전과 보호를 위하여 여행자의 요청 또는 현지사정에 의하여 부득이하다고 쌍방이 합의한 경우
② 천재 · 지변, 전란, 정부의 명령, 운송 · 숙박기관 등의 파업 · 휴업 등으로 여행의 목적을 달성할 수 없는 경우
③ 여행자의 직계 존 · 비속이 사망한 경우
④ 여행사의 귀책사유로 계약서에 기재된 여행일정대로의 여행실시가 불가능해진 경우
⑤ 테러사건 등으로 여행자가 심리적으로 위축된 경우

【여행사실무문제 4】

【1】 다음중 일반적인 여행자의 피해구제 기구 또는 단체가 아닌 것은?

① 사업자 ② 소비자단체 ③ 행정기관

④ 소비자보호원 ⑤ 관광노동조합

【2】 관광분야의 소비자피해를 구제하기 위해 설립된 단체 또는 기구가 아닌 것은?

① 관광노동조합 ② 관광불편신고센터

③ 관광불편신고처리위원회 ④ 여행공제조합

【3】 여행사가 주도적으로 여행상품을 만들어 여행자를 모집하는 계약은?

① 수배여행계약 ② 임의여행계약 ③ 주체여행계약

④ 도급계약 ⑤ 독점계약

【4】 여행자의 여행서비스 위탁에 대해 대리, 매매 혹은 위탁매매 등의 형식으로 여행자가 운송, 숙박기관 등이 제공하는 서비스를 제공받을 수 있도록 수배할 것을 책임지는 계약은?

① 수배여행계약 ② 임의여행계약 ③ 주체여행계약

④ 도급계약 ⑤ 독점계약

【5】 여행계약상 여행요금에 일반적으로 포함되는 사항이 아닌 것은?

① 이용운송기관의 운임 ② 음료대 및 주류대

③ 안내자경비 ④ 숙박요금 및 식사요금

⑤ 여행중 필요한 각종 세금 및 수하물 운반요금

【6】 여행사에서 일반적으로 호텔정보를 입수하는 방법이 아닌 것은?

① 호텔예약사무소 ② 현지주재원 ③ 항공사

④ 인터넷 ⑤ 공항직원

【7】 다음 설명 중 맞는 것을 보기에서 골라 ( )안에 그 기호를 써 넣어라.

① 조식은 포함되어 있으나 점심과 저녁 중 선택하는 제도. ( )
② 객실과 식음료를 합하여 계산하는 방식. ( )
③ 1인1실을 말한다. ( )
④ 객실의 형태에 따라 요금을 징수하는 것이 아니라 사전에 예약된 요금을 일률적으로 적용하는 방식. ( )
⑤ 자신의 필요에 의하여 1인 1실로 객실을 사용하는 경우의 용어. ( )
⑥ 독실추가 요금. ( )
⑦ 객실을 실제로 사용하지 않으면서 확보하고 있는 경우의 요금. ( )
⑧ 예약취소료. ( )
⑨ 예약보증금. ( )
⑩ 고객의 의사와 관계없이 1인 1실로 투숙된 경우의 용어. ( )

보 기

ⓐ Semi Pension ⓑ Run of the House Rate ⓒ European Plan
ⓓ Voluntary Single ⓔ Involuntary Single ⓕ Deposit
ⓖ Single Occupancy ⓗ Hold Room Charge ⓘ Cancellation Charge
ⓙ Single Supplement Charge

【8】 다음 중 숙박시설 예약시 일반적인 선정방법이 아닌 것은?

① 위치 ② 교통 ③ 규모 ④ 환경 ⑤ 안전성

【9】 호텔예약시 호텔로부터 예약을 확인해 주는 서류는 다음 중 어느 것인가?

① Confirmation Slip ② Voucher ③ Invoice
④ Itinerary ⑤ Receipt

【10】 다음은 여행자가 호텔내에서 이루어지는 업무관련용어이다. 보기에서 정답을 골라 ( )안에 그 기호를 써 넣어라.

① 귀중품의 도난방지를 위하여 프론트 등에 맡기는 곳. ( )
② 객실의 출입구(door)의 잠금장치. ( )
③ 객실의 위치도. ( )

④ 객실등급의 상향조정. ( )

⑤ 로비에서 고객에 대한 관광안내, 승차선권의 예약 우편물의 집배, 열쇠의 관리 등 서비스를 하는 사람. ( )

보 기

ⓐ Night Latch	ⓑ Up Grading	ⓒ Concierge
ⓓ Layout	ⓔ Safety Deposit Box	

【11】 최초탑승구간 이용항공사란 다음 중 어느 것인가?

① First Carrier
② Initial Carrier
③ Number One Carrier
④ National Carrier
⑤ Flag Carrier

【12】 다음은 유레일 패스(Eurail Pass)에 관한 설명문이다. 보기에서 정답을 골라 ( ) 안에 그 기호를 써 넣어라.

① 유럽 17개국 열차의 1등석을 기간 내에 횟수에 관계없이 탈 수 있는 탑승권. ( )

② 유럽 주요 5개국과 인접 4개국에서 통용되며, 추가국은 최다 2개국까지 지정할 수 있는 탑승권. ( )

③ 유럽 17개국 중 국경 인접 3개국만을 정해진 기간동안 무제한 열차를 이용하는 특별할인 탑승권. ( )

④ 통용기간 중의 중간 휴식은 인정되지 않지만 "며칠간 중 며칠간 통용"이라는 형식으로 이용되는 탑승권. ( )

⑤ 12세~25세(학생이 아니어도 상관없다) 미만의 청소년이 사용하는 탑승권. ( )

보 기

ⓐ Euro Pass	ⓑ Eurail Select Pass	ⓒ Eurail Youth Pass
ⓓ Eurail Flexi Pass	ⓔ Eurail Pass	

【13】 다음 중 유레일 패스 통용 20개국이 아닌 국가는?

① 프랑스 ② 영국 ③ 스위스
④ 독일 ⑤ 이탈리아

【14】 유럽의 열차에서 사용하는 간이침대를 무엇이라고 하나?

① Small Bed ② Couchette ③ Simplicity Bed
④ Easiness Bed ⑤ Handiness Bed

【여행사실무문제 5】

【1】 I ATA란 어떤 기구인가?

① 국제여행업협회 ② 국제관광협회 ③ 국제수송협회
④ 국제호텔협회 ⑤ 국제항공운송협회

【2】 ICAO란 어떤 기구인가?

① 국제민간항공기구 ② 국제카지노협회 ③ 국제인터넷연맹,
④ 국제에어로빅협회 ⑤ 국제크루즈협회

【3】 카지노에서 현금대신 사용하는 플라스틱 머니(money)는 무엇인가?

① Credit Card ② Credit Money ③ Doughnuts
④ Casino Ticket ⑤ Chip

【4】 다음 중 일반적인 면세점의 분류방법이 아닌 것은?

① 공항면세점 ② 항공기내면세점 ③ 페리면세점
④ 군인면세점 ⑤ 공무원면세점

【5】 국제공항에는 외국물품을 외국으로 반출하거나 관세의 면제를 받을 수 있는 자가 사용하는 것을 조건으로 판매하는 구역을 설정하고 있는데 이러한 장소는?

① 보세구역 ② 면제구역 ③ 절세구역
④ 감세구역 ⑤ 관세구역

【6】 다음 중 면세점의 특성이라고 볼 수 없는 것은?

① 지역토산품사업 ② 특허성 사업 ③ 외화획득사업
④ 엄격한 통제사업 ⑤ 여행사의 협조사업

【7】 카지노업소에서 일반적으로 취급하지 않는 게임은?

① 블랙잭 ② 마작 ③ 룰렛 ④ 크랩스 ⑤ 바카라

【8】 여행관련기관 WTO가 의미하는 것은?

① 세계관광기구 ② 세계여행업자연맹 ③ 세계여행업자협회
④ 미주여행업협회 ⑤ 아 · 태관광협회

【9】 여행관련기관 PATA가 의미하는 것은?

① 세계관광기구 ② 세계여행업자연맹 ③ 세계여행업자협회
④ 미주여행업협회 ⑤ 아 · 태관광협회

【10】 여행관련기관 WATA가 의미하는 것은?

① 세계관광기구 ② 세계여행업자연맹 ③ 세계여행업자협회
④ 미주여행업협회 ⑤ 아 · 태관광협회

【11】 여행관련기관 ASTA가 의미하는 것은?

① 세계관광기구 ② 세계여행업자연맹 ③ 세계여행업자협회
④ 미주여행업협회 ⑤ 아 · 태관광협회

【12】 여행관련기관 UFTAA가 의미하는 것은?

① 세계관광기구 ② 세계여행업자연맹 ③ 세계여행업자협회
④ 미주여행업협회 ⑤ 아 · 태관광협회

【13】 다음은 우리나라의 관광관련단체이다. 각 단체들이 하는 일을 보기에서 골라 그 기호를 써 넣어라.

① 관광요원의 양성 및 훈련, 관광통역안내원 및 관광호텔지배인 시험의 관장. ( )
② 관광사업자단체의 권익옹호, 국내여행안내원, 관광호텔종사원시험 관장. ( )
③ 관광분야정책개발, 각종 세미나 및 교육사업. ( )
④ 여행업무의 개선, 건전여행의 발전. ( )
⑤ 관광학의 연구자들의 모임, 논문발표 및 세미나개최. ( )

보 기

ⓐ 한국관광공사(KNTO) ⓑ 한국관광연구원(KTRI) ⓒ 한국관광학회(TOSOK)
ⓓ 한국일반여행업협회(KATA) ⓔ 한국관광협회중앙회(KTA)

【14】 외국인여행업무(inbound)의 흐름순서를 한국 여행업자의 입장에서 보아 바르게 연결한 것은?

① a→b→c→d→e

② e→b→a→c→d

③ a→c→b→d→e

④ b→a→e→d→c

⑤ e→a→b→c→d

보 기		
a. 여행비의 수령	b. 수배완료	c. 필요한 여행서비스제공
d. 정산완료	e. 문의에 대한 회신	

【15】 수배업무 중 ZD(Zero Defect)란 무엇인가?

① 가격인하경쟁　② 예방보전제도

③ 영점대 방어율　④ 수배우선주의

⑤ 수배종사원협회

【16】 여행업무의 용어 중 Technical Visit란 무엇을 의미하나?

① 업무방문　② 기술자들의 방문

③ 산업체취업　④ 실업자구제

⑤ 기능사모임

【17】 여행업무의 용어 중 Boarding Pass란 무엇을 의미하나?

① 항공권　② 철도이용권　③ 식사이용권

④ 탑승권　⑤ 객실이용권

【18】 여행업무의 용어 중 Boarding Gate란 무엇을 의미하나?

① 입구　② 출구　③ 비상구　④ 탑승구

【19】 여행의 종류 중 DIY여행이란 어떤 여행을 의미하나?

① 자유여행　② 선택여행　③ 주문여행　④ 청부여행

【20】 A군과 관계 있는 것을 B군에서 골라 서로 연결하라.

【A군】	【B군】
① 여권	㉮ Visa
② 사증	㉯ MCO
③ 국제공인예방접종증명서	㉰ Yellow Card
④ 여행자수표	㉱ Pasport
⑤ 출입국관리카드	㉲ E/D Card
⑥ 선불항공권통지(선불증)	㉳ TC
⑦ 제비용청구서(지불증)	㉴ PTA

【21】 복지관광(social tourism)을 "시간이 없거나 여행정보에 어두운 소외계층을 여행에 참가시키기 위한 필요한 수속"이라고 정의한 기구는?

① PATA ② ASTA ③ OECD
④ WTO ⑤ KTO

【22】 다음은 여행업과 관련된 중요 선언이다. 보기에서 정답을 골라 그 기호를 ( ) 안에 써넣으시오.

① "모든 사람 특히 근로자는 여가와 휴식의 권리 및 유급휴가로 사용할 수 있는 적당한 시간을 가질 권리가 있다"고 선언하였다. ( )

② 제2차 세계대전 종전 직전인 1945년 7월 26일 독일에서 열린 미국 · 영국 · 중국 3개국 수뇌회담의 결과로 발표된 공동선언. ( )

③ 모는 인구계층에 대한 휴식 및 여가활동의 권리 및 임금노동자에 대한 유급휴가 권리를 주장하였다. ( )

④ 관광은 일부 특수층의 전유물이 아니라 만인이 사용할 수 있는 권리라고 선언하였다. ( )

⑤ 관광개발은 지역의 전통보존 및 지역사회에 있어서 생활의 질을 향상시키는 방향으로 추진되어야 한다고 강조하였다. ( )

⑥ 1957년 4월 2일 독일 핵물리학자 18명이 서명 · 발표한 핵병기보유 반대선언. ( )

⑦ "여가는 인간의 기본권이며 그 누구도 피부색, 이데올로기, 성(性), 종교, 인종 및 신체적인 장애 등의 이유로 이 권리를 박탈해서는 안 된다"고 규정하였다. ( )

⑧ 생명공학의 발달에 따라 인간복제의 가능성에 대한 우려가 커지면서 인간의 유전인자를 비윤리적 목적으로 이용하는 것을 막기 위한 국제선언. ( )

⑨ 자연과 관광의 상호의존 측면의 관계에서 "관광발전은 자연보호를 전제해야 한다"고 주장하였다. ( )

⑩ 관광의 자유는 인간의 기본권 차원에서 보호되어야 하며, 국가는 국민의 휴일에 대한 권리를 고려해야 한다. ( )

보 기

ⓐ 마닐라선언	ⓑ 발리선언	ⓒ 비엔나헌장	ⓓ 헤이그선언	ⓔ 포츠담선언
ⓕ 인권선언	ⓖ 아카풀코선언	ⓗ 게놈선언	ⓘ 괴팅겐선언	ⓙ 여가헌장

【여행사실무문제 6】

다음은 여행관련 세계 100대 유명도시를 해설한 것이다. 보기에서 도시명을 골라 (　　　) 안에 써 넣어라.

【1】 1252년에 건설되어 북구의 베니스로 통하고 있다. (　　　)
【2】 1967년부터 수도로, 도시명은 "이슬람의 수도"를 뜻한다. (　　　)
【3】 의미는 "붉은 영웅" 중국과 러시아간의 교통 요지이다. (　　　)
【4】 2세기 로마군이 건설. 지명은 "그리스도의 영지"를 뜻함. (　　　)
【5】 호주의 전형적인 계획도시, 지명은 "집합소"의 의미. (　　　)
【6】 "승리의 도시" 네덜란드 식민지시대에는 바타비아의 명칭을 사용했다. (　　　)
【7】 원래는 잉카의 중요도시, 적도 바로 밑, 해발 2,850m의 고지대에 위치. (　　　)
【8】 북구 최대의 도시, 티볼리 유원지가 있는 도시. (　　　)
【9】 불교의 순례지였으나, 힌두사원도 있으며, 해발 1,300m의 분지에 위치. (　　　)
【10】 1858년에 만들어진 계획된 도시로, 지명은 "거래의 의미"를 가짐. (　　　)
【11】 서양문명 발상지의 도시, 중앙부에 아크로폴리스가 있다. (　　　)
【12】 구 시가는 무갈제국의 수도이며, 신시가는 정치의 중심. (　　　)
【13】 엘부르즈(Elburz) 산맥의 남쪽, 대(큰) 바자르(시장)가 있다. (　　　)
【14】 적도에 가깝지만 해발 1,660m의 상쾌한 고원도시. (　　　)
【15】 세느 강 중류에 위치, 패션정보의 발상지. (　　　)
【16】 블타바(Vltava) 강 연안에 면한 중부유럽 최고(最古)의 도시. (　　　)
【17】 16세기 스페인 사람이 건설, 루손 섬 중앙부에 위치. (　　　)
【18】 EU의 본부가 있는 곳, 시의 중심은 그랑프라스. (　　　)
【19】 시의 상징은 곰, 알프스의 조망이 뛰어난 곳. (　　　)
【20】 도시의 기원은 기원전 753년, 모든 길은 여기로 통한다. (　　　)
【21】 뉴질랜드 북섬 남단에 위치한다. 깊고 넓은 항구의 무역항. (　　　)
【22】 아즈텍 시대로부터의 도시, 코르테스에게 점령되었다. 세계최대의 도시. (　　　)
【23】 구 시가는 위다이어, 가까이에 페키니아인 건설한 쉐라의 유적이 있다. (　　　)
【24】 크레믈린, 붉은 광장이 있는 도시. (　　　)

【25】 16세기에 정복자 피사로가 지배, 리막(Rimac) 하안(河岸)에 위치. ( )

【26】 16세기 말의 도시 쇼팽의 탄생지가 인근에 있다. ( )

【27】 대항해시대의 성도(盛都), 테조(Tejo) 강 오른쪽에 위치. ( )

【28】 카지노의 명소, 코트타주르(Côte D'tazur)의 일각을 이루고 있으며, 프랑스어로는 몬테카를로라고 함. ( )

【29】 프랑스 선장이 명명함, 인도양상의 교통 요지. ( )

【30】 정식명은 크롱텝, 동남아시아의 베니스로 알려짐. ( )

보 기

Sofia	Ottawa	Paris	Rome	Lima	Bangkok
Canberra	Quito	New Delhi	Manila	Mexico City	Lisbon
Djakarta	Copenhagen	Tehran	Brussels	Rabat	Monaco
Islamabad	Kathmandu	Nairobi	Bern	Moscow	Port Louis
Ulaan Baatar	Athens	Plague	Wellington	Warsaw	Stockholm

【31】 어원은 "헬싱크족의 폭포", 애칭은 북구의 백도(白都). ( )

【32】 지명의 의미는 성야곱, 남북으로 4,300㎞나 되는 나라. ( )

【33】 남미 최대의 무역항, 지명은 "대항해시대의 순풍". ( )

【34】 원나라 시대는 대도(大都), 톈안먼(天安門)광장이나 고궁이 있다. ( )

【35】 도나우(Duna) 강변의 "부다"와 "페스트"의 쌍둥이 도시. ( )

【36】 13세기 크메르인이 건설, 메콩강변에 면해 있다. ( )

【37】 초대 대통령의 이름. 포토맥(Potomac) 강에 면해 있다. 부근의 벚꽃은 일본산.( )

【38】 앙고라 양의 생산지로서 유명, 옛 이름은 안키라. ( )

【39】 지명은 "승리자", 나일 강 하류의 델타지대에 위치. ( )

【40】 항구는 "카리브 해의 진주". 스페인풍의 거리풍경이 이어짐. ( )

【41】 카르타고 사람이 건설, 지중해에 면해 있다. ( )

【42】 기원전 63년 등장, 테임즈 강 좌안이 도시발상지. ( )

【43】 핀랜드 만 안에 있으며, 발트 3국 중 북국에 위치. ( )

【44】 8세기에는 바이킹의 기지, 12세기에 앵글로색슨이 정복. ( )

【45】 옛 이름은 "솔즈베리", 옛 나라 이름은 로디지아. ( )

【46】 15세기에 건설, 도시가 아름다워 "발칸의 파리"로 불린다. ( )

【47】 러시아 "모든 도시의 어머니", 성소피아 사원으로 유명함. ( )

【48】 카리브 해의 아름다운 항만도시, 1870년 수도가 됨. (　　　　)

【49】 세계 최고(最古) 도시의 하나, 7세기 우마이어기(期)의 수도. (　　　　)

【50】 마케도니아 왕국의 수도로서 번영한 역사를 가지고 있다. (　　　　)

【51】 사라센 제국 시대는 수도, 현재는 안다루시아 지방의 고도. (　　　　)

【52】 차 등의 수출항으로 1985년까지는 이 나라의 수도. (　　　　)

【53】 악성 모차르트의 출생지, "소금의 성"이라는 뜻이 있다. (　　　　)

【54】 잉카제국의 수도 부근엔 공중도시 마추피추의 유적이 있다. (　　　　)

【55】 알함브라 궁전과 집시의 동굴집이 있다. (　　　　)

【56】 북미 유일의 성곽도시, 주민의 90% 이상이 프랑스계 사람이다. (　　　　)

【57】 오데콜론은 여기가 고향, 고색 창연한 대성당이 시의 중앙에 위치하고 있다. (　　　　)

【58】 오아시스의 도시 왕의 모스크로 유명. (　　　　)

【59】 알프스 등산은 이 도시로부터, 문자 그대로 2개의 큰 호수 사이의 도시. (　　　　)

【60】 사우스 오스트렐리아의 주도(州都), 시 이름은 영국의 왕비명에서 유래. (　　　　)

【61】 천산북로에 있는 자치구의 수도, 한자로는 오노목제(烏魯木齊)로 표기함. (　　　　)

【62】 교외는 아름다운 "프랑스의 화원", 잔다르크의 연고지. (　　　　)

【63】 모로코 경제의 중심이며, "흰 집"의 뜻, 대서양에 면함. (　　　　)

【64】 이전에는 영국의 동인도 회사가 통치, 인구는 인도에서 최대임. (　　　　)

【65】 이전에는 마야족의 본거지, 지금은 카리브 해의 리조트로 유명. (　　　　)

보 기

Santiago	Washington	London	Kiev	Colombo	Köln	Calcutta
Helsinki	Pnompenh	Alger	Bukarest	Cordova	Quebec	Cancun
Buenos Aires	Ankara	Tallinn	Kingston	Salzburg	Isfahan	Casablanca
Beijing	Cairo	Dublin	Damascus	Cuzco	Interaken	Orleans
Budapest	Havana	Harare	Skopje	Granada	Adelaide	Urumuchi

【66】 스코틀랜드 최대의 항만도시, "녹색의 골짜기"라는 이름을 가지고 있음. (　　　　)

【67】 리마트 강의 하구 호반에 발전한 세계의 금융, 주식거래의 중심도시. (　　　　)

【68】 안다루시아 지방의 중심도시로 가극 카르멘의 무대. (　　　　)

【69】 넥카 강변의 아름다운 대학도시, 학생감옥이 있는 곳으로 유명. (　　　　)

【70】 모래에 묻혀 있던 시리아의 고대도시유적. (　　　　)

【71】 샴페인의 생산지로 유명한 프랑스 서남부의 도시. (　　　　)

【72】 상업, 패션의 중심지, 도우모(성당)가 볼만함. (　　　　)

【73】 레만호반에 있으며, ILO, WHO 등 많은 국제기구가 집중된 도시. (　　　　)

【74】 당나라 시대에는 영화를 이룩한 장안(長安)의 수도, 병마용갱이 있다. (　　　　)

【75】 오페라하우스로 유명한 세계 3대 미항의 하나. (　　　　)

【76】 "젊은 부인의 어깨", 등산전차의 종점 해발 3,475m. (　　　　)

【77】 금광산(金鑛山)으로 알려져 있는 광공업도시, 애칭 "조버그" (　　　　)

【78】 사하라 사막 가까이에 있는 오아시스의 도시. (　　　　)

【79】 맥주의 산지로 유명, 바이에른 주의 주도(州都). (　　　　)

【80】 도시유적 테베의 남쪽, 나일강 우안(右岸)에 있는 관광도시. (　　　　)

【81】 알프스 관광기지로서 인기, 카펠 다리로 유명. (　　　　)

【82】 마호메트의 탄생지, 한꺼번에 50만 명이나 되는 사람이 예배드릴 수 있는 곳.
(　　　　)

【83】 테니스 호주오픈이 개최되는 도시, 빅토리아 주의 주도(州都). (　　　　)

【84】 하계올림픽이 개최 됨, 센트로렌스 강에 면함. (　　　　)

【85】 도시명은 독립운동의 지도자에서 따옴, 옛 이름은 사이공. (　　　　)

【86】 적포도주의 생산 양조로 유명한 도시. (　　　　)

【87】 영어 이름으로는 프로렌스, 르네상스의 발상지. (　　　　)

【88】 석가가 깨달음을 얻은 성지, 마하보디 사원으로 유명. (　　　　)

【89】 카이바르 고개 동쪽 자락에 위치하는 요지, 간다라 미술의 중심지. (　　　　)

【90】 예수 그리스도 탄생지. (　　　　)

【91】 유리, 도자기의 도시, "물의 도시". (　　　　)

【92】 슈리만에 의해 고대도시 유적이 발굴되었다. (　　　　)

【93】 인종의 모자이크 도시, 나이애가라 폭포의 현관도시. (　　　　)

【94】 영웅 한니발의 아버지 바루카의 도시, 성가족교회가 이 도시의 대표적 건축물임.
(　　　　)

【95】 동화 "피리 부는 소년"으로 익숙한 도시. (　　　　)

【96】 무갈 왕조시대에 번창한 도시, 바도샤히 모스크로 유명함. (　　　　)

【97】 아마존 강 탐방의 기점도시. (　　　　)

【98】 미국 재즈음악의 발상지. (　　　　)

【99】 미국 최대의 자동차경주(car race)의 개최도시로 유명. (　　　　)

【100】 아시아와 유럽에 걸쳐 있는 도시로, 옛 이름은 콘스탄티노플. (　　　　)

보 기

Palmyra	Bedhlehem	Sydney	Hameln	Luxor	Istanbul	Hochiminh
Glasgow	Bordeaux	Champagne	Venezia	Jungfraujoch	Lahore	Luzern
Zürich	Firenze	Milano	Troy	Johannesberg	Manaus	Mecca
Sevilla	Buddha Gaya	Geneve	Toronto	Marrakesh	New Orleans	Melbourne
Heidelberg	Peshawar	Sian	Barcelona	München	Indianapolis	Montreal

【여행사실무문제 7】

【1】 호텔 객실의 종류 중 Studio란 어떤 것인가?

① 더블베드 한 대를 비치한 방

② 싱글베드 한 대에 소파베드 한 대를 비치한 방

③ 침실과 응접실이 있는 방

④ 옆방과 문이 있어 복도에 나가지 않고도 이동이 가능한 방

【2】 주로 단체객을 예약하는 경우, 오션 프론트(Ocean Front) 방 등, 객실을 특정하지 않고 호텔예약을 하는 경우를 (　　　　)(이)라고 한다.

① American Plan　　② Full Pension

① Pent House　　④ Run of the House

【3】 호텔 이용방법 중 부적절한 것은?

① 스튜디오 타입의 방을 2명이 이용하기 위해 엑스트라 베드를 부탁했다.

② 단체로 숙박하는 경우는 Registration Card를 기입하지 않아도 되는 경우가 있다.

③ 시내 레스토랑의 예약은 Assistant Manager에게 부탁하면 좋다.

④ 귀중품은 프론트의 캐셔(cashier)에게 부탁하여 세이프티 박스(safety box)에 맡긴다.

【4】 호텔 용어로 MAP란 어떤 것인가?

① 숙박만으로 식사가 포함되어 있지 않은 숙박요금체계

② 1박 조식 포함의 숙박요금체계

③ 1박 2식 포함의 숙박요금체계

④ 1박 3식 포함의 숙박요금체계

【5】 Twin Double이란 (　　　　)을 말한다.

① 더블베드 한대의 2인용 객실　　② 더블베드 2대의 2인용 객실

③ 트인 룸 2방　　④ 트인 베드와 더블베드 1대의 3인용 객실

【6】 호텔에서 (　　　)는 하우스키핑의 한 직종이다.

① 벨캡틴　② 그레이터(greater)
③ 리셉션 클럭　④ 룸메이드

【7】 유럽계 호텔에서는 통상적으로 열쇠는 (　　　)이(가) 관리하고 있다.

① Catering　② Cashier　③ Concierge　④ Reception

【8】 이탈리아에서는 1,000가지가 넘는 파스타가 있다고 전해지고 있는데, 자주 식사에 제공되는 스파게티, (　　　), 라자니아, 카네로니 등이다.

① 그리시니　② 마카로니
③ 미네스토로네　④ 옷소부코

【9】 유럽의 호텔을 현지에서 찾는 여행자로, 식사는 빼고 순수하게 숙박만을 희망하는 여행자에게는 (　　　)라고 어드바이스했다.

① 체크인시 유럽피안 플랜이라고 하면 좋을 것이다.
② 체크인시 베드 앤드 블랙퍼스트라고 하면 좋을 것이다.
③ 체크인시 어메리칸 플랜이라고 하면 좋을 것이다.
④ 체크인시 풀펜션이라고 말하면 좋을 것이다.

【10】 현지에서 친구와 합류하여 동숙하는 여행자가, 친구가 호텔에 갑자기 와도 방 값을 내지 않기를 희망하고 있다. 혹 내는 경우 비용을 최대한 억제하기를 원할 때, 이 여행자에게는 (　　　)라고 어드바이스했다.

① 체크인시 2인용 Mezzanine을 예약하면 좋겠지요.
② 체크인시 2인용 Penthouse를 예약하면 좋겠지요.
③ 체크인시 2인용 Studio Room을 예약하면 좋겠지요.
④ 체크인시 2인용 Quad Room을 예약하면 좋겠지요.

【11】 미국을 여행하는 여행자에게는 "객실 내에서 전화로 세탁을 부탁하는 경우에는 (　　) 라는 표시가 있는 번호나 그 담당을 불러 부탁하면 될 것이라고 어드바이스했다.

① Chef　② Hall Porter
③ Housekeeping　④ Valet

【12】 가족 4명의 여행자에게는 호텔 객실수배에 대해 (　　　　)라고 어드바이스 했다.

① 스위트룸은 비싸니까, 듀플렉스로 하는 것이 좋겠지요.

② 어드조이닝 룸이 편리합니다.

③ 커넥션룸으로 하면 낭하에 나가지 않아도 방 안쪽에서 왔다 갔다 할 수 있습니다.

④ 헐리웃 트인으로 하면 편리합니다.

【13】 유럽의 호텔에서 모닝콜을 부탁하는 경우 (　　　)에게 부탁하면 좋다.

① Concierge　② Page Boy　③ Porter　④ Room Clerk

【14】 프랑스어권에서 생선요리를 먹고 싶을 때에는 메뉴에 (　　　)라고 쓰인 문자를 손가락으로 가리켜 주문하면 좋을 것이다.

① Viandes　② Poissons　③ Fromage　④ Desserts

【15】 와인을 좋아하는 여행자에게는 (　　　)라고 어드바이스했다.

① 와인은 버스보이가 추천하는 것을 듣고 주문하도록 합시다.

② 와인은 헤드웨이터가 추천하는 것을 듣고 주문하도록 합시다.

③ 와인은 메토르가 추천하는 것을 듣고 주문하도록 합시다.

④ 와인은 소믈리에가 추천하는 것을 듣고 주문하도록 합시다.

【16】 영국으로 가는 여행자에게 명물요리 로스트비프에 어울리는 (　　　　)를 설명했다.

① 요크셔 푸딩　② 그린피스　③ 마카로니　④ 버터 라이스

【17】 스웨덴에 가는 여행자에게 (　　　　)를 명물요리로 설명했다.

① Gazpacho　② Escargots　③ Minestrone　④ Smörgåsbord

【18】 스페인을 여행하는 여행자가 이 지역 유명 술을 사기를 원해서 (　　　)를 추천했다.

① 우조　② 코냑　③ 카루바도스　④ 쉐리

【19】 그리스를 여행하는 여행자에게 이 지역의 명물요리 (　　　　)를 추천했다.

① 스부라키　② 비에나 슈닛쉐르

③ 미트퐁듀　④ 빠에자(빠에랴)

【여행사실무문제 8】

다음은 세계적으로 유명한 호텔이다. 설명에 해당하는 호텔 이름과 도시명을 기호로 기입하라.

【1】 국영 그랑 카지노의 옆에 있다. 발코니에서 지중해가 한눈에 들어온다. 호텔 레스토랑은 최초로 미슈랑 가이드북의 별 3개로 기록된 "루이15세"가 있다.
( ), ( )

【2】 1951년 호텔왕 콘라드가 매수하여, 자기 이름을 붙인 적이 있다. 미시간 호반에 가깝다.
( ), ( )

【3】 1867년 3월, 바그너가 바이에른 왕 루트비히 2세의 결혼을 축복하기 위해 이 땅에 왔을 때 체재한 호텔로 알려져 있다.
( ), ( )

【4】 전신은 14세기에 세워진 고딕풍의 파랏츠오(궁전), 당시의 외관을 가능한 한 남긴 호텔, 이 도시의 발인 곤돌라로 방문하는 것도 즐겁다.
( ), ( )

【5】 세계의 넘버원으로 언제나 랭크되어 있는 호텔, 차오프라야 강에 면해 있으며, 모든 객실이 리버 뷰(river view)이다.
( ), ( )

【6】 이전에 독일제국군의 퍼레이드가 행해졌다. 운터덴린덴에 가까운 곳에 서 있다. 반달모양의 로비는 19세기 분위기가 그대로 남아 있다.
( ), ( )

【7】 영국왕 조지 5세의 프랑스식 발음의 호텔이다. 관내에는 오너가 수집한 바로크로부터 인상파까지의 가구, 미술품이 놓여 있다.
( ), ( )

【8】 초호화호텔. 도시의 상징인 인도 문의 옆에 세워져 있다.
( ), ( )

【9】 센트럴파크를 굽어보는 르네상스 양식의 호텔, 영화 "티파니에서 아침을"의 무대가 되었다. 비틀즈도 이 호텔을 수시로 이용했다.
( ), ( )

【10】 1889년 창업, 초고급호텔의 원조, 리츠가 경영의 수완을 발휘한 곳, 워털루 다리가 부근에 있다.

(　　　　), (　　　　)

【11】 영국풍의 격식과 고전적인 외관은 특히 눈에 띈다. 1층의 우아한 인테리어의 티 라운지에서 차 한잔만으로도 만족한다는 손님이 즐비하다.

(　　　　), (　　　　)

【12】 규모로는 세계 최대의 호텔(객실 수 5,500실)이며, 카지노로도 유명하다.

(　　　　), (　　　　)

【13】 세계에서 가장 높은 103층 짜리 호텔이다. 현재 건축 중.

(　　　　), (　　　　)

보 기

호텔명	도시명
ⓐ 유경	㉮ 뉴욕
ⓑ 죠르쥬 생크	㉯ 라스베이거스
ⓒ 타지마할	㉰ 런던
ⓓ 다니에리	㉱ 모나코
ⓔ 오텔르드 파리	㉲ 문바이(봄베이)
ⓕ MGM 그랜드	㉳ 뮌헨(München)
ⓖ 더 사보이	㉴ 방콕
ⓗ 바이에릿샤 호프	㉵ 베네치아
ⓘ 시카고 힐튼 앤드 타워즈	㉶ 베를린
ⓙ 그랜드	㉷ 시카고
ⓚ 오리엔탈	㉸ 파리
ⓛ 플라자	㉹ 평양
ⓜ 페니슐라	㉺ 홍콩

【14】 A군은 도시명, B군은 공항명이다. 관련있는 것끼리 연결하시오.

A 군	B 군
1. 홍콩	a. 나리타
2. 싱가포르	b. 샤를드골
3. 방콕	c. 링웨이
4. 도쿄	d. 창이
5. 오사카	e. 코인트린
6. 뉴욕	f. 존에프케네디
7. 런던	g. 로건
8. 파리	h. 첵랍콕
9. 마닐라	I. 스키폴
10. 타이베이	j. 히드로
11. 시카고	k. 덜레스
12. 로마	l. 돈무앙
13. 제네바	m. 니노이아키노
14. 콸라룸푸르	n. 푸동
15. 삿포로	o. 칸사이
16. 맨체스터	p. 풜스뷔텔
17. 보스턴	q. 지토세
18. 암스테르담	r. 오헤어
19. 워싱턴	s. 셰레메티예보
20. 상하이	t. 세팡
21. 함부르크	u. 쇼우투
22. 모스크바	v. 창카이섹
23. 베이징	w. 팔마
24. 라스팔마스	x. 레오나르도다빈치
25. 콜럼버스(미국 오하이오주)	y. 리켄배커

【여행사실무문제 9】

다음의 열차시각표를 보고 물음에 답하라.

① 10월 19일(금요일)에 암스테르담을 아침 이른 시각에 출발하여 그날 중 브뤼셀에 도착하는 열차를 골라 그 열차번호를 적어라. ______________________

② 10월 20일(토요일)에 브뤼셀을 가장 늦은 시각에 출발하여 그날 중에 파리에 도착하는 열차를 골라 그 열차번호를 기입하라. ______________________

③ 10월 21일(일요일)에 파리를 가장 늦은 시각에 출발하여 그날 중에 암스테르담에 도착하는 열차를 골라 그 열차번호를 적어라.______________________

④ 위의 3번 열차의 애칭을 기입하라. ______________________

⑤ TEE라고 표시되어 있는 것은 무슨 뜻인가 ? ______________________

Table 76 **AMSTERDAM - BRUSSELS - PARIS**

For summer service from May 31, see page 504

km		288 Exp 1 2	TEE 78 1	TEE 80 1	482 Rap 1 2		282 Rap 1 2	TEE 82 1	163 fast 1 2	284 Rap 1 2	169 fast 1 2	432 Rap 1 2	171 fast 1 2	TEE 84 1	484 Rap 1 2	TEE 86 1	175 fast 1 2	286 Rap 1 2	1286 Rap 1 2	179 fast 1 2	TEE 88 1	101 fast 1 2	183 fast 1 2
		T	RL	O	🍷		D	A		H	🍷	K	🍷	B	✕	ML		C	W	🍷	JP		
0	Amsterdam(C.S)223 .... d	2026	..	✕d	..	..	7 50	8 55	9 26	1055	1226	..	1326	..	!	..	1526	1555	..	1726	1755	1826	1926
63	Den Haag(H.S)223 .... dp.	2110	..	..	..	..	8 34	9 38	1010	1140	1310	..	1410	..	..	..	1610	1639	..	1810	1838	1910	2010
86	Rotterdam(C.S)223 .... dp.	2130	..	..	..	..	8 56	9 54	1030	1200	1330	..	1430	..	..	..	1628	1659	..	1629	1855	1930	2030
144	Roosendaal 🛃 214 .... dp.	2224	..	..	..	..	9 43	1031	1112	1247	1412	..	1512	..	..	..	1712	1747	..	1912	1931	2012	2112
189	Antwerpe(Central) ...... { ar.	2255	..	..	..	..	│	│	1141	│	1441	..	1541	..	..	..	1741	│	..	1941	│	2041	2141
	dp.	2304	..	..	..	..	│	│	1146	│	1446	..	1546	..	..	..	1746	│	..	1946	│	2046	2146
189	Antwerpen - Berchem ..... dp.	│	..	..	..	..	1011	1057	│	1315	│	..	│	..	..	..	│	1815	..	│	1956	│	│
240	Brussels(Nord)214 ...... { ar.	2336	..	..	..	..	1042	1126	1215	1346	1515	..	1614	..	..	..	1815	1846	..	2015	2026	2115	2215
	dp.	2337	..	7 13	8 03	..	1044	1128	1216	1348	1516	1550	1616	..	..	..	1816	1848	..	2016	2027	2116	2216
243	Brussels(Central .... dp.	2340	..	│	│	..	│	│	1220	│	1520	│	1620	..	..	..	1820	│	..	2020	│	2120	2220
246	Brussels (Midi)106 .... { ar.	2344	..	7 19	8 09	..	1049	1133	1223	1353	1523	1555	1623	..	..	..	1823	1853	@	2023	2032	2123	2223
	dp.	0 32	6 41	7 30	8 15	..	1103	1143	..	1407	..	1608	..	1717	1753	1838	..	1915	1922	..	2042	..	..
354	Mons 106 .... dp.	1 28	│	8 03	8 48	..	1136	│	..	1441	..	1643	..	│	1826	│	..	1950	2006	..	│	..	..
401	St. Qucntin 106 .... dp.	4 51	│	8 49	9 55	..	1232	│	..	1537	..	1736	..	│	1919	│	..	2049	2207	..	│	..	..
555	Paris (Nord) 106 .... ar.	6 42	9 10	1005	1116	..	1354	1411	..	1700	..	1857	..	1946	2040	2106	..	2206	•	..	2311	..	..

	289 Exp 1 2	162 fast 1 2	TEE 79 1		TEE 81 1	1181 Rap 1 2	281 Rap 1 2	483 Rap 1 2	166 fast 1 2		283 Rap 1 2	TEE 83 1	170 fast 1 2	433 Rap 1 2	174 fast 1 2	285 Rap 1 2	287 Rap 1 2	182 fast 1 2	TEE 85 1	TEE 87 1	184 fast 1 2	485 Exp 1 2	TEE 89 1
	T	🍷	ML		J✕	W	V	F			N	B	🍷	K	🍷	🍷	Gt		A	RL		🍷	OE
Paris(Nord) 106 .... dp.	2312	..	6 41	..	7 19	a	7 49	9 07	..	..	1027	1137	..	1257	..	1519	1645	..	1741	1841	..	1927	2028
St. Quentin 106 .... dp.	1 10	..	│	..	│	8 15	9 13	1024	..	..	1144	│	..	1414	..	1646	1802	..	│	│	..	2051	2142
Mons 106 .... dp.	4 53	..	│	..	│	9 37	1012	1121	..	..	1242	│	..	1511	..	1741	1856	..	│	│	..	2153	2230
Brussels(Midi) .... { ar.	5 39	..	9 11	..	9 48	1016	1050	1202	..	..	1317	1405	..	1548	..	1817	1931	..	2008	2107	..	2230	2304
dp	6 18	9 09	..	..	9 55	@	1106	..	1209	..	1331	..	1409	1609	1609	1831	..	2009	2015	..	2111	2235	2307
Brussels(Central) .... dp.	6 22	9 13	..	..	│	..	│	..	1213	..	│	..	1413	│	1613	│	..	2013	│	..	2115	2239	│
Brussels(Nord) .... { ar.	6 25	9 16	..	..	1000	..	1111	..	1216	..	1336	..	1416	1614	1616	1836	..	2016	2020	..	2118	2242	2312
dp	6 27	9 17	..	..	1001	..	1113	..	1217	..	1338	..	1417	..	1617	1838	..	2017	2021	..	2119	..	..
Antwerpen - Berchem ... dp.	│	│	..	..	1030	..	1146	..	│	..	1410	..	│	..		1911	..	│	2050	..	│	..	..
Antwerpen(Central) ..... { ar.	7 04	9 46	..	..	│	..	│	..	1246	..	│	..	1446	..	1646	│	..	2046	│	..	2147	..	..
dp	7 16	9 51	..	..	│	..	│	..	1251	..	│	..	1451	..	1651	│	..	2051	│	..	2152	..	..
Roosendaal 🛃 214. ..... ar.	7 44	1020	..	..	1055	..	1212	..	1320	..	1435	..	1520	..	1720	1937	..	2120	2115	..	2221	..	..
Rotterdam (C.S.)223 ..... ar.	8 35	1101	..	..	1131	..	1259	..	1401	..	1519	..	1601	..	1801	2023	..	2201	2151	..	2301	..	..
Den Haag (H.S.)223 ...... ar.	8 57	1119	..	..	1148	..	1318	..	1419	..	1539	..	1619	..	1819	2045	..	2219	2207	..	2319	..	..
Amsterdam (C.S.) .... ar.	9 43	1204	..	..	1230	..	1404	..	1504	..	1630	..	1704	..	1904	2130	..	2304	2245	..	0 04	..	..

A - TEE ETOILE DU NORD - see Table 10.
B - TEE BRABANT - see Table 10.
C - 🚃 Amsterdam - Paris : 🚃 and ✕ Brussels (Midi) - Paris : 🛏 2 cl.(French) Amsterdam - Ventimiglia : 🛏 1, 2 cl.(T2) and 🛏 2 cl.(French) Brussels - Ventimiglia (see Table 12).
D - 🚃 and Ⓧ Brussels (Midi) - Paris: 🚃 Amsterdam - Paris.
E - Daily except Sats. (not April 19).
F - Sats. 🚃 and Ⓧ Paris - Brussels and v.v.
G - 🚃 and ✕ Paris - Brussels (Midi).
H - 🚃 Amsterdam - Paris : Ⓧ Amsterdam - Brussels : 🚃 and 🍷 Brussels (Midi) - Paris.
J - TEE ILE DE FRANCE - see Table 10.
K - 🚃 and 🍷 KOln - Brussels - Paris and v.v.
L - Mons. to Fris. (not Dec. 13 - Jan.4).
M - TEE MEMLING - see Table 10.
N - 🚃 Paris - Amsterdam : 🚃 and ✕ Paris - Brussels(Midi).
O - TEE OISEAU BLEU - see Table 10.
P - Daily except Sats. (not Apr. 19).
Q - 🚃 Paris - Amsterdam : Ⓧ Brussels - Amsterdam: 🚃 and 🍷 Paris - Brussels (Midi).
R - TEE RUBENS - see Table 10.
T - 🛏 1.2 cl.(French) and 🚃 Paris - Amsterdam and v.v.
V - 🚃 Paris - Brussels (Midi) : 🚃 and 🍷 Paris - Amsterdam : 🛏 1,2 cl.(T2) and 🛏 2 cl.(French) Ventimiglia - Brussels : 🛏 2 cl. (French) Ventimiglia - Amsterdam (see Table 12).
W - FLANDRES - RIVIERA Relief Train - for days of running andcomposition see Table 12.
a - To/from Ventimiglia - see Table 12.
d - Not April 20.
t - Intercite supplement pagable, 21F. 1 cl. 14F.2 cl.

【여행사실무문제 10】

【1】 Train Ferry에는 코펜하겐에서 (① 국명)의 국경역인 게자까지의 열차, 그리고 게자에서 (② 국명)의 국경역인 완데뮨데까지의 열차마다(③ 교통편)로 건너, 로스토크를 지나 열차마다 (④ 역명)역 또는 베를린 동물원앞 역까지 가는 애칭 (⑤ 열차명)호와 또한 (⑥ 도시명)을 경유하여 러시아의(⑦) 브레스트를 지나 (⑧ 도시명)로 들어가는 오스토제 급행이 있다. 오스토제 급행에는 미트로파(독일의 침대차 식당차회사)의 빨간 (⑨ 등급명)등의 (⑩ 차종명)차가 금요일만 (⑪ 도시명)에서 (⑫역명)역과 (⑬역명)앞 역까지 연결되며, 또한 러시아형 침대차도 코펜하겐에서 모스크바까지 연결되어 있다.

【2】 한편, 노르웨이의 (① 도시명)발과 스웨덴의 예테보리발의 한 방면에서, 또한 (② 도시명)발의 합계 3방면에서의 열차가 스웨덴의 (③ 역명)역에 집합하여, 스웨덴의 국경인 트렐레보리에서 열차마다 (④ 교통수단)로 (⑤국명)국경역인 자스닛츠에 가서, (⑥역명)역, (⑦역명)앞 역을 지나 바르샤바를 경유하여 러시아의 국경역 (⑧역명)를 지나 모스크바에 들어간다.

Table 80 KØBENHAVN / OSLO - STOCKHOLM - BERLIN - MOSKVA 10

	A		G	km	X on train ferries.	B		P	
	......	463	1100		dep. Oslo (sentral) 487 ...... arr.	......		1928	462
	......	615	1710		dep. Goteborg 486 ...... arr.	......		1253	606
205	2235d	36	1305		dep. Stockholm(C)485 ...... arr.	0655h	206	1546	34
317	0721	319	2127	0	dep. Malmö(Cent.) ...... ar.	2246		0836	
	0748		2153	32	arr. } Trelleborg ...... { dep.	2218	316	0809	318
	0815		2225		dep. } Trelleborg ...... { arr.	2130		0720	
	1205		0220	138	arr. } Sassenitz Halen { dep.	1736		0330	
	1255	D319	0324		dep. } Sassenitz Halen { arr.	1642		0233	
	│		0722		arr. Berlin - Lichtenberg ...... dep.	│		2306	
	1825		0608	430	arr. Berlin(Ost) ...... dep.	1158	D316	2238	D318
	1942		0858	439	arr. Berlin(Zoo) ...... dep.	1054		2139	
	......		0841	430	dep. Berlin(Ost) 847 ...... arr.	......		2005	
	......		1750	799	arr. } Warszawa(Centraina)847 { dep.	......		1045	
	......	241	1757		dep. } Warszawa(Centraina)847 { arr.	......		1042	
	......		2358	1013	arr. } Breast 847, 854 ...... { dep.	......		0915	390
	......	16	0205		dep. } Breast 847, 854 ...... { arr.	......		0710	
	......		1441	2113	arr. Moskva 854 ...... dep.	......		1830	13

	329		X on train ferries.		240
321	241			320	328
12	12	km		12	12
M	0			N	R
1012	2212p	0	dep. Kobenhavn H. 456 ...... arr.	2057	0850n
1223	0023n	176	arr. } Gedser 789 ...... { dep.	1848	0632n
1240	0040n		dep. } Gedser 789 ...... { arr.	1800	0600
1445	0245n	274	arr. } Warnemunde ...... { dep.	1555	0355
1532	0330		dep. } Warnemunde ...... { arr.	1507	0304
1559	0354	287	dep. Rostock (Hbf.) ...... dep.	1455	0254
│	0702		arr. Berlin - Lichtenberg ...... dep.	│	2339
1843	0753	474	arr. Berlin(Ost) ...... dep.	1150	2314
1942	0858	483	arr. Berlin(Zoo) ...... dep.	1054	2139
......	0641	474	dep. Berlin(Ost) 847 ...... arr.	......	2232
......	1750	843	arr. } Warszawa(Centralna) 847 { arr.	......	1325
......	1757		dep. } Warszawa(Centralna) 847 { dep.	......	1317
......	2358	1057	arr. } Breast 847, 854 ...... { arr.	......	1130
......	0205		dep. } Breast 847, 854 ...... { arr.	......	0845
......	1441	2157	arr. Moskva 854 ...... dep.	......	2017

A - BERLINAREN - Malmo - Berlin Ost : Malmo - Berlin Zoo : Sassintz Berlin.s

B - BERLINAREN - Berlin Ost - Malmo : Berlin Zoo - Malmö : 1, 2cl. (Mitropa) Berlin Zoo - Stockholm : Berlin - Sassnitz. No Dec.23 or 30.

G - SASSNITZ EXPRESS - 1,2 cl. (Mitropa) Stockholm - Berlin Zoo : 1, 2cl. and Malmo - Berlin Ost : 1,2 cl. and Malmo - Berlin Zoo : Sassnitz - Berlin (Ost). Conveys on Thurs., 1,2 cl. (USSR) Malmo - Moskva. For cars to Budapest and Beograd, see Table 87, train 375.

N - NEPTUN - kebenhavn - Berlin Zoo and v.v. X Rostock - Berlin and v.v.

O - OSTSEE EXPRESS - 1,2 cl. (Mitropa) and Kobenhavn - Berlin Ost : 1, 2cl. (Mitropa) and Kobenhavn - Berlin Zoo. Conveys on Fris. 1,2 cl. (USSR) Kobenhavn - Moskva.

P - SASSNITZ EXPRESS - 1, 2 cl. and Berlin Ost - Malmö : 1, 2cl. and Berlin Zoo - Malmö : Berlin (Ost) - Sassnitz : conveys on Tues. 1, 2cl. USSR) Moskva - Malmö. For cars from Budapest and Beograd, see Table 87, train 74.

R - OSTSEE EXPRESS - 1,2 cl. (Mitropa) and Berlin Ost - Kobenhavn : 1, 2cl. Mitropa) and Berlin Zoo - Kobenhavn. Conveys on Weds. 1,2 cl.(USSR) Moskva - Kebenhavn.

e - Dep. 1408 on Sats. (in train 37). No service Dec. 25 or Jan. 1.
d - Dep. 2255 on Sats. No service Dec. 24.
h - Arr. 0717 on Suns.
n - No service Dec.25.Jan.1
p - No service Dec.24.31

【3】 통상기의 10시 54분 베를린 동물원앞 역발 말뫼행 열차의 애칭 (① 열차명)호는 최종적으로 (② 도시명)에 밖에 가지 않는다. 11월 1일(일요일)에는 (③)시 (④)분에 도착한다.

【4】 바르샤바에서 모스크바까지의 소요시간은 통상기 바르샤바(GMT +1), 모스크바(GMT +3)이므로 (①)시간 (②)분이다. 두 도시간 철도주행거리는 (③)킬로이므로 소요시간으로 나누면 시속 약 (④)킬로 속도로 운행되고 있음을 알 수 있다.

【5】 **45쪽 시각표의 내용에 관하여 다음 질문에 답하시오.**

① CIS35열차의 밀라노 중앙역 도착시각은?
② IR1719열차의 브리그 도착시각은?
③ EC124 · 125열차의 명칭은?
④ EC124 · 126열차의 운행구간은?
⑤ EC124 · 126열차의 차량의 종류는?
⑥ EN311열차의 시각에 붙어 있는 기호 U의 의미는?
⑦ EN316열차의 시각에 붙어 있는 기호 S의 의미는?
⑧ EN311/316열차의 운행구간은?
⑨ EN311/316열차의 차량종류는?
⑩ 9261열차, 9267열차 등에 붙어 있는 TGV의 의미는?

【6】 **다음 물음이 맞으면 O표 틀리면 ×표 하시오.**

① CIS37열차는 밀라노행 열차이다. ( )
② CIS37열차에는 뷔페 또는 차내 판내 서비스가 있다. ( )
③ CIS37열차를 제네바에서 밀라노까지 이용할 때, 공석이 있으면 예약 없이 이용할 수 있다. ( )
④ EN311열차는 예약이 없으면 이용할 수 없다. ( )
⑤ 맨 하단 우측의 IR1746열차는 항상 제네바가 종착역이다. ( )
⑥ TGV9268열차의 운행구간은 브리그에서 노잔느까지이다. ( )
⑦ GV9268열차는 12월 15일에서 3월 31일까지는 매일 운행한다. ( )
⑧ 유레일패스를 소지하고 있으면 EN311/EN316열차에는 추가요금 없이 이용할 수 있다. ( )

SBB GENÈVE - LAUSANNE - SION - BRIG 570

For Franco - Italian overnight services through Switzerland see Table **44**

km		IR 1411	CIS 35	IR 1711	IR 1415	IR 1715	IR 1417	IR 1717	IR 1419	IR 1719	CIS 37	IR 1719		IR 1421	IR 1721	IR 1423	IR 1723	IR 1425	EC 121	IR 1425	TGV 9261	IR 1725	IR 1427	IR 1727	IR 1429	IR 1729
			⊙✕								⊙✕ ♦								⊡ ♦		(✕) ♦					
0	Genève A ✈ 505 d.	...	...	...	...	0627	0647	0727	0747	0827	...	...	...	0847	0927	0947	1027	1047	1101	...	...	1127	1147	1227	1247	1327
6	**Genève 505** d.	...	0550	...	...	0636	0656	0736	0756	0836	0850	...	...	0856	0936	0956	1036	1056	1110	...	...	1136	1156	1236	1256	1336
27	Nyon 505 d.	...	|	...	...	0650	0710	0750	0810	0850	|	...	...	0910	0950	1010	1050	1110	|	...	...	1150	1210	1250	1310	1350
53	Morges 505 d.	...	|	...	...	0705	0728	0805	0828	0905	|	...	...	0928	1005	1028	1105	1128	|	...	...	1205	1228	1305	1328	1405
66	**Lausanne 505** a.	...	0622	...	...	0715	0740	0815	0840	0915	0922	...	...	0940	1015	1040	1115	1140	1143	←	...	1215	1240	1315	1340	1415
66	**Lausanne** ▲ d.	0546	0624	...	0646	0720	0746	0820	0846	0920	0927	...	...	0946	1020	1046	1120	→	1146	1150	1154	1220	1246	1320	1346	1420
84	Vevey ▲ d.	0600	|	...	0700	0734	0800	0834	0900	0939	|	...	...	1000	1034	1100	1134	...	|	1204	|	1234	1300	1334	1400	1434
92	**Montreux** ▲ d.	0606	0640	...	0706	0740	0806	0840	0906	0946	|	...	...	1006	1040	1106	1140	...	1206	1210	1218	1240	1306	1340	1406	1440
105	Aigle ▲ d.	0617	|	0651	0717	0751	0817	0851	0917	0957	|	...	...	1017	1051	1117	1151	...	|	1221	1232	1251	1317	1351	1417	1451
114	Bex d.	0624	|	0658	0724	|	0824	|	0924	|	|	...	...	1024	|	1124	|	...	|	1228	|	|	1324	|	1424	|
118	St Maurice d.	0629	|	0703	0729	|	0829	|	0929	|	|	←	...	1029	|	1129	|	...	|	1233	|	|	1329	|	1429	|
133	Martigny d.	0639	|	0713	0739	0808	0839	0908	0939	1013	|	1014	...	1039	1108	1139	1208	...	|	1243	1251	1308	1339	1408	1439	1508
158	**Sion** d.	0654	0717	0729	0754	0824	0854	0924	0954	→	1017	1030	...	1054	1124	1154	1224	...	1243	1258	1307	1324	1354	1424	1454	1524
174	Sierre d.	...	|	0740	...	0835	...	0935	...	...	|	1041	...	...	1135	...	1235	...	1253	...	1320	1335	...	1435	...	1535
184	Leuk d.	...	|	0747	...	0842	...	0942	...	...	|	1048	...	...	1142	...	1242	...	|	...	|	1342	...	1442	...	1542
203	Visp d.	...	|	0758	...	0853	...	0953	...	...	|	1059	...	...	1153	...	1253	...	|	...	1338	1353	...	1453	...	1553
212	**Brig** a.	...	0746	0805	...	0900	...	1000	...	...	1046	1106	...	...	1200	...	1300	...	1314	...	1345	1400	...	1500	...	1600
368	*Milano C 590* a.	...	0935	...	...	...	...	...	...	...	1235	...	...	...	...	...	...	...	1535	...	...	...	...	...	...	...

	IR 1431	IR 1731	IR 1435	EC 123	IR 1435	IR 1735	IR 1437	TGV 9267	RE 2737	IR 1737	IR 1439	RE 2739	IR 1739	IR 1441	EC 125	IR 1441	IR 1741	IR 1443	IR 1743	IR 1445	TGV 9273	IR 1745	IR 311	EN 311	IR 1747	IR 1449
				⊡ ♦				(✕) ♦	Ⓐ			Ⓐ			⊡ ♦						(✕) ♦			Ⓡ ✓ ♦		
Genève A ✈ 505 d.	1347	1427	1447	1501	...	1527	1547	...	...	1627	1647	...	1727	1747	1801	...	1827	1847	1927	...	...	2027	2127	2127	2227	2312
Genève 505 d.	1356	1436	1456	1510	...	1536	1556	...	...	1636	1656	...	1736	1756	1810	...	1836	1856	1936	...	...	2036	2136	2136u	2236	2321
Nyon 505 d.	1410	1450	1510	|	...	1550	1610	...	...	1650	1710	...	1750	1810	|	...	1850	1910	1950	...	...	2050	2150	2150u	2250	2337
Morges 505 d.	1428	1505	1528	|	...	1605	1628	...	...	1705	1728	...	1805	1828	|	...	1905	1928	2005	...	...	2105	2205	2205u	2305	0000
Lausanne 505 a.	1440	1515	1540	1543	←	1615	1640	...	...	1715	1740	...	1815	1840	1843	←	1915	1940	2015	...	...	2115	2215	|	2315	0012
Lausanne ▲ d.	1446	1520	→	1546	1550	1620	1646	1655	1656	1720	1746	1756	1820	→	1846	1850	1920	1946	2020	2050	2055	2120	2220	2220u	2320	0024
Vevey ▲ d.	1500	1534	...	|	1604	1634	1700	|	1711	1734	1800	1811	1834	...	|	1904	1934	2000	2034	2104	|	2134	2234	2234u	2334	0038
Montreux ▲ d.	1506	1540	...	1606	1610	1640	1706	1719	1718	1740	1806	1818	1840	...	1906	1910	1940	2006	2040	2110	2117	2140	2240	2240u	2340	0044
Aigle ▲ d.	1517	1551	...	|	1621	1651	1717	1730	1732	1751	1817	1832	1851	...	|	1921	1951	2017	2051	2121	2132	2151	2251	2251u	2351	0055
Bex d.	1524	|	...	|	1628	|	1724	...	1739	|	1824	1839	|	...	|	1928	|	2024	2058	2128	|	2158	2258	2258u	2358	0102
St Maurice d.	1529	|	...	|	1633	|	1729	...	1744	|	1829	1844	|	...	|	1933	|	2029	2103	2132	|	2203	2303	2303u	0003	0107
Martigny d.	1539	1608	...	|	1643	1708	1739	...	...	1808	1839	...	1908	...	|	1943	2008	2039	2114	...	2151	2213	2313	2313u	0013	0117
Sion d.	1554	1624	...	1643	1658	1724	1754	...	...	1824	1855	...	1924	...	1943	1958	2024	2055	2129	...	2207	2229	2329	2329u	0029	0132
Sierre d.	...	1635	...	1653	...	1735	...	...	...	1835	1906	...	1935	...	1953	...	2035	2106	2140	...	2220	2242	2340	2340u	0040	...
Leuk d.	...	1642	...	|	...	1742	...	...	...	1842	1913	...	1942	...	|	...	2042	2113	2147	...	|	2252	2347	2347u	0047	...
Visp d.	...	1653	...	|	...	1753	...	...	...	1853	1924	...	1953	...	|	...	2053	2124	2158	...	|	2311	2358	2358u	0058	...
Brig a.	...	1700	...	1714	...	1800	...	...	...	1900	1931	...	2000	...	2014	...	2100	2131	2205	...	2240	2318	0005	0005u	0105	...
Milano C 590 a.	...	...	...	1935	...	...	...	...	...	...	...	...	...	...	2235	...	...	...	...	...	...	...	...	...	...	...

	IR 1702	IR 1404	IR 1706	IR 1406	RE 2706	IR 1708	RE 2708	IR 1408	EN 316	IR 316	TGV 9264	IR 1410	IR 1712	IR 1412	IR 1714	IR 1414	IR 1718	IR 1418	EC 122	IR 1418	IR 1720	TGV 9268	IR 1420	IR 1722	IR 1422	IR 1724
					Ⓐ		Ⓐ		Ⓡ ✓ ♦		(✕) ♦								⊡ ♦			(✕) ♦				
Milano C 590 d.	...	...	...	...	...	...	...	...	...	...	...	...	...	...	...	...	...	...	0825	...	...	...	...	...	...	...
Brig d.	...	0429	0455	0529	...	0600	...	...	0657s	0657	0708	...	0800	...	0900	...	1000	...	1046	...	1100	1108	...	1200	...	1300
Visp d.	...	0436	0502	0536	...	0607	...	...	0704s	0704	|	...	0807	...	0907	...	1007	...	|	...	1107	|	...	1207	...	1307
Leuk d.	...	0447	0513	0547	...	0618	...	...	0715s	0715	|	...	0818	...	0918	...	1018	...	|	...	1118	|	...	1218	...	1318
Sierre d.	...	0455	0521	0555	...	0626	...	...	0722s	0723	0738	...	0826	...	0926	...	1026	...	1106	...	1126	1138	...	1226	...	1326
Sion d.	...	0506	0532	0606	...	0637	...	0706	0732s	0734	0755	0806	0837	0906	0937	1006	1037	1102	1117	...	1137	1155	1206	1237	1306	1337
Martigny d.	...	0520	0546	0620	...	0651	...	0720	0747s	0748	0814	0820	0851	0920	0951	1020	1051	1116	|	...	1151	1214	1220	1251	1320	1351
St Maurice d.	0452	0530	0556	0630	0646	|	0702	0730	0757s	0758	|	0830	|	0930	|	1030	|	1126	|	...	|	|	1230	|	1330	|
Bex d.	0457	0535	0601	0635	0651	|	0707	0735	|	|	|	0835	|	0935	|	1035	|	1131	|	...	|	|	1235	|	1335	|
Aigle ▲ d.	0504	0542	0608	0642	0658	0708	0714	0742	0807s	0808	0835	0842	0908	0942	1008	1042	1108	1138	|	...	1208	1235	1242	1308	1342	1408
Montreux ▲ d.	0515	0553	0619	0653	0712	0719	0726	0753	0818s	0819	0848	0853	0919	0953	1019	1053	1119	1149	1155	...	1219	1248	1253	1319	1353	1419
Vevey ▲ d.	0521	0600	0626	0700	0720	0726	0735	0800	0825s	0826	|	0900	0926	1000	1026	1100	1126	1156	|	...	1226	|	1300	1326	1400	1426
Lausanne ▲ a.	0535	0614	0640	0714	0734	0740	0749	0814	0840s	0840	0908	0914	0940	1014	1040	1114	1140	1210	1214	←	1240	1308	1314	1340	1414	1440
Lausanne 505 d.	0540	0620	0645	0720	...	0745	...	0820	|	0845	...	0920	0945	1020	1045	1120	1145	→	1217	1220	1245	...	1320	1345	1420	1445
Morges 505 d.	0550	0632	0655	0732	...	0755	...	0832	0854s	0855	...	0932	0954	1032	1055	1132	1155	...	|	1232	1255	...	1332	1355	1432	1455
Nyon 505 d.	0605	0650	0710	0750	...	0810	...	0850	0909s	0910	...	0950	1010	1050	1110	1150	1210	...	|	1250	1310	...	1350	1410	1450	1510
Genève 505 a.	0619	0704	0724	0804	...	0824	...	0904	0924s	0924	...	1004	1024	1104	1124	1204	1224	...	1250	1304	1324	...	1404	1424	1504	1524
Genève A ✈ 505 a.	0628	0713	0733	0813	...	0833	...	0913	0933	0933	...	1013	1033	1113	1133	1213	1233	...	1259	1313	1333	...	1413	1433	1513	1533

	IR 1424	IR 1726	IR 1426	EC 124	IR 1426	IR 1728	IR 1428	IR 1730	TGV 9272	IR 1430	IR 1732	TGV 9274	TGV 9274	IR 1432	IR 1736	EC 126	IR 1738	IR 1738	IR 1740	CIS 36	IR 1740	IR 1742	IR 1744	CIS 38	IR 1744	IR 1746
				⊡ ♦					(✕) ♦			(✕) ♦	(✕) A			⊡ ♦	†	⚒		⊙✕				⊙✕ ♦		
Milano C 590 d.	...	...	...	1225	...	...	...	...	...	...	...	...	...	...	...	1625	...	...	...	1825	...	...	...	2025	...	...
Brig d.	...	1400	...	1446	...	1500	...	1600	1605	...	1700	1705	...	...	1755	1846	1855	1855	1947	2014	...	2055	2137	2214	...	2255
Visp d.	...	1407	...	|	...	1507	...	1607	1613	...	1707	1713	...	...	1802	|	1902	1902	1954	|	...	2102	2144	|	...	2302
Leuk d.	...	1418	...	|	...	1518	...	1618	|	...	1718	|	...	...	1813	|	1913	1913	2005	|	...	2113	2200	|	...	2313
Sierre d.	...	1426	...	1506	...	1526	...	1626	1637	...	1726	1737	...	...	1821	1906	1921	1921	2013	|	...	2121	2210	|	...	2321
Sion d.	1406	1437	1502	1517	...	1537	1606	1637	1655	1706	1737	1755	...	1806	1832	1917	1932	1932	2024	2044	...	2132	2224	2244	...	2332
Martigny d.	1420	1451	1516	|	...	1551	1620	1651	1714	1720	1751	1814	...	1820	1846	|	1946	1946	2038	|	...	2146	2238	|	...	2346
St Maurice d.	1430	|	1526	|	...	|	1630	|	|	1730	|	|	...	1830	1856	|	1956	1956	2048	|	...	2156	2248	|	...	2356
Bex d.	1435	|	1531	|	...	|	1635	|	|	1735	|	|	...	1835	1901	|	2001	2001	2053	|	...	2201	2253	|	...	0001
Aigle ▲ d.	1442	1508	1538	|	...	1608	1642	1708	1735	1742	1808	1835	1835	1842	1908	|	2008	2008	2100	|	...	2208	2300	|	...	0008
Montreux ▲ d.	1453	1519	1549	1555	...	1619	1653	1719	1748	1753	1819	1848	1848	1853	1919	1955	2019	2019	2111	2120	...	2219	2311	2320	...	0019
Vevey ▲ d.	1500	1526	1556	|	...	1626	1700	1726	|	1800	1826	|	|	1900	1926	|	2026	2026	2118	|	...	2226	2318	|	...	0026
Lausanne ▲ a.	1514	1540	1610	1614	←	1640	1714	1740	1808	1814	1840	1908	1908	1914	1940	2014	2040	2040	2132	2136	←	2240	2332	2336	←	0040
Lausanne 505 d.	1520	1545	→	1617	1620	1645	1720	1745	...	1820	1845	...	...	1920	1945	2017	2045	2048	→	2139	2148	2248	→	2339	2348	0048c
Morges 505 d.	1532	1555	...	|	1632	1655	1732	1755	...	1832	1855	...	...	1932	1955	|	2055	2100	...	|	2200	2300	...	|	0000	0100c
Nyon 505 d.	1550	1610	...	|	1650	1710	1750	1810	...	1850	1910	...	...	1950	2010	|	2110	2123	...	|	2223	2323	...	|	0023	0123c
Genève 505 a.	1604	1624	...	1650	1704	1724	1804	1824	...	1904	1924	...	...	2004	2024	2050	2124	2139	...	2210	2239	2339	...	0010	0039	0142c
Genève A ✈ 505 a.	1613	1633	...	1659	1713	1733	1813	1833	...	1913	1933	...	...	2013	2033	2059	2133	2148	...	...	2248	2348	...	...	...	...

♦ – **NOTES (LISTED BY TRAIN NUMBER)**

37/8 – 🚃 and ✕ Genève - Milano - Venezia Santa Lucia and v.v.
121/6 – CISALPINO LEMANO – 🚃 Genève Aéroport - Milano and v.v.
122/3 – CISALPINO VALLESE – 🚃 Genève Aéroport - Milano and v.v.
124/5 – CISALPINO MONTE ROSA – 🚃 Genève Aéroport - Milano and v.v.
311 – LUNA – 🛏 1,2 cl. and 🛌 2 cl. Genève - Brig (313) - Roma.
316 – LUNA – 🛏 1,2 cl. and 🛌 2 cl. Roma (314) - Brig - Genève.
9261 – ⑤ Dec. 16 - Apr. 7, June 30 - Sept. 1: 🚃 and (✕) Paris - Brig.
9264 – ⑥ June 30 - Sept. 29 (also Apr. 7, 14): 🚃 and (✕) Brig - Paris.
9267 – ⑦ Dec. 17 - Apr. 1 (also Dec. 25, Jan. 1): 🚃 and (✕) Paris - Aigle.
9268 – ⑤⑥ Dec. 15 - Mar. 31: 🚃 and (✕) Brig - Paris.
9272 – ⑥ July 7 - Sept. 1: 🚃 and (✕) Brig - Paris.
9273 – ④⑤ Dec. 14 - Mar. 30; ⑤ June 29 - Sept. 28 (also Apr. 6, 13): 🚃 and (✕) Paris - Brig.
9274 – ⑥ Dec. 16 - Apr. 7 (also June 30): 🚃 and (✕) Brig - Paris.

A – ⑦ Dec. 17 - Apr. 1 (also Dec. 25, Jan. 1; not Dec. 24, 31): 🚃 and (✕) Aigle - Paris.

c – Ⓒ only.
s – Stops to set down only.
u – Stops to pick up only.

⊙ – *CISALPINO Pendolino* train. Ⓡ inclusive of supplement for international journeys; may be used for Swiss internal journeys without reservation.
✓ – Supplement payable.
⊡ – Operated by *CISALPINO*. Ⓡ for international journeys; may be used for Swiss internal journeys without reservation.

▲ – Additional local services operate hourly **Lausanne - Montreux - Villeneuve** and v.v. calling at all stations including Territet and Veytaux-Chillon; **Lausanne** depart xx00, **Villeneuve** depart xx24. Bus connections are available between Villeneuve and Aigle.

【7】 아래 시각표의 내용에 관하여 다음 질문에 답하시오.

① 체크인은 발차 몇 분전에 해야 하는가?

② 런던의 발/착역 이름은?

③ 파리의 발/착역 이름은?

④ 9020열차의 런던-파리 간 소요시간은?

⑤ 9019열차의 파리-런던 간 소요시간은?

⑥ 이 시각표의 유효기간은?

⑦ 파리행과 브뤼셀행의 분기점은?

【8】 다음 물음이 맞으면 O표 틀리면 ×표 하시오.

① 유로스타의 서비스는 1등과 2등 2종류이다. (　　)

② 유로스타에는 끽연차량과 금연차량이 있다. (　　)

③ 예약 없이도 자유석 차량에는 승차할 수 있다. (　　)

④ 영국 내에서는 런던과 에브스플리트 · 애쉬포드 간도 이용할 수 있기 때문에 통근권이 크게 확대되었다. (　　)

⑤ 식당차가 있는 열차와 뷔페서비스가 있는 열차 2종류가 있다. (　　)

⑥ 9010열차 파리행은 매일 에브스플리트에서 승차할 수 있다. (　　)

⑦ 9074/9019열차의 운행구간은 런던과 릴 · 유럽 간이다. (　　)

10 (Winter)　　LONDON - LILLE - PARIS and BRUSSELS *by Eurostar*

Minimum check-in time is 30 minutes. Not available for London - Ebbsfleet - Ashford or v.v. Special fares payable that include three classes of service.

All times shown are local times (France is one hour ahead of Great Britain). All Eurostar services are Ⓡ, non-smoking and convey ✕.

Service Dec. 9, 2007 – July 5, 2008

km	*km*	*train number*	9078	9106	9002	9002	9004	9110	9006	9114	9114	9010	9010	9074	9014	9120	9016	9018	9020	9022	9082	9024	9024	9132	9132	
		notes	①-⑤	①-⑤	⑥	①-⑤	①-⑥	①-⑥	①-⑥	⑦	①-⑥	⑦	①-⑥				⑥			⑤	⑦	①-⑤	⑥⑦	⑤⑦		
		notes												M			B				C				J	
0	0	London St Pancras .... d.	0527	0600	0627	0630	0655	0700	0730	0800	0805	0825	0832	0853	0926	1000	1000	1030	1105	1132	1202	1230	1230	1257	1300	...
35	35	Ebbsfleet International....... d.	0543	0615	0645	0645	│	0714	0745	0815	│	0841	│	│	0942	1015	│	│	│	│	│	1245	1245	1315	1315	...
90	90	Ashford International .... d.	│	│	│	│	0725	│	│	│	│	│	│	0926	│	│	│	1058	│	│	│	│	│	│	│	...
166	166	Calais Fréthun .... a.	│	│	│	│	│	│	0929	│	│	│	│	│	│	│	│	│	│	│	│	│	1429	│	│	...
267	267	Lille Europe....................... a.	│	│	│	│	│	0924	│	│	│	│	│	1124	│	1224	│	│	│	│	│	│	│	1524	1524	...
	373	**Brussels Midi/Zuid...... a.**	│	0856	│	│	│	1003	│	1056	1056	│	│	...	│	1303	│	│	│	│	│	│	│	1603	1603	...
492		**Paris Nord** .... a.	0850	...	0950	0950	1017	...	1056	...	...	1147	1147	...	1247	...	1317	1353	1420	1447	1517	1550	1556	...	...	...

train number	9026	9030	9138	9036	9144	9040	9146	9148	9150	9044	9044	9046	9154	9048	9154	9050	9050	9050	9052	9158	9054	9054	9056		
notes	⑦				⑦		①-⑤	⑥⑦	①-⑤	①-⑤	⑥⑦	⑥	⑥⑦	①-⑤	①-⑤	⑥	⑦	①-⑤	⑤		⑦	①-⑤	⑦		
notes														D							E				
London St Pancras.................. d.	1300	1404	1434	1530	1604	1625	1635	1655	1726	1730	1731	1800	1831	1832	1835	1900	1900	1905	1932	1934	2005	2005	2035	...	...
Ebbsfleet International ....d.	│	│	│	1545	│	│	│	1712	1745	│	│	1815	│	│	│	1915	│	│	│	│	│	│	│	...	...
Ashford International..................d.	│	│	│	│	│	1655	│	│	│	│	│	│	│	│	│	│	│	│	│	│	│	│	│	...	...
Calais Fréthun ....a.	│	│	│	1729	1802	│	│	│	│	│	1926	│	│	│	│	│	│	│	│	│	│	2159	│	...	...
Lille Europe ....a.	│	1624	1654	│	│	│	│	1921	1954	│	│	│	2051	│	│	│	│	│	│	2154	│	│	│	...	...
Brussels Midi/Zuid ....a.	│	│	1733	│	1903	│	1926	1959	2033	│	│	│	2133	│	2133	│	│	│	│	2233	│	│	│	...	...
Paris Nord ....a.	1617	1726	...	1856	...	1947	...	...	...	2050	2053	2120	...	2147	...	2220	2220	2220	2247	...	2320	2326	2350	...	...

train number	9109	9005	9007	9113	9113	9113	9009	9011	9117	9015	9015	9121	9019		9023	9127	9027	9031		9035	9141	9037			
notes	①-⑤	①-⑤	①-⑥	⑥	⑦	①-⑤	①-⑤		①-⑤	①-⑤	⑥⑦	⑥⑦			⑥⑦					⑤⑦		⑦			
notes							D													G					
Paris Nord ....d.	...	0643	0713	...	...	...	0743	0807	...	0907	0913	...	1013	...	1113	...	1213	1301	...	1413	...	1443	...	...	...
Brussels Midi/Zuid ....d.	0659	│	│	0759	0759	0805	│	│	0859	│	│	0959	│	...	│	1159	│	│	...	│	1459	│	...	...	...
Lille Europe ....d.	0735	│	│	│	0835	│	│	│	0935	1009	│	1035	│	...	│	1235	│	1403	...	│	1535	│	...	...	...
Calais Fréthun ....d.	│	│	│	0902	│	│	│	0934	│	│	│	│	│	...	│	│	│	1433	...	│	│	│	...	...	...
Ashford International..................a.	│	│	│	│	│	│	│	│	│	1006	1006	│	│	...	│	│	│	│	...	│	│	│	...	...	...
Ebbsfleet International ....a.	│	│	│	│	│	│	│	0918	0945	│	│	1045	│	...	│	1245	│	1418	...	│	│	│	...	...	...
London St Pancras..................a.	0755	0758	0828	0856	0856	0856	0859	0934	1003	1038	1038	1101	1128	...	1228	1303	1328	1434	...	1528	1556	1559	...	...	...

train number	9039	9039	9145	9043	9149	9149	9047	9049	9153	9051	9157	9053	9055	9057	9059	9059	9061	9165	9165	9063					
notes	①-⑤	⑥⑦	①-⑤		①-⑤	⑥⑦	⑧	⑧	⑧			①-⑤	⑧		①-⑤	⑥⑦	⑦	⑦	①-⑥						
notes							H							M											
Paris Nord d.	1513	1507	...	1613	...	...	1713	1743	...	1813	...	1843	1913	...	2013	2013	2043	...	...	2113	...	...	...	...	...
Brussels Midi/Zuid d.	|	|	1605	|	1701	1701	|	|	1759	|	1859	|	|	...	|	|	|	2059	2102	|	...	...	...	...	...
Lille Europe d.	|	|	|	|	1738	1738	|	|	1835	|	1935	|	|	2038	|	|	|	2135	2139	|	...	...	...	...	...
Calais Frethun d.	|	1634	|	|	|	|	|	|	|	|	|	|	|	|	|	|	|	|	|	|	...	...	...	...	...
Ashford International a.	1606	1606	|	|	|	|	|	|	|	|	|	1936	|	2037	|	2106	|	|	|	|	...	...	...	...	...
Ebbsfleet International a.	|	|	1645	1718	|	1747	1818	|	1845	1918	|	|	|	|	2118	2125	|	2145	2148	2218	...	...	...	...	...
London St Pancras a.	1637	1637	1703	1734	1758	1803	1834	1859	1903	1934	1956	2007	2028	2113	2134	2142	2159	2203	2204	2234	...	...	...	...	...

B – ⑥ Feb. 10 - July 5. D – ①-⑤ Feb. 10 - July 5. G – ⑤⑦ (⑤⑥⑦ Feb. 10 - July 5). J – ①②③④⑥. M – To/from Marne la Vallée - Chessy (see table below).
C – ⑦ Feb. 10 - July 5. E – ⑦ (⑥⑦ Feb. 10 - July 5). H – ⑧ (daily Feb. 10 - July 5).

【9】 48쪽 시각표의 내용에 관하여 다음 질문에 답하시오.

① E1135열차 시각 우측의 S의 의미는?

② ES9463, 그 밑의 ES9469열차의 베네치아-메스트레역의 시각 우측의 U는 각각 무엇을 의미하나?

③ E1135열차의 차량종류는 무엇인가?

④ EN235열차의 시발역과 종착역은 어디인가?

⑤ EC85열차의 애칭은?

⑥ EC85열차의 차량종류는?

⑦ ES는 어떤 열차인가?

⑧ EN은 어떤 열차인가?

⑨ EC는 어떤 열차인가?

⑩ 운하에 면한 베네치아 역에서 아침에 가장 빨리 갈 수 있는 로마행 열차번호와 로마 도착시각은?

【10】 다음 물음이 맞으면 O표 틀리면 ×표 하시오.

① ICp507열차의 로마 · 테르미니역 도착시각은 14:06분이다. ( )

② IC는 EU내의 도시간을 연결하는 국제장거리 열차이다. ( )

③ ICp703열차의 종착역 도착시각은 13:03이다. ( )

④ 베네치아 산타루치아 역에서 로마 테르미니 역에 16:00까지 도착하려면 11:23발의 ES9469열차가 가장 좋다. ( )

⑤ ICp703열차의 운행구간은 베네치아 메스트레역에서 나폴리이다. ( )

⑥ 알레그로 아이다호는 비엔나를 6월 1일과 9월 7일 금요일에 출발한다. ( )

VENEZIA and MILANO - BOLOGNA - FIRENZE - ROMA 620

km		E 833 ◆	E 837 ◆	ICN 771 Z	E 1911 Z	EN 287 R Z	IC 579 ⚒	EN 235 R ⊡ ◆	ES 9421 R ♀	EN 313 R ◆	EN 375 ⊡ ◆	E 1235 R ⊡ ◆	E 1237 R ⊡ ◆	E 1135 R ⊡ ◆	ES 9423 R ♀	ES 9461 R ♀	ICp 577 R ◆		AV 9425 R ♀	EN 289 R ◆			T-Biz 9301 R ♀ w	ES 9463 R ♀	ICp 577 R ◆	ES 9427 R ♀
0	Venezia Santa Lucia 600 d.	...	...	0004	...	...	...	...	...	...	...	...	...	...	...	...	...	...	...	...	...	0557	...	0638	...	...
9	Venezia Mestre 600 d.	...	...	0017	...	...	...	0331	...	...	...	0357	0357	0446s	...	0519	...	...	...	...	...	0610	...	0650u	...	...
37	Padova 600 d.	...	...	0041	...	...	...	|	...	...	...	0421	0421	0524s	...	0539	...	0550	...	...	...	0633	...	0708	...	...
81	Rovigo d.	...	...	0117	...	...	...	|	...	...	...	0448	0448	0554s	...	0612	...	0622	...	...	...	0707	...	0732	...	...
113	Ferrara d.	...	...	0141	...	...	...	0440	...	...	...	0509	0509	0619	...	0638	...	0643	...	...	...	0732	...	0751	...	...
	Milano C 619/30 d.	2200	...	|	2320	...	...	|	...	...	...	|	|	...	...	|	...	|	0530	...	...	|	0635	|	...	0700
160	Bologna C 619/30 a.	0039	...	0217	|	...	...	0508	...	...	...	0541	0541	...	...	0708	...	0720	0742	...	...	0805	0815	0820	...	0842
160	Bologna C d.	0044	0115	0222	|	0425	...	0515	...	0519s	...	0546	0546	...	0638	0712	0720	...	0746	0755	...	...	0817	0824	...	0846
241	Prato d.	|	|	|	|	|	...	|	...	|	...	|	|	...	0728	|	0808	...	|	0847	...	...	|	|	...	|
255	Firenze Campo di Marte d.	|	|	|	|	0533	...	|	...	0646s	0701	|	0725	...	|	|	0832	...	|	|	...	...	|	|	...	|
257	Firenze SMN a.	|	|	|	|	|	...	0617	...	|	|	0659	|	...	0745	0811	|	...	0845	0904	...	...	|	0923	...	0945
257	Firenze SMN d.	|	|	|	|	|	0550	0629	0640	|	|	...	|	...	0753	0819	|	...	0853	...	...	...	|	0931	←	0953
345	Arezzo d.	|	|	0458	|	0611	0630	|	0714	|	|	...	|	...	|	|	0903	...	|	...	...	...	|	|	0905	|
408	Chiusi-Chianciano Terme d.	|	|	0543	|	0645	0710	0729	|	|	|	...	|	...	|	|	→	...	|	...	...	...	|	|	0935	|
568	Roma Tiburtina a.	0452	0609	0656	|	0809	|	|	|	|	|	...	|	...	|	|	...	...	|	...	...	...	|	|	|	|
573	Roma Termini a.	|	|	|	0715	|	0824	0905	0830	0912	0942	...	1005	...	0930	0955	...	...	1030	...	...	...	1040	1108	1103	1130
	Napoli Centrale 640 a.	0810	0926	1000	1007	1023	...	...	...	...	...	...	...	...	...	...	...	...	1212	...	...	...	...	...	...	...

	ES 9459 R ♀ ◆	ES 9307 R ♀ ◆	⚒	IC 713 ◆	IC 585	AV 9429 R ✕	D 2953	IC 1589 Z	IC 1591 Z		ES 9465 R ♀ ◆	IC 587	IC 1589 Z	IC 1591 Z	ES 9431 R ♀ ◆	ICp 507 R Z	ICp 703 R ◆	AV 9433 R ✕	ES 9311 R ✕ B	ES 9467 R ✕ ◆	ICp 703 R ◆	ES 9435 R ✕		ES 9469 R ✕	ICp 591 R	CIS 153 R ✕ ◆
Venezia Santa Lucia 600 d.	...	...	0657	0723	...	...	0728	...	...	0757	...	...	...	...	...	...	...	...	...	...	...	...	1057	1123	...	...
Venezia Mestre 600 d.	...	...	0710	0735	...	...	0740	...	...	0810	0850	...	...	...	...	...	0917	...	...	1050	...	...	1110	1135u	...	...
Padova 600 d.	...	...	0733	0756	...	...	0806	...	...	0833	0908	...	...	...	...	...	0940	...	...	1108	...	...	1133	1153	...	...
Rovigo d.	...	...	0807	0825	...	...	0841	...	...	0907	0932	...	...	...	...	...	1010	...	...	1132	...	...	1207	|	...	...
Ferrara d.	...	...	0832	0845	...	...	0859	...	...	0932	0951	...	...	...	...	...	1034	...	...	1151	...	...	1232	|	...	...
Milano C 619/30 d.	...	...	|	|	0710	0800	|	0730	0730	|	|	0810	...	...	0900	...	|	1000	...	|	...	1100	|	|	1110	1150
Bologna C 619/30 a.	...	...	0905	0916	0916	0942	0938	1007	1007	1005	1020	1016	...	...	1042	...	1116	1142	...	1220	...	1242	1310	1302	1316	1336
Bologna C d.	0912	0939	...	...	0920	0946	...	1012	1012	...	1024	1030	←	←	1046	1105	1120	1146	1204	1224	...	1248	...	1306	1320	1340
Prato d.	|	1022	...	...	1008	|	...	1123	1123	...	|	1118	1133	1133	|	1158	1208	|	|	|	...	|	...	|	1408	|
Firenze Campo di Marte d.	1010r	1036r	...	...	1032	|	...	→	→	...	|	|	1201	1201	|	1220	1232	|	|	|	...	|	...	|	1432	|
Firenze SMN a.	|	|	...	...	|	1045	...	...	...	...	1123	1138	|	|	1145	|	|	1245	1310	1321	...	1345	...	1410	|	1432
Firenze SMN d.	|	|	...	...	|	1053	...	...	...	...	1131	...	|	|	1153	|	|	1253	1320	1331	←	1353	...	1418	|	...
Arezzo d.	|	|	...	...	1105	|	...	...	...	...	|	...	|	|	|	|	1303	|	|	|	1305	|	...	|	1505	...
Chiusi-Chianciano Terme d.	|	|	...	...	1135	|	...	...	...	...	|	...	1254	1254	|	|	→	|	|	|	1335	|	...	|	1535	...
Roma Tiburtina a.	|	|	...	...	|	|	...	...	...	...	|	...	1400	1400	|	1406	...	|	|	|	|	|	...	|	→	...
Roma Termini a.	1155	1220	...	...	1303	1230	...	...	...	...	1308	...	|	|	1330	|	...	1430	1455	1508	1503	1530	...	1555	...	...
Napoli Centrale 640 a.	...	...	...	...	...	1412	...	...	...	...	...	...	1658	1658	...	1636	...	1612	...	...	1736	...	...	...	...	...

	AV 9437 R ✕		ES 9471 R ✕	ICp 591 R		ES 9439 R ✕		IC 705	AV 9441 R ✕ Z	IC 705		IC 1557 ⑤g	ES 9473 R ♀	IC 593		E 823 Z	ES 9443 R ♀	EC 85 R ✕ ◆		IC 715 ◆	IC 595	ES 9475 R ♀	AV 9445 R ✕	IC 595		ES 9477 R ✕
Venezia Santa Lucia 600 d.	...	1157	1238	...	...	...	1257	1323	...	...	1357	...	1438	...	...	...	...	...	1457	1523	...	1538	...	...	1557	1638
Venezia Mestre 600 d.	...	1210	1250u	...	...	...	1310	1335	...	...	1410	...	1450u	...	...	...	...	...	1510	1535	...	1550u	...	...	1610	1650u
Padova 600 d.	...	1233	1308	...	...	...	1333	1357	...	...	1433	...	1508	...	...	...	...	...	1533	1556	...	1608	...	...	1633	1708
Rovigo d.	...	1307	1332	...	...	...	1407	1427	...	...	1507	...	1532	...	...	...	...	...	1607	1623	...	|	...	...	1707	1732
Ferrara d.	...	1332	1351	...	...	...	1432	1447	...	...	1532	...	1551	...	...	...	...	...	1632	1645	...	|	...	...	1732	1751
Milano C 619/30 d.	1200	|	|	...	...	1300	|	|	1400	...	|	1350	|	1405	...	1430	1500	...	|	|	1510	|	1600	...	|	|
Bologna C 619/30 a.	1342	1405	1420	...	...	1442	1505	1516	1542	...	1605	1609	1620	1616	...	1636	1642	...	1705	1716	1716	1725	1742	...	1805	1820
Bologna C d.	1346	...	1424	...	...	1446	...	1520	1546	...	...	1614	1624	1630	...	1640	1646	1652	...	...	1720	1731	1746	...	...	1824
Prato d.	|	...	|	...	...	|	...	1608	|	...	...	1733	|	1718	...	1746	|	1739	...	...	1808	|	|	...	...	|
Firenze Campo di Marte d.	|	...	|	...	...	|	...	1632	|	...	...	1801	|	|	...	1819	|	|	...	...	1832	|	|	...	...	|
Firenze SMN a.	1445	...	1523	...	...	1545	...	|	1645	...	...	|	1723	1738	...	|	1745	1753	...	...	|	1835	1845	...	...	1923
Firenze SMN d.	1453	...	1531	...	...	1553	...	|	1653	←	...	|	1731	...	...	|	1753	1804	...	...	|	1843	1853	←	...	1931
Arezzo d.	|	...	|	←	...	|	...	1703	|	1705	...	|	|	...	...	|	|	1840	...	...	1903	|	|	1905	...	|
Chiusi-Chianciano Terme d.	|	...	|	1535	...	|	...	→	|	1735	...	|	|	...	...	1922	|	|	...	...	→	|	|	1935	...	|
Roma Tiburtina a.	|	...	|	|	...	|	...	...	|	|	...	1945	|	...	...	2042	|	|	...	...	...	|	|	|	...	|
Roma Termini a.	1630	...	1708	1703	...	1730	...	...	1830	1903	...	|	1908	...	...	...	1930	2010	...	...	...	2018	2030	2106	...	2112
Napoli Centrale 640 a.	1812	...	...	1936	...	...	...	...	2012	2136	...	2226p	...	...	...	...	...	...	...	...	...	...	2212	2336	...	...

	T-Biz 9303 R ✕ x	AV 9447 R ✕	E 1921 Z			IC 709 ◆	ES 9313 R ✕ B	ES 9449 R ✕	IC 709 ◆		ES 9481 R ✕	ICp 597 R ◆		ES 9451 R ✕		E 1931 Z		ES 9453 R ✕	E 1991 Z		ICN 751 Z		ICp 599 R	ICN 779 ◆	E 1595 Z	
Venezia Santa Lucia 600 d.	...	...	...	1657	...	...	...	...	...	1757	1836	...	...	...	1857	1903	...	...	...	...	...	1957	...	2122	...	...
Venezia Mestre 600 d.	...	...	...	1710	...	1735	...	...	...	1810	1848u	...	...	...	1910	1916	...	...	...	...	...	2010	...	2206	...	...
Padova 600 d.	...	...	...	1733	...	1756	...	...	...	1833	1904	...	...	...	1933	1941	...	...	...	...	...	2033	...	2230	...	...
Rovigo d.	...	...	...	1807	...	1827	...	...	...	1907	1930	...	...	...	2007	2015	...	...	...	...	...	2107	...	2310	...	...
Ferrara d.	...	...	...	1832	...	1847	...	...	...	1932	1950	...	...	...	2032	2040	...	...	...	...	...	2132	...	2332	...	...
Milano C 619/30 d.	1655	1700	1635	|	...	|	...	1800	...	|	|	1750	...	1900	|	|	...	2000	1940	...	1945	|	2005	...	...	...
Bologna C 619/30 a.	1829	1842	1903	1905	...	1916	...	1942	...	2005	2020	2016	...	2042	2105	2113	...	2147	2225	...	2204	2205	2216	...	...	...
Bologna C d.	1831	1846	1910	...	...	1920	1940	1946	...	...	2024	2030	...	2046	...	2135	...	2151	2233	...	2208	...	2220	...	2226	...
Prato d.	|	|	|	...	...	2008	|	|	...	...	|	2118	...	|	...	|	...	|	|	...	|	...	2320	...	|	...
Firenze Campo di Marte d.	|	|	2102	...	...	2032	|	|	...	...	|	|	...	|	...	2238	...	|	2355	...	2325	...	|	...	2347	...
Firenze SMN a.	|	1945	|	...	...	|	2033	2045	...	...	2123	2131	...	2145	...	...	...	2249	...	...	...	...	2340	...	|	...
Firenze SMN d.	|	1953	|	...	...	|	2043	2053	←	...	2131	2143	...	2153	...	...	...	...	...	...	...	...	...	...	|	...
Arezzo d.	|	|	|	...	...	2103	|	|	2105	...	|	2232	...	|	...	...	...	...	...	...	...	...	...	...	|	...
Chiusi-Chianciano Terme d.	|	|	|	...	...	→	|	|	2145	...	|	...	...	|	...	...	...	...	...	...	...	...	...	...	|	...
Roma Tiburtina a.	|	|	2318	...	...	...	|	|	|	...	|	...	...	|	...	...	...	...	...	...	...	...	...	...	|	...
Roma Termini a.	2100	2130	...	...	...	...	2220	2230	2303	...	2308	...	...	2330	...	...	...	...	...	...	...	...	...	...	|	...
Napoli Centrale 640 a.	...	2312	...	...	...	...	...	...	...	...	...	...	...	...	...	...	...	...	...	...	...	...	...	...	0432	...

◆ – NOTES (LISTED BY TRAIN NUMBER)

85 – MICHELANGELO – (2) and ✕ München - Innsbruck - Verona - Roma.
153 – (2) and ✕ Zürich - Firenze.
235 – ALLEGRO TOSCA – 1,2 cl., 2 cl. (4 berth) and (2) Wien Süd - Villach - Venezia Mestre - Roma.
289 – BRENNER EXPRESS – 1,2 cl. (Excelsior), 2 cl. and (2) München - Firenze.
313 – LUNA – 1,2 cl. and 2 cl. Basel - Roma; 1,2 cl. and 2 cl. Genève Aéroport (311) - Brig - Roma; 1,2 cl. and 2 cl. Zürich (303) - Brig - Roma.
375 – MONTECARLO – 1,2 cl. and 2 cl. (4 berth) Nice (369) - Ventimiglia - Pisa (374) - Firenze - Roma; 1,2 cl. (Excelsior), 1,2 cl., 2 cl. (4/6 berth) and (2) Torino (767) - Genova (369) - Pisa (374) - Firenze - Roma.
577 – SCALIGERO – (2) Verona - Roma.
597 – TACITO – (2) Milano - Terni.
703 – MIRAMARE – (2) Trieste (702) - Venezia Mestre - Napoli.
709 – CANOVA – (2) Udine - Roma.
713 – ADRIATICO – (2) Venezia - Lecce.
715 – MANIN – (2) Venezia - Pescara.
779 – TERGESTE – 2 cl. (4 berth) and (2) Trieste (778) - Venezia Mestre - Lecce; 1,2 cl. (T2), 1,2 cl. and (2) Venezia Santa Lucia (1599) - Mestre - Lecce.
833 – ⑤ (also Aug 14, Oct. 31): (2) Milano - Salerno.
837 – ①②④⑤⑥⑦; also Oct. 31, not Oct. 30 (from Bolzano): 1,2 cl., 2 cl. (4 berth) and (2) Bolzano (925) - Bologna - Napoli.
1135 – ALLEGRO AIDA – ⑤ June 1 - Sept. 7 (from Wien): 1,2 cl., 2 cl. and (2) Wien Süd - Venezia Mestre - Ancona.
1235 – ALLEGRO RIGOLETTO – ④⑥ June 14 - Sept. 29 (from Wien): 1,2 cl. (Excelsior), 2 cl. and (2) Wien Süd - Firenze (1239) - Livorno.
1237 – ALLEGRO ROSSINI – ⑤ June 15 - Sept. 28 (from Wien): 1,2 cl. (Excelsior), 2 cl. and (2) Wien Süd - Roma.
9307 – ⚒: (2) and ♀ Torino - Roma.
9431 – (2) and ✕ Torino - Roma.
9459 – (2) and ♀ Bergamo (9458) - Treviglio - Roma.
9465 – (2) and ♀ Udine - Venezia Mestre - Roma.
9467 – (2) and ✕ Trieste (9466) - Venezia Santa Lucia - Roma.

B – (2) and ✕ Bolzano - Bologna - Roma.
Z – For days of running and composition see Table 640.

g – Also Oct. 31.
p – Napoli Piazza Garibaldi.
r – Firenze Rifredi.
s – Stops to set down only.
u – Stops to pick up only.
w – Ⓐ Sept. 10 - Dec. 7 (not Nov. 2).
x – ⑥ Sept. 10 - Dec. 7 (not Nov. 1, 2, and days before holidays).
⊡ – Supplement payable.

【11】 아래 시각표의 내용에 관하여 다음 질문에 답하시오.

① 파리 드골공항에서 (시내에 들르지 않고) 직접 니스에 갈 수 있는 TGV출발시각은?

② 디즈니랜드 · 파리(유로디즈니)에서 직접 마르세유, 니스로 갈 수 있는 TGV출발 시각은?

③ TGV5102열차의 드골공항에서 니스까지의 열차 소요시간은?

④ 아비뇽에서 니스까지의 거리는?

【12】 다음 물음이 맞으면 O표 틀리면 ×표 하시오.

① TGV9928열차로 아비뇽에서 니스까지 갈 수 있다. (　　)

② 암스텔담에서 마르세유까지 매일 운행하고 있다. (　　)

③ TGV5045열차의 운행구간은 리용–마르세유 간이다. (　　)

④ TGV6175열차는 종착역인 니스에 17:26에 도착한다. (　　)

⑤ TGV는 자유석 차량인 경우 예약 없이도 승차할 수 있다. (　　)

⑥ TGV는 식당차 서비스가 있다. (　　)

PARIS and LYON - MONTPELLIER, MARSEILLE and NICE via high-speed line **350**

km	All *TGV* trains are 🅁	*TGV* 6815 ①-⑤ n	*TGV* 6805 ⑥⑦ v	*TGV* 6801 ①-⑤ n	*TGV* 5355 ⑧ n	*TGV* 6803 ⑥ v	*TGV* 6133 ①-⑤ n	*TGV* 6101 ①-⑤ n	*TGV* 6201 ①-⑤ n	*TGV* 6807	*TGV* 6809 Ⓐ Jy	*TGV* 6103	*TGV* 5301 A	*TGV* 6203	*TGV* 5102 g	*TGV* 6171	*TGV* 5104	*TGV* 6105 ①-⑥	*TGV* 6205 F	*TGV* 6205 G	*TGV* 6811 ⑥⑦ v	*TGV* 6809 ①-⑤ Ky	*TGV* 6813	*TGV* 6107
	Brussels Midi 11 ..... d.	...	...	...	...	...	...	...	...	...	...	...	...	...	...	...	...	...	...	...	...	...	...	...
	Lille Europe 11 ..... d.	...	...	...	...	...	...	...	...	...	...	...	...	...	0559	...	0626	...	...	...	...	...	...	...
	Charles de Gaulle ✈ ..... d.	...	...	...	...	...	...	...	...	...	...	...	...	...	0654	...	0731	...	...	...	...	...	...	...
	Marne la Vallée-Chessy § .. d.	...	...	...	...	...	...	...	...	...	...	...	...	...	0711	...	0747	...	...	...	...	...	...	...
0	**Paris Gare de Lyon** ..... d.	...	...	...	...	...	0604	0620	0624	...	...	0720	...	0724	|	0754	|	0820	0824	0824	...	...	...	0920
	Genève 348 ..... d.	...	...	...	...	...	|	|	|	0640	...	|	...	|	|	|	|	|	|	|	...	...	...	|
	Dijon 373 ..... d.	...	...	0515	...	...	|	|	|	|	...	|	...	|	|	|	|	|	|	|	0820	...	0653x	|
	Lyon Part Dieu ..... d.	0625	0640	0700	0705	0710	|	|	|	0825	0845	|	...	|	0906	|	0941	|	|	|	1011	1015	1039	|
527	Valence TGV ..... d.	|	0719	0743	|	0748	|	|	0837	0902	|	|	...	0939	0947	|	1019	|	|	|	|	|	1118	|
657	Avignon TGV ..... d.	0738	0755	0820	|	|	|	0859	|	0937	0952	1000	1006	|	1020	1034	|	|	|	|	1123	1123	|	|
686	Nîmes 355 ..... d.	|	|	|	0832	0838	|	|	0926	|	|	|	|	1027	|	|	1105	|	|	|	|	|	1205	|
736	**Montpellier 355** ..... a.	|	|	|	0856	0902	|	|	0953	|	|	|	|	1053	|	|	1131	|	1143	1143	|	|	1233	|
	Sète 355 ..... a.	|	|	|	|	|	|	|	...	|	|	|	|	...	|	|	|	|	|	1202	|	|	...	|
	Agde 355 ..... a.	|	|	|	|	|	|	|	...	|	|	|	|	...	|	|	|	|	|	1218	|	|	...	|
	Béziers 355 ..... a.	|	|	|	0942	0942	|	|	...	|	|	|	|	...	|	|	1215	|	1226	1233	|	|	...	|
	Narbonne 355 ..... a.	|	|	|	1001	0959	|	|	...	|	|	|	|	...	|	|	1246	|	|	1250	|	|	...	|
	Toulouse 321 ..... a.	|	|	|	1121	|	|	|	...	|	|	|	|	...	|	|	1408	|	|	|	|	|	...	|
	Perpignan 355 ..... a.	|	|	|	...	1035	|	|	...	|	|	|	|	...	|	|	...	|	1323	1325	|	|	...	|
731	Aix en Provence TGV ..... d.	0804	|	|	...	...	0902	|	...	1000	1017	|	1033	...	|	1058	...	|	...	...	1148	1148	...	|
750	**Marseille St Charles** ..... a.	0816	0825	0850	...	...	|	0927	...	1014	1029	1035	1046	...	1050	|	...	1120	...	...	1200	1200	...	1220
750	**Marseille St Charles 360** ..... d.	0828	0839	...	...	...	|	...	...	...	...	...	...	...	1102	|	...	...	...	...	...	...	...	...
817	Toulon 360 ..... a.	0909	0919	...	...	...	0949	...	...	...	...	...	...	...	1140	1146	...	...	...	...	...	...	...	...
885	Les Arcs-Draguignan 360 ..... a.	|	|	...	...	...	...	...	...	...	...	...	...	...	|	1223	...	...	...	...	...	...	...	...
911	St Raphaël-Valescure 360 ..... a.	1003	1018	...	...	...	...	...	...	...	...	...	...	...	1228	1241	...	...	...	...	...	...	...	...
944	Cannes 360 ..... a.	1029	1043	...	...	...	...	...	...	...	...	...	...	...	1256	1305	...	...	...	...	...	...	...	...
955	Antibes 360 ..... a.	1042	1056	...	...	...	...	...	...	...	...	...	...	...	1308	1317	...	...	...	...	...	...	...	...
975	**Nice 360** ..... a.	1100	1114	...	...	...	...	...	...	...	...	...	...	...	1325	1334	...	...	...	...	...	...	...	...

	TGV 6207	*TGV* 5110 ⑧ n	*TGV* 6173	*TGV* 9928 B	*TGV* 5148 M⊗	*TGV* 5112	*TGV* 6109 ▣	*TGV* 5312 N	*TGV* 5110 ⑤ v	*TGV* 5316 H	*TGV* 6111	*TGV* 6209	*TGV* 6175 ⊕ w	*TGV* 5405 S	*TGV* 9826	*TGV* 5164	*TGV* 5318 R	*TGV* 6816	*TGV* 6113	*TGV* 6211	*TGV* 6211 D	*TGV* 9833	*TGV* 5115	*TGV* 6177
Brussels Midi 11 ..... d.	...	...	...	0832	...	...	...	...	...	...	...	...	...	...	1028	...	...	...	...	...	...	1128	...	...
Lille Europe 11 ..... d.	...	0712	...	|	...	0849	...	...	0836	...	...	...	...	...	|	1038	...	...	...	...	...	1215	1215	...
Charles de Gaulle ✈ ..... d.	...	0840	...	|	...	0945	...	...	1010	...	...	...	...	...	1150	1150	...	...	...	...	...	1310	1310	...
Marne la Vallée-Chessy § ... d.	...	|	...	|	...	1001	...	...	|	...	...	...	...	...	1203	1203	...	...	...	...	...	|	|	...
Paris Gare de Lyon ..... d.	0924	|	0934	|	...	|	1020	...	|	...	1120	1124	1150	...	|	|	...	...	1320	1324	1324	|	|	1350
Genève 348 ..... d.	|	|	|	|	...	|	|	...	|	...	|	|	|	...	|	|	...	1240	|	|	|	|	|	|
Dijon 373 ..... d.	|	|	|	|	1002	|	|	...	|	...	|	|	|	...	|	|	...	|	|	|	|	|	|	|
Lyon Part Dieu ..... d.	|	1046	|	|	1145	1156	|	1207	1211	1241	|	|	|	1322	|	|	1341	1441	|	|	|	1511	1515	|
Valence TGV ..... d.	1138	1130	|	1159	|	|	|	1244	1250	1318	|	1338	|	|	1411	1411	1417	1520	|	1538	1538	1553	|	|
Avignon TGV ..... d.	|	1204	|	1233	1252	|	1300	1318	1324	1354	1401	|	|	1434	1445	1445	1451	|	1559	|	|	|	|	|
Nîmes 355 ..... d.	1226	|	|	|	|	1320	|	|	|	|	|	1427	|	|	|	|	|	1608	|	1626	1626	1638	|	|
Montpellier 355 ..... a.	1303	|	|	|	|	1349	|	|	|	|	|	1454	|	|	|	|	|	1635	|	1653	1653	1705	|	|
Sète 355 ..... a.	...	|	|	|	|	...	|	|	|	|	|	1519	|	|	|	|	|	...	|	...	1712	1724	|	|
Agde 355 ..... a.	...	|	|	|	|	...	|	|	|	|	|	1535	|	|	|	|	|	...	|	...	1732	1739	|	|
Béziers 355 ..... a.	...	|	|	|	|	...	|	|	|	|	|	1550	|	|	|	|	|	...	|	...	1747	1753	|	|
Narbonne 355 ..... a.	...	|	|	|	|	...	|	|	|	|	|	1606	|	|	|	|	|	...	|	...	1803	1809	|	|
Toulouse 321 ..... a.	...	|	|	|	|	...	|	|	|	|	|	|	|	|	|	|	|	...	|	...	|	|	|	|
Perpignan 355 ..... a.	...	|	|	|	|	...	|	|	|	|	|	1645	|	|	|	|	|	...	|	...	1839	1844	|	|
Aix en Provence TGV ..... d.	...	1228	1235	|	|	...	|	|	1347	|	1425	...	|	1458	|	|	1515	...	1622	...	...	...	1639	|
Marseille St Charles ..... a.	...	1240	|	1300	1322	...	1329	1347	1358	1424	1437	...	|	1510	1518	1518	1528	...	1635	...	...	...	1652	|
Marseille St Charles 360 ..... d.	...	...	|	...	1334	...	1341	...	...	...	...	...	|	...	1532	1532	...	...	...	...	...	...	...	|
Toulon 360 ..... a.	...	...	|	...	1415	...	1421	...	...	...	...	...	1532	...	1615	1615	...	...	...	...	...	...	...	1729
Les Arcs-Draguignan 360 ..... a.	...	...	|	...	|	...	...	...	...	...	...	...	|	...	1649	1649	...	...	...	...	...	...	...	1804
St Raphaël-Valescure 360 ..... a.	...	...	1415	...	1508	...	...	...	...	...	...	...	1621	...	1705	1705	...	...	...	...	...	...	...	1822
Cannes 360 ..... a.	...	...	1442	...	1534	...	...	...	...	...	...	...	1646	...	1731	1731	...	...	...	...	...	...	...	1847
Antibes 360 ..... a.	...	...	1455	...	1547	...	...	...	...	...	...	...	1702	...	1745	1745	...	...	...	...	...	...	...	1859
Nice 360 ..... a.	...	...	1516	...	1605	...	...	...	...	...	...	...	1726	...	1806	1806	...	...	...	...	...	...	...	1915

A – 🚃 Toulouse - Montpellier - Marseille (Table 355).
B – ⑥ June 23 - Aug. 25. *Thalys* train. Calls at Valence/Avignon to set down only. For portion from Amsterdam see Table 11.
D – June 22 - Aug. 25.
F – To June 22/from Aug. 27.
G – June 23 - Aug. 26.
H – 🚃 Le Havre - Rouen - Lyon - Marseille (Table 335).
J – To July 6/from Aug. 27.
K – July 9 - Aug. 24.
M – From Metz (Table 392).
N – From Nantes via Massy TGV (Table 335).
R – From Rennes via Massy TGV (Table 335).
S – From Strasbourg (Table 384).
g – Terminates at St Raphaël on ④ Sept. 10 - Nov. 3.
n – Not Nov. 1.
v – Also Nov. 1.
w – To Ventimiglia (Table 360).
x – ①④ (also Nov. 1).
y – From Melun (Table 370).
TGV – 🅁, supplement payable, 🍷.
▣ – Extends to Hyères on dates in Table 360.
⊕ – Subject to alteration on Sept. 22 beyond St Raphaël.
⊗ – Subject to alteration on Nov. 20, 22.
§ – Station for Disneyland Paris.

【여행사실무문제 11】

【1】 날씨가 좋아, 선박 대신에 제트익선(翼船)이, 도버 · 웨스턴 도크에서 출항할 때,

a) 12월 6일(일요일) 런던 (①)역 출발시각은 (②)이다.

b) 11월 10일(화요일)의 빅토리아역 출발시각은 (③)이다.

【2】 12월 22일(일요일)의 빅토리아역 출발시각은 ( )이다.

【3】 오스텐데를 출발한 열차의 행선지는 표의 순서에 스위스의 (① 도시명), (② 도시명), 이탈리아의(③ 도시명), 그리고 스위스의 (④ 도시명)이다.

【4】 런던을 출발하여 가장 많은 나라를 달리는 차량은 직통열차 299호로 바젤에서 291호로 접속하여, (① 국명), (② 국명), (③ 국명), (④ 국명), (⑤국명)의 5개국을 달리고 있다.

【5】 직통열차 299호는 런던의 (①)역발, 부뤼셀의 (②)역, (③)역을 경유하여, 바젤에서는 (④)역 착이다. 바젤 (⑤)역에서는 4개 경로로 분산된다.

Table 16 THROUGH SERVICE

OOSTENDE - MILANO

No connection London - Oostende or v.v.on Dec.25.

Train 299 arr.	dep.		Train 298 arr.	dep.
......	1300c	London (Victoria) 52.	1504a	......
1424	1500b	Dover Western Docks	1300	1340
1945b	2053	Oostende 52	0854	1000
2210	2223	Brussels (Midi) 206	0727	0738
2228	2231	Brussels (Nord) 206	0715	0721
2312	2316	Namur 218	0623	0628
0106	0118	Luxembourg 218	0433	0445
0144	0149	Thionville 176	0401	0409
0209	0215	Metz 176†	0331	0341
0342	0352	Strasbourg 176†	0155	0206
0451	0457	Mulhouse 176†	0046	0054
0520	......	Basel (SNCF) 176†	......	0024a
Train	1955		Train	198
......	0554	Basel(S.B.B) 268	2302	......
0700	0710	Zurich(Hbf.) 268	2150	2200
0841	......	Chur 268	......	2027
Train	291		Train	200
......	0608	Basel(S.B.B.)277	2357	......
0712	0720	Luzern 277	2244	2252
0953	0956	Lugano 277	2001	2005
1018	1035	Chiasso 277	1850r	1939
1120	......	Milano (Cent.) 277	......	1800r
Train	499		Train	496
......	0550	Basel (S.B.B.) 260	2310	......
0709	0720	Bern 260	2140	2151
0751	0754	Spiez 260	2106	2109
0859	......	Brig 200	......	2001
Train	1606		Train	1647
......	0623	Basel (S.B.B.) 266	2337	......
0847	0853	Lausanne 266	2107	2121
1048	......	Brig 251	......	1911

NOTES for Table 16→

NOTES FOR TABLE 16

1, 2 cl. (T2) Oostende - Milano and v.v.
1, 2 cl. Oostende - Bern - Brig and v.v.
2 cl. and (2) Oostende - Milano and v.v.
2 cl. Oostende - Chur and v.v.
(1)(2) Oostende - Basel and v.v.
Basel - Chiasso and X Chiesso - Basel.
Basel - Bern - Brig and Basel - Chur and v.v.
Sats. Dec. 19 - Apr.16 (also Dec.4,11,Apr.22,29) : 2 cl. Oostende - Lausanne - Brig.
Suns. Dec. 20 - Apr. 17 (also Dec.5,12, Apr. 23, 30) : 2 cl. Brig - Lausanne - Oostende.
Daily, Dec.18 - Apr. 16: 2 cl. Oostende - Bern - Brig.
Daily, Dec.19 - Apr. 17: 2 cl. Brig - Bern - Oostende.
Daily, Dec.18 - Apr. 17: 1,2 cl. Oostende - Chur.
Daily, Dec.17 - Apr. 16: 1,2 cl. Chur - Oostende.

a - arr. 1523 on ⑥⑦
b - Ship replaced by jetfoil (weather permitting) Oct. 25 - Dec. 16 and Jan.4 - Mar. 26 - see Table 53.
c - Dep.1245 on Sats. and Suns. Dep. 1330(1310 on Sats. and Suns.) on days when ship replaced by jetfoil (see note b).
e - Brig and Chur cars dep. 0001 on Dec. 19 - 22, 27. Jan. 2, 3, Feb. 20, 21, Apr. 3, 4, 10, 17.
r - Train 296 from Milano to Chiasso.
† - On Monday to Thursday nights. Sept. 28 - Dec. 10 and Apr. 18 - May 26. trains 396/9 Calais - Milano and trains 298/9 Oostende - Milano will be com- bined between Metz and Basel in the following times:

Train 1299 arr.	dep.		Train 1298 arr.	dep.
......	0221	Metz	0331	......
0346	0352	Strasbourg	0158	0206
0453	0458	Mulhouse	0053	0057
0520	......	Basel(SNCF)	......	0031

【여행사실무문제 12】

【1】 모스크바에서 로마까지의 열차는 애칭 (　　　)로 불리고 있다

【2】 모스크바에서 헝가리의 (①)까지는 2등 (②)클래스로 플라스틱이나 가죽을 씌운 좌석이며, 야간이 되면 (③)로 변한다.

【3】 (　①　)요일과 (　②　)요일을 제외하고 매일, 모스크바에서 로마까지는 러시아형(型)인 (　③　) 등의 침대차가 연결되어 있다.

【4】 모스크바의 키예프역을 23:59에 출발하여, 출발한 날을 1일째로 계산하면, (①)일째에 로마의 (②)역에 도착한다.

Table 89

MOSKVA - BUDAPEST - ROMA

TISZA EXPRESS/MAESTRAL

Day		arr.	dep.		arr.	dep.		Day
A	15	....	2359	Moskva(Kiev Stn.)864	0628	....		D
B		1119	1136	Kiev 864	1904	1918		C
B		2053	2114	Lvov 864	1007	1022		│
C		0150	0355	Cop (Moskva T.) 806	0345	0524	16	│
│	15	0230	0310	Zahony (Hu.T.) 806	0035	0110		C
│		0441	0447	Debrecen 806	2302	2307		B
│	204	0758	1315	Budapest(Keleti) 806	1445	2015	16	│
│		1705	1805	Gyékényés 805	1010	1045		│
C	260	1940	2155	Zagreb 781,805	0640	0758	205	│
D		0025	0045	Liubliana 783	0400	0420		│
│		0240	0350	Sezana 783	0119	0210		B
│	260	0510	0650	Trieste 390	2349	0022		A
│	753	0906	0952	Venezia (S.L) 390	2044	2140	261	│
D		1625	....	Roma (Termini) 374	....	1340	754	A

Daily : U.S.S.R sleeping and hard cars Moskva - Budapest and v.v.
Daily except Tues. and Suns : 1.2 cl. (U.S.S.R) Moskva - Roma.
Daily except Thurs. and Sats. : 1.2 cl. (U.S.S.R) Roma - Moskva.
Tues., Thurs.,and Suns.: 1.2 cl. (U.S.S.R) Moskva - Zagreb.
Weds., Fris.and Suns: 1.2 cl. (U.S.S.R) Zagreb - Moskva.
Daily : U.S.S.R hard cars Kiev - Budapest and v.v.
Daily : Budapest - Zagreb - Roma and v.v.
Daily : x (Hungarian) and Budapest - Gyékenyés and v.v.

【5】 15, 204, 260, 753 등은 (①)로, 모스크바의 초프(Cop)가 러시아 (②)역이다. 자호니(Zahony) 국경역에서 지케니셰(Gyekenyes)국경역까지가 (③ 국명)에서, 유고슬라비아의 세자나(Sezana)국경역을 거쳐 (④ 국명)에로 열차는 운행되고 있다.

【6】 베네치아 (①)역 390이란 (②)390에 베네치아~토리에스테 부근의 상세한 다이어그램이 기재되어 있는 것을 의미한다.

【7】 러시아령의 초프역을 출발한 열차번호 15번의 출발시각은 03:55으로, 특히 주의서(注意書)가 없는 한 (①)시간으로 나타나 있다. 따라서 초프~자호니역 간의 소요시간은 우선 모스크바 통상기 · 通常期(GMT +3), 헝가리 통상기(GMT +1)이므로 출발시각은 GMT(②), 도착시각은 GMT(③)이며, 소요시간은 (④)분이 된다.

【8】 모스크바에서 키에프까지의 소요시간은 (①)시간 (②)분이다.

【여행사실무문제 13】

【1】 런던에서 파리까지는 (①)과 (②)를 사용한다 철도는 1, 2등 좌석열차, 호버크라프트는 (③)등급 뿐이다

【2】 날씨가 나빠서 호버크라프트의 운항이 없을 때에는, 승객은 테이블 1004에 나와 있는 (①)로 갈아탄다. 카페리의 도착시각에 접속열차의 시각을 맞추기 때문에 최종 도착역의 (②)역에의 도착시각도 늦어진다.

【3】 런던에서 파리까지 12월 10일에는 하루에 ( )편 운행되고 있다.

【4】 런던에서 파리까지 3월 28일에는 하루에 ( )편 운행되고 있다.

【5】 런던에서 열차로부터 내려서 호버크라프트를 탈 때까지의 사이에는 (①)이 운행되고 있으며, 요금은 (②)료이다.

【6】 런던을 3월 10일 3:00에 출발하여 프랑스측의 부로뉴 호버 포트에 16:45에 도착한 편의 소요시간은 영국(GMT), 프랑스(GMT +1)이기 때문에 (①)시간 (②)분이다.

Table 49 **LONDON - PARIS by Rail and Hovercraft**

1.2 class rail one class hovercraft

British and French Rlys. and Hoverspeed

E	B	D	C	D	Rail	E	B	D	C	D
0745	1000	1200	1300	1500	dep. London (Victoria) ... arr.	1353	1553	1753	1853	2053
0912	1125	1325	1425	1625	arr. Dover Priory † ... dep.	1225	1425	1620	1725	1925
					Hovercraft					
1000	1205	1405	1505	1705	dep. Dover Hoverport (British Time) ... arr.	1145	1345	1545	1645	1845
1135	1345	1545	1645	1845	arr. Boulogne Hoverport (French Time) ... dep.	1205	1405	1605	1705	1905
2020	2022	2028	2036	2046		2009	2017	2023	2025	2029
h	h	h	h	h	**Rail**	h	h	h	h	h
1200	1410	1609	1710	1913	dep. Boulogne Hoverport ... arr.	1140	1340	1530	1640	1845
1311	1521	1716	1827	2020	arr. Amiens ... dep.	1029	1233	1422	1529	1729
1418	1632	1826	1929	2124	arr. Paris (Nord) ... dep.	0920	1125	1315	1420	1625

B - Daily except Dec.25 and 26.
C - Daily to Mar.26.except Dec. 25 and 26.
D - Daily from Mar. 27 next year.
E - Oct.25 - Nov.2, Dec.18 - 24,27 - 31, Jan.1 - 4 and from Mar.27.
h - Turbotrain 1.2 cl. Boulogne Hoverport - Paris Nord and v.v.
† - Free Bus service between Dover Priory and Dover Hoverport.
If weather conditions interrupt the hovercraft service, passengers are transferred to the next car ferry shown in Table 1004 and the trains are retimed to maintain the connections, with correspondingly later arrivals at destination.

【여행사실무문제 14】

【1】 도쿄에서 뉴욕의 직행편을 운항하고 있는 회사는?

【2】 직행편은 모두 (   )공항에 도착한다.

【3】 논스톱으로 운항하고 있는 것은 (①)편인데, 이 편을 이용하여 4월 30일 도쿄를 출발하려 하면 출발시각은 (②) 도착시각은 (③)이 된다.

【4】 4월 30일(화요일) 출발하는 직행편을 예약하려고 했으나, 어떤 비행기도 만원으로 예약이 안되어 대체안으로서 연결편을 이용하여 당일에 도착하기로 하였다. 이 경우 연결지점을 샌프란시스코로 하면 (①)편으로 연결지점까지 가서 (②)편으로 연결하면 좋다. 이 경우 뉴욕 도착시각은 (③)이 된다. 또한 (④)을(를) 연결지점으로 선택해도 같은 날 도착할 수 있다.

```
To NEW YORK N.Y/NEWARK, N.J.   USA                          NYC
  ALSO SEE LONG ISLAND MACARTHUR NY
FROM TOKYO, JAPAN 8092/6751                                 TYO
   PA 1F                      JPY  346100    692200
   NW 1F                      JPY  310600    621200
   JL 1F                      JPY  334500    669000
      1F                      JPY  310600    621200
      4F                      JPY  623700   1247400
   PA 1Y                      JPY  231500    463000
   NW 1Y                      JPY  207200    414400
   JL 1Y                      JPY  222000    444000
   JL 3Y                      JPY  202800    405600
      1Y                      JPY  207200    424400
      4Y                      JPY  371500    743000
   NW EX/6120     14-21 DAY 1YE    JPY 405300
   NW EX/6140 GIT 14-35 DAY 1YE    JPY 379600
   JL/EX6120      14-21 DAY 1YE    JPY 405300
   JL/6140 GIT    14-35 DAY 1YE    JPY 379600
          1 VIA PACIFIC
          2 PA SPECIAL ECONOMY CLAS FARE
          3 JL SPECIAL ECONOMY CLASS FARE
          4 VIA ATLANTIC

D-26APR       1000  NRT  1015    JFK  JL   006   FY   D10  1
E-27APR       1000  NRT  1115    JFK  JL   006   FY   D10  1
E-27APR       1550  NRT  1820    JFK  NW     4   FY   747  1
D-26APR X14   1645  NRT  1757    JFK  NW     4   FY   747  2
D-26APR 14    1645  NRT  1929    JFK  NW     4   FY   747  2
E-27APR       1800  NRT  2030    JFK  NW     8   FY   747  1
D-26APR       1845  NRT  1710    JFK  PA   800   FCY  74L  0
E-27APR       1845  NRT  1816    JFK  PA   800   FCY  74L  0
D-26APR       1900  NRT  2015    JFK  NW     8   FY   747  1
                      CONNECTIONS
D-11MAR 4     1450  NRT  1720    SEL  CX   450   FY   747  0
              2100  SEL  1910    LAX  KE   006   FY   747  1
              2200  LAX  0542+1  EWR  TW    16   FnYn L10  0
E-11MAR 4     1450  NRT  1720    SEL  CX   450   FY   747  0
              2100  SEL  1910    LAX  KE   006   FY   747  1
              2200  LAX  0551+1  JFK  AA    10   FnYn 747  0
E-1APR        1630  NRT  0840    SFO  JL   004   FY   747  0
              1200  SFO  2010    JFK  AA    16   FY   D10  0

E-1APR        1720  NRT  1000    LAX  JL   062   FY   747  0
              1200  LAX  1955    EWR  AA    26   FY   707  0
E-1APR        1720  NRT  1000    LAX  JL   062   FY   747  0
              1200  LAX  2000    JFK  UA     8   FY   747  0
E-1APR 26     1720  NRT  1930    SEL  KE   705   FY   AB3  0
              2130  SEL  2020    LAX  KE   006   FY   D10  1
              2200  LAX  0542+1  EWR  TW    16   FnYn L10  0
E-2APR 7      1720  NRT  1930    SEL  KE   001   FY   747  0
              2130  SEL  2020    LAX  KE   006   FY   D10  1
              2200  LAX  0542+1  EWR  TW    16   FnYn L10  0
E-1APR 26     1720  NRT  1930    SEL  KE   705   FY   AB3  0
              2130  SEL  2020    LAX  KE   006   FY   D10  1
              2200  LAX  0551+1  JFK  AA    10   FnYn 747  0
E-2APR 7      1720  NRT  1930    SEL  KE   001   FY   747  0
              2130  SEL  2020    LAX  KE   006   FY   D10  1
              2200  LAX  0551+1  JFK  AA    10   FnYn 747  0
```

【5】 출발지와 목적지의 도시코드는?

① ____________________,

② ____________________

【여행사실무문제 15】

【1】 출발지와 도착지의 도시코드는? __________, __________.

【2】 방콕에서 프랑크푸르트까지의 실제거리는 얼마인가?________마일.

【3】 월요일 출발하는 직행편 중 가능한 한 도중하기 횟수가 적은 항공편을 원할 때 어느 편이 적당한가?______________편

【4】 출발지의 통화 코드는?_____

【5】 방콕에서 프랑크푸르트까지의 이등석 왕복운임은 얼마인가?__________

【6】 승객이 코펜하겐을 경유하여 여행하고자 할 때 이용가능한 항공편은?_______,______

【7】 도착시간 뒤의 +1은 무엇을 나타내는가?

【8】 TG 920편에는 *표시가 있다. 이는 무엇을 의미하는가? 이를 참고로 하여 ⓐ의 내용을 설명하시오.

【9】 방콕에서 프랑크푸르트까지 직행편은 일주일에 몇 편이나 운항하는가? ________편

【10】 TG 920편은 도중에 몇 번 쉬어 가는가? ________번

To FRANKFURT, FED.REP.GERMANY **FRA**

From BANGKOK, THAILAND 7273/5675 **BKK**

FARES: THB

F40410 80820 Y 23440 46880

EX/5006 YE 27690

36	0005	0910	SQ	26	FJY	747	1
		SQ 26 SLEEPER SERVICE AVBL					
3	2200	0620+1	TG	912	FCY	747	1
5	2200	0840+1	QF	5	PJY	747	2
26	2250	0700+1	LH	645	FYM	D10	1
		LH 645 SLEEPER SERVICE AVBL					
57	2250	0700+1	LH	661	FYM	D10	1
		LH 661 SLEEPER SERVICE AVBL					
3	2250	0730+1	LH	665	FYM	D10	1
		LH 665 SLEEPER SERVICE AVBL					
246	2330	0745+1	TG	920	FCY	*	1
		TG 920 747 BOM D10 ⓐ					
1	2330	0745+1	PR	730	FCY	747	1
4	2330	0750+1	PR	740	FCY	D10	1
5	2345	0745+1	PR	734	FCY	747	1
1	2350	0935+1	GA	882	FCY	747	2

CONNECTIONS

7	0115		0415	KHI	PK 763	FY	747	0
	0600	KHI	1225		PK 737	FY	747	1
7	0105		0445	KWI	KU 412	FY 7	47	0
	1115	KWI	1755		KU 143	FY	707	1
1	0330		0640	KHI	PK 767	FY	707	0
	2345	KHI	0345+1		PK 703	FY	D10	2
1	1745		0430	SYO	SU 552	FY	L6	1
	0855	SYO	1010+1		SU 259	FY	L6	0
3	1930		0600	BRU	SN 274	FY	D10	1
	0720	BRU	0825+1		LH 101	FY	737	0
7	2055		0600	BRU	SN 272	FY	D10	1
	0720	BRU	0825+1		LH 101	FY	737	0
	2210		0345	BOM	AI 315	FCY	747	1
	0600	BOM	1640+1		AI 135	FCY	747	2
17	2335		0755	FCO	SQ 24	FJY	747	1
	1045	FCO	1240+1		AZ 422	CY	D10	0
2	2350		0300	KHI	PK 761	FY	747	0
	0615	KHI	1045+1		PK 731	FY	747	0
357	2355		0525	CPH	SK 972	FCM	74M	0
	0935	CPH	1100+1		SK 631	CM	D10	0

【여행사실무문제 16】

【1】 다음 ABC를 보고 물음에 답하라. (From FRA to PAR, GVA ⇒ 자료1 참조)

1. 파리의 도착시각 우측에는 (ⓐ), 또는 (ⓑ)의 공항코드가 표시되어 있는데, 제네바 착에는 표시가 없다. 이것은 제네바공항 (ⓒ 코드명) 이외에 국제공항이 없기 때문으로 이는 마찬가지로 출발공항에도 적용된다.
2. 4월 1일(일) 프랑크푸르트에서 파리에 가는 직행편은 (　　)편이다.
3. 3월 30일 이후는 프랑크푸르트에서 파리로 가는 직행편의 할증 1등석은 주에 (　　)편밖에 운행되지 않는다.
4. 프랑크푸르트발 LG306편에서 환승하여 파리에 갈 때에는 (ⓐ)에서 (ⓑ)편으로 환승하여 (ⓒ)공항에 도착한다.
5. 프랑크푸르트에서 가능한 한 오전 중 늦은 시각에 제네바로 출발하려면 (ⓐ)시 (ⓑ) 분발의 (ⓒ 편명)에 탑승하지 않으면 안 된다.
6. 프랑크푸르트발 LX563편에서 환승하여 제네바에 갈 때는 (　　　지명)에서 환승하지 않으면 안 된다.
7. LX563편을 이용하는 경우 (　　　)분전까지 체크인 수속을 마치지 않으면 안 된다.
8. LX563편을 이용하기 위해서는 Main Station에서 철도로 공항으로 향하면 늦어도 (ⓐ)시 (ⓑ)분에는 열차에 타고 있지 않으면 안 된다.

【2】 다음 ABC를 보고 물음에 답하라. (From BRU to TYO ⇒ 자료2 참조)

1. 4월 5일(금)에 브뤼셀발 SN 261편은 (ⓐ)가 출발시각이며, 4월 (ⓑ)일의 (ⓒ 시각)에 도쿄에 도착한다. 비행소요시간은 (ⓓ)시간 (ⓔ)분이다.
2. 3월 11일(일)에 브뤼셀발 SR 883편은 (ⓐ)이 출발시각이며, (ⓑ 지명)에 (ⓒ 시각)에 도착하여, (ⓓ 시각)에 동 공항을 (ⓔ 항공사코드) 편으로 출발하여 3월 (ⓕ)일의 (ⓖ 시각)에 (ⓗ 지명)에 도착한다. 두 번째 환승지점인 (ⓘ)을 (ⓙ 시각)에 출발하여, 최종적으로 나리타에는 3월 (ⓚ)일 20:00에 (ⓛ 항공사코드)편으로 도착한다. 두 번의 환승을 포함, 브뤼셀을 출발하여 나리타까지 (ⓜ)시간 (ⓝ)분 걸린다.

3. 브뤼셀의 공항명은 (   )이다.
4. 브뤼셀의 시내에서 공항까지의 거리는 (   )Km이다.
5. 문2의 SR편에 탑승하기 위해서는 브뤼셀공항에서 출발예정시각의 최소한 (①) 분전까지 체크인을 종료하지 않으면 안 된다. 즉 3월 11일(일요일)에 SR883편을 이용하는 승객은 (②)시까지는 체크인 하지 않으면 안 된다.

〈자료-1〉

FROM FRANKFURT FRG (FRA)
+0100(+0200 From 29 March)

APT FRANKFURT INTERNATIONAL (FRA) 6mls/10kms SW of Frankfurt. General check-in 30mins except AC 60, AF 25, AH 60, AI 3hrs, AR, AT 2hrs, AV 60, AZ 25, BZ 30, CA, CX 90, DG, DL 45, ET 60, GA 90, GF 45, HM 60, IQ, IR 3hrs, JL 45, JU 90, KE 2hrs, KL 20, KM, KQ 60, LH to Tel Aviv 60, LN 3hrs, LO 35, LY 3hrs, LZ, MA, ME, NW 60, OS 45, PA 60, PK, PR, PZ 2hrs, QF 60, RB, RG, RJ 2hrs, RO 45, SA 60, SN 35, SQ, SU 60, SV 2hrs, TG 60, TK 45, TW, UL, UM, UY 60, VB 45, WO 60.

STR To FRANKFURT INTERNATIONAL AIRPORT
RAIL
S-Bahn Service S15 from Main Station (Hauptbahnhof). Journey Time 10mins.
S-Bahn Service S14 from City Centre (Konstablerwache). Calls at Hauptwache and Main Station (Hauptbahnhof). Journey Time 16mins.
S-Bahn Service S14 from Wiesbaden. Calls at Mainz and Russelsheim. Journey Time from Wiesbaden 44mins.
The Airport Rail Station is part of the German Inter-City network.
BUS
Regular bus services from Sprendlingen, Neu-Isenburg, Kelsterbach, Russelsheim and Offenbach.

AALBORG (AAL)

From	To	Days	Dep	Arr	Flight	Eqpt	Class	Stops
-	27Mar	12345	0800	1025 CPH	SK630	D9S	CMB	0
			1125 CPH	1205	DX207 /SK207	D9S	Y	0

PARIS FRANCE (PAR) ORY-ORLY CDG-C DE GAULLE

From	To	Days	Dep	Arr	Flight	Eqpt	Class	Stops
30Mar	-	1	0715	0830 CDG	TG934	747	PJY	0
-	23Mar	1	0720	0830 CDG	TG934	747	PJY	0
-	-	123456	0800	0910 CDG	AF741	737	CYBK	0
29Mar	-	1234567	0850	1000 CDG	LH1742	310	FCM	0
-	28Mar	1234567	0855	1005 CDG	LH110	310	FCMK	0
-	28Mar	123 56	0945	1055 CDG	AF743	72S	CYBK	0
-	28Mar	6	0945	1105 ORY	PK711	74M	FCY	0
-	29Mar	4 7	0945	1055 CDG	AF743	737	CYBK	0
30Mar	-	12345	0945	1055 CDG	AF743	72S	CYB	0
4Apr	-	6	0945	1055 CDG	AF743	737	CYB	0
5Apr	-	7	0945	1055 CDG	AF743	737	CYBK	0
4Apr	-	6	1100	1220 ORY	PK711	74M	FCY	0
-	25Mar	3	1145	1305 ORY	PK781	747	FCY	0
-	27Mar	5	1150	1310 CDG	AI129	747	FCY	0
1Apr	-	3	1230	1350 ORY	PK781	747	FCY	0
-	28Mar	1234567	1250	1400 CDG	LH112	727	FCM	0
29Mar	-	1234567	1250	1400 CDG	LH1744	727	FCM	0
3Apr	-	5	1305	1425 CDG	AI129	747	FCY	0
-	22Mar	7	1515	1635 CDG	AI155	747	FCY	0
-	25Mar	3	1615	1735 CDG	AI165	747	FCY	0
-	-	1234567	1615	1725 CDG	AF747	737	CYB	0
-	28Mar	1234567	1650	1800 CDG	LH114	310	FCMK	0
29Mar	-	1234567	1650	1800 CDG	LH1746	310	FCM	0
-	25Mar	3	1700	1755 ORY	AR121	747	PCY	0
29Mar	-	7	1710	1830 CDG	AI155	747	FCY	0
1Apr	-	3	1710	1830 CDG	AI165	747	FCY	0
1Apr	-	3	1800	1855 ORY	AR121	747	PCY	0
-	28Mar	6	1955	2110 CDG	AV011	747	FCY	0
-	29Mar	5 7	2035	2145 CDG	AF749	737	CYB	0
-	31Mar	1234	2035	2145 CDG	AF749	72S	CYB	0
1Apr	-	3 7	2035	2145 CDG	AF749	737	CYB	0
2Apr	-	12 45	2035	2145 CDG	AF749	72S	CYB	0
4Apr	-	6	2055	2210 CDG	AV011	747	FCY	0
-	28Mar	1234567	2130	2240 CDG	LH116	727	FCMK	0
29Mar	-	1234567	2130	2240 CDG	LH1750	727	FCMK	0
			TRANSFER CONNECTIONS					
-	-	12345	1250	1340 LUX	LG306	F27	Y	0
			1520 LUX	1620 CDG	LG207	F27	Y	0
-	-	1234567	1700	1750 LUX	LG308	F27	Y	0
			1845 LUX	1945 CDG	LG203	F27	Y	0

GENEVA (GVA)

From	To	Days	Dep	Arr	Flight	Eqpt	Class	Stops
-	28Mar	1234567	0915	1020	LH246	727	FCM	0
29Mar	-	1234567	0915	1020	LH1852	737	FCM	0
-	28Mar	1234567	1240	1410	LH242	EM2	FCM	0
29Mar	-	1234567	1245	1400	LH1854	737	FCM	0
-	25Mar	3	1510	1620	IR724	74L	Y	0
1Apr	-	3	1610	1720	IR724	74L	Y	0
-	28Mar	1234567	1645	1755	LH248	737	FCM	0
29Mar	-	1234567	1650	1755	LH1856	737	FCM	0
-	-	1234567	2125	2230	SR545	D9S	FCY	0
			TRANSFER CONNECTIONS					
-	27Mar	12345	0905	1015 BSL	LX563	SF3	Y	0
			1120 BSL	1205	LX974	SF3	Y	0
-	22Mar	7	0915	1010 ZRH	LH220	727	FCM	0
			1125 ZRH	1210	SR218	D9S	FY	0
-	24Mar	2	0915	1010 ZRH	LH220	727	FCM	0
			1125 ZRH	1210	SR133	D9S	FCY	0
-	25Mar	1 3 7	0915	1010 ZRH	LH220	727	FCM	0
			1135 ZRH	1220	SR682	D9S	FCY	0
-	27Mar	23 5 7	0915	1010 ZRH	LH220	727	FCM	0
			1140 ZRH	1225	SR236	D9S	FCY	0
-	28Mar	1 4 6	0915	1010 ZRH	LH220	727	FCM	0
			1140 ZRH	1225	SR926	D9S	FCY	0
-	28Mar	3 6	0915	1010 ZRH	LH220	727	FCM	0
			1125 ZRH	1210	SR924	310	FCY	0
29Mar	-	1 34 7	0915	1010 ZRH	LH1812	727	FCM	0
			1150 ZRH	1235	SR226	D9S	FY	0
29Mar	-	23 5 7	0915	1010 ZRH	LH1812	727	FCM	0
			1125 ZRH	1210	SR924	D9S	FCY	0
30Mar	-	1 4 6	0915	1010 ZRH	LH1812	727	FCM	0
			1140 ZRH	1225	SR926	D9S	FCY	0
30Mar	-	1 6	0915	1010 ZRH	LH1812	727	FCM	0
			1125 ZRH	1210	SR133	D9S	FCY	0
-	25Mar	3 7	1015	1110 ZRH	SR533	D9S	FCY	0
			1230 ZRH	1315	SR392	310	FCY	0
-	27Mar	1 5	1015	1110 ZRH	SR533	D9S	FCY	0
			1220 ZRH	1305	SR242	310	FCY	0
-	28Mar	6	1015	1110 ZRH	SR533	D9S	FCY	0
			1220 ZRH	1305	SR256	D10	PCY	0

〈자료-2〉

FROM BRUSSELS BELGIUM (BRU)
+0100(+0200 From 29 March)

APT NATIONAL 7.5mls/12kms NE of Brussels. General check-in 30mins, to Tel Aviv 60 except AC 60, AF 20, AH 60, AT 2hrs, BR 25, JU 90, LY 2hrs, LZ, MA 60, OA 45, OK 40, PA 60, PZ 2hrs, QC 60, RJ 2hrs, SU 60, SV 2hrs, UK 40.

STR RAIL
Service from City Centre (Brussels North Station and Central Station). Journey Time 14mins (North) - 18mins (Central).
BUS
SNCV Service from Brussels North Station via Diegem (service 578-BZ) and via Woluwe (service 358, 358b). Journey Time 35-43 mins.
Bus services also available from Antwerp (De Keyserlei, 28A/30), Ghent (St. Pieters Station), Liege (Palais des Congres).

TOKYO (TYO) NRT-NARITA

From	To	Days	Dep	Arr	Flight	Eqpt	Class	Stops
-	27Mar	2 5	1300	*1435 NRT	SN261	D1M	CY	1
31Mar	-	2 5	1300	*1315 NRT	SN261	D1M	CY	1
			TRANSFER CONNECTIONS					
29Mar	-	5 7	0715	0815 FRA	LH1721	727	FCM	0
			1000 FRA	*1210 NRT	*LH716	D10	FCM	2
-	23Mar	1	0725	0825 FRA	LH101	737	FCM	0
			1220 FRA	*1610 SEL	KE906	747	FCY	1
			*1800 SEL	*2000 NRT	KE706	AB3	FY	0
-	27Mar	5	0725	0825 FRA	LH101	737	FCM	0
			1035 FRA	*1300 NRT	LH640	D10	FCM	2
-	25Mar	1 3	0801	0850 CDG	SN641 /AF641	73S	CYB	0
			1040 CDG	*1235 NRT	AF272	74M	FJYB	1
-	26Mar	2 4	0801	0850 CDG	SN641 /AF641	73S	CYB	0
			1220 CDG	*1610 SEL	KE902	747	FCY	1
			*1800 SEL	*2000 NRT	KE002	747	FY	0
-	26Mar	4	0801	0850 CDG	SN641 /AF641	73S	CYB	0
			1155 CDG	*1355 NRT	AF274	747	FJYB	1
-	27Mar	1 5	0801	0850 CDG	SN641 /AF641	73S	CYB	0
			1230 CDG	*1045 NRT	JL440	747	PCY	1
-	27Mar	2 5 7	0801	0850 CDG	SN641 /AF641	73S	CYB	0
			1220 CDG	*1420 NRT	AF274	747	FJYB	1
-	28Mar	6	0801	0850 CDG	SN641 /AF641	73S	CYB	0
			1220 CDG	*1610 SEL	KE902	747	FCY	1
			*1800 SEL	*2000 NRT	KE706	AB3	FY	0
30Mar	-	1 3	0801	0850 CDG	SN641 /AF641	73S	CYB	0
			1040 CDG	*1125 NRT	AF272	74M	FJYB	1
-	24Mar	2 7	0805	0805 LHR	SN601	73S	CYBK	0
			1210 LHR	*1435 NRT	BA5	747	FJMSB	1
-	28Mar	1 3456	0805	0805 LHR	SN601	310	FCYBK	0
			1210 LHR	*1435 NRT	BA5	747	FJMSB	1
29Mar	-	2 7	0805	0805 LHR	SN601	73S	CYBK	0
			1310 LHR	*1430 NRT	BA5	747	FJMSB	1
29Mar	-	3 5 7	0810	0850 AMS	SN951 /HN951	FK7	YB	0
			1420 AMS	*1435 NRT	KL867	74M	FCM	1
2Apr	-	4	0810	0850 AMS	SN951 /HN951	FK7	YB	0
			1420 AMS	*0850 NRT	KL861	747	FCM	0
-	24Mar	2	0845	1015 CPH	SN761	73S	CYBK	0
			1145 CPH	*0855 NRT	SK981	D10	FCM	1
-	26Mar	4	0845	1015 CPH	SN761	73S	CYB	0
			1305 CPH	*1040 NRT	SU579	IL6	FY	1
31Mar	-	2	0845	1015 CPH	SN761	73S	CYB	0
			1145 CPH	*0750 NRT	SK981	D10	FCM	1
-	28Mar	123456	0855	0900 LHR	BA371	73S	CMSBL	0
			1210 LHR	*1435 NRT	BA5	747	FJMSB	1
-	28Mar	6	0855	0900 LHR	BA371	73S	CMSBL	0
			1230 LHR	*1500 NRT	JL422	747	PCY	1
-	22Mar	7	0900	1105 FCO	AZ1275	DC9	CY	0
			1300 FCO	*1335 NRT	AZ788	74M	PJY	1
-	28Mar	2 4 6	0900	1105 FCO	AZ1275	DC9	CY	0
			1235 FCO	*1435 NRT	AZ786	74M	PJY	2
-	22Mar	7	0930	1040 ZRH	SR883	D9S	FCY	0
			1200 ZRH	*1610 SEL	KE904	D10	FY	2
			*1800 SEL	*2000 NRT	KE002	747	FY	0
-	24Mar	2	0930	1040 ZRH	SR883	D9S	FCY	0
			1220 ZRH	*1435 NRT	SR166	74D	PCY	2
-	25Mar	3	0930	1040 ZRH	SR883	D9S	FCY	0
			1200 ZRH	*1610 SEL	KE904	D10	FY	2
			*1800 SEL	*2000 NRT	KE706	AB3	FY	0
-	26Mar	4	0930	1040 ZRH	SR883	D9S	FCY	0
			1245 ZRH	*1455 NRT	SR178	D10	PCY	1
-	28Mar	6	0930	1040 ZRH	SR883	D9S	FCY	0

【여행사실무문제 17】

다음 ABC 자료를 참조하여 각 설문의 공란에 해당하는 것을 각각의 선택지에서 하나씩 고르시오.

【1】 영국항공(BA) 8편(18:05)의 런던도착 후 같은 날 도착공항으로부터 로마로 향하는 알리타리아항공(AZ) 279편(19:30발)과의 MCT는 (　　)이다.

a) 1시간　　b) 1시간 15분　　c) 1시간 30분　　d) 2시간

【2】 브뤼셀에서 사베나벨기에항공(SN)을 이용하여 런던에 도착한 다음, 같은 날 도착공항으로부터 에딘버러로 향하는 영국항공 479편을 이용하는 경우, (　　)의 MCT를 참고하지 않으면 안 된다.

a) 30분　　b) 45분　　c) 1시간　　d) 1시간 30분

【3】 빈에서 오스트리아항공(OS)을 이용하여 런던에 도착한 다음, 같은 날 도착공항으로부터 텔아비브로 향하는 엘알항공(LY)을 이용하는 경우, (　　)의 MCT를 고려하지 않으면 안 된다.

a) 1시간　　b) 1시간 15분　　c) 1시간 30분　　d) 2시간

〈ABC minimum Connecting Time〉

	ON. LINE	INTER. LINE
LONDON(LON)		
Heathrow Apt(LHR)		
Terminal 1(e)		
BA flts 327-422, 445-630 and 635-1009, BC. BD. CY. DA. EI. FI. JE. LY. SA. SN. UK		
DOM		45
DOM to INT		45
All to LY		2 00
All to TLV		1 30
BOJE to SN		40
BO	35	
INT to DOM		45
LY to All		1 30
SN to BOJE		40
BO	40	
INT		45
All to LY		2. 00
All to TLV		1. 30
LY to All		1. 30
Terminal 2		
AF. AH. AT. AV. AZ. BM. UB. JP. JU. LG. LH. LO. UZ. MA. OA. OK. OS. RO. SR. SU. TK.		
TP. TU		
INT		1. 00
Terminal 3		
AA. AC. AL. AR. BG. BI. BW. CX. EK. ET. GF. GH. IR. JL. KE. KO. ME. MH. MK. MS. NH. PA. PK. OF. OU. OZ. RG. RJ. SD. SK. SO. SV. TG. TW. UA. UL. VA. VS		
INT		1. 00
AC	50	
PA, UA	40	
TW	45	
Terminal 4		
BA flts 001-326, 423-444, 631.634 and 1010.		
KL. KM		
INT		45
All to/from Concorde		40
All to/from KM		1. 00
Terminal 1 to Terminal 2		
DOM to INT		1 10
INT		1 15
Terminal 1 to Terminal 3		1 15
BO to SK		1 00
Terminal 1 to Terminal 4		1 00
All to BA to TLV		1 30
All to KM		1 15
From Eire and Channel Islands		1 15
LY to All		1 30
BA	1. 15	
Terminal 2 to Terminal 1		1 15
All to BA to TLV		1 30
All to LY		2 00
Terminal 2 to Terminal 3		1 15
Terminal 2 to Terminal 4		1 30
All to BA		1 15
Terminal 3 to Terminal 1		1 15
All to BA to TLV		1 30
All to LY		2 00
SK to BD		1 00
INT AC to All		1 00
Terminal 3 to Terminal 2		1 15
AC to All		1 00
Terminal 3 to Terminal 4		1 30
All (exc AC) to BA		1 15
AC to BA		1 00
Terminal 4 to Terminal 1		
INT to DOM		1 15
KM to All		1 30
Concorde to All	1. 00	
INT		1 00
All to BA to TLV		1 30
All to LY		2 00
KM to All		1 15
BA	1. 15	
Terminal 4 to Terminal 2		1 30
Concorde to All		1 15
Terminal 4 to Terminal 3		1 30

【여행사실무문제 18】

【1】 LA공항에서 시내까지의 거리는 몇 km 인가?________________km

【2】 LA공항에서 시내까지는 얼마나 소요되는가?_______분

【3】 "EX 25 DEC"는 무엇을 의미하는가?______________________________

【4】 AARHUS에서 09:30분에 출발하는 항공편에는 항공사명이 2개가 기재되어 있다. 이는 무엇을 나타내며, 예약은 어느 항공사로 해야 하는가?__________________

【5】 ABERDEEN에서 LOS ANGELES까지 1월 11일(월요일) 15:00경 이등석으로 출발하고자 한다. 여행일정을 작성하시오.

항공편	등급	일자	출발공항	연결(도착)공항	출발시각	도착시각

TO LOS ANGELES, CALIFORNIA, USA LAX
AIRPORT INTERNATIONAL 17. OM/27. 4KM 30M

From ALLBORG, DENMARK						5476 Mi					AAL
		1050		1130	CPH	SK/DX	206	CMB	M80	0	
		1225	CPH	**1500**	LAX	SK	931	DCMQB	763	0	
FROM AARHUS,						5531 Mi					AAR
D-23 DEC	X67	**0930**		1005	CPH	SK/DK	236	CMB	M80	0	
		1225	CPH	**1500**	LAX	SK	931	DCMQB	763	0	
FROM ABERDEEN, SCOTLAND, (U.K)						5145 Mi					ABZ
	X67	**0700**		0835	LHR	BA	5901	MSBLQ	757	0	
		1200	LHR	**1510**	LAX	VS	007	JYBKL	747	0	
	X67	**0700**		0835	LHR	BA	5901	MSBLQ	757	0	
		1215	LHR	**1515**	LAX	BA	283	FJMSB	747	0	
	135	**0705**		1020	AMS	UK	810	YML	146	1	
		1110	AMS	**1325**	LAX	KL	603	FCMB	74M	0	
			EX 25 DEC								
	246	**0705**		1020	AMS	UK	810	YML	146	I	
		1350	AMS	**1610**	LAX	KL	601	FCMB	74M	0	
E-3JAN	7	**0830**		1000	LHR	BA	5903	MSBLK	737	1	
		1200	LHR	**1510**	LAX	VS	007	JYBKLB	747	0	
D-23DEC	6	**0705**		1020	AMS	UK	810	YML	146	1	
		1110	AMS	**1325**	LAX	KL	603	FCMB	74M	0	
			EX 25 DEC								
E-3JAN	67	**0830**		1000	LHR	BA	5903	MSBLK	737	0	
		1125	LHR	**1515**	LAX	BA	283	FJMSB	747	0	
D-23DEC	7	**1100**		1520	AMS	UK	809	YML	146	0	
		1650	AMS	**1610**	LAX	KL	601	FCMB	74M	0	
E-3JAN		**1115**		1300	LHR	BA	5907	MSBL0	757	0	
		1530	LHR	**1830**	LAX	BA	279	FJMSB	744	0	
E-3JAN	X17	**1500**		1630	LHR	BA	5613	MSBL0	735	0	
		1800	LHR	2040	LAX	BA	195	FJMSB	744	0	
			EX 25 DEC								
E-3JAN	X67	**1525**		1650	LHR	BA	5615	MSBL0	735	0	
		1800	LHR	**1655**	LAX	BA	197	FJMSB	SSC	0	

【여행사실무문제 19】

【1】 산호세에서 베를린 간의 스케줄 중 PA64편(MIA/FRA)의 부분에는 "☆"표시가 두 군데나 나와 있다. 그 이유를 설명하고 그 내용을 스케줄 부분을 참조하여 설명하시오.

____

【2】 ⓐ와 ⓑ의 내용을 설명하시오.

ⓐ______________________ ⓑ______________________

【3】 베를린의 공항코드는 무엇인가?

____

【4】 산후안에서 베를린까지 12월 13일(수) 14:00경 이등석으로 여행하고자 한다. 스케줄을 작성하시오.

항공편	등급	일자	출발공항

연결(도착)공항	출발시각	도착시각

```
To BERLIN, GERMANY                                         BER
From SAN JOSE COSTA RICA-CONT                              SJO
D-13 DEC 6    1230      1630    MIA  LH 622   Y            725  0
              1730 MIA  1110    FRA  PA  64   *            *    1
              1200 FRA  1300+1  TXL  PA 630   Y            735  0
                 PA   64 D10-JFK-747  --------ⓐ
                 PA   64 FYBM JFK-PJYB -------ⓑ
From SAN JUAN PUERTO RICO  5709/4965                       SJU
D-13 DEC 1347 1305 SJU 1550   JFK  CL 216  YK              D10  0
              1815 JFK 0935+1 TXL  PA  74   *              *    1
                 PA 74 747 FRA 735
                 PA 74 PJYB-FRA-YB
E-14 DEC 1347 1305 SJU 1550   JFK   CL 216   Y             D10  0
              1815 JFK 0935+1 TXL   PA  74   *             *    1
                 PA 74 747-FRA-735
                 PA 74 PJYB-FRA-YB
E- 3 DEC 56   1305 SJU 1550   JFK   CL 216   Y             D85  0
D-13 DEC      1815 JFK 0935+1 TXL  PA  72    *             *    1
                 PA 72 747-FRA-735
                 PA 72 PJYB-FRA-YB
E-14 DEC 56   1305 SJU 1550   JFK   CL 216   Y             D10  0
              1815 JFK 0935+1 TXL  PA  72    *             *    1
                 PA 72 747-FRA-735
                 PA 72 PJYB-FRA-YB
D-13 DEC 56   1305 SJU 1550   JFK   CL 216   YK            D10  0
              1915 JFK 1205+1 TXL   PA  76    *            *    1
                 PA 76 747-MUC-735
                 PA 76 PJYB-MUC-YB
         47   1405 SJU 1535   MIA   PA 495  FYBM           725  0
              1745 MIA 1030   FRA   LH 435  FYM            D10  1
              1200 FRA 1300+1 TXL   PA 640   Y             735  0
              1405 SJU 1535   MIA   PA 495  FYBM           725  0
              1830 MIA 0740   LHR   PA  98  PJYB           747  0
              1030 LHR 1410+1 TXL   PA 640   Y             735  0
D-12 DEC 156  1545 SJU 1704   MIA   EA  78  FYBML          L10  0
              2005 MIA 1110   FRA   LH 437  FYM            D10  0
              1200 FRA 1300+1 TXL   PA 640  Y              735  0
         5    1700 SJU 2030   JFK   AD 236  Y              707  0
              2145 JFK 1300+1 TXL   PA  66  Y              707  1
                PA 66 747-FRA-735
                PA 76 PJYB-FRA-YB
         24   1745 SJU 0715   FRA   LH 513  FYM            74M  0
              0800 FRA 0900+1 TXL   PA 630  Y              735  0
         6    1745 SJU 0715   FRA   LH 515  FYM            74M  0
              0835 FRA 0935+1 TXL   PA 632  Y              735  0
              1830 CDG 2120+1 TXL   AF 766  CYB            725  1
```

【여행사실무문제 20】

【문제】 5월 12일(목요일) 도쿄를 출발하여 피지(fiji)제도의 나디에 가는 여정 중 호놀룰루를 경유해서 가는 경우와, 시드니를 경유해서 가는 경우에 대해 (　　)속에 적당한 어구 또는 숫자를 써 넣어라.

【1】 도쿄-시드니 간 이등석 편도요금은 얼마인가?

【2】 [시드니 경유의 여정]

시드니를 경유해서 가는 경우(ⓐ)항공의 (ⓑ)편으로 (ⓒ)시 (ⓓ)분 도쿄를 출발, (ⓔ)일 (ⓕ)시 (ⓖ)분에 시드니에 도착하는데, 같은 날 접속가능한 가장 빠른 편은 (ⓗ)시 (ⓘ)분발의 (ⓙ) 항공 (ⓚ)편이며, 나디에 도착하는 것은 (ⓛ)일 (ⓜ)시 (ⓝ)분이다.

【3】 [호놀룰루 경유의 여정]

한편, 호놀룰루를 경유하는 여행일정을 세우면 (ⓐ)항공 (ⓑ)편으로 (ⓒ)시 (ⓓ)분 도쿄를 출발, 호놀룰루에의 도착은 (ⓔ)일(ⓕ)시 (ⓖ)분이며, 가장 빠른 연결편은 (ⓗ)항공의 (ⓘ)편으로 호놀룰루발 (ⓙ)시 (ⓚ)분, 나디 도착은 (ⓛ)일 (ⓜ)시 (ⓝ)분이다.

【4】 어느 쪽이 빨리 도착하는가?

그러므로 이 경우 (　　　　)경유로 가는 편이 보다 빨리 나디에 도착할 수 있다.

To HONOLULU, OHAU; HAWAII, USA							HNL	
From TOKYO, JAPAN-CONT.							TYO	
D-MAR31	X347	2130	NRT	0915	KE002			0
E-APR 1	X347	2130	NRT	0940	KE002			0
D-MAR31		2210	NRT	0940	JL072			0
E-APR 1		2210	NRT	1020	JL072			0
	X146	2230	NRT	1005	CIOO8			0
To SYDNEY, N.S.W., AUSTRALIA							SYD	
From TOKYO, JAPAN 6904/4858							TYO	
				F	JPY337000		674000	
				Y	JPY237600		475200	
E-APR 1	246	2030	NRT	0700+1	QF 22	FY	747	0
E-APR 1	135	2030	NRT	0700+1	JL771	FY	D10	0
D-MAR 5	135	2030	NRT	0805+1	JL771	FY	D10	0
E-MAR 6	135	2030	NRT	0705+1	JL771	FY	D10	0
Freq	Leave	Arrie		Flight	Class	Eq	s	Eff/Dis
To NADI, FIJI							NAN	
From HONOLULU, OHAU; HAWAII, USA 3808/3174							HNL	
E-APR 26	257	0015		0430+1	QF 4	FY	747	0
D-APR 24	46	0055		0510+1	PA811	FY	747	0
D-APR 30	46	0100		0535+1	TE555	FY	D10	0
D-MAR30	X 3	0115		0530+1	QF 4	FY	747	0
E-APR 1	257	0115		0530+1	QF 4	FY	747	0
D-APR 24								
E-APR 24	46	1235		1705+1	CP301	FY	D8S	0
D-APR 23	46	1300		1735+1	CP301	FY	D8S	0
E-APR 25	35	2355		0410+2	PA811	FY	747	0
From SYDNEY, N. S. W., AUSTRALIA 2365/1971							SYD	
E-APR 24	16	0930		1520	CP302	FY	D8S	0
E-MAR 6	16	0930		1525	CP302	FY	D8S	0
D-APR 23								
E-APR 1	67	0945		1530	QF574	FY	747	0
E-MAR 6	6	1030		1615	QF574	FY	747	0
D-MAR31								
D-MAR 5	16	1030		1525	CP302	FY	D8S	0
D-MAR 5	6	1130		1615	QF574	FY	747	0
E-MAR 6	7	1430		2015	QF373	FY	747	0
D-MAR29								
E-MAR 6	57	1600		2145	PA812	FY	747	0
E-MAR 7	7	1635		0020+1	UT512	FY	D10	1

【5】 다음 ABC 자료를 참고하여 물음에 답하라.

(1) 로스앤젤레스 시내에서 동쪽에 위치하고 있는 공항은 (　　)이다.

ⓐ 버백공항　　ⓑ 롱비치공항

ⓒ 로스앤젤레스국제공항　　ⓓ 온타리오국제공항

(2) 아카풀고 지방시간은 (　　　)이다.

ⓐ 태평양표준시　　ⓑ 산악표준시

ⓒ 중부표준시　　ⓓ 동부표준시

(3) 토요일 아카풀코를 출발하는 직행편 중 논스톱편은 (　　　　)편이다.

ⓐ 1　　ⓑ 2　　ⓒ 3　　ⓓ 4

(4) 메히카나항공의 28편은 (　　　　).

ⓐ 매일 운항한다

ⓑ 저녁서비스가 있다

ⓒ 로스앤젤레스의 직행편이다,

ⓓ 로스앤젤레스의 직행편에 접속하지만 환승편은 3회 기항한다.

(5) 아카풀코를 야간에 출발하는 편의 환승편이 다음 날 오전 중에 로스앤젤레스에 도착하는 것은 (　　　　)편이다.

ⓐ 1　　ⓑ 2　　ⓒ 3　　ⓓ 4

To. LOS ANGELES, CALIFORNIA　　PDT LAX
B-BUR(BURBANK)
C-JBP(COMMERCE BUS. PLAZA)
G-LGB(LONG-BEACH MUNICIPAL)
I-JID (CITY OF INDUSTRY H/P)
L-LAX(LOS ANGELES INTERNATIONAL)
O-ONT(ONTARIO INTERNATIONAL)
V-VNY(VAN NUYS)
BUR 15.0 MI NW　　RA
LGB 22.0 MI SE　　RA
LAX 17.0 MI SW 30 MIN L $6.30 RA
ONT 52.0 MI E　　RA
VNY 21.0 MI NW　　R

From	ACAPULCO,				MEXICO		1652 MI	CST		ACA
6	2:00P		4:42P	L	DL	305	FYBMO	725	L	0
	3:55P		6:39P	L	DL	923	FYBMO	725	D	0
26	4:30P		7:30P	L	LR	648	YBMHK	320		0
					CONNECTIONS					
	8:30a		9:20a	MEX	MX	536	FYOMV	320	S	0
	11:10a	MEX	2:55p	L	MX	912	YOMV	72S	SL	1
1246	11:30a		12:20p	MEX	MX	802	FYOMV	72S	S	0
	1:35p	MEX	4:10p	L	MX	902	FYOMV	72S	L	0
357	11:30a		12:20p	MEX	MX	802	FYOMV	72S	S	0
	1:35p	MEX	4:10p	L	MX	390	FYOMV	72S	L	0
	1:15p		2:05p	MEX	AM	304	JYBOM	M80		0
	4:00p	MEX	9:55p	L	AM	466	JYBOM	D9S		3
	3:30p		4:20p	MEX	MX	528	FYOMV	72S	S	0
	5:40p	MEX	9:20p	L	MX	962	YOMV	72S	SD	1
1234	3:35p		4:25p	MEX	AM	404	JYBOM	M80		0
	7:00p	MEX	10:50p	L	AM	430	JYBOM	M80		1
567	3:35p		4:25p	MEX	AM	404	JYBOM	M80		0
	7:00p	MEX	11:00p	L	AM	430	JYBOM			0
					AM430 EQUIPMENT 72S- GDL-D10					
57	3:55p		6:35p	MEX	AM	119	JYBOM	D9S		1
	8:30p	MEX	11:00p	L	AM	460	JYBOM	D10		0
13	3:55p		6:35p	MEX	AM	119	JYBOM	D9S		1
	8:20p	MEX	11:00p	L	AM	460	JYBOM	M80		0
4567	9:30p		10:20a	MEX	MX	506	YOMV	72S	S	0
	7:10a	MEX	10:40a	L	MX	118	FYOMV	72S	SB	1
1457	10:30p			MEX	MX	508	YOMV	72S	S	0
	7:10a	MEX	10:40a	L	MX	118	FYOMV	72S	SB	1

【여행사실무문제 21】

【1】 다음의 여정에 대한 여행의 방향지표(GI)를 써 넣으시오.

(1) SEL/DEL/LON (　　　　)　　(7) SEL/SYD/RIO (　　　　)

(2) SEL/HKG/SYD (　　　　)　　(8) SEL/HNL/LAX (　　　　)

(3) SEL/MOW/FRA(　　　　)　　(9) SEL/LON/NYC (　　　　)

(4) NYC/MEX/RIO(　　　　)　　(10) SYD/NYC/LON (　　　　)

(5) SEL/ANC/AMS (　　　　)　　(11) SEL/HNL/BUE (　　　　)

(6) SEL/NYC/ROM(　　　　)　　(12) FRA/NYC/SEL (　　　　)

【2】 초과거리할증표를 이용하여 다음 물음에 답하시오.

No	NUC	MPM	TTPM	%	NEW MPM	ADJUSTED FARE
①	320	4771	5209			
②	248	5276	5277			
③	413	4239	4923			
④	503	5473	5945			

【3】 다음 구간의 Y운임을 현지통화로 산출하시오.

(1) HKG/TPE/TYO(　　　　)　　(2) TYO/SIN/BKK (　　　　)

(3) TPE/SEL/OSA (　　　　)　　(4) BKK/MNL/SEL (　　　　)

(참고) ★각 구간의 TPM 및 (요금) : HKG/TPE 492(194.01), TPE/TYO 1330(355.94),
TYO/SIN 3313(1562.30),SIN/BKK 894(382.64),
TPE/SEL 920(305.10), SEL/OSA 511(185.07),
BKK/MNL 1368(390.65), MNL/SEL 1631(427.00),

★각 구간의 MPM 및 (요금) : HKG/TYO 2168(435.89), TYO/SIN 3975(1562.30),
TPE/OSA 1290(319.50), BKK/SEL 2756(612.92)

★ ROE: NUC 1.00 = JPY 115, TWD 25, THB 25, HKD 7.80, SGD 1.65

★ R/U: JPY 100, TWD 1, THB 5, HKD 1, SGD 1,

【4】 아래의 운임에 대해 설명하시오.

(1) YO

(2) FE30

(3) YHE45

(4) YXE15

(5) YNE17

(6) YHWE1M

(7) YLXNE60

(8) APEX

【여행사실무문제 22】

다음은 AIR TARIFF의 일부를 발췌한 것이다. 이 자료에 의거하여 다음 문제에 답하시오.

【1】 도쿄-시애틀 간 태평양 경유운임의 MPM은 얼마인가?________________

【2】 도쿄-호놀룰루-시애틀이라는 경로의 2등석 보통편도운임은 얼마인가?________
(단, 도쿄-호놀룰루 직행마일 3849, 호놀룰루-시애틀 간 직행마일은 2678로 함)

【3】 도쿄발 시애틀행 태평양선의 EXCURSION FARE는 얼마인가? ______________

【4】 도쿄-시애틀 간의 AFFINITY GROUP(25명 이상의 경우) 일인당 왕복운임은 얼마인가?____

FROM / TO	CLASS	HEADLINE CITY CURRENCY	NUC	RULES	MAP RTE REF	GI MPM / VIA POINT
TOKYO(TYO)						
Japan		Japanese Yen(JPY)				
Sao Paulo	F	818900	2660.00			SN16507
	F	493700	1635.00			PA13837
	Y	503500	1635.40			SN16507
	Y	319200	1058.00			PA13837
SAPPRO	Y	17100	57.80	D450	C01	
	YE4	29850	100.80	D451	C01	
SEATTLE	F	250100	812.00			PA 5791
	F	683500	2220.00			AT16203
	Y	154600	502.00			PA 5791
	Y	**436300**	**1417.00**			AT18203
	YE21	274500		P200		PA 5791
	YGA25	132600		P500		PA 5791
	YGA25	**243900**		**P500**		PA 5791
	YGA70	84500		P500		PA 5791
	YIT36	262300		K226		PA 5791
	YIT36	228300		K228		PA 5791
	YGV	228300		K205		PA 5791
	YLGV	228300		K201		PA 5791
	YLGV	228300		K201		PA 5791
	YOGV	183400		K209		PA 5791
	YHGV	228300		K202		PA 5791
	YHGV	138900		K210		PA 5791
SEOUL	F	47000	152.20			EH 870
	Y	35500	115.00			EH 870
SEYCHELLESIS	F	368900	1198.10			EH 7408
	Y	261200	848.20			EH 7408

【여행사실무문제 23】

다음 여정으로 여행하는 비즈니스클래스 보통운임을 Mileage System에 의한 계산방법으로 아래의 {자료}를 참조하여 이하의 각 문항에 답하시오.

구 간	탑승일	편명	출발시각	도착시각	TPM
TOKYO–MADRID	23OCT(FRI)	JL445	1230	2050	6795
MADRID(MAD)–VIENNA	25OCT(SUN)	IB806	1520	1755	1122
VIENNA(VIE)–LONDON	28OCT(WED)	OS455	1555	1720	780
LONDON(LON)–ROMA	01NOV(SUN)	AZ287	0915	1245	898
ROMA(ROM)–TOKYO	05NOV(THU)	AZ788	1155	1250+1	7355

▶ JL445편의 경로는 TYO/AMS/MAD 즉 TS경로, AZ788의 경로는 ROM/DEL/TYO 즉 EH 경로이다.

★ **보통운임표 (발췌)**

FARE TYPE	HEADLINE CITY CURRENCY	NUC	RULES	GI-MPM RTE REF VIA PT
TOKYO(TYO)				
japan				japanese Yen(JPY)
TO LONDON				AP 10928 EH 10309 PO 9498 TS 7461
J/C	389200	2603.33		EH
J/C	**627900**	**4199.98**		**EH**
J/C	389200	2603.33		TS
J/C	**627900**	**4199.98**		**TS**
J/C	389200	2603.33		PO
J/C	**627900**	**4199.98**		**PO**
J/C	389200	2603.33		AP
J/C	**627900**	**4199.98**		**AP**
TO MADRID				AP 11870 EH 10182 PO 10330 TS 8152
J/C	389200	2603.33		EH
J/C	**627900**	**4199.98**		**EH**
J/C	389200	2603.33		TS
J/C	**627900**	**4199.98**		**TS**
J/C	389200	2603.33		PO
J/C	**627900**	**199.98**		**PO**
J/C	400400	2678.25		AP
J/C	**646300**	**4323.66**		**AP**

FARE TYPE	HEADLINE CITY CURRENCY	NUC	RULES	GI-MPM RTE REF VIA PT
TOKYO(TYO)				
japan				japanese Yen(JPY)
TO ROME				AP 12004 EH 9279 PO 10441 TS 7375
J/C	389200	2603.33		EH
J/C	**627900**	**4199.98**		**EH**
J/C	389200	2603.33		TS
J/C	**627900**	**4199.98**		**TS**
J/C	389200	2603.33		PO
J/C	**627900**	**4199.98**		**PO**
J/C	428700	2867.55		AP
J/C	**691800**	**4627.41**		**AP**
TO VIENNA				AP 11748 EH 9450 PO 9961 TS 7160
J/C	389200	2603.33		EH
J/C	**627900**	**4199.98**		**EH**
J/C	389200	2603.33		TS
J/C	**627900**	**4199.98**		**TS**
J/C	389200	2603.33		PO
J/C	**627900**	**4199.98**		**PO**
J/C	415500	2779.25		AP
J/C	**670700**	**4486.27**		**AP**

● ROE: NUC1.00=JPY149.5004

【1】 MAD를 운임계산지점으로 할 경우, 왕로는 M, 복로는 (   )

【2】 VIE를 운임계산지점으로 할 경우, 왕로는 (   ), 복로는 M

【3】 LON을 운임계산지점으로 할 경우, 왕로는 (   ), 복로는 M

【4】 ROM을 운임계산지점으로 할 경우의 계산은, 복로는 M이지만, 왕로가 (   )를 초과하기 때문에 불가하다. 이 여정의 경유지점은 모두 도중하기지점이므로 HIF Check를 해야 하지만, 4지점 모두 왕로, 복로의 어느쪽 Route도 직행운임은 같은 요금이므로 어느 곳을 반환지점으로 해도 HIF는 없다. 따라서 1~3의 계산 중 가장 싼 운임을 얻을 수 있는 1을 채택한다. 이 계산에서 얻어진 운임은 왕복여행운임이기 때문에 왕로와 복로의 운임합계액이 전 여정의 적용운임액이 된다.

【5】 그 NUC액은 얼마인가? NUC (   )

【6】 또한 일본화폐금액은 얼마인가? JPY (   )

【여행사실무문제 24】

【1】 다음의 각각을 계산하시오(자료 1-1을 활용할 것).

① TYO/CHI간의 직행공시편도 비즈니스클래스 운임의 NUC액은?____________

② TYO/HOU간의 직행공시편도 비즈니스클래스 운임의 NUC액은?____________

③ TYO/NYC간의 직행공시편도 비즈니스클래스 운임의 NUC액은?____________

④ 이 여정의 TYO/CHI/HOU/NYC간 TPM의 합계(TTPM)마일수는?____________

⑤ 상기 ④의 계산 결과, 이 여정의 TYO/NYC간 여정 편도 비즈니스클래스 운임을 산출하기 위하여 상기 ③의 TYO/NYC간 공시 NUC액을 할증할 경우 할증률은?________________%

⑥ 상기 ⑤에 의해 할증한 후의 TYO/NYC간 여정의 편도비즈니스클래스 운임의 NUC금액은?

⑦ 이 여정에 적용되는 성인여객 1인당 일본화폐운임액은? JPY______________

⑧ 이 여정에 적용되는 소아(5세)여객 1인당 일본화폐운임액은? JPY____________

⑨ 이 여정에 적용되는 어른이 동반한 유아(1세)여객 1인당 일본화폐운임액은? JPY__________

【2】 다음 이등석(economy class)에 의한 여정의 운임계산에 대하여 다음 자료를 참고하여 이하의 각 문항에 답하시오(자료 2-1, 2-2를 활용할 것).

구　간	탑승일	편명	출발시각	도착시각	TPM
TOKYO(TYO) — PARIS	12NOV(THU)	JL435	12:55	18:15	6110
PARIS(PAR) — ROME	12NOV(THU)	AZ321	20:00	22:00	687
ROME(ROM) — ISTANBUL(IST)	20NOV(FRI)	TK622	18:20	21:45	852

(주) JL435=TOKYO/PARIS NONSTOP FLIGHT

(1) 도중체류(Stopover Point)에 해당하는 지점의 도시코드는?________________

(2) TYO/IST직행운임에 의해 계산할 경우의 운임의 할증율은 몇 %인가?_______%

(3) 그 경우 전 여정 적용운임의 NUC금액은 얼마인가?________________________

(4) PAR를 Fare Breaking point로 하여 산출한 경우, 전 여정에 대한 적용운임의 NUC금액은 얼마인가?________________________________

(5) ROM를 Fare Breaking point로 하여 산출한 경우, 전 여정에 대한 적용운임의 NUC금액은 얼마인가?________________________________

(6) 최종적으로 항공권에 표시해야 할 전 여정에 대한 적용운임의 NUC금액은 어느 것인가?

(자료 1-1) 비즈니스클래스 이용

	(JL001편)		(UA321편)		(PA024편)	
TOKYO(TYO)	——▶	CHICAGO(CHI)	——▶	HOUSTON(HOU)	——▶	NEWYORK(NYC)
11월 2일(수)발		11월 4일(금)발		11월 6일(일)발		

(1) 운임표(발췌)

FARE TYPE	CAR CDE	HEADLINE CITY CURRENCY	NUC	RULES	GI-MPM RTE REF VIA PT
TOKYO(TYO)					
TO CHICAGO					PA7543
C		251900	1798.64		PA
CR		**402800**	**2876.11**		**PA**
TO DALLAS/DFW					PA7724
C		231900	1655.83		
CR		**370700**	**2646.91**		
TO NEW YORK					PA8084
C		259700	1854.33		PA
CR		**406500**	**2902.53**		**PA**

(2) ADD-ON운임표(발췌)

NAME OF CITY	ADD TO	F(NUC)		C(NUC)		SPCL FARE(JPY)
		OW	RT	OW	RT	RT
HOUSTON TX HOU	DFW	0	0	0	0	8,000

(3) TPM

▶TYO/CHI=6286, ▶CHI/HOU=935, ▶HOU/NYC=1415

(4) NUC의 환산율: NUC1.00=JPY140.05

(자료 2-1) 이등석(economy class) 보통편도운임(발췌)

FARE TYPE	HEADLINE CITY CURRENCY	NUC	RULES	GI-MPM RTE REF VIA PT	FARE TYPE	HEADLINE CITY CURRENCY	NUC	RULES	GI-MPM RTE REF VIA PT
TOKYO(TYO)					**TOKYO(TYO)**				
Japan		Japanese		Yen(JPY)	Japan			Japanese	Yen(JPY)
TO ISTANBUL				AP 13014	**TO ROME**				AP 12337
				EH 8601					EH 9279
				PO 11149					PO 10472
				TS 6906					TS 7376
Y	335300	2628.97		EH	Y	363600	2850.86		EH
Y	391900	3072.75		TS	Y	363600	2850.86		TS
Y	391900	3072.75		PO	Y	363600	2850.86		PO
Y	428000	3355.80		AP	Y	400500	3140.18		AP
Y2	277500	2175.78	E490	EH	Y2	301000	2360.04	E490	EH
Y2	324600	2545.08	E490	TS	Y2	301000	2360.04	E490	TS
Y2	324600	2545.08	E490	PO	Y2	301000	2360.04	E490	PO
TO PARIS				AP 11536	**PARIS(PAR)**				
				EH 10076	France			French	Francs(FRF)
				PO 9750	**TO ISTANBUL**				EH 1670
				TS 7447					
Y	363600	2850.86		EH	Y	5055	1016.89		EH
Y	363600	2850.86		TS	**TO ROMA**				EH 824
Y	363600	2850.86		PO	Y	3055	614.56		EH
Y	363600	2850.86		AP	**ROME(ROM)**				
Y2	301000	2360.04	E490	EH	Italy			Italian	Lira(ITL)
Y2	301000	2360.04	E490	TS	**TO ISTANBUL**				EH 1022
Y2	301000	2360.04	E490	PO	Y	803000	722.79		EH

(자료 2-2) 제한이 있는 이등운임(신특별이등운임: Y2), 규칙(Air Tariff의 규칙편에 의해 발췌)

E490 RESTRICTED ECONOMY FARE :
Application : Y OW/RT/CT. From : Fukuoka/Osaka/Tokyo TO : Europe NOTE : Thease Fares do not apply retroactively. Permitted Stopovers : None Routings Permitted Transfers: A. OW fare: Two B. RT fare: Two in each direction. Ticket Entries Fare Basis : Y2

【여행사실무문제 25】

【1】 다음 여정의 비즈니스클래스 보통운임 계산에 대하여 이하의 각 문항에 답하라.

구간	편명	탑승일	출발시각	도착시각	TPM
TOKYO(TYO)-HONGKONG	JL001	31OCT	1845	2235	1807
HONGKONG(HKG)-FRANKFURT	CX289	03NOV	2240	0600+1	5698
FRANKFURT(FRA)-ATHENS	OA172	04NOV	0930	1420	1123
ATHENS(ATH)-ROME	OA235	07NOV	1225	1315	657
ROME(ROM)-MUNICH	AZ476	10NOV	1930	2100	440
MUNICH(MUC)-TOKYO	LH714	12NOV	1400	0920+1	5878

[주] LH714의 비행루트: MUNICH–TOKYO(NONSTOP FLIGHT)

(자료–1) AIR TARIFF발췌

TOKYO(TYO)
Japan — Japanese Yen(JPY)

To ATHENS — AP 12928, EH 8517, TS 7261

J/C		351700	2757.56		EH
J/C		**567900**	**4452.71**		EH
J/C		411400	3225.65		TS
J/C		**664400**	**5209.33**		TS
J/C		449200	3522.02		AP
J/C		**725400**	**5687.61**		AP

To FRANKFURT — AP 11630, EH 9862, TS 7113

J/C		389200	3051.58		EH
J/C		**627900**	**4923.15**		EH
J/C		389200	3051.58		TS
J/C		**627900**	**4923.15**		TS
J/C		389200	3051.58		AP
J/C		**627900**	**4923.15**		AP

TOKYO(TYO)
Japan — Japanese Yen(JPY)

To MUNICH — AP 11862, EH 9632, TS 7053

J/C		389200	3051.58		EH
J/C		**627900**	**4923.15**		EH
J/C		389200	3051.58		TS
J/C		**627900**	**4923.15**		TS
J/C		389200	3051.58		AP
J/C		**627900**	**4923.15**		AP

To ROME — AP 12337, EH 9279, TS 7376

J/C		389200	3051.58		EH
J/C		**627900**	**4923.15**		EH
J/C		389200	3051.58		TS
J/C		**627900**	**4923.15**		TS
J/C		428700	3361.29		AP
J/C		**691800**	**5424.17**		AP

NUC1.00=JPY127.54016

[주] 홍콩과 각 지점 사이의 직행운임 및 유럽내의 각 지점간 직행운임은 TYO발착의 운임보다도 저액이기 때문에 (자료–1)의 운임표에서 제외되어 있다.

(1) 운임계산상 운임계산지점(FBP)을 ATHENS(ATH)로 한 경우, 왕로 TYO-ATH이 마일리지 계산결과를 항공권에 운임내역으로 표시하는 요령으로 나타내면?____________

(2) 문-1)의 결과 왕로에 적용해야 할 NUC금액은 얼마인가?____________

(3) 문-1)의 조건에서 복로에 적용해야 할 NUC금액은 얼마인가?____________

(4) 운임계산상 반환점을 ROME(ROM)으로 한 경우 왕로 적용운임과 복로 적용운임의 합계금액은 얼마인가?____________

(5) 문-1)과 문-4)의 조건에 의해 각각 계산하여 왕로와 복로의 NUC합계금액이 저액이 되는 쪽을 선택한다. 그 NUC합계금액과 비교해야 할 순회여행의 최저운임의 NUC금액은 얼마인가?____________

(6) 그 결과 전 여정의 최종적인 적용운임에 대한 일본화폐금액은 얼마인가?____________

【여행사실무문제 26】

【1】 다음 여정의 비즈니스클래스 보통운임 계산에 대해서 이하의 각 문항에 답하시오.

구 간	편명	탑승일	출발시각 - 도착시각	발권구간거리
Tokyo(TYO)—Singapore	JL 719	31OCT	11:30 ~ 17:45	3311
Singapore(SIN)—London	SQ320	12NOV	12:30 ~ 18:45	6748
London(LON)—Madrid	BA462	14NOV	19:00 ~ 22:15	785
Madrid(MAD)—Munich	IB3530	16NOV	16:15 ~ 18:35	931
Munich(MUC)—Tokyo	JL400	20NOV	19:45 ~ 15:15+1	5866

★ 유럽내 LON, MAD, MUC 각 지점을 반환지점으로 하는 3종류의 계산을 하여 가장 저액이 되는 운임을 채택한다.

★ ROE: NUC1.00=JPY100.86

■ TOKYO발 운임표(발췌)

FARE TYPE	CAR CDE	HEADLINE CITY CURRENCY	NUC	RULES	GI-MPM RTE REF VIA PT
TO LONDON(LON)					AP 11272 EH 10240 TS 7464
Y		363600	3604.99		EH
Y		**586800**	**5817.96**		EH
Y2		301000	2984.33	E490	EH
Y2		**485000**	**4808.64**	E490	EH
J/C		437400	4336.70		EH
J/C		**705500**	**6994.84**		EH
F		796800	7900.06		EH
F		**1285800**	**12748.36**		EH

FARE TYPE	CAR CDE	HEADLINE CITY CURRENCY	NUC	RULES	GI-MPM RTE REF VIA PT
TO MADRID(MAD)					AP 12214 EH 10113 TS 8154
Y		363600	3604.99		EH
Y		**586800**	**5817.96**		EH
Y2		301000	2984.33		EH
Y2		**485000**	**4808.64**	E490	EH
J/C		437400	4336.70	E490	EH
J/C		**705500**	**6994.84**		EH
F		796800	7900.06		EH
F		**1285800**	**12748.36**		EH

FARE TYPE	CAR CDE	HEADLINE CITY CURRENCY	NUC	RULES	GI-MPM RTE REF VIA PT
TO MUNICH(MUC)					AP 11853 EH 9572 TS 7039
Y		363600	3604.99		EH
Y		**586800**	**5817.96**		EH
Y2		301000	2984.33		EH
Y2		**485000**	**4808.64**	E490	EH
J/C		437400	4336.70	E490	EH
J/C		**705500**	**6994.84**		EH
F		796800	7900.06		EH
F		**1285800**	**12748.36**		EH

【1-1】 런던을 반환지점으로 계산하는 경우

【왕로의 운임계산】

(1) 왕로루트의 GI를 나타내면?

(2) 거리계산에 사용하는 MPM은 몇 마일인가?

(3) 운임계산에 사용하는 반환지점의 왕복직행운임의 NUC금액은 얼마인가?

(4) 운임계산결과를 M~25M으로 나타내면?

(5) 왕로의 적용운임액은 NUC로 얼마인가?

【복로의 운임계산】

(6) 복로루트의 GI를 나타내면?

(7) 거리계산에 사용하는 MPM은 몇 마일인가?

(8) 거리계산결과를 M~25M으로 나타내면?

(9) 복로의 적용운임액은 NUC로 얼마인가?

【전여정의 운임】

(10) 전여정 적용운임액의 NUC금액은 얼마인가?

위의 계산 순서를 참고하여 MAD, MUC를 반환지점으로 계산한다.

【1-2】 마드리드를 반환지점으로 계산하는 경우

(11) 왕로의 적용운임액은 NUC로 얼마인가?

(12) 복로의 적용운임액은 NUC로 얼마인가?

(13) 전여정 적용운임의 NUC금액은 얼마인가?

【1-3】 뮌헨을 반환지점으로 계산하는 경우

(14) 왕로의 적용운임액은 NUC로 얼마인가?

(15) 복로의 적용운임액은 NUC로 얼마인가?

(16) 전여정의 적용운임액은 NUC로 얼마인가?

【1-4】 최종적으로 적용하는 이 여행애 대한 전여정의 운임

(17) 전여정의 NUC금액은 얼마인가?

(18) 그 일본통화기준 운임은 얼마인가?

【여행사실무문제 27】

다음 여정의 운임을 계산하시오(NUC금액으로만 계산함).

【1】 TYO/SEL/MNL (Y운임)

TYO발 OW운임 ▶ MNL: JPY 17200, NUC813.43

▶ SEL: JPY48300, NUC337.25

SEL발 OW운임 ▶ MNL: USD485, NUC485.00

★ MPM: TYO/MNL 2254(EH)

★ TPM: TYO/SEL 740, SEL/MNL 1631

【2】 TYO/KUL/PEN/KUL/TYO (RT Y운임)

TYO발 RT운임 ▶ KUL: JPY263100, NUC1837.28

▶ PEN: JPY25730 , NUC1796.78

★ TPM: TYO/KUL 3331, KUL/PEN 174,

★ MPM: TYO/PEN 4158(EH)

【3】 TYO/SEA/HNL/TYO (RT Y운임)

TYO발 RT운임 ▶ SFO(*): JPY294000, NUC2053.66, MPM: 6157(PA)

● ADD ON ▶ SEA 가산지점=SFO, 왕복=NUC 0.00

★ MPM: TYO SEA 5731(PA)

★ TPM: TYO/SEA 4776, SEA/HNL 2678, HNL/TYO 3831

【4】 TYO/BKK/MNL/SIN (Y운임)

TYO발 OW운임 ▶ BKK: JPY166300, NUC1161.30, MPM: 3441(EH)

▶ MNL: JPY11720 , NUC818.43, MPM: 2254(EH)

▶ SIN: JPY18280 , NUC1276.53, MPM: 3975(EH)

BKK발 OW운임 ▶ MNL: THB5840, NUC350.22, MPM: 1641(EH)

▶ SIN: THB3820, NUC229.03, MPM: 1092(EH)

MNL발 OW운임 ▶ SIN: USD346, NUC346.00, MPM: 1773(EH)

★ TPM: TYO/BKK 2868, BKK/MNL 1368, MNL/SIN 1478

【5】 OSA/×TYO/MNL/BKK/KTM/HKG/OSA (RT Y운임)

OSA발 RT운임 ▶BKK: JPY239400, NUC1671.48, MPM: 3124(EH)

▶ KTM: JPY38440 , NUC2684.34, MPM: 4804(EH)

▶ MNL: JPY16250 , NUC1134.77 MPM: 2259(EH)

OW운임 OSA발 ▶ TYO: JPY14176, NUC98.99

BKK발 ▶ KTM: THB8340, NUC37.08, MPM: 1680(EH)

MNL발 ▶ BKK: UD391, NUC391.00, MPM: 1641(EH)

▶ KTM: USD678, UC678.00, MPM: 3321(EH)

★ TPM: OSA/TYO 269, TYO/MNL 1879, MNL/BKK 1368, BKK/KTM 1369, KTM/HKG 1840, HKG/OSA 1545

【여행사실무문제 28】

【1】 다음 중 우리나라에 반·출입이 절대 불가한 물품은 어느 것인가?

① 공안·풍속을 저해하는 물품

② 총기·도검·화약류 등 무기류

③ 멸종위기에 처한 야생 동·식물을 사용하여 만든 제품

④ 아편·코카인 등 마약류

【2】 해외로 출국하는 사람들이 시내 면세점 등에서 면세품을 구입한 후 면세점으로부터 받는 증명서의 이름은?

① 인환증(exchange order)　② 상환권(voucher)

③ 상품권(gift coupon)　④ 면세권(tax free coupon)

【3】 다음 중 관세법에서 규정한 여행자 물품의 종류가 아닌 것은?

① 신변품　② 면세품

③ 직업용구　④ 재반입물품

【4】 우리나라에서 적용하고 있는 여권의 구분방법이 아닌 것은?

① 외교관여권　② 관광여권

③ 관용여권　④ 일반여권

【5】 "Tax Free Shopping"이란 다음 중 어느 것인가?

① 관세면제쇼핑　② 부가세면세쇼핑

③ 취득세면제쇼핑　④ 등록세면제쇼핑

【6】 여권발급을 위한 공통구비서류가 아닌 것은?

① 여권용 사진　② 여권발급신청서

③ 항공권　④ 주민등록등본

【7】 "PIR Report"란 다음 중 어느 것인가?

① 선전용 보고서　　② 휴대품 도난신고서
③ 수하물 사고보고서　　④ 손해배상청구서

【8】 다음 중 관용여권 발급대상자가 아닌 것은?

① 외교부소속공무원　　② 한국외환은행 임직원
③ 태권도사범　　④ 재외공관업무보조원

【9】 다음 중 면세의 종류가 아닌 것은?

① 1인당 면세　　② 조건부 면세
③ 무조건 면세　　④ 일부 면세

【10】 다음 국가 중 한국인이 사증없이 단기체재가 가능한 나라는?

① 중국　　② 일본
③ 캐나다　　④ 미국

【11】 출입국관리관이 출입국 사열시 중요하게 체크하는 항목이 아닌 것은?

① 여권의 유효기간 확인　　② 여행목적의 확인
③ 국제범죄자명단 대조확인　　④ 위조여권조사

【12】 다음 중 수입금지식물이 아닌 것은?

① 일본산 감　　② 뉴질랜드산 감자
③ 유럽산 보리　　④ 중국산 호도

【13】 다음은 미국비자에 관한 사항이다. 연결이 잘못되어 있는 것은?

① 관광일시방문-B2　　② 유학생-F1
③ 상용일시방문-B1　　④ 교환방문자-H-1

【14】 과거 미국비자 신청시 일정자격을 구비하여 서류전형으로 비자를 받을 수 있었던 제도는?

① TARP　　② APIS
③ WELCOME CARD　　④ APC

【15】 해외여행경비 환전시의 여행자의 분류방법에 맞지 않는 것은?

① 일반해외여행자 ② 해외체재자
③ 해외유학 ④ 해외근로자

【16】 다음 중 여권의 기재사항이 아닌 것은?

① 여권번호 ② 동반자녀
③ 발급지 ④ 여행목적

【17】 다음 중 세계보건기구(WHO)에서 지정한 검역병이 아닌 것은?

① 두창 ② 콜레라
③ 뎅기열 ④ 황열

【18】 여권 분실시의 재발급서류가 아닌 것은?

① 분실신고서 ② 여권발급신청서
③ 주민등록증 ④ 관할경찰서의 분실신고필증

【19】 다음 중 여행보험의 특성이 아닌 것은?

① 단기성 ② 대중성
③ 종합성 ④ 고가성

【20】 다음은 수하물 사고시 손해배상을 받기 위한 신고에 관한 것이다. 아래의 보기에서 정답을 찾아 그 기호를 써넣어라.

① 수하물의 파손(부분품 분실신고 포함) .... (　　　)
② 수하물의 분실사고 .... (　　　)
③ 수하물의 지연도착사고 .... (　　　)

보 기

ⓐ 수하물 접수 후 7일 이내 ⓑ 수하물 접수 후 21일 이내
ⓒ 수하물을 접수했어야 하는 날로부터 21일 이내

【21】 다음 중 공항세의 면제대상이 아닌 것은?

① 외교관여권소지자 ② 해외입양아
③ 당일출국 통과여객 ④ 국가대표선수

【22】 "Yellow Card"란 다음 중 무엇인가?

① 예방접종증명서 ② 반칙통고서
③ 황열병발생신고서 ④ 황사발생보고서

【23】 다음 중 수하물의 종류가 아닌 것은?

① 휴대수하물 ② 동반수하물
③ 위탁수하물 ④ 연결수하물

【24】 해외여행자들이 출 · 입국하는 공 · 해항에서 제출하는 E/D카드란 무엇인가?

① 여행자신고서 ② 출입국카드
③ 검역카드 ④ 여행경비환전증명서

【25】 여행자가 휴대품의 일부를 세관에 일시 보관시키는 물품은 다음 중 무엇인가?

① 유치품 ② 보관품
③ 통관품 ④ 예치품

【26】 다음 사람 중 국외여행 허가대상자는?

① 현역복무를 마친 자 ② 공익근무요원 복무를 마친 자
③ 제2국민역에 편입된 자 ④ 상근예비역으로 복무중인 자

【27】 "Baggage Claim Blank"란 무엇을 의미하나?

① 손해배상청구서 ② 수하물 불평신고서
③ 가방도난 신고서 ④ 가방주문청구서

【28】 다음 중 여권에 준하는 서류가 아닌 것은?

① TRAVEL CERTIFICATE ② LAISSEZ PASSER
③ SEAMAN BOOK ④ TOURIST CARD

【29】 사증면제협정이 체결되어 있음에도 불구하고 사증이 반드시 필요한 사람은?

① 상용목적 여행자　② 관광목적 여행자
③ 상사주재원　④ 방문목적 여행자

【30】 다음 중 일괄수속(Through Check-in)의 구비요건이 아닌 것은?

① 연결지점 도착공항과 출발공항이 동일할 것
② 외교관계가 수립되어 있을 것
③ 동일한 항공사에 탑승할 것
④ 연결시간이 24시간 이내일 것

【31】 단체여행시에는 고객별로 수하물 처리를 하지 않고 단체여객의 총량을 기준으로 수하물을 처리하는데 이를 무엇이라 하는가?

① Baggage Dividing　② Baggage Polling
③ Baggage Separating　④ Baggage Clearance

【32】 다음 중 수입축산물의 검사방법이 아닌 것은?

① 관능검사　② 서류검사
③ 약식검사　④ 정밀검사

【여행사실무문제 29】

【1】 다음 중 운송권류에 해당하지 않는 것은?

① 항공권 ② 지불증(MCO) ③ 여행자수표 ④ 인환증(XO)

【2】 다음 중 항공권쿠폰의 종류가 아닌 것은?

① Audit Coupon ② Agent Coupon
③ Passenger Coupon ④ Air Coupon

【3】 무임항공권을 전문용어로 표기하면?

① Trip Pass ② Free Pass
③ No Charge Pass ④ No Price Pass

【4】 국제선 항공권의 유효기간은 운송개시일로부터 다음 중 어느 것인가?

① 3개월 ② 6개월
③ 1년 ④ 1년 6개월

【5】 다음은 항공권의 유효기간 연장에 관한 것이다. 보기에서 해당번호를 골라 기입하라.

① 사망인의 동반자 ......( )
② Irregularity ......( )
③ 예약시 좌석불능 ......( )
④ 여행중의 발병 ......( )

보 기			
ⓐ 30일	ⓑ 3개월	ⓒ 7일	ⓓ 1개월

【6】 다음 중 국제선 항공권의 종류가 아닌 것은?

① 수기항공권 ② 지역결제항공원
③ 은행결제항공권 ④ 여행사결제항공권

【7】 다음 중 MCO의 용도가 아닌 것은?

① 여행자의 제반 운송비용 ② 여행사의 대외결제비용

③ 대여차량비용 ④ 세금 및 부과액

【8】 다음 NUC를 출발지국 운임으로 환산하시오.

번호	NUC	ROE	R/U	출발지운임
1	478.24	1.00	1	USD
2	328.46	91.83739	100	JPY
3	1278.94	5.43591	1	FRF
4	742.50	7.7528	5	HKD
5	924.36	0.55843	1	GBP

【9】 다음 경우의 판매지표를 결정하시오.

번호	여정	판매지	발권지	판매지표
1	SEL—PAR—SEL	PAR	SEL	
2	SEL—HKG—SIN	SEL	SEL	
3	PAR—LON—PAR	SEL	SEL	
4	SEL—NYC—WAS	NYC	SEL	
5	PUS—SEL—LON	SEL	SEL	
6	SEL—BKK—SEL	SEL	CJU	

【10】 다음 출발지국 운임을 NUC로 환산하시오.

번호	출발지국 운임	ROE	NUC
1	JPY84300	104.272	
2	FRF4825	175.34	
3	DEM2427	153.72	
4	KRW245700	1298.45	
5	HKD3680	162.87	

【11】 다음 국내공항의 코드를 써 넣으시오.

공항명	코드	공항명	코드
1. 김포		10. 부산	
2. 광주		11. 울산	
3. 강릉		12. 속초	
4. 군산		13. 목포	
5. 예천		14. 대구	
6. 제주		15. 진주	
7. 성남		16. 포항	
8. 인천		17. 여수	
9. 원주		18. 청주	

【12】 테이블 체크인 서비스(table check in service)란 무엇을 의미하나?

① 방에서 호텔 입숙수속절차를 밟는 서비스

② 식당의 식탁에서 요리주문을 받는 서비스

③ 전화로 좌석배정을 받고 공항에서 탑승권을 건네 받는 서비스

④ 요금계산을 카운터에서 하지 않고 식탁에서 하는 서비스

【13】 18세 미만의 독일 국민에게 발급하는 여권대용 서류는?

① Passport ② Travel Certificate ③ Tourist Card

④ Kinderausweis ⑤ Laissez-Passer

【14】 일본정부가 인정하지 않는(예: 대만, 북한 등) 국가의 여권을 소지한 자가 일본에 입국하기 위해서 절대적으로 필요한 서류는?

① 도항증명서 ② 항공권 ③ 검역증명서

④ 초청장 ⑤ 신분증명서

【15】 미국에서 무사증 체류(TWOV)에 제한을 받는 국가는 다음 중 어느 나라인가?

① 한국 ② 영국 ③ 일본 ④ 중국 ⑤ 독일

【16】 다음 설명문의 내용이 맞으면 ○표, 틀리면 ×표 하시오.

① 첼로와 같이 대형 악기를 기내에 휴대하여 탑승하고자 할 경우에는 승객의 옆 좌석 1석을 추가로 확보해야 하며, 이를 위해 별도의 항공권을 구입해야 한다. ( )

② 드라이 아이스는 항공사의 승인없이 기내에 지입할 수 있다. ( )

③ 애완견을 데리고 기내에 탑승할 때에는 반드시 운송용 케이지(cardboard container)에 넣어 탑승하지 않으면 안 된다. ( )

④ 원숭이도 개, 고양이, 새와 더불어 여객기에 승객과 더불어 탑승할 수 있다. ( )

⑤ 비행 중 무선전화기 사용은 가능하나, CD플레이어는 사용이 불가하다.( )

⑥ 비행 중 전자오락기와 FM라디오는 사용이 가능하다. ( )

⑦ 경유지 공항에서 하기(下機)할 경우 기내에 소지한 휴대품은 가지고 내리지 않아도 전혀 지장이 없다. ( )

⑧ 보너스항공권을 이용하는 경우 편도여정만이라도 성수기에 해당될 때에는 왕복 모두 성수기 기간의 적용을 받게 된다. ( )

⑨ 항공기 기종으로 A330-300이란 에어버스 330기종의 300명 좌석 비행기이다. ( )

⑩ 블랙박스(black box)란 25시간 동안의 비행정보 기록장치와 최종 30분 이상의 조종사들의 교신내용과 대화내용을 기록한 음성기록장치를 통칭하는 이름이다. ( )

⑪ 항공사에서 사용하는 ATB티켓은 탑승권 겸용 항공권을 말한다. ( )

⑫ 전세비행편에 의한 단체여행시에 단원 전체의 것을 한 장의 항공권에 발행하여 주는 데 이러한 항공권을 Collective Ticket라고 한다 ( )

⑬ 항공기내 흡연은 지상에서의 흡연과 건강에 별 차이가 없다. ( )

⑭ 항공기 안에서 영화를 보여줄 때 화면 내리는 벽의 앞자리로서 다리를 편안하게 펼 수 있는 자리를 벌크헤드시트(Bulk Head Seat)라고 한다. ( )

⑮ 헤어스프레이는 폭발성이 강하나 일정량은 기내에 휴대하여 지입할 수 있다. ( )

【17】 다음은 식물의 원산지와 관련된 것이다. 보기에서 정답을 골라 ( )안에 그 기호를 써 넣으시오.

① 고구마( ), 아즈테카 문명의 나라로 미국과 국경을 이루고 있다.

② 감자( ), 잉카제국이 번영한 지역.

③ 시금치( ), 페르세폴리스가 있는 이슬람의 나라.

④ 배추( ), 한자의 나라, 동양에서 가장 면적이 큰 국가.

⑤ 오이( ), 세계의 지붕이라고 함.

⑥ 밀감( ), 한국과 가까운 섬나라.

⑦ 파인애플( ), 남미에서 가장 큰 나라.

⑧ 파( ), 세계에서 가장 면적이 큰 나라.

⑨ 당근( ), 산악국가, 탈레반군과 미국이 전쟁을 한나라.

⑩ 옥수수( ), 인디오의 주식.

⑪ 가지( ), 서남아시아 최대의 나라, 힌두교국가.

⑫ 커피( ), 원산은 아라비아이나, 원목(原木) 시바 여왕의 나라임.

⑬ 밀( ), 중근동, 소아시아에서 세계의 주식(主食)으로 발전.

보 기

ⓐ 중국	ⓑ 히말라야	ⓒ 페루 · 볼리비아	ⓓ 멕시코	ⓔ 일본
ⓕ 이란	ⓖ 브라질	ⓗ 중남미	ⓘ 아프카니스탄	ⓙ 러시아
ⓚ 인도	ⓛ 이티오피아	ⓜ 이라크 · 터키		

【여행사실무문제 30】

【1】 부록의 요금자료를 참고하여 다음 여행일정에 대한 여행요금을 계산하라.

단체명: KMT KOREA TOUR, OPERATOR: NIPPON TRAVEL AGENCY

여 행 조 건
① 인원 : 36+2 ② 객실 : 특1급 호텔 2인 1실 사용, 주말 요금 적용함. ③ 공항세 및 관광진흥기금 포함 : 25,000원(1인당) ④ 가이드료 : 1일 30,000원 ⑤ 운전기사 팁 : 1일 10,000원 ⑥ 열차 : 새마을호 보통실 이용 ⑦ 일정 : 5월 9일(화) 입국 / 11일(목) 출국 ⑧ 시내식당 중 · 석식 : 1식당 15,000원 ⑨ 호텔조식 : 각 호텔의 조식요금 적용, ⑩ 포터비 : 10인 미만 2,600원, 10인 이상 1,300원씩 일률 적용함. ⑪ 수수료 : 10% ⑫ 확정요금을 천원 단위로 절상함(예 : 123,567원 → 124,000원)

제1일 : CX 411편으로 인천국제공항도착(1300)
시내관광(경복궁, 국립박물관)
시내식당에서 석식
숙박(서울롯데호텔)

제2일 : 호텔에서 조식
09:00시 새마을열차로 경주향발
경주 시내식당에서 중식
경주시내관광(첨성대, 분황사, 박물관, 불국사, 대릉원 등)
쇼핑안내
시내식당에서 석식
숙박(경주현대호텔)

제3일 : 호텔에서 조식
부산향발
부산착 후 시내식당에서 중식
부산시내관광(유엔묘지, 용두산공원, 부산타워, 어시장)
쇼핑안내 후 김해국제공항 향발
JL 962편으로 출국(1800)

*** 항공편 또는 열차편은 편의상 설정한 것으로 실제상황과는 다름.**

【여행사실무문제 31】

【1】 부록의 요금자료를 참고하여 다음 여행일정에 대한 여행요금을 계산하라.

단체명: KMT KOREA TOUR, OPERATOR : AMERICAN EXPRESS CO., LTD

여 행 조 건
① 인원 : 36+2 ② 객실 : 특1급 호텔 2인 1실 사용, 주말 요금 적용함. ③ 공항세 및 관광진흥기금 포함 : 25,000원(1인당) ④ 가이드료 : 1일 30,000원 ⑤ 운전기사 팁 : 1일 10,000원 ⑥ 열차 : KTX 일반실 이용 ⑦ 일정 5월 9일(화) 입국 / 11일(목) 출국 ⑧시내식당 중 · 석식 : 1식당 15,000원 ⑨ 호텔조식 : 각 호텔의 조식요금 적용, ⑩ 포터비 : 10인 미만 2,600원, 10인 이상 1,300원씩 일률 적용함. ⑪ 수수료 : 10% ⑫ 확정요금을 천원 단위로 절상함(예 : 123,567원 → 124,000원)

제1일 : TG623편으로 인천국제공항도착(15:00)
전용차로 시내향발
시내관광(경복궁, 국립박물관)
시내식당에서 석식
숙박(서울롯데호텔)

제2일 : 호텔에서 조식
전용차로 공항향발
공항착 국내선으로 부산향발(09:00)
부산착 시내관광(유엔묘지, 범어사)
시내식당에서 중식
전용차로 경주향발
경주착 시내관광(불국사, 박물관, 대릉원)
쇼핑안내
시내식당에서 석식
숙박(경주힐튼호텔)

제3일 호텔에서 조식
석굴암관광 후 전용차로 김해국제공항 향발
KE 731편으로 출국(13:00)

*** 항공편 또는 열차편은 편의상 설정한 것으로 실제상황과는 다름.**

【여행사실무문제 32】

【1】 부록의 요금자료를 참고하여 다음 여행일정에 대한 여행요금을 계산하라.

단체명: KMT KOREA TOUR, OPERATOR: THOMASCOOK & SON CO., LTD

여 행 조 건
① 인원 : 36+2 ② 객실 : 특1급 호텔 2인 1실 사용, 주말 요금 적용함. ③ 공항세 및 관광진흥기금 포함 : 25,000원(1인당) ④ 가이드료 : 1일 30,000원 ⑤ 운전기사 팁 : 1일 10,000원 ⑥ 열차 : KTX 일반실 이용 ⑦ 일정 : 5월 9일(화) 입국 / 11일(목) 출국 ⑧ 시내식당 중 · 석식 : 1식당 15,000원 ⑨ 호텔조식 : 각 호텔의 조식 요금 적용 ⑩ 포터비 : 10인 미만 2,600원, 10인 이상 1,300원씩 일률 적용함. ⑪ 수수료 : 10% ⑫ 확정요금을 천원 단위로 절상함(예 : 123,567원 → 124,000원)

제1일 : KE 703편으로 인천국제공항 도착(1300)
전용차로 시내향발
시내관광(창덕궁, 비원)
시내식당에서 석식
숙박(서울롯데호텔)

제2일 : 호텔에서 조식
오전시내관광(경복궁, 박물관, 동대문시장, 서울타워)
쇼핑안내
시내식당에서 중식
오후 전용차로 공항향발
국내선(14:00)으로 제주향발
제주착 시내관광(삼성혈, 목석원, 제주민속자연사박물관 등)
시내식당에서 석식
숙박(서귀포 신라호텔)

제3일 : 호텔에서 조식
도내관광(성산일출봉, 만장굴, 제주민속촌 등)
시내식당에서 중식
쇼핑안내
전용차로 제주국제공항 향발
KE 503편으로 출국(16:00)

*** 항공편 또는 열차편은 편의상 설정한 것으로 실제상황과는 다름.**

【여행사실무문제 33】

【1】 다음은 세계의 관광관련 중요 축제의 설명이다. 보기에서 골라 그 기호를 써넣어라.

① 로드메이어즈 쇼, 중세이래 전통을 가진 시의 연중행사 중 하나, 이 쇼의 장엄함과 화려함은 영국이 아니고서는 곤란할 것이다. ( )

② 시를 보호하는 성인으로 전해지는 산페르민에 연유된 축제. 거대한 왕이나, 여왕, 흑인인형을 둘러싸고, 군중들이 대소동을 벌이는 스페인다운 축제, 소를 가두에서 투우장에 밀어 넣는 엔쉐로로 불리는 행사로도 유명하다. ( )

③ 리오의 카니발과 더불어 세계적으로 알려진 카니발로서 100년의 전통이 있다. 퍼레이드나 가면 무도회 등의 3일간 남프랑스에서 개최된다. ( )

④ 세계중의 "귀족의 겨울 살롱"이라는 다른 이름을 가진 남프랑스에 있는 국제적인 관광보양도시, 여기서는 꽃싸움, 미모자축제, 영화제가 매년 개최된다. ( )

⑤ 이탈리아의 고도이며, 조개껍질처럼 옹이가 있는 캄포광장에서 행해지는 파리오(중세풍 경마)는 이 지방의 명물이다. ( )

⑥ 모차르트의 탄생지로 잘 알려져 있으며, 1920년부터 그를 기념하여 열리고 있는 음악제는 세계에서 저명한 연주가가 모이는 것으로 유명하다. ( )

⑦ 40년 이상의 전통이 있다고 알려져 있는 오메강축제, 세계에서 가장 아름다운 광장이라고 알려진 시청사 앞의 그랑플라스가 이 시에 있다. ( )

⑧ 화스나하트라고 불리는 산뜻한 요괴(요물)이나 동물의 마스크를 쓰고 펼쳐지는 축제, 스위스 최고(最古)의 대학이 있는 도시임. ( )

보 기

ⓛ 님	ⓑ 그라나다	ⓒ 팜프로나	ⓓ 제네바	ⓔ 부르쥬	ⓕ 칸느
ⓖ 쉐나	ⓗ 런던	ⓘ 베른	ⓙ 브뤼셀	ⓚ 나폴리	
ⓛ 마르세이유	ⓜ 바젤	ⓝ 룩셈부룩	ⓞ 잘스부룩	ⓟ 니스	

【2】 다음 항공운임 중 잘못 연결된 것은?

① EH-동반구내운임　　② AP-대서양·태평양 경유운임

③ TS-시베리아 경유운임　　④ PO-동남아 경유운임

【3】 항공권에 대한 내용 중 보기에서 정답을 골라 (　　　)안에 그 기호를 써 넣어라.

항공권의 유효기간은 운송개시일로부터 (①)으로 한다. 단, (②)항공권의 유효기간은 (③)로부터 1년간으로 한다. 또한 항공권은 항공권의 유효기간 (④)에 실효된다. 적용약관에 별도의 규정이 없는 한 항공권의 최후 탑승용편에 의한 (⑤)구간의 여행은 유효기간 만료일(⑥)까지 여행을 개시하면 만료일을 지나도 이 항공권을 계속해서 사용할 수 있다.

여행자는 그 여행중 (⑦) 및 모든 (⑧)을 소지하지 않으면 안된다. 여행자는 항공권의 청구를 요청받았을 때에는 운송인에게 (⑨)을 제시하고 (⑩)을 인도하지 않으면 안된다. 항공권은 양도할 수 없다. 운송받을 권리를 가지는 자 또는 환불받을 권리를 가진 자 이외의 자가 제시한 항공권에 의해 회사가 운송을 인수 또는 이를 환불해도 회사는 당해 운송 또는 환불과 관계되는 진짜 (⑪)에 대해 책임을 지지 않는다.

보 기

ⓐ 권리자	ⓑ 양도	ⓒ 관계용편	ⓓ 최후	ⓔ 여객용편
ⓕ 24시	ⓖ 1년	ⓗ 항공권	ⓘ 미사용	ⓙ 만료일의 24시
ⓚ 양도	ⓛ 미사용탑승용편	ⓜ 발행일		

【4】 다음은 5개의 도시의 GMT와의 시차이다. 서울이 11월 1일 오전 10:00의 경우 현지시각을 아래의 표에서 골라 그 기호를 적어라.

(도시명)

① 샌프란시스코(−8)　　(　　　)

② 파리(+1)　　(　　　)

③ 홍콩(+8)　　(　　　)

④ 괌(+10)　　(　　　)

⑤ 뉴욕(−5)　　(　　　)

보 기

ⓐ 01:00　ⓑ 09:00　ⓒ 17:00(10월 31일)　ⓓ 20:00(10월 31일)　ⓔ 11:00

【5】 인솔자가 해외여행 중 취한 다음의 사고처리 내용 중 맞으면 O표, 틀리면 ×표를 하라.

① 단원 중 1명이 원인불명의 발열(發熱)을 했기 때문에 인솔자는 본인으로부터 증상을 들은 후 감기라고 판단하여 해열제를 먹였다. ( )

② 화재가 발생했기 때문에 단원을 일단 대피시키고 인솔자는 호텔의 자율방범대에 협력, 소화작업에 종사했다. ( )

③ 단원이 술에 취해 다른 단원에게 상해를 입혀 조사를 위해 경찰을 불러 격리시킨 후 단장에게 사후처리를 의뢰하고 인솔자는 다른 일행과 함께 다음 일정을 진행했다. ( )

④ 호텔 내에서 단원의 귀중품(금전)이 분실되어 단장에게 보고하고, 지배인에게 조치를 의뢰했지만 좋은 결과가 나오지 않아 경찰에 수사의뢰를 했다. ( )

⑤ 인솔자가 사고 때문에 인솔을 계속할 수 없었기 때문에 본사에서 연락한 지시에 따르기로 했다. ( )

⑥ 여행자가 의식불명이 된 경우, 인솔자는 물 또는 기타 음료를 먹여 의식을 회복시킬 조치를 하여야 한다. ( )

⑦ 단체여행 중에 여행자가 사망한 경우에는 인솔자는 경찰관의 입회를 요청하여 간사와 협의한 후 정중히 처치를 한다. ( )

⑧ 호텔에서 화재가 발생한 경우, 인솔자는 상층의 숙박자는 엘리베이터로, 하층 숙박자는 관내의 계단을 이용하여 대피를 유도한다. ( )

⑨ 버스여행 중 충돌사고로 여행자의 일부가 중상을 입은 경우, 인솔자는 부상자 이외의 여행자를 안전한 장소로 대피시키고, 인접 민가 및 통행인에게 협력을 구해 의사와 경찰에 연락을 취한다. ( )

⑩ 주최여행 중에 병에 걸린 여행자를 남겨 두고 단체가 출발하지 않으면 안되는 경우, 인솔자는 병자에게 붙어야 하며, 다음의 여행일정을 버스 승무원에게 일임한다. ( )

【6】 다음의 각 사항은 호텔에서 고객의 물품이 분실 또는 훼손된 경우의 지배인(A)과 인솔자(B)의 대화이다. 각각의 주장 중 맞으면 O표 틀리면 ×표하라.

① 종업원에게 맡긴 고급 카메라가 분실된 경우

(A) 당 호텔에서는 프론트에 맡기지 않은 물건 이외에는 일절 책임을 질 수 없다. ( )

(B) 종업원의 책임은 호텔측에 있다. 불가항력이라는 입증할 만한 정황이 있기 전에는 책임을 져야 한다. ( )

② 고객으로부터 맡지 않았던 휴대품이 분실된 경우

(A) 당 호텔이 특히 주의를 게을리한 것을 입증해 보아라. ( )

(B) 분실한 사실이 있는 이상 부주의가 있었을 것이므로 특별히 입증할 필요가 없다. ( )

③ 귀중품보관소에 맡긴 고가품이 분실된 경우

(A) 고가품의 종류 및 금액을 신고받지 않았기 때문에 고객의 요구대로 변상할 수 없다. ( )

(B) 호텔은 선량한 관리자의 주의 의무를 게을리했기 때문에 전액변상 의무가 있으므로 고객의 요구대로 변상하라. ( )

④ 호텔이 고객의 의뢰에 의해 인수받은 세탁물(와이셔츠)에 다리미에 그을린 흔적이 발견된 경우

(A) 그을린 것은 세탁소의 책임에 관한 문제이지 당 호텔의 책임 사항은 아니다. ( )

(B) 호텔에서 인수한 것이므로 호텔에서 변상조치를 해야 마땅하다. ( )

【7】 단체해외여행보험에 가입하고 있는 여행자가 여행 중 이하에 열거하는 사고를 당했을 경우, 보험금 지급이 되는 경우에는 O표, 그렇지 않은 경우에는 ×표하라.

① 승차하고 있던 버스가 교통사고를 일으켜 중상을 입었다. ( )

② 호텔의 계단에서 미끌어 넘어져 부상을 당했다. ( )

③ 호텔에서 묶고 있던 중 지진이 일어나 대피 중 부상을 당했다. ( )

④ 가벼운 차림으로 등산에 나섰다가 동상을 입었다. ( )

⑤ 숙박하고 있던 호텔에서 가스가 폭발하는 사고가 발생하여 부상을 당했다. ( )

⑥ 뇌졸중으로 넘어져 부상을 입었다. ( )

⑦ 무거운 물건을 들려고 하다 허리를 다쳤다. ( )

⑧ 하이킹에 참가하고 돌아왔으나 구두 뒤꿈치 부분에 살이 물러 치료를 받았다. ( )

⑨ 토산품을 사는 도중에 졸지에 부상을 당했다. ( )

⑩ 다른 여행사 직원과 항공좌석 건으로 싸움을 하다가 부상을 입었다. ( )

【8】 다음 문장은 인솔자의 실무처리에 대해서 언급한 것이다. 일반적으로 타당한 것에는 ○표, 그렇지 않은 것에는 ×표하라.

① 호텔에서 화재가 발생하여 여행자가 소지품을 꺼내려고 했기 때문에 대충 걸쳐 입고, 인솔자가 같이 꺼내러 갔다. (　　)

② 단원 한 사람이 상해사건에 연루되어 부상을 입어 의사와 경찰의 입회는 없었지만 응급지혈을 하고 안전한 장소에 이동시킨 다음 응급차를 불렀다. (　　)

③ 여행최종일에 항공사에 위탁한 단원의 위탁수하물이 미도착했기 때문에 인솔자가 그 수하물 인환증을 항공사에 제시하고 그 취지를 설명한 다음 15일 경과 후에 구두로 손해배상을 청구했다. (　　)

④ 단체여행에 있어서 페리에 승선할 예정시각에 늦게 온 여행자가 있었기 때문에 당해 단체의 간사에게 페리에의 유도를 의뢰하고 인솔자가 집합장소에 남아 늦게 오는 손님을 기다렸다. (　　)

⑤ 단원 한 사람이 뇌빈혈로 의식을 잃었기 때문에 의복을 느슨하게 한 다음 머리를 낮게 고정시켰다. 의식이 회복되어 커피를 한잔 대접했다. (　　)

【여행사실무문제 34】

【1】 다음 국가 및 지역에 대한 표준시각 적용시 GMT와의 시차를 쓰시오.

(예) 한국 +9 ① 프랑스 ( ) ② 중국 ( ) ③ 독일 ( )
④ 호주 ( ) ⑤ 태국 ( ) ⑥ 대만 ( )
⑦ 인도 ( ) ⑧ 미국본토 ( ) ⑨ 하와이 ( )

【2】 다음 두 도시간 비행소요시간은 얼마인가?

서울 / 호놀룰루 21:00 09:10 (각 도시의 GMT와의 시차 +9, −10임)

① 5시간 1분 ② 6시간 10분 ③ 7시간 10분 ④ 8시간 10분

【3】 다음은 미국의 열차에 관한 내용이다. 보기에서 골라 그 기호를 써 넣어라.

① Drawing Room ( ) ② Roomette ( ) ③ Double Room ( )
④ Compartment ( ) ⑤ Slumber Coach ( ) ⑥ Club Seat ( )
⑦ Coach Seat ( ) ⑧ Dome Car ( ) ⑨ Lounge Car ( )

보 기

ⓐ 2등 ⓑ 1등 ⓒ 1등 1인용 ⓓ 1등 2인용 ⓔ 1등 3인용
ⓕ 1등 좌석 ⓖ 2등 좌석 ⓗ 음료 · 스낵판매차량 ⓘ 전망차

【4】 출국에 관련한 용어로 틀린 것은?

① Unaccompanied Baggage란 탑승수속시에 항공사에 위탁시킨 수하물이다.
② Flight Coupon이란 탑승수속시에 항공사 직원이 수령하는 권편(券片)을 말한다.
③ Cabotage란 국제선의 국내구간운송금지를 말한다.
④ E/D카드란 출입국 심사시에 여권과 함께 관계관에게 제출하는 서류이다.

【5】 리히데슈타인에 입국시 CIQ규정은 어느 나라의 규정과 같은가?

① 이탈리아 ② 오스트리아
③ 독일 ④ 스위스

【6】 유로스타열차로 런던에서 파리로 향할 경우, 출입국수속에 관해 올바른 것은?

① EU지역 내이기 때문에 영국/프랑스 출입국수속은 생략된다.

② 프랑스의 입국수속은 런던출발시에 워털루역에서 행해진다.

③ 영국/프랑스 출입국수속은 주행중 열차내에서 진행된다.

④ 런던 출발시 워털루역에서 영국 출국수속이 행해지고, 프랑스의 입국수속은 열차내에서 진행된다.

【7】 항공사에 위탁시키는 수하물 중 파손되기 쉬워 취급에 주의를 요하는 물품에 붙이는 짐표는 무엇인가?

① emergency tag　② fragile tag

③ attention tag　④ important tag

【8】 구미지역에 가서 일기예보에 관한 텔레비전을 보면 화씨로 나와 섭씨를 사용하고 있는 우리는 헷갈리는 경우가 있는데, 화씨 103° F는 대략 섭씨 몇℃에 해당하나?

① 20℃　② 25℃　③ 30℃　④ 40℃

【9】 다음 중 기호품이 아닌 것은?

① 담배　② 술　③ 인삼　④ 향수

【10】 다음 중 항공사의 의무서비스(obligatory service)가 아닌 것은?

① 항공기의 결항　② 항공편의 지연운항

③ 사회적 소요상태　④ 기상관계

【11】 다음 문장의 (　　　)내에 보기의 단어에서 적절한 것을 골라 그 기호를 기입하라.

편도여행에 있어서의 (①)는 최종지점이지만, 왕복여행에 있어서의 Destination은 (②)와(과) 같은 지점이 된다. 왕복여행에 있어서의 반환지점은 (③) 또는 (④)라고도 불리고 있다.

보 기

ⓐ origin	ⓑ intermediate point	ⓒ stopover
ⓓ destination	ⓔ construction point	ⓕ more distant point
ⓖ outward destination	ⓗ higher intermediate point	

【13】 MCO에 관한 내용 중 맞는 것에는 ○표, 그렇지 않은 것에는 ×표하라.

① MCO란 Milita y Charges Order이다. ( )

② 비지정목적으로 발행되는 MCO의 액면금액은 USD350.00으로 제한되어 있다. ( )

③ 비록 목적을 지정하여 발행하는 것이라고 해도 제한금액은 USD350.00이다. ( )

④ MCO는 유가증권이기 때문에 타인의 명의로도 사용 가능하다. ( )

⑤ MCO의 유효기간은 항공권과 마찬가지로 발행일로부터 1년간이다. ( )

【14】 다음 열차의 운전구간을 아래의 보기에서 골라 그 기호를 기입하라.

① Blue Train( ) ② Rajdhani Express( )

③ Metro Liner( ) ④ Rakyat( )

⑤ Indian Pacific( ) ⑥ Hikari( )

⑦ South West Limited( ) ⑧ Canadian( )

보 기

ⓐ Tokyo / Fukuoka ⓑ Los Angels / Chiacago ⓒ Capetown / Pretoria
ⓓ New York / Washington ⓔ Sydney / Perth ⓕ Singgapore / Butterworth
ⓖ Montreal / Vancouver ⓗ New Delhi / Bombay(Mumbai)

【15】 다음은 유레일 패스에 대한 내용이다. 맞는 것을 골라라(복수선택 가능)

① 유레일 패스에는 어른 및 어린이 요금이 있다.

② 유럽지역 거주자는 유레일 패스를 살 수 없다.

③ 유레일 패스 구입시에는 여권번호가 필요하다.

④ 유레일 패스에는 국제인터시티요금, 좌석지정요금은 포함되나 TEE요금은 포함되지 않는다.

【16】 다음은 유레일 유스패스에 관한 것이다. 아래의 보기에서 그 기호를 골라 써 넣어라.

유레일 유스패스는 젊은이를 위한 것으로 유럽 (①)개국에 통용되며, 이용등급은 (②)등이다. 통용기간은 (③)개월과 (④)개월이 있으며, 통용종료일의 (⑤)시에 실효된다. 구입자격은 (⑥)세 미만으로 되어 있다.

보 기				
ⓐ 1	ⓑ 2	ⓒ 3	ⓓ 11	ⓔ 13
ⓕ 16	ⓖ 22	ⓗ 24	ⓘ 26	

【17】 오스트렐리아에 있어서의 2008년 시즌 여름시간 실시기간은 ( )이다.

① 2008.03.26~09.23 ② 2008.05.08~10.05

③ 2008.06.01~08.31 ④ 2008.10.26~2009.04.05

【18】 자료 ①에 의하면 그면 10월 8일에 있어서의 암스테르담과 로스앤젤레스 간의 시차는 전자가 후자보다 ( )이다.

① 8시간 빠르다 ② 9시간 빠르다

③ 8시간 느리다 ④ 9시간 느리다

【자료 ①】

Country of Area	Standard Clock Time	Daylight Saving Time	DST effective Period
FINLAND	+2	+3	26MAR00-23SEP00
KOREA	+9		
NETHERLANDS	+1	+2	26MAR00-23SEP00
NEW ZEALAND	+12	+13	08OCT00-17MAR01
UNITED KINGDOM	GMT	+1	26MAR00-28OCT00
USA			02APR00-28OCT00
Exceptions: Arizona and Most locations in indiana do not adopt DST			
Eastern Time	-5	-4	
Central Time	-6	-5	
Mountain Time	-7	-6	
Pacific Time	-8	-7	
Alaska			
All locations(Except Aleutian islands west of 169.30 deg W)	-9	-8	
Alaska			
Aleutian islands west of 169.30 deg W	-10	-9	
Hawaiian island	-10		

【19】 2000년 10월 8일 현재 한국이 정오일 때, (　　　　)에서는 10월 7일 오후 5시이다.

① 영국　　　② 이탈리아

③ 뉴질랜드　　　④ 하와이

【20】 2000년 10월 8일에 있어서의 파페티(GMT-10:00)와 (　　　　)와의 시차는 3시간이다.

① 샌프란시스코　　　② 호놀룰루

③ 시드니　　　④ 오클랜드

【여행사실무문제 35】

【1】 다음 문장 중 올바른 것에는 ○표, 그렇지 않은 것에는 ×표하라.

① 일조시간을 유용하게 활용한다는 취지에서 실시하는 여름시간은 그 자의(字意) 목적에 따라 Summer Time 또는 Daylight Saving Time이라고 하나, 그것을 채용하면 소정기간 중 시계를 표준시보다 1시간 빨리 조정해야 하므로 주의할 필요가 있다. ( )

② 한국에서 태평양을 횡단하여 미국에 갈 경우, 날짜변경선을 통과하는데, 이 경우 같은 날을 2번 사용하는 경우도 있다. 이를 위해 일요일 아침 10시에 한국을 출발한 항공편이 같은 일요일 10시 이전에 미국에 도착하는 경우도 생긴다. ( )

③ 출국수속의 대행, 항공권의 판매, 패키지상품의 판매 등은 여행업무이지만, 여행상해보험 등의 각종 보험수속을 대행하는 것은 여행업무라고 할 수 없다. ( )

【2】 단위에 대해서 다음 문장 중 올바른 것에는 ○표, 그렇지 않은 것에는 ×표하라.

① 1마일은 1.6킬로미터이다. ( )

② 1야드는 1미터보다 짧다. ( )

③ 1헥타르는 1,000평방미터이다. ( )

④ 보석에 사용되는 1캐럿은 0.2그램이다. ( )

⑤ 같은 갤런이라도 미국의 갤런이 영국의 갤런보다 큰 체적을 나타낸다. ( )

⑥ 1파운드는 8온스이며, 1온스는 50그램이다. ( )

⑦ 1배럴은 0.159킬로리터이며, 석유 1드럼은 0.2킬로리터이다. ( )

【3】 다음 단체여행을 위한 수하물 핸들링에 대해 설명한 문장 중 ( )안에 적당한 것을 골라 그 기호를 써 넣어라.

① 기내에 지입하는 수하물은 납치방지 검사를 위해 여행자 1인당 1개의 짐만 가지고 들어가도록 항공사에서 협조를 요청하고 있는데, (㉮)과(와) (㉯)은(는) 별도로 가지고 가도 지장이 없다.

② 위탁수하물의 경우 IATA항공사로부터 손해배상은 1킬로그램당 USD( ) 가 한도로, 통화 귀금속 등은 배상대상이 되지 않는다.

③ 선진국의 경우 수하물 사고의 책임이 여행사에게 있을 때, 배상액은 여행자 1인당 USD(　　) 정도를 한도로 하고 있다.

④ 항공사에 위탁하는 수하물에는 통상적으로 (㉮), (㉯), 가연성 액체류, 고압 개스류, 부패성액체류, 폭발물 등은 운송이 거절된다.

보 기				
ⓐ 15	ⓑ 20	ⓒ 30	ⓓ 깨지기 쉬운 물건	ⓔ 토산품
ⓕ 면세품	ⓖ 총포 · 도검	ⓗ 생동물	ⓘ 의약품	

【4】 패키지여행상품의 비용에는 그 비용 중에 포함되는 것과 포함되지 않는 것이 있다. 다음에 열거하는 항목에 대해서 포함되는 것에는 ○표, 포함되지 않는 것에는 ×표 하라.

① 공항포터에의 팁(　　)　② 호텔 포터에의 팁(　　)
③ 관광버스 운전기사에의 팁(　　)　④ 현지가이드에의 팁(　　)
⑤ 호텔의 하우스키퍼에의 팁(　　)　⑥ 단체하물운반비(　　)
⑦ 여행일정에 들어 있는 박물관 입장료(　　)
⑧ 공항세(　　)　⑨ 식사시 음료대(　　)
⑩ 사증(비자)을 취득하기 위한 비용(　　)　⑪ 호텔에서의 세탁비(　　)
⑫ TC팁(　　)

【5】 최근 아랍제국에 출장가는 사람이 늘고 있다. 여행시 주의사항을 6가지만 적어라.

【6】 아프리카 여행은 뭐니뭐니해도 자연상태의 동물을 구경하는 사파리투어이다. 사파리투어 참가자에게 필요한 휴대품을 열거하라.

【7】 다음은 해외여행 중 에티켓과 매너를 열거한 것이다. 올바른 것을 골라라.

① 동남아 여행중 중국요리로 식사를 할 때에는, 입맛을 다시고 떠들석하게 하는 것이 좋다. (　　)

② 유럽의 호텔 다이닝룸에서 테이블에 앉을 때에는 의자의 우측부터 앉는다. (　　)

③ 미국의 레스토랑에서는 여성은 모자를 쓴 채로 식사해도 좋다. ( )

④ 부인이 악수를 청한 때에는 이를 거절해서는 안 된다. ( )

⑤ 사람을 소개할 때에는 손윗 사람 연장자 쪽을 먼저 상대에게 소개하는 것이 예의이다. ( )

【8】 다음은 항공사의 예약실무에 대해서 언급한 문장이다. 맞는 것에는 ○표, 틀린 것에는 ×표하라.

① 예약은 유효한 항공권이 발행되기까지는 확약된 것이 아니고, 지정된 시각까지 항공권구입을 하지 않을 때에는 예고 없이 예약을 취소할 수 있다. ( )

② 여행도중 한국으로부터의 여행자는 예약재확인을 출발예정시각에서 적어도 72시간 전까지 여행을 재개하려는 도시의 항공사에 하지 않으면 안 된다.( )

③ 여객이 예약한 좌석을 이용하지 않은 경우라고 하더라도 그 예약에 이어서 행해지고 있는 예약에 대해서는 여객의 동의가 없으면 취소할 수 없다. ( )

④ 예약을 취소함에 있어 항공사가 사용한 전화료, 전보료는 여객이 부담할 성질의 것이며, 항공사로부터 청구를 받은 때에는 이를 지불하지 않으면 안 된다.( )

⑤ 여행자의 정신적 또는 신체적 상태가 다른 여행자에게 불쾌감을 주거나 피해를 줄 우려가 있다고 항공사가 판단할 경우에는 예약을 취소할 수 있다. ( )

【9】 다음은 해외여행자에 대해서 적용되는 에티켓과 매너에 대해서 기술한 문장인데 ( ) 안에 맞는 것에는 ○표, 틀린 것에는 ×표하라.

① 디너 롤은 작게 손으로 뜯어서 먹는 것이므로 이빨로 물어뜯어서는 곤란하다. 그러나 토스트는 입으로 물어뜯어도 좋다. ( )

② 단체로 회식시 테이블에 착석하는 경우에는 의자의 우측부터 착석하는 것이 원칙이다. ( )

③ 빵을 먹을 때에는 수프가 서비스되고 나서부터이며, 테이블에 안자마자 먹는 것이 아니다. 그러나 조식시의 토스트는 예외이다. ( )

④ 나이프는 왼손, 포크는 오른손으로 반드시 결정된 것은 아니다. ( )

⑤ 와인이나 물 등 음료용 글라스는 반드시 나이프의 전방에 놓게 되어 있다. ( )

⑥ 욕조(bath tub)에서 샤워를 할 때에는 샤워커튼을 욕조 안쪽에 놓지만, 샤워를 사용한 후에는 밖에 내놓도록 되어 있다. ( )

⑦ 미국의 파크웨이 또는 싱가포르의 길거리에서 담배를 피면서 노상에 꽁초를

버리면 벌금형에 처해지지만, 외국인 여행자는 예외이다. (　　)

⑧ 엘리베이터에서 승강할 때에는 아무리 혼잡해도 반드시 여성을 먼저 승강하게 하는 것이 예의이다. (　　)

⑨ 호텔의 퍼블릭 스페이스(public space)라는 것은 로비, 다이닝 룸, 낭하 등 숙박객 공용시설로 다른 숙박객에게 폐를 끼치는 행위를 해서는 안 된다. (　　)

⑩ 미국 지하철 역구내는 24시간 중 금연이 실시되고 있는데, 이를 위반하면 벌금이 부과되는 경우도 있다. (　　)

【여행사실무문제 36】

【1】 국제항공운송약관 내용에 대한 기술 중 맞는 것에는 O표, 그렇지 않은 것에는 × 표하라.

① 항공사는 출발예정시각까지 필요한 출국수속을 완료하고 있지 않은 여객이 있는 때에는 그 여객을 위해 출발을 지연시켜야 할 의무가 있다. ( )

② 항공권이 어떤 사유에 의해서 피발행자 이외의 자에 의해 사용되거나 환불된 경우, 항공사는 진짜 권리자에 대해 책임을 지지 않는다. ( )

③ 항공사는 예고 없이 인수한 운송에 대해 항공기를 변경할 수 있다. ( )

④ 항공사는 예고 없이 시각표 또는 기타 장소에 나타내고 있는 항공운항시각을 변경해서는 안 된다. ( )

⑤ 여객이 예약한 좌석을 이용하지 않은 경우 항공사는 그 여객의 승낙을 받지 아니하고 당해 여객이 그 예약 이후의 계속편에 대한 좌석의 예약 또는 복로(復路)의 예약을 취소할 수 있다. ( )

【2】 다음 문장 가운데 ( )안에 적당한 것을 골라 그 기호를 기입하라.

대인원으로 해외여행을 할 경우에는 항공기를 전세 낼 수 있는데, 전세 형식에는 (①)와(과) (②)가(이) 2종류가 있다. 전자의 예를 들면 KBS가 오케스트라를 해외에 파견할 경우로, 항공기의 용기자(用機者)는 (③)이며, 항공사에 대한 지급은 KBS가 일괄하여 (④)를 경유하여 처리한다. 또한 후자는 업종단체 종교단체 등 (⑤)이외의 목적으로 단체여행을 할 경우이다. 예컨대 의사협회의 회원이 호놀룰루에서 개최되는 세계대회에 참가하려는 경우이다. 이 경우는 의사협회의 사무국이 회원을 대상으로 하여 참가자를 모집하고 운임을 징수한다.

보 기

ⓐ KBS	ⓑ IATA	ⓒ IT charter	ⓓ 친목
ⓔ 여행사	ⓕ Independent charter	ⓖ 사업	ⓗ block off charter
ⓘ affinity group charter		ⓙ 오케스트라	ⓚ 여행

【3】 다음 문장 중 맞는 것에는 ○표, 그렇지 않은 것에는 ×표하라.

① 유레일 패스는 유럽의 철도이용권이므로 한국에서는 구입할 수 없다. (   )

② 일괄계약 포괄여행운임(contract bulk fare)에는 최저계약좌석수가 정해져 있다. (   )

③ 국제선 항공여객운임의 유아운임은 좌석을 점하는 경우에도, 점하지 않는 경우에도 어른운임의 10%이다. (   )

【4】 포괄여행(inclusive tour)의 조건으로서 맞는 것에는 ○표, 그렇지 않은 것에는 ×표하라.

① 여행일정이 미리 확정되어 있을 것. (   )

② 단체여행에 한정할 것. (   )

③ 판매가격에는 운임 이외에 숙박비, 식대, 참관료 등 지상경비가 포함되어 있을 것. (   )

④ 판매가격의 최고기준 및 최저기준이 정해져 있을 것. (   )

⑤ 여행비용을 출발 전에 지급할 것. (   )

【5】 다음 문장에 성립하는 단어에 해당하는 기호를 골라라.

① 해외여행을 하는 경우, 출입국 수속에 필요한 서류의 하나로서 Yellow Book이 있지만, 이것은 (ⓐ Alien Registration Card, ⓑ E/D card, ⓒ International Certificate of Vaccination)을 말한다.

② 항공사가 공항 카운터에서 만석의 항공기 좌석이 예약취소나 (ⓐ Issue-Wire, ⓑ No-Show, ⓒ Over-Booking)로(으로) 비는 것을 기다리고 있는 여객을 일컬어 Go-Show손님이라고 한다.

③ 인바운드 여행업무 형태 가운데 한국도착부터 한국출발까지의 전 여행일정을 동일 가이드가 안내하는 방식을 (ⓐ GIT, ⓑ ICT, ⓒ IIT)로 부른다.

④ 한국에 입국하는 여행자가 별송품으로서 물건을 수입할 때에는 통상적으로 세관에 별송품신고를 하는데 그 신고는 (ⓐ 별송품의 발송시, ⓑ 별송품의 도착시, ⓒ여행자 입국시)에 한다.

【6】 여행자가 한국에 입국할 때 행하는 세관수속에 대해 기술한 문장 중 맞는 것에는 O표, 틀린 것에는 ×표하라.

① 주류 · 담배 등 휴대품에 대한 세관신고는 면세범위를 초과하지 않으면 구두나 서류로 신고할 필요가 없다. ( )

② 주류 · 담배 등 휴대품이 면세범위를 초과하는 경우에는 면세범위를 초과하는 것만이 아니라 초과하지 않는 것에 대해서도 별도로 세관에 신고하지 않으면 안 된다. ( )

③ 해외에서 타인으로부터 선물받은 물품도 세관에 신고하지 않으면 안 된다. ( )

④ 해외에서 타인으로부터 부탁받은 물품은 여행자 자신의 것이 아니기 때문에 세관에 신고할 필요가 없다. ( )

【7】 다음 문장은 항공사 국제선 카운터에서 체크인 할 때, 인솔자 업무에 대해서 언급한 것이다. 보기에서 적당한 낱말을 골라 그 기호를 기입하라.

인솔자는 항공사의 계원에게 여권, (①) 등을 제시하고 수속을 한다. 또한 (②) 을(를) 제시하여 (③)을(를) 수령한다. 이와 더불어 수하물을 계량하여 항공사에 위탁하는 수하물을 계원에게 인도하고 그 영수증으로 (④)을(를) 받는다.

보 기

ⓐ 클레임택 ⓑ 외화 ⓒ 항공권 ⓓ 보험증 ⓔ 병무신고서
ⓕ 운송인수서 ⓖ 탑승권 ⓗ 여행인수서

【8】 다음은 여행질병보험에 대해서 언급한 것이다. 맞으면 O표, 틀리면 ×표하라.

① 여행질병보험은 여행상해보험의 특약으로서 계약하는 것이므로 여행상해보험을 계약하지 않고 여행질병보험만을 계약할 수 없다. ( )

② 해외여행의 여행질병보험은 미화(美貨)로 지급할 필요가 있다. ( )

③ 여행질병보험은 피보험자가 여행 중에 질병에 걸려, 입원하거나 수술을 받을 경우에 보험금이 지급되고, 단순히 통원하여 진료를 받은 경우에는 보험금이 지급되지 않는다. ( )

④ 여행질병보험은 피보험자가 여행중 질병에 의한 사망에 대해서 보험금이 지급된다. ( )

【9】 다음 문장은 단체해외여행의 인솔자가 여행 중 사고를 당해 이를 처리한 방법에 대해서 언급한 것인데 그 내용이 맞으면 O표, 틀리면 ×표하라.

① 단원이 여권을 분실했기 때문에 여권을 재발급을 하기 위해 즉시 인근 한국영사관에 연락을 취하고 수속을 의뢰했다. ( )

② 목적지 공항에 도착하여 항공사에 위탁한 단원의 수하물을 수하물인도장에 가서 찾으려고 하니 단원 한 사람의 짐이 나오지 않았다. 따라서 출발시 항공사로부터 받은 수하물의 클레임택(claim tag)을 공항경찰에 제시하고 수사를 의뢰했다. ( )

③ 예정하고 있었던 항공기가 고장으로 운항중지되었기 때문에 다른 항공편으로 출발하기로 하고 출발 전에 다음 도시의 현지여행사로 변경한 편명 및 도착시각을 연락해 줬다. ( )

④ 단원이 여행자수표를 분실했다. 정해진 사용방법을 숙지하고 있었기 때문에 즉시 현지에 있는 여행자수표 발행은행지점에 수표번호, 분실일시 등을 알리고 재발행을 요청하였다. ( )

【여행사실무문제 37】

【1】 다음은 해외여행자에 관한 검역제도에 관하여 언급한 것이다. (　　　　)안에 들어가야 할 적절한 어구를 밑의 어군표에서 설문란에 대응하는 어군에서 골라 그 기호를 써 넣어라.

(가) 검역법에서는 (①), (②) 및 『감염증 예방 및 환자에 대한 의료에 관한 법률』에서 정하는 일류(一類)감염증을 검역감염증으로 정하여, 이들 감염증의 병원체가 국내에 침입하는 것을 방지하기 위해 필요한 사항을 정해 두고 있다.

(나) 이 가운데 (①)에 대해서는 WHO의 국제보건규칙에 의해 예방접종을 입국조건으로 정할 수 있도록 되어 있다.

(다) (②)에 대해서는 현재 아프리카, 동남아시아에서 그 발생을 볼 수 있으나, 한국에서도 이들 지역에 여행하고 귀국한 여행자들로부터 환자가 발견되는 경우가 있다. 현재 한국의 검역소에서는 이 감염증의 예방접종증명서에 관해서는 (③).

(라) 검역소장은 검역감염증이 유행하고 있는 지역을 출발한 선박이나 항공기 또는 검역감염증 환자가 발견된 선박이나 항공기에 대해서 합리적으로 필요하다고 판단되는 한도에 있어서 필요하다고 인정되는 자에 대해서 (④), 일류(一類)감염증 또는 (②) 환자에 대해서는 (⑤)할 수 있도록 되어 있다.

【어군표】

설문	어 군
① ②	ⓐ두창 ⓑ말라리아 ⓒ황열 ⓓ이질 ⓔ콜레라
③	ⓕ모든 도착자에게 그 소지를 요구하고 있다. ⓖ유행지역을 출발 또는 경유하여 도착한 자에게 그 소지를 요구하고 있다. ⓗ여하한 도착자에게도 요구하지 않는다.
④	ⓘ퇴거를 명령하고 ⓙ예방접종을 하고 ⓚ행동범위를 제한하고
⑤	ⓛ수용 ⓜ격리 ⓝ송환

【2】 다음 감염증의 조합 중 검역법에 정해진 검역감염증에 모두 해당하는 것은?

① 에볼라출혈열, 콜레라, 웥스성간염, 황열

② 페스트, 라사열, 말부룩병, 크리미아콩고 출혈열

③ 라사열, 파라티부스, 말라리아, 황열

④ 인푸루엔자, 콜레라, 황열, 페스트

【3】 다음 동물 중 광견병예방법에 의거하여 검역이 필요하지 않는 것은 어느 것인가?

① 고양이 ② 미국너구리 ③ 너구리 ④ 여우

【4】 다음 중 식물검역법에 의해서 수입이 금지되어 있는 것은 어느 것인가?

① 필리핀에서 가지고 온 망고의 마른 과실

② 싱가포르에서 가지고 온 안세리움의 꽃가지

③ 포르투갈에서 가지고 온 콜크

④ 하와이에서 가지고 온 감귤류

【5】 워싱턴조약의 규제대상물이 아닌 한 ( )는 어떤 나라에서도 한국에 가지고 올 수 있다.

① 생과실 ② 꽃가지 ③ 구근(球根) ④ 야채

【6】 프랑스에서 ( )를 가지고 귀국한 경우, 검사증명서를 제출할 필요 없이 수입할 수 있다.

① 생 곤충 ② 생 소고기 ③ 버터, 치즈 ④ 포도, 생과실

【7】 워싱턴조약의 규제대상품을 한국에 가지고 오려면 수출국이 발행하는 수출허가서, 재수출증명서, ( ) 등을 취득하여 세관에 제출하지 않으면 안 된다.

① 검역증명서 ② 원산지증명서

③ 선하증권 ④ 휴대품 · 별송품신고서

【8】 워싱턴조약에 의거하여 수입규제 대상으로 되어 있는 것은 ( )이다.

① 악어가죽 벨트 ② 햄

③ 공안 · 풍속을 저해하는 서화 ④ 각성제

【9】 우리나라 표준여행업 약관에 따라 여행사가 여행계약을 해제할 수 없는 경우는?

① 다른 여행자에게 폐를 끼치거나 여행의 원활한 실시에 현저한 지장이 있다고 인정될 때

② 질병 등 여행자의 신체에 이상이 발생하여 여행에의 참가가 불가능 한 때

③ 여행자의 안전과 보호를 위해 여행자의 요청 또는 현지사정에 의해 부득이하다고 쌍방이 합의한 경우

④ 현지사정으로 계약된 호텔이나 교통기관의 이용이 불가능 한 때

【10】 국외여행업의 영업보증금은?

① 2,000만원　② 3,000만원

③ 4,000만원　④ 5,000만원

【11】 우리나라 표준 여행업약관에 따라 여행자가 여행계약을 해제할 수 없는 경우는?

① 여행자의 직계 존 · 비속이 사망한 경우

② 여행사의 귀책사유로 계약서에 기재된 여행일정대로의 여행실시가 불가능한 경우

③ 계약한 여행요금이 타여행사의 상품가격보다 비싼 경우

④ 여행요금의 증액으로 인하여 여행의 계속이 어렵다고 인정될 경우

【12】 우리나라 여행업약관에서 여행의 시작이란 어떤 시점을 말하나?

① 집에서 여행을 하려고 나선 때　② 출국을 위한 집합시각에 집합한 때

③ 탑승수속을 마친 때　④ 여행일정 중 첫 항공편이 이륙한 시점

【13】 우리나라 여행업약관에서 말하는 여행의 종료란 어떤 시점을 말하나?

① 귀국하여 자택에 도착한 때　② 귀국행 항공기에 탑승한 때

③ 입국장 보세구역을 벗어난 때　④ 항공기가 국내공항에 도착한 때

【14】 외국에서의 입국수속순서는 하기→검역→입국심사→위탁수하물 수령→세관이 일반적인데 (　　　　)나 뉴질랜드의 오클랜드는 하기→위탁수하물 수령→입국심사→세관 순서로 진행된다.

① 샌프란시스코　② 홍콩

③ 로마　④ 시드니

【15】(　　　　)로부터 마이애미 공항으로 향하는 경우, 마이애미 도착시 입국심사나 세관검사는 없다.

① 카나리아제도의 라스팔마스　　② 바하마제도의 낫소
③ 베네수엘라의 카라카스　　④ 멕시코시티

【16】해외여행 중 여권 도난사고가 발생했다. 이 경우 처리수속 등에 대해서 설명한 내용 중 맞는 것에는 O표, 틀리면 ×표하라.

① 인솔자는 우선 가까운 경찰서에 도난사실을 신고하고 신고서를 작성한다. (　　)
② 재외한국대사관 또는 영사관에서 본국에서 발급한 여권과 같은 종류의 여권을 받을 수 있기 때문에 이에 대한 신청을 한다. (　　)
③ 여권재발급의 경우 반드시 본인 출두가 필요하다. (　　)
④ 현지경찰서가 발행한 여권분실증명서는 한국에서 새 일반여권을 재발급 신청할 때를 대비하여 보관 후 귀국시 지참하는 것이 좋다. (　　)
⑤ 현지에서 여권의 재발급을 의뢰하는 경우에는 대사관 또는 영사관에 지급할 화폐는 한국 돈 또는 미국달러로 한정된다. (　　)

【17】다음은 호텔의 요금제도에 대해서 언급한 문장이다. 맞으면 O표, 틀리면 ×표하라.

① 호텔에는 미국처럼 유럽피안플랜에 세금만 붙는 경우와 동남아시아처럼 서비스료와 세금을 다 붙이는 경우가 있다. (　　)
② 유럽의 호텔은 대다수가 컨티넨탈 플랜이던지 어메리칸 플랜으로 세금 이외에 서비스료를 받는 경우가 많다. (　　)
③ 구미의 호텔에서는 항공편의 사정으로 조기에 체크인해도 방이 비어 있는 한 데이타임(day time) 요금을 별도로 지급할 필요가 없다. (　　)
④ 비즈니스가에 있는 시티호텔의 주중요금은 주말요금보다도 높다. (　　)
⑤ 미국 호텔의 다이닝룸에서 개인으로 식사한 경우, 팁은 반드시 캐셔에게 지급하지 않으면 안 된다. (　　)

【18】다음 섬의 정치적 소속을 보기에서 골라 그 기호를 써 넣어라.

① 하와이 (　　)　② 괌 (　　)　③ 사이판 (　　)
④ 타이티 (　　)　⑤ 홋카이도 (　　)　⑥ 갈라파고스 (　　)
⑦ 그린랜드 (　　)　⑧ 발리 (　　)　⑨ 하이난섬 (　　)

⑩ 코르시카 ( )　　⑪ 민다나오 ( )　　⑫ 사할린 ( )
⑬ 카나리아제도 ( )

보 기

ⓐ 필리핀　ⓑ 미국　ⓒ 프랑스　ⓓ 인도네시아　ⓔ 네덜란드
ⓕ 에콰도르　ⓖ 스페인　ⓗ 중국　ⓘ 러시아　ⓙ 일본

【19】 다음 도시와 관계가 깊은 강을 보기에서 골라 그 기호를 기입하라.

① 방콕 ( )　　② 하이델베르그 ( )　　③ 함부르크 ( )
④ 도쿄 ( )　　⑤ 몬트리올 ( )　　⑥ 워싱턴 ( )
⑦ 부다페스트 ( )　　⑧ 뉴욕 ( )

보 기

ⓐ 라인 강　ⓑ 허드슨 강　ⓒ 스미다 강　ⓓ 엘베 강　ⓔ 유콘 강
ⓕ 메콩 강　ⓖ 넥카 강　ⓗ 도나우 강　ⓘ 테임즈 강　ⓙ 다뉴브 강
ⓚ 센트로렌스 강　ⓛ 차오프라야 강　ⓜ 포토맥 강

【20】 일정기간에 한해 사증없이 통과체재를 인정하는 나라에서는 입국심사시 ( ) 의 제시를 요구하는 경우가 많다.

① 출국을 위한 예약이 확인된 항공권　② 투어리스트 카드
③ 바우처　④ 트랜지트 카드

【21】 유럽제국에 있어서의 입국심사 창구는 ( )에 의해 2가지로 구분되어 있는 경우가 많다.

① 도착기의 국적　② 입국자의 국적
③ 입국목적　④ 여행형태(개인 · 단체)

【22】 ( )의 일정으로 육로로 이동하는 경우, 국경에서 출입국심사를 한다.

① 이탈리아↔바티칸　② 이탈리아↔산마리노
③ 프랑스↔모나코　④ 오스트리아↔리히텐슈타인

【23】 (　　　)에 입국하는 경우에는 투어리스트 카드를 제시하라고 요구한다.

① 터키　　② 뉴질랜드

③ 러시아　　④ 멕시코

【24】 몬트리올에서 공로(空路)로 시카고로 향하는 경우.

① 몬트리올공항에서 캐나다의 출국수속을 하고, 시카고 도착시 미국의 입국수속이 행해진다.

② 양국의 출입국 수속은 규정에 따라 생략된다.

③ 시카고 도착시에 캐나다의 출국수속에 이어 미국 입국수속이 진행된다.

④ 몬트리올 출발시에 캐나다의 출국수속에 이어 미국 입국수속이 진행된다.

【25】 (　　　　)입국시에는 입국카드 제출은 필요하지만 이 나라를 출국할 때 출국카드는 필요 없다.

① 미국　　② 영국

③ 이탈리아　　④ 필리핀

【26】 (　　　　)국제공항에서는 관계관(關係官)에 의한 출국심사 창구가 설치되어 있지 않다.

① 미국　　② 인도

③ 싱가폴　　④ 멕시코

【27】 유럽여행시 이탈리아→영국→프랑스→스위스 순으로 여행을 마치고 한국에 귀국할 때 각 국가의 시중면세점에서 구입한 물품에 대해서 세금반환수속을 하는 것은 (　　　　)출국시이다.

① 각각의 나라　　② 프랑스

③ 스위스　　④ 프랑스와 스위스

【28】 북구의 로댕으로 알려진 구스타프 비게랑(1943년 졸)의 작품 210점을 야외에 전시한 후로그나 조각공원은 (　　　　)관광의 하이라이트이다.

① 암스테르담　　② 오슬로

③ 코펜하겐　　④ 스톡홀름

【29】 1992년에는 마녀사냥 300년제가 있었다. 보스톤 근교의 매사추세츠만에 면한 (   )의 가볼만한 곳의 하나로 미국최초의 문학작품으로 평가된 비문자(緋文字)의 작자 나사니엘 호손이 그 작품의 착상을 얻은 "세관"이 있다.

① 콩코드　　② 셀렘

③ 프리머스　　④ 렉싱턴

【30】 캐나다의 소녀소설 "빨강 머리의 앤"의 무대가 되어 방문하는 여행자도 많은 (   )섬은 세인트로렌스 만에 있으며, 캐나다에서 가장 작은 주로 되어 있다.

① 빅토리아　　② 뉴펀들랜드

③ 배핀　　④ 프린스 에드워드

【여행사실무문제 38】

【1】 다음의 회화는 항공기 내에서 사용되는 것이다. 영문이 빠진 부분을 적절한 표현으로 보충하여 문장을 완성하시오.

1. 지금 어느 정도의 높이로 비행하고 있습니까?
How high we (   )?

2. 뉴욕의 기후는 어떻습니까?
How's the (   ) New York?

3. 도쿄에 도착하는 것은 몇시입니까?
When do we (   ) Tokyo?

4. 오렌지 주스를 한잔만 더 주십시오.
Can I have (   ) orange.

5. 리클라이닝 시트 좌석상태가 좋지 않군요. 손 좀 봐주세요.
The seat doesn't (   ) for (   ) position. Please help me.

6. 음료주문은 언제부터 받습니까?
When do you start (   ) for drinks?

7. 주문은 인솔자가 전부 일괄하여 알려드리겠습니다.
The tour conductor takes the orders of his group and (   )

8. 이어폰은 어떻게 끼우는지 알려주십시오.
Please tell me how do I (   ).

9. 기내영화는 석식전에 상영됩니까?
Is in-flight movie (   ) dinner?

10. 갈아타는(트랜지트) 시간은 몇 분 정도 있습니까?
How many minutes (   ) in transit?

【2】 다음의 회화는 세관에서 필요한 것이다. 영문이 빠진 부분을 적절한 표현으로 보충하여 문장을 완성하시오.

1. 수하물은 전부 개봉해야 합니까?
   Do we (　　　　) bags?
2. 나는 내용물을 남기지 않고 꺼냈습니다.
   I took (　　　　).
3. 이것은 가다랭이포로 친구에게 줄 선물입니다.
   This is dried bonito, (　　　　) my friend.
4. 이것은 썩는 것이 아닙니다. 장기간 사용가능합니다.
   Thiis is not (　　　　), It (　　　　)long.
5. 저 상자 안의 내용물은 팸플릿류입니다.
   The contents of that cardboard box are (　　　　).
6. 저 양철제 옷가방은 인솔자의 것입니다.
   The tin suitcase is (　　　　).

【3】 다음의 회화는 호텔도착, 체크인 등 호텔 내에서 필요한 것이다. 영문이 빠진 부분을 적절한 표현으로 보충하여 문장을 완성하시오.

1. 버스에 30개의 수하물이 있습니다. 빨리 내려 주십시오.
   We have 30 bags (　　　　). Please those pieces at once.
2. 30명의 숙박수속을 하고 싶습니다. 예약은 서울의 우리회사의 지점을 통하여 완료하였습니다.
   I want to (　　　　) for 30 peoples. We (　　　　) reservations with you through our Seoul office.
3. 이것이 숙박명부이고 지금 현재 변동사항은 없습니다.
   Here is our (　　　　). (　　　　) changes (　　　　).
4. 트윈룸 1방 대신에 싱글룸으로 2방 주십시오
   Give me (　　　　) instead (　　　　).
5. 이 엘리베이터는 각층에 멈춥니까?
   Is this (　　　　)?

6. 508호에 배달될 짐 1개가 발견되지 않습니다.

I (　　　　) a bag to be sent (　　　　).

7. 포터가 잘못하여 다른 방에 배달했다고 생각합니다.

My guess is that one of your (　　　　) sent the bag to (　　　　).

8. 이 수하물을 금요일까지 짐 보관소에 맡겨주시겠습니까?

Can you (　　　　) until friday?

9. 우리들은 모두 바깥쪽 좌석을 원합니다.

All of us would like to (　　　　).

10. 각 테이블에 물병을 놓아주십시오.

Please place a (　　　　) on each table.

11. 식당에서는 상의와 넥타이가 필요합니까?

Do we have to (　　　　) and (　　　　) in the dining room?

12. 저는 계란 후라이(알 2개)에 베이컨 2개를 주십시오.

I will have 2 eggs (　　　　) with 2 (　　　　).

13. 오늘의 추천품은 무엇입니까?

What is your (　　　　)?

14. 전표는 한 장으로 하여 저에게 주십시오.

Make one check and (　　　　) (　　　　) me.

15. 개인 계산은 있습니까?

Are there (　　　　)?

16. 오늘의 교환비율은 얼마입니까?

What is today's (　　　　)?

17. 이 5달러짜리 지폐를 1달러짜리 지폐 5장으로 바꾸어 주시겠습니까?

Can you (　　　　) this 5 dollars bill (　　　　) 5 ones?

18. 욕조의 전기상태가 안 좋습니다. 와보십시오.

The (　　　　) bulb in my (　　　　). Come and see (　　　　) happened.

19. 화장실의 물이 안 내려갑니다. 확인해 주십시오.

The toilet (　　　　). Please have your engineer (　　　　) it.

20. 방에 열쇠를 두고 나왔습니다. 마스터키로 열어주시겠습니다.

I (　　　　) in my room. Can you open the (　　　　)

【여행사실무문제 39】

【1】 다음의 회화는 전화신청 버스의 예약 등에 빠놓을 수 없는 것들이다. 영문이 빠진 부분을 적절한 표현으로 보충하여 문장을 완성하시오.

1. 국제전화로 한국을 호출하고 싶습니다. I'd like to (　　　) Korea.

2. 통화자 지정통화로 요금은 상대방 지불로 하여 주십시오.
Put it (　　　) and make (　　　).

3. 수화기를 놓고 기다리는 것입니까? Do I have to (　　　) and (　　　)?

4. 이번 통화요금은 얼마입니까? How much do (　　　) for the call?

5. 30명 단체의 예약 재확인을 하고 싶습니다.
I'd like to (　　　) for my group of 30 members.

6. 공항에는 항공기 출발 늦어도 1시간 전까지는 도착할 예정입니다.
We will at the airport (　　　).

7. 버스는 8시에 우리들이 있는 곳으로 배차해 주십시오.
Please arrange (　　　) at 8.

8. 입장료는 별도로 지급하는 것입니까?
Do we have to (　　　) for the admission?

9. B지점에 도착하면 해산합니다. We will (　　　) when we get to B.
A씨는 C지점에서 이단(離團)합니다. Mr. A will (　　　) at C.

10. 버스에 우리들의 소지품을 놓아두어도 괜찮습니까?
May we (　　　) in the bus?

11. 출발시간을 오후 2시로 늦추어 주시겠습니까? Can you (　　　) at 2 p.m.?

12. 버스를 좌회전하여 가 주십시오. Please have the bus (　　　).

13. 코스의 지도를 연필로 덧그려봅니다. I will try to route the map (　　　).

14. 이 지역의 특산물은 무엇입니까? What are (　　　) here?

15. 여행자수표도 수령합니까? Do you (　　　)?

【2】 다음은 병상(病狀)을 나타내는 용어이다. 영어로 표기하시오.

1. 열(　　　) 2. 설사(　　　) 3. 변비(　　　)
4. 노이로제(　　　) 5. 무좀(　　　) 6. 발한(　　　)
7. 오한(　　　) 8. 복통(　　　) 9. 안질(　　　)

【3】 미국을 여행 중 다음과 같은 표지가 눈에 띄었는데 어떤 의미를 가진 것인지 우리말로 간단히 기입하시오.

1. NO TRESPASSING(　　　) 2. NO STANDING(　　　)
3. NO MINIMUM(　　　) 4. NO COVER(　　　)
5. NO ENTRANCE(　　　)

【4】 다음의 약어는 해외여행 중에 자주 눈에 띄는 것인데, 인솔 중 고객으로부터 자주 질문되는 것이기도 하다. 각각의 의미를 간단히 기술하시오.

1. VSOP(브랜디 등 상표에)
2. RSVP(초대장의 말미에)
3. ETA, ETD(공항의 게시판에)
4. MDCLXV(역사유적지에)
5. AD, BC(연대기에)

【5】 다음 영문에 가장 관계가 깊은 것을 보기에서 골라 (　)안에 그 기호를 써 넣으시오.

1. No meals whatever is included in the price of room.
2. Any foreign traveler desiring to enter Korea must have a valid, unexpired passport bearing a visa.
3. Traveler's passing through the infected area should be vaccinated against epidemic disease.
4. A bus will transport the customer from the airport to the hotel and vice versa.
5. Admission fee to the theaters, cathedrals, museums, and art galleries, are not included in the tour fare.

보 기

ⓐ tour condition	ⓑ immigration	ⓒ American Plan	ⓓ smallpox
ⓔ transfer	ⓕ European Plan	ⓖ booking	ⓗ quarantine

【6】 다음은 인솔자들이 외국에서 항공편 재확인에 필요한 것들이다. 영작하시오.

1. ABC항공입니까? 단체 데스크를 부탁합니다. 토요일 오후 뉴욕행 009편에 탑승합니다. 32명의 예약을 재확인하고 싶습니다.

2. 항공권 발행시점에서 예약을 하셨습니까?

3. 예, 서울에서 예약을 마쳤습니다.

4. 단체명을 말해주시겠습니까?

5. 무시로 그룹입니다.

6. 당신의 단체명은 없습니다.

7. MSR 그룹으로 예약되어 있을지도 모르니까 다시 한번 확인해 주시겠습니까?

8. 잠시 기다려 주십시오. 예약이 있습니다. 32명으로 다음 토요일 오후 뉴욕행 009편으로 확인합니다. 연락처는 어디로 할까요?

9. ABC 호텔에 묶고 있습니다. 전화번호는 212-6031. 방번호는 1524호이며, 홍길동입니다.

【7】 다음의 한국어로 된 문장을 영역(英譯)하여 영어 전보문을 만드시오.

1. 샌프란시스코에 안착, 만사순조, 전원건강.
2. 호놀룰루에 도착했으나 미팅 및 트랜스퍼 서비스가 없었다. 현지 여행사는 금일이 휴일이어서 연락이 안되기 때문에 우선 택시로 호텔 와이키키에 체크인했음. 호텔에서는 우리 일행의 도착이 하루 빠르다고 말하며, 실제로 호텔측의 기록은 1/16-25 5박으로 예약되어 있음. 가능한 빨리 현지 여행사와 연락을 취해 수배를 조정할 것임. 손님은 지금 평온상태를 유지. 오후의 자유행동을 즐기고 있음. 서울에서도 연락문서를 확인하여 귀측에서도 수배정정을 부탁함.

3. 런던은 대폭설로 인하여 공항폐쇄, 고속도로 정체, 철도가 마비되어 움직일 수 가 없음. 모레 공항이 재개될 것으로 보아 BA106편 귀지 도착예정, 오후 4시로 예약했으므로 공항 출영 및 호텔 예약을 새로운 일정으로 변경하였음.
4. 단체는 모두 순조롭게 진행될 것으로 보임. 전원 건강하고 예정대로 대한항공 819편으로 귀국함.

【8】 다음 용어를 간단히 설명하시오.

1. special delivery

2. express mail

3. registered mail

4. post office box

【9】 다음은 국제간에 사용되는 텔렉스 및 전문(電文)약어들이다. 그 뜻을 써 넣으시오.

1. ASAP	**2.** A/C	**3.** BK	**4.** CTR
5. CFM	**6.** CHG	**7.** DALPO	**8.** DESTN
9. EA	**10.** EX	**11.** FD	**12.** GD
13. IOU	**14.** PA	**15.** PP	**16.** PTY
17. PAX	**18.** RPLY	**19.** SVC	**20.** VV

【10】 다음은 한국인들이 자주 이용하는 중요 국제공항이다. 공항~시내간 리무진 버스 운행소요시간을 선택지에서 고르시오.

1. 도쿄 나리타공항 → 시내중심가

① 50~80분 ② 90~120분 ③ 130~160분 ④ 170분~200분

2. 로스앤젤레스 국제공항 → 시내중심가

① 10분 ② 20분 ③ 30분 ④ 40분

3. 뉴욕 존에프 케네디공항 1번 터미널 → 시내중심가

① 50분 ② 70분 ③ 90분 ④ 110분

4. 런던 히드로공항 →시내중심가

① 40분 ② 60분 ③ 80분 ④ 100분

【여행사실무문제 40】

【1】 인솔자가 여행출발 전에 취해야 할 중요한 점검사항은?

【2】 인솔자가 여행출발전에 공항에서의 작업 중 중요한 점검사항은?

【3】 항공기내에서의 인솔자의 좌석은 어디가 적절한가?

【4】 목적지의 공항도착 직후 중요한 점검사항(호텔까지)

【5】 호텔도착 직후 인솔자가 취해야 할 사항을 열거하라.

【6】 호텔 체크아웃시 인솔자가 취해야 할 사항을 열거하라.

【7】 시내관광시 인솔자가 취해야 할 사항을 열거하라.

【8】 업무방문(Technical Visit)시 인솔자가 취해야 할 사항을 열거하라.

【9】 식사수배시 인솔자가 취해야 할 사항을 열거하라.

【10】 항공사에 등록시킨 위탁수하물이 미도착했을 때 인솔자가 취해야 할 사항을 열거하라.

【11】 버스, 철도, 선박 등에서 하물을 분실한 경우 인솔자가 취해야 할 사항을 열거하라.

【12】 체크인시 호텔 내에서 수하물이 분실되었을 때 인솔자가 취해야 할 사항을 열거하라.

【13】 호텔 구내에서 분실 도난사고가 발생했을 경우 인솔자가 취해야 할 사항을 열거하라.

【14】 여행 중 환자가 발생했을 경우 인솔자가 취해야 할 사항을 열거하라.

【15】 여행 중 단원의 사망사고가 발생했을 경우 인솔자가 취해야 할 사항을 열거하라.

【16】 단체여행 중 항공사의 파업이 발생했을 경우 인솔자가 취해야 할 사항을 열거하라.

【17】 단원의 불의의 사고를 예방하기 위해 인솔자로서 여행출발전에 준비해야 할 사항은 무엇인가?

【18】 영국 런던의 히드로공항 및 개발도상국가의 공항에서는 항공사에 위탁한 하물이 없어지는 것을 자주 목격한다. 인솔자로서의 대책을 세워라.

【19】 여행수속 또는 각종 서명을 할 경우 어떤 점을 주의해야 하는가?

【20】 인솔자는 어느 정도의 어학능력을 겸비하고 있어야 하나?

【21】 인솔자의 직책은 무엇인가?

【22】 인솔자는 여행약관상 단원에게 어떤 주장을 할 수 있나?

【여행사실무문제 41】

□뉴질랜드 세관 신고에 관한 이하의 서류를 보고 다음 중 정답을 고르시오.

New Zealand Customs Declaration

Warning

Smuggling, using false receipts, and the information of **Prohibited goods** bring the risk of fines, loss of goods and even prison.

Prohibited goods included :

* Drugs
* Weapons (i. e. Handguns, Flick Knifes, Swordsticks, etc)
* Indecent Goods (Which include Video Tapes, Publications, Articles)

Such goods must be surrendered to Customs on arrival.

【1】 다음 중 내용에 합치하지 않는 것은?

① 수입금지품을 지입하면 벌금을 매기거나 물품을 몰수하거나 투옥되는 경우가 있을 수 있다.

② 수입금지품에는 마약, 무기, 외설물 등이 포함되어 있다.

③ 무기에는 권총, 날이 튀어나오는 칼, 속에 칼이 든 지팡이.

④ 도착시에 신고만 하면 비디오 테이프나 출판물을 전부 가지고 나갈 수 있다.

다음은 호텔에서 여행사에게 송부한 "단체예약확인서"이다. 이하의 문항에 답하시오.

GROUP TOUR CONFIRMATION

Arrival : Sat, May 17, 2002.	Departure : Tue, May 20, 2002.
Single room(s) : 1	US$ 170.00 net, non-commissionable (per room, per night)
Twin Room(s) : 20	US$ 200.00 net, non-commissionable (per room, per night)

1. GUEST ROOMS

Rates confirmed are only for above dates do not apply for guests arriving prior to or staying after main group.

Taxes : All rates are subject to taxes which total 10% per room daily.

Rooming list must be received 21 days prior to arrival. After this date, any unused portion of the allotment will revert back to the hotel and addition rooms required thereafter will be subject to availability of rooms

Baggage : US$ 1.50. per bag on arrival and same on departure.

Check in / Out : 3:00 p.m. / 12:00 noon.

2. MEAL ARRANGEMENT

Only breakfast during the group's stay will be served in our coffee shop between 7:00 a.m. and 8:15 a.m. A Coupon for each breakfast will be issued to each guest upon arrival. The operator will be charged for the total number of coupons issued unless returned at the same time of check-in, Meal prices include taxes and gratuities.

3. BILLING INSTRUCTIONS

Guest room & Tax, scheduled meal and baggage handling charge to master account. Unless billed to the master account it is the obligation of the tour conductor to ensure that all persons with incidental charges settle with the prior to departure.

Payment : Full payment due upon receipt of statement.

4. FULL CANCELLATION POLICY.

45 days prior to arrival, there will be no penalty.

44 days to the arrival day, the first night room revenue will be invoiced.

【2】 다음 중 "단체예약확인서" 내용에 합치하는 것은 어느 것인가?

① 단체도착예정일보다 빨리 도착하는 단원이 있는 경우 숙박요금은 "단체예약확인서"에 정해진 요금이다.

② 숙박요금은 연간을 통해 정해진 요금을 징수하도록 되어 있다.

③ 숙박요금에는 이 여행사에 대한 수수료가 포함되어 있다.

④ 어떤 사람이 두 개의 수하물을 가지고 이 호텔을 이용하는 경우 포터비는 각각 $1.5이다.

【3】 2인실을 사용한 경우 이 여행사가 호텔에 지급할 1박당 숙박요금은 세금을 포함하여 1인당 얼마인가?

① US$100.00　② US$110.00
③ US$130.00　④ US$140.00

【4】 호텔에서 식사수배에 관한 기술 중 "단체예약확인서"와 합치하지 않는 것은?

① 호텔에서의 식사수배는 조식뿐이다.
② 식사요금은 실제로 식사를 한 인원에 대해서 청구된다.
③ 식사를 하는 장소 · 시간대는 미리 지정되어 있다.
④ 호텔체재 중의 조식권은 (각 조식마다 1매) 호텔 도착시에 단체 참가자 한 사람 한 사람에게 나누어준다.

【5】 객실예약조건에 관한 기술 중 "단체예약확인서"와 합치하지 않는 것은?

① 방 배정표는 단체 도착일의 21일 전까지 호텔에 도착시키지 않으면 안 된다.
② 단체도착일의 20일 전 이후에 사용하지 않은 객실에 대해서는 모두 호텔에 반환한다.
③ 返室(방의 반환)후에 방을 추가예약한 경우의 방값은 "단체예약확인서"에 정해진 요금이다.
④ 返室(방의 반환)후 방의 추가예약은 공실이 있는 경우에 한한다.

【6】 호텔과의 정산 및 취소에 관한 기술 중 "단체예약확인서"와 합치하지 않는 것은?

① 호텔로부터 이 단체여행에 대한 청구서를 수령하는 즉시 대금을 지급하지 않으면 안 된다.
② 인솔자는 호텔 출발 전에 단체여행에 관한 명세서를 수령하여 정산하지 않으면 안 된다.
③ 단체도착예정일의 45일전 이후의 전면취소는 취소료 청구는 없다.
④ 단체도착예정일의 44일전 이후의 전면취소는 1박째의 방값이 청구된다.

【7】 "단체예약확인서"의 문장 가운데에 들어갈 영어로 가장 적절한 것은 어느 것인가?

① reception desk ② bell captain

③ hotel cashier ④ reservation manager

▶ 호텔에 도착하여 현지에서 운행하고 있는 시내관광 팸플릿을 보니 다음과 같이 적혀 있었다.

London Highlights with Thames Cruise (Half-day Tour)
Daily £100.00

Gems of Britain-Englands's finest cities and Scotland's Proud Capital (Four-day Tour)
Every Monday £300.00 Adults(base on double occupancy of a double or twin-bedded room.)
single room supplement £100.00

BOOKING CONDITIONS
PRICES : Prices are per person and based on known costs at 1st October 1999.
RESERVATIONS : Are need-please book as soon as possible. Full payment must be made upon reservation.
GRATUITIES : It is the custom in Europe to show your appreciation with a tip to the Driver and Guide-but only if you are satisfied with your tour.
CHILDREN : Children under sixteen must be accompanied by an adult.
DEDUCTION : For children travelling with their parents(or one parent) The first child 10%-all subsequent children 20% NB (1) This applies to children under 17 on the first day of travel. (2) If a single room is booked the deduction applies to the total price, including single supplement. CANCELLATIONS Half-Day Tour : A refund will be made up to 24 hours before a tour departure. Four day tour : The following cancellation fees will be charged. 8~30 days 35% of tour price 1~7 days 50% of tour price day of departure 100% of tour price

【8】 *Gems of Britain*에 양친과 15세, 10세 딸, 14세 아들 등 총 5명이 신청하였다. 여행대금은 전부 얼마인가? 14살짜리 아들은 싱글 룸을 이용하고, 양친과 딸들은 각각 트윈 룸을 이용하기로 한다.

① £1,400.00 ② £1,430.00 ③ £1,460.00 ④ £1,480.00

【9】 *London Highlights with Thames Cruise*여행을 여행출발일 2일전에 양친과, 15세와, 10세의 딸, 14세의 아들 전원이 취소한 경우, 취소요금은 전부 얼마인가?

① 무료 ② £31.50 ③ £45.00 ④ £90.00

【10】 다음의 기술 중 여행신청조건에 합치하고 있는 것은 어느 것인가?

① 16세 미만의 어린이는 어른의 동반이 필요하다.

② 운전기사나 가이드의 팁은 여행대금에 포함되어 있다.

③ 여행출발일의 5일 전에 예약을 한 경우 여행대금의 50%를 예약금으로 내야 한다.

④ 요금은 1999년 10월 1일까지 유효하다.

【11】 프랑스 출국시의 CIQ규정은 (　　)에 관해서도 적용된다.

① 안도라　② 벨기에　③ 모나코　④ 룩셈부르크

【12】 프랑스에 무사증으로 체재할 수 있는 기간은, 1회 체재에 대해 최고 (　　　)이다.

① 90일　② 3개월　③ 180일　④ 6개월

【13】 프랑스 입국시 담배, 알코올 음료의 면세조치는 (　　　)에 대해서 적용된다.

① 15세 이상의 자　② 16세 이상의 자

③ 17세 이상의 자　④ 18세 이상의 자

【14】 다음 중 (　　　)의 수량은 한국에서 직접 프랑스로 입국할 때 면세조치되는 범위를 초과하고 있다.

① 위스키(발렌타인 17년산 750cc)2병

② 한국술(1.8ℓ)1병과 와인(750cc)2병

③ 위스키(발렌타인 30년산 750cc)1병과 와인(750cc)2병

④ 와인(750cc)2병과 샴페인(750cc)2병

【15】 프랑스 입국시 면세취급이 되는 수량 250그램까지 정해져 있는 것은 (　　　)이다.

① 캐비어　② 금 장식품

③ 생선　④ 육제품

【16】 프랑스 입국시 지입하는 휴대금(携帶金)을, 동국(同國) 출국시에 (　　　　)를 초과하여 반출할 것으로 예측되는 경우는 입국시 세관에 신고하고, 그 증명서의 교부를 받아 둘 필요가 있다.

① 통화의 종류에 관계없이 현금과 여행자수표의 합계액이 50,000프랑스프랑 상당액
② 통화의 종류에 관계없이 현금의 합계액이 50,000프랑스프랑 상당액
③ 통화의 종류에 관계없이 여행자수표의 합계액이 50,000프랑스프랑 상당액
④ 현금으로 환전한 프랑스 프랑의 금액이 10,000프랑스프랑

【17】 이탈리아에 입국시 CIQ규정은 (　　　　)에 관해서도 적용된다.

① 코르시카　② 산마리노
③ 모나코　④ 리히텐슈타인

【18】 아탈리아에 무사증으로 체재할 수 있는 기간은, 1회 체재에 대해 최고 (　　　　)이다.

① 90일　② 3개월　③ 180일　④ 6개월

【19】 이탈리아 입국시 16세 이상의 여행자는 담배 · 알코올 음료 및 (　　　　)를 일정량의 범위 내에서 면세취급으로 지입가능하다.

① 오데콜론　② 커피　③ 향수　④ 홍차

【20】 이탈리아 출국시 (　　　　)까지는 반출이 자유이다.

① 현지통화는 100만 리라, 기타 통화는 250만 리라 상당액
② 250만 리라 상당액의 통화, 그 중 현지통화는 100만 리라
③ 현지통화는 100만 리라, 기타 통화는 500만 리라 상당액
④ 500만 리라 상당액의 통화, 그 중 현지통화는 100만 리라

TIM

■ FRANCE

Geographical information: capital-Paris(PAR).

1. Passport: Qarning:

1. French passports issued to natives of the Comores is. are valid only if issued after April 12, 1976.
2. Indochinese refugees authorized to enter France will be issued French passports, not mentioning "French Citizenship". Passport validity limited to 3 months (not renewable) and only valid to travel between. Bangkok and Paris. Only children under 10 years will be mentioned in the passport of their parents.

Passport required, except for holders of:

1. Council of Europe Card issued by the Secretary of the Council of Europe;
2. Identity documents issued to:
a. Nationals of Germany Dem. Rep.(East), Germany Fed. Rep. (West), Hungary, Italy: National Identity Card;
b. Nationals of Andorra: valid French passport or identity document "pour Andorran";
c. Nationals of France: any document proving identity;
d. Nationals of the United Kingdom:
- "British Visitor's Passport";
- Emergency Certificate issued and validated by a British consul;
- "British Excursion Document for travel to France";
Such a document is for visits up to 60 hours and allows several entries within the period of validity.
e. Valid identity card for foreigners issued to nationals of: Belgium (by the governments of Luxembourg or Monaco); Luxembourg (by the governments of Beigium or Monaco); Monaco (by the governments of Belgium or Luxembourg);
3. Laissez-Passer issued by:
a. the Commission of European Communities;
b. the United Nations, but holder is not entitled to any visa exemption (entry, transit or exit);
c. French consulates to Chinese residents of Taiwan;
4. Military identity Card (with movement or leave order) issued by a NATO country (see Terms and Definitions);
5. National Identity Card or Passport expired max. 5 years issued to nationals of Belgium, France, Liechtenstein, Luxembourg, Monaco, Netherlands ("Toeristenkaart"), Portugal, San Marino, Spain, Switzerland;
6. Seaman Book (travelling on duty and if holding embarkation order) issued to nationals of:
a. (duration of stay limited to 15 days) Algeria, Argentina, Austria, Belgium, Benin, Brazil, Cameroon, Canada, Congo, Cote d'Ivoire, Denmark, Djibouti (Rep.), Finland, Gabon, Germany Fed Rep. (West), Greece, Iceland, Ireland, Israel, Italy, Madagascar (Dem. Rep.). Mali, Malta, Mexico, Monaco, Morocco, Netherlands, New Zealand, Niger, Norway, Portugal, Senegal, Singapore, Spain, Sweden, Switzerland, Togo, Tunisia, United Kingdom, Uruguay, U.S.A and Yugoslavia;
b. (must hold visa in their Seaman Book) Angola, Antigua and Barbuda, Bahamas, Barbados, Belize, Bulgaria, Cape Verde Is., Chile, China (People's Rep.), Cuba, Czechoslovakia, Dominica, Dominican Rep., Egypt, Fiji, Ghana, Grenada, Guatemala, Guinea-Bissau, Guyana, Honduras, Hungary, India, Iran, Iraq, Liberia, Libya, Mauritius, Nigeria, Panama, Peru, Poland, Romania, St. Lucia, Seychelles, Suriname, Syria, Tanzania, Trinidad & Tobago, U.S.S.R., Yemen Arab Rep. and Zambia;
7. "Travel Document" ("Titre de voyage") for:
a. refugees according to the London Convention of 1946 or the geneva Convention of 1951; or
b. stateless persons according to the New York Convention of 1954 issued to all nationalities.

Admission restrictions: The Government of France refuses admission via **Strassbourg airport** to nationals of Bulgaria, Czechoslovakia, Poland, Romania and U.S.S.R.
They are permitted, however, to use TWOV facility 2. Visa 8.

2. Visa: 21 Required, except for:

1. nationals of France;
2. those mentioned under 1. "Passport"1., 3.a., 4.;
3. the following passengers coming for a stay of max. 3 months:
a. holders of British passports issued:
- prior to 1 January 1983: if imprinted on page 5 "holder has the right of abode in the United Kingdom";
- after 1 January 1983: if endorsed "British Citizen"
b. and nationals of:
Andorra, Austria, Belgium 22, Canada, Cyprus, Denmark, Finland, Germany Dem. Rep. (East), Germany Fed. Rep. (West) 22, Greece, Iceland, Ireland(Rep.), Italy 22, Japan, Korea Rep. (South),

Liechtenstein, Luxembourg 22, Malta, Monace(unlimited stay), Netherlands 22, Norway, Portugal 22, San Marino, Spain 22, Sweden, Switzerland, U.S.A. and Vatican City;

c. nationals of Turkey holding diplomatic or service passports;

4. nationals of Cote d'Ivoire holding diplomatic passports;

5. seamen mentioned under 1. Passport 6.a.
However: as far as British Subjects are concerned, the visa exemption only applies to seamen residing in the United Kingdom.

6. those mentioned in 1. "Passport" 7.a. and 7.b. provided their travel document has been issued by the Government of France;

7. holders of a re-entry permit;

(TWOV)

8. those continuing their journey to a third country by the same or a connecting aircraft and not leaving the airport.

Issue:

1. by a representation of France abroad;

2. on arnval, of a transit visa (visa d'escale). However, delivery of this transit visa cannot always be guaranteed and in order to avoid possible refusal it is highly recommended that passengers obtain such visa from French consulates abroad prior to departure.
The delay involved in issuing transit visa on arrival may vary considerably according to the number of applicants at the same time. Such visa with a validity of 3 days excluding the day of arrival may be issued (free of charge) to those continuing their journey to a third country at least 4 hours and within 3 days (not including the day of arrival), provided:

a. these passengers arrive at and depart from a French airport;

b. they hold a valid passport or other document in lieu, such as mentioned under 1. "Passport" (for Chinese residents of Taiwan a safeconduct may be issued on arrival);

c. they hold tickets with reserved seats or another proof of definite reservation and other documents required for their onward journey;

d. these passengers are not nationals of Korea North(People's Dem. Rep.);
In case of transfer of these passengers from one airport to another, a safeconduct is issued on the spot;

e. passengers being nationals of bulgaria, Czechoslovakia, Poland, Romania and U.S.S.R. will be arriving at a French airport other than Strassbourg;

f. they do not travel via France to GVA on AF as connecting flight, because AF-flights PAR-GVA are domestic flights.

3. on arrival, of a "transfer authorization" whenever a connection between the different terminals of the Paris airports is involved, to passengers entitled to obtain a "visa d'escale" ("transit visa") but who do not wish to go to town (about two hours should be added to the minimurn connecting time);

4. on arrival, of a safe-conduct (free of charge) instead of a "visa d'escale"("transit visa")to holders of diplomatic or service passports;

5. in emergency cases only, on arrival a "regularization visa" that may be valid up to 6 days on conditions and to categories of passengers as mentioned under 2. Charge for such a visa is three times the normal visa fee.

Additional information: Passengers who need a visa for a stay up to 3 months must hold proof of repatriation(e.g. onward/retum ticket) and sufficient funds for maintenance during their stay or other evidence such as:

– Touristic: documents showing touristic arrangements and hotel reservations;

– Business: documents giving details on their occupation, their business appointments in France (letters, invitations, notices of meeting etc....);

– Private: lodging certificate signed by the person accommodating the visitor and bearing following mention written by the Mayor of place of residence of that person and signature of the Mayor "Vu, sans objection, le Maire" (Checked, no objection, the Mayor). Such certificate must indicate names of receiving person and visitor, their family relationship if any, personal address of receiving person and, if applicable, date and place of issue and authorized stay shown on his residence permit (in case of French people, mention of place and date of issue of identity - nationality document). The certificate must also contain details of the housing, including number of persons residing in the house.

Minors: Specil regulations apply to minors of French nationality (less than 18 years of age) when leaving France and travelling either accompanied or unaccompanied by their legal guardian and do not hold their own valid passport, or those who are not mentioned on the valid passport of the accompanying person, must hoid an "attestatior d'autorisation de sortie" ("exit approval"), also when travelling to

French overseas Departments or Territories and vice versa, except French Guiana and French West Indies.

Re-entry permit/Exit permit: Aliens residing in France should apply to the French Authorities ("Prefecture" of the "departement" of residence for normal passports; Ministry of Foreign Affairs for diplomatic, official or service passports) in order to know whether they need to obtain exit/re-entry permit beforo leaving France.

Alien minors less than 16 years of age, returning to France, do not need a "Carte de Sejour"(Residence Card). However, if born:

a. outside France: they must hold a passport or passport replacing document accepted by France (see 1. Passport) and a medical certificate (or certified copy thereof) issued prior to their establishment in France, and authorized by the French national immigration office for family gathering. Such certificate shows the names of all children of the family concerned;

b. in France: a certified copy of the "Titre de Sejour" (Residence Permit) or French identity document of one of the parents.

Those Listed in 2. Visa 3. do not need a re-entry permit or exit permit.

Notes:

21 Visas for France are also valid for French Guiana, French West Indies and Reunion.

22 Workers and their families and students may also enter with their national identity card or expired passport(when applicable) without visa.

3. **Health**: No vaccinations are required to ente. France from any country.

4. **Tax**: no airport tax is levied on passengers upon embarkation at the airport(see Terms and Definitions).

5. **Customs**:

Import: free import

1. Tobacco products (The quantities stated are only applicable to passengers of 17 years or older)
   a. for passengers arriving from E.E.C. 51 countries: 300 cigarettes or 150 cigarillos or 75 cigars or 400 grammes of tobacco;
   b. for passengers arriving from other countries: 200 cigarettes or 100 cigarillos or 50 cigars or 250 grammes of tobacco;
2. Spirits (The quantities stated are only applicable to passengers of 17 years or older).
   a. for passengers arriving from E.E.C. 51 countries: 1®̂ litre of spirits over 22°(°is strength, proof of alcohol) or 3 litres of spirits or sparking wines of maximum 22° and 5 litres of non-sparkling wine;
   b. for passengers arriving from other countries: up to 1 litre of spirits more than 22°, (°is strength, proof of alcohol)
   or up to 2 litres of spirits or sparkling wines of maximum 22°,
   and up to 2 litres of non-sparkling wine.
3. Perfume
   a. for passengers arriving from E.E.C. 51 countries: 75 grammes of perfume and 0.375 litre of toilet water,
   b. for passengers arriving from other countries: 50 grammes of perfume and $\frac{1}{4}$ litre of toilet water;
4. Except if listed under 5. Customs "Prohibited"
   a. fish up to 2 kilograms;
   b. caviar up to 250 grammes;
   c. other products of animal origin: up to 1 kilogram;
5. New goods or provisions originating outside the E.E.C. 51 for personal use valued up to FRF 300.- per per- son(FRF 150. for children under 15).
   Goods or provisions originating in E.E.C. 51 countries valued up to FRF 2400.- per person. (Passengers under 15 years: FRF 620.-).
   Warning: Such amounts cannot be cumulated by several people.

Gold, jewellery etc.

Import of:

- gold in bars, ingots or coins: prohbited unless prior authorization from the Banque de France.
- articles containing gold: written declaration, except for personal jewellery not exceeding a total weight of 500 grammes.

Prohibited

- all kinds of meat and meat products from Africa;
- animal products exceeding 1 kg. (2kgs. for products of the sea or fresh water) and vegetal products exceeding 5 kgs. If such limits are exceeded the whole quantity may be destroyed.
  Quantities allowed are not automatically duty free. For free import see preceding information.

Pets: The regulations below are also applicable to pets travelling between Metropolitan France and French Overseas Departments and also to pets in transit if they leave the airport of arrival. Animals without the necessary certificates will be returned to place of origin or destroyed.

1. **Dogs and cats**: -also applicable to dogs and cats from Continental France and

bound for Corsica-:
– less than 3 months old: prohibited.
– more than 3 months old:
a. no more than 3 animals (only one of which may be a puppy or a kitten);
b. rabies vaccination certificate stating that the vaccination has been made more than 30 days and less than one year - or revaccination within one year - before departure, issued by an official veterinary surgeon of place (or "Departement") of origin.

2. **Birds**: prohibited, except on exceptional authorization obtained before departure from: Direction de la Protection de la Nature - Convention de Washington - Ministere de l'Environnement - 14 Boulevard du General Leclerc - 92524 Neuilly Sur Seine Cedex - France.
3. **Other animals**: Prohibited, except on special authorization/Import permit to be obtained from the Ministry of Agriculture - Direction de la Qualite - Service Veterinaire de la Sante et de la Protection animales - Bureau de la Reglementation et ø© Controle Sanitaire on Matiere d'echanges internationaux - 175 rue de Chevaleret 75646 Paris Cedex 13 - France.

Export of gold, jewellery etc.: same regulations as "Import"

Notes:

51 See Terms and Definitions.

6. **Currency** 61:

Import: and **Export** for non-residents 62 and residents 63 local currency (French Franc-FRF) and foreign currencies: no restrictions, but any amount exceeding FRF 50,000 or equivalent must be declared.

RESIDENTS: any amount of foreign currencies re-imported into France and exceeding the equivalent of FRF 10,000 must be re-exchanged within 3 months.

Notes:

61 For import and export of gold see under 5.Customs.

62 Non-residents are persons of anynationality who have been established abroad for at least 2 years.

63 Residents are persons of any nationality who have been established in French territory for at least 2 years.

■ ITALY

Geographical information: Capital - Rome(ROM).

The regulations stated below also apply to San Marino and Vatican City(No border control between Italy and these two countries).

1. **Passport**: 11 Required, except for holders of:
   1. Laissez-Passer (travelling on duty) issued by the United Nations;
   2. Laissez-Passer issued by the European Coal and Steel Community, European Economic Community, Euratom, Food & Agriculture Organization;
   3. "Lascia passare"(Laissez-passer") or "foglio æfl via consolare" ("Consular declaration") issued to nationals of Italy;
   4. Military Identity Card (with movement order) issued by a NATO country (see Terms and Defintions);
   5. National Identity Card issued to nationals of Austria, Belgium, France, Germany - Fed. Rep. (West), Greece, Italy, Liechtenstein, Luxembourg, Malta, Monaco, Netherlands ("Toeristenkaart"), Portugal, San Marino, Spain, Switzerland and the United Kingdom ("British Visitor's Passport");
   6. Passport expired max. 5 years issued to nationals of Austria, Belgium, France, Italy 12, Liechtenstein, Luxembourg, Monaco, Netherlands, San Marino and Switzerland;
   7. Seaman Book (travelling on duty) issued by any country;
   8. Travel document "Titre de Voyage" for refugees according to the Geneva Convention of 1951 issued by the government of the country in which they reside, bein either Belgium, Denmark, France, Germany Fed. Rep. (West), Iceland, Italy, Luxembourg, Netherlands, Norway, Sweden, Switzerland or the United Kingdom.

Notes:

11 Taiwan Identity documents are only accepted for merchant seamen travelling on duty under the TWOV conditions of 2. Visa 7. and for other passengers under the TWOV conditions of 2. Visa 10. In all other cases, holders Taiwan documents must hold a Laissez-passer issued by an Italian consulate abroad.

12 However, nationals of Italy are not allowed to leave Italy on an expired passport.

2. **Visa**: Required 21, except for:
   1. nationals of Italy;
   2. nationals 21 22 of: Algeria, Andorra, Argentina, Australia, Austria, Barbados, Belgium, Benin, Bolivia, Botswana, Brazil Burkina faso, Canada, Chile, Colombia, Costa Rica, Cote d'Ivoire, Cyprus, Denmark, Dominican Rep., Ecuador, El Salvador, Fiji, Finland, France, Germany Fed.

Rep. (West), Greece, Guatemala, Guyana, Honduras, Iceland, Ireland (Rep.), Jamaice, Japan, Kenya, Korea Rep. (South), Kuwait, Lesotho, Liechtenstein, Luxembourg, Malaysia, Maldive Is., Malta, Mauritania, Mauritius, Mexico (excluding holders of diplomatic or service passports), Monaco, Morocco, Netherlands, New Zealand, Niger, Norway, Panama (diplomatic, official or consular passport only), Paraguay, Peru, Philippines(diplomatic, specil or "government official special" passports only), Portugal, Samoa (Western), San Marino, Singapore, Solomon Islands, Spain, Swaziland, Sweden, Switzerland, Thailand (diplomatic, official or government official passport only), Togo, Trinidad & Tobago, Tunisia, Turkey, Uganda, Uruguay, U.S.A., Vatican City, Venezuela, Yugoslavia;

3. holders 22 of a "British Visitor's Passport" or a "British Passport" endorsed "British subject" or British protected Person";
4. the following nationals coming for touristic purposes of max, 30 days:
   Czechoslovakia, Germany Dem. Rep. (East). Hungry, Israel;
5. passengers mentioned under 1. "Passport"1., 2. and 4.;
6. stateless passengers holding a travel document "Titre de voyage" for refugees according to the Geneva Convention issued by the governments of Belgium, Denmark, France, Germany Fed. Rep. (West). Iceland, Italy, Luxembourg, Netherlands, Norway, Sweden, Switzerland or the United Kingdom:
7. permanent residents of Italy holding a re-entry permit:

(TWOV)

8. merchant seamen of any country but excluding those mentioned in note 23. In case merchant seamen are travelling on duty they can board their ship in an Italiand harbour, provided holding:
   a seaman book or passport and a letter from the shipping company(or agent) stating name of agent in Italy, ship, harbour and joining date. The agent of the shipping company at the point of embarkation should confirm by telegram to Polaria Fiumicino stating name of seaman and name of ship to be joined. In case seamen are nationals of countries which are not free from visa according to their nationality, the letter of the shipping company (or agent) must be stamped and validated by an Italian consulate or embassy.
9. those who continue their journey to a third country by first available flight within 48 hours fromthe same airport at which they arrived (arrival at Rome - Fiumicino Airport and deperture from Rome - Ciampino Airport or vice versa, however, permitted) provided they hold passports or other documents valid for Italy (see under 1. "Passport") as well as tickets with reserved seats and other documents for their onward journey. Up to the discretion of the Immigration authorities they will receive upon arrival a gratis transit visa with a validity of 48 hours. This facility is not applicable to stateless persons not mentioned under 2. "Visa" 6. and those mentioned in note 23.
10. those continuing their journey to a third country by the same or firt connecting aircraft with confirmed onward reservations without leaving the airport.

Exit permit: Required when leaving the country for alien residents of Italy, who are nationals of Albania, Bulgria. Czechoslovakia, Hungary, Poland, Romania, U.S.S.R.

Notes:

21 Visitors may be refused entry either for public security, trandquillity oredr or health reasons or if not holding visible means of support (unless a sponsor can guaranted for him at the airport upon arrival) and/or return or onward tickets and other documents required for the next destination.
   Refusal of entry upon arrival may lead to serious difficulties and costs for visitors and airline.

22 Visa exemptions are for a stay of max. 90 days.

23 nationals of Afghanistan, Angola, Cape Verde Isl., Guinea-Bissau, Iran, Korea North (People's Rep.), Mongolian People's Rep., Mozambique, Sao Tome and Principe, Taiwan, Vietnam, Zimbabwe.

3. **Health**: No vaccinations are required to enter Italy from any country.

4. **Tax**: no airport tax is levied on passengers upon embarkation at the airport (see Terms and Definitions).

5. **Customs**:
   Import: free import (Tobacco products, alcoholic beverages and coffee only by persons over 15 years)
   1. Residents of countries within Europe and entering from an EEC country (see Terms and Definitions):

a. 300 cigarettes or 75 cigars or 150 cigarillos or 400 grammes of tobacco;
b. 3 litres of light wine less than 14° and 3 litres of wine (or other alcoholic beverages) of max, 22° or
1.5 litres of alcoholic beverages of more than 22°;
c. 75 grammes of perfume and 0.375 litre of toilet water;
d. 150 grammes of tea or 60 grammes of tea extract;
e. 750 grammes of coffee or 300 grammes of coffee extract;
f. other goods(gifts, souvenirs etc.);
– persons of 15 years or less: up to a value of approx. ITL 179 000;
- persons over 15 years: up to a value of approx. ITL 418 000.

2. Residents of countries within Europe and entering from a non EEC country:
a. 200 cigarettes or 50 cigars or 100 cigarillos or 250 grammes of tobacco;
b. 2 litres of wine (or other alcohlic beverages) of max. 22°or
0.75 litre of alcoholic beverages of more than 22°;
c. 50 grammes of perfume and 0.25 litre of toilet water;
d. 100 grammes of tea or 40 grammes of tea extract;
e. 500 grammes of coffee or 200 grammes of coffee extract;
f. other goods (gifts, souvenirs etc.):
– persons of 15 years or less: up to a value of approx. ITL 34 000;
– persons over 15 years: up to a value of approx. ITL 67 000.

3. Other passengers:
a. 400 cigarettes or 100 cigars or 200 cigarillos or 500 grammes of tobacco;
b. through f.: see 2.b. through f. above.

Additional information: Possession of arms is subject to permanent or temporary permits issued by police authorites. Any such articles must be declared - and pressented on request - by the passengers concerned to the Immigration Officers:
a. at first airport of entry in Italy, irrespective of destination shown on lable affixed to luggage containing weapon;
b. at last airport of exit from Italy, irrespective of destination shown on lable affixed to luggage containing weapon - whenever applicable - of any formalities already carried out at domestic airport of origin.

Pets: **cats and dogs**: combined Health and Rabies inoculation Certificate (legalized by Veterinary Service in country of origin), issued at least one month but not more than 12 months(for cats 6 months before transportation.

Dogs: bearing of muzzie outside aircraft is compulsory if dog chain is longer than 1 meter.

Psittacine birds(parrots and parakeets):
Health certificate issued by Vetennary Service of the country where birds have been taken from, stating that:
a. country of which birds are originating is free from psittacosis or
b. birds have been kept for a period of 6 months prior to departure under State veterinary control in a breeding park or zoological garden and that in the area within a 20 km. radius no case of psittacosis occurred during that period.

Airlines will be held responsible in case of improper documentation and will be requested to take back the birds to point of origin.

6. Currency:
Import: allowed
RESIDENTS:
local currency(Italian Lira-ITL): unlimited; foreign currencies: unlimited, but may not be re exported.
NON-RESIDENTS:
local currency: (Italian Lira-ITL) and foreign currencies: unlimited. but if amounts will be re-exported. exceeding the existing export limits, the amounts imported must be declared on arrival on a special form V2, which must be signed and validated by the Customs Officer before leaving the airport. (Form V2 is valid 6 months from date of issue).
Export: allowed
RESIDENTS:
(travelling abroad for touristic purposes)
local currency(Italian Lira-ITL): up to ITL 1,000,000 per single exit without limit per calendar year;
foreign currencies: up to the equivalent of approx. ITL 2,500,000.
Foreign currencies may not be held for more than 30 days from date of sale by authorized bank.
NON-RESIDENTS:
local currency: up to ITL 1,000,000;
foreign currencies: up to the equivalent of ITL 5,000,000.
Highte amounts permitted if previous import provable by means of Form V2, compiled and validated on arrival.

【여행사실무문제 42】

Geographical Information :

Capital : Vienna (VIE)

A. **(1) Passport** : Required of Korean citizens and residents, as well as citizens and residents of most other nations.

B. **(2) Visa:** Warning: If arriving without visa, if required, deportation of passengers to country of embarkation at carrier's expense follows. Korean citizens and residents are among those of whom no visa is required.

C. **(TWOV)** Those continuing their journey to a third country without leaving the airport transit area and Provide holding tickets with (1) seats and other documents required for next destination.

Notes:

Visa exemptions are for a stay of 3 months.

(3) Health : No vaccinations are required to enter Austria from any country.

D. **(4) Tax** : No airport tax is levied on passengers upon embarkation at the airport

E. **(5) Customs :**

Import : free import

① Residints of Austria arriving from any country, and non-residents arriving from European countries:

a. 200 cigarettes or 50 cigars or 250 grammes of tobacco.

b. 2 litres of wine and 1 litre of spirits;

C. 1 bottle of eau de cologne, approx. 300 grammes;

d. approx. 50 grammes of perfume;

e. souvenirs up to an amount of ATS 400−per person(residents up to ATS 1,000-)

② all other passengers:

a. 400 cigarettes or 100 cigars or 500 grammes of tobacco

b. as 1. b., c.,d. and e. above.

F. Additional Information;

1. Austria is a member of CITES.

2. Hunting trophies must always be declared at customs at port of entry

G. Pets: dogs and cats need a health (2) in German or translated in German, issued by a veterinarian on his own stationery and stating: name and address of owner; condition of health of animal and its identification details; details of vaccination against ravies/lyssa(not less than 30 days and not more than one year prior to arrival). Regulations not applicable to e.g. (3) dogs.

H. Export : free export

1. 1,000 cigarettes or 200 cigars or 1kg . of tobacco;

2. any quantity of alcoholic liquor;

3. 1 opened bottle (1/4 ℓ) of perfume.

Baggage (4) : baggage is cleared ar the airport of (5) destination in Austria

Exempt : baggage of transit passengers with a destination outside of Austria.

I. Notes:

Free import only for Passengers older than 17 years.

J. (6) Currency:

Import : allowed

Local currency (Austrian Shilling-ATS) and foreign currencies: no restrictions.

Export : allowed.

Local currency (Austrian Shilling-ATS): up to ATS 100,000 foreign currencies: unlimited.

위의 문제 중 밑줄을 친 【1】~【5】 용어의 공란에 적당한 단어를 선택지에서 골라라.

【1】 (　　　　)seats = 예약확인이 끝난 좌석

① clared　　② assured
③ reserved　　④ confirmed

【2】 health (　　　　) = 건강증명서

① cirtificate　　② permit
③ diploma　　④ voucher

【3】 (　　　　) dogs = 맹인안내견

① biind-leading　　② seeing-eye
③ pilot　　④ smart

【4】 Baggage (　　　　) = 수하물통관수속

① regulations　　② procedures
③ clearance　　④ formalities

【5】 (　　　　) destinatiom = 최종목적지

① lasting　　② deadened
③ final　　④ ending

오스트리아 거주의 아가씨(성인)가 일시 귀국하여, 한국인의 양친과 함께 인천국제공항에서 직행편(nonstop)으로, 오스트리아에 관광목적으로 입국할 경우, 【6】~【10】 기술의 공란에 적당한 것을 본문자료를 참고하여 각각의 선택지에서 하나를 고르시오.

【6】 이 양친은 사증이 (　　　　)

① 필요하다.
② 3개월 이내 체재까지는 필요 없다.
③ 90일 이내의 체재까지는 필요 없다.
④ 필요한지 어떤지는 이 자료로 알 수 없다.

【7】 이 가족 3명이 오스트리아에 세금 없이 지입가능한 토산품의 3명분 합계는 (　　　) 오스트리아 실링 상당량까지이다.

① 1,200　　② 1,400
③ 1,800　　④ 2,600

【8】 이 양친이 1인당 세금 없이 지입가능한 범위를 초과하고 있는 것은 (　　　)이다.

① 엽권연 500개비　　② 와인 2ℓ와 위스키 1ℓ
③ 250g의 오데콜론　　④ 40g의 향수

【9】 통화에 관한 규정으로 다음 중 올바른 것은 (　　　)이다.

① 아가씨는 오스트리아 실링만을 무제한으로 지입할 수 있다.
② 양친은 한국돈은 무제한으로 가지고 갈 수 있으나 오스트리아 실링의 지입에 대해서는 제한이 있다.
③ 이 양친이 귀국할 때 1인당 10만 오스트리아 실링까지 반출할 수 있다.
④ 상기 ③ 의 경우 한국돈은 입국시에 신고한 액수까지 반출할 수 있다.

【10】 본문에 관한 다음의 일반적인 기술 중 틀린 것은 (　　　)이다.

① 오스트리아의 수도는 빈으로 도시코드는 VIE이다.
② TWOV는 Transit Without Visa의 약어로 무사증통과를 의미한다.
③ approx는 a proximately의 생략형으로 「~이내」를 의미한다.
④ 오스트리아통화의 IATA/ISO코드는 ATS이다.

【여행사실무문제 43】

이하의 문항 1~20에 대해 해당하는 것을 TIM자료를 이용해야 할 것은 이용하여 각각의 선택지에서 하나씩 고르시오.

【1】 국제선 항공사에 맡기는 위탁수하물에 관하여 다음 설명 중 맞는 것은?

① 무료수하물의 경우 서울↔시드니간 여행의 경우 1등석, 우등석은 모두 30kg까지, 2등석은 20kg까지이다.

② 무료수하물허용량을 초과한 초과수하물의 요금은 한국↔유럽간 여행의 경우, 초과 1kg당 1등석 보통 어른 직행 왕복운임의 1%이다.

③ 갈아타는 편을 이용하는 경우 환승지에서 위탁수하물을 수취하지 않고 최종목적지 공항까지 탁송하여 수송하는 것을 일괄수속(through chick-in)이라고 한다.

④ 위탁수하물을 증표로 하여 건네는 수하물표(claim tag)는 단체여행자에 한해서는 위탁수하물 개수에 관계없이 1장짜리 단체수하물표로 준다.

【2】 한국출발에 즈음하여 통화 등의 반출에 대해서 올바른 것은?

① 한국돈은 현금으로 미화 10,000달러 상당액까지 자유로이 반출이 가능하다.

② 한국원화표시 여행자수표는 미화 10,000달러 상당액까지 반출이 가능하다.

③ 외국통화는 한국 원화기준으로 미화 10,000달러 상당액까지 반출을 제한하고 있다.

④ 크레디트카드는 매수에 따라서 반출이 제한되어 있다.

【3】 한국의 출국심사에 관해서 적절한 것은?

① 한국인의 출국에 대해서는 여권, 출입국카드, 항공권을 제시한다.

② 방한 외국인은 재입국허가서도 아울러 제시하지 않으면 안 된다.

③ 여권에 병기된 어린이를 데리고 가는 경우에는 그 어린이의 출입국카드도 함께 제출하지 않으면 안 된다.

④ 사증이 필요로 하는 국가를 방문하는 경우에는 출국심사장에서 그 국가의 사증 유무, 유효기간을 확인한다.

【4】 한국 출국수속 후 공항 내 면세점에서의 쇼핑에 대해서 그 설명이 적절한 것은?

① 면세품의 쇼핑시에는 여권을 제시해야 한다.

② 면세점은 출국여행자 및 환승여행자를 위해서 있으며, 귀국시에는 이용할 수 없다.

③ 한국 술의 구입은 어른 1인당 1.8리터로 제한되어 있다.

④ 한국공항에서의 돈의 지급은 한국돈으로 하도록 되어 있다.

【5】 외국에서 입국수속 순서는 하기 → 검역 → 입국심사 → 위탁수하물 수령 → 세관이 일반적이나 (　　　　　)나 뉴질랜드의 오클랜드 등지에서는 하기 → 위탁수하물 수령 → 입국심사 → 세관의 순서로 되어 있다.

① 샌프란시스코　② 홍콩　③ 로마　④ 시드니

【6】 입국에 즈음하여 소지한 외화(外貨)를 신고해야 하는 국가는?

① 이집트　② 독일　③ 영국　④ 뉴질랜드

【7】 관광목적으로 그리스에 입국하는 한국인 여행자는 최대 (　　　　　) 사증없이 체재할 수 있다.

① 1개월　② 2개월　③ 3개월　④ 1년

【8】 한국인 여행자가 그리스에 입국하는 경우 세관수속에 대해서 올바르게 설명한 것은?

① 10,000드라쿠마까지의 선물은 세금 없이 반입가능하다.

② 흙이 부착된 식물은 반입이 불가능하다.

③ 18세인 사람이 와인 1리터를 반입할 때에는 요금을 지급하지 않으면 안 된다.

④ 50그램의 향수를 반입할 때에는 세금을 지급하지 않으면 안 된다.

【9】 그리스에서 항공편으로 출국하는 모든 여행자는 2,800드라쿠마에서 5,500드라쿠마의 공항사용료를 지급해야 하나, (　　　　　)는 면제된다.

① EU 역내(域內)에서 10년 이상 거주하고 있는 사람

② 15살 이하의 사람

③ 여행사 종업원

④ 24시간 이내에 통과하는 여객으로 예약이 종료된 항공권을 소지한 사람

【10】 싱가포르에 입국할 때에 여권의 잔존 유효기간은 최저 (　　　　)이상 필요하다.

① 1개월　　② 3개월
③ 6개월　　④ 1년

【11】 한국인 여행자가 싱가포르에 입국할 때에 세관수속에 관한 설명 중 올바른 것은?

① 맥주 2리터를 반입할 때에는 무세이다.
② 말레이시아로부터 육류를 반입하는 것은 금지되어 있다.
③ 추잉검을 가지고 있어도 신고할 필요는 없다.
④ 마약을 가지고 입국하면 사형선고를 받는다.

【12】 그리스 및 싱가포르에 입국할 때에 통화 반입에 관하여 올바른 것은?

① 한국인 여행자가 그리스에 입국할 때, 드라쿠마는 40,000드라쿠마까지 반입가능하다.
② 한국인 여행자가 그리스에 입국할 때, 미화 1,200달러 상당액을 반입하는 경우에는 신고가 필요하다.
③ 한국인 여행자가 싱가포르에 입국할 때, 싱가포르 달러의 반입은 일절 불가능하다.
④ 한국인 여행자가 싱가포르에 입국할 때, 미화 5,000달러 상당액을 반입하는 경우에는 신고가 필요하다.

【13】 유럽내를 이탈리아 → 영국 → 프랑스 → 스위스 순으로 여행하고 한국으로 돌아올 때, 각각의 국가에서 시내면세점에서 구입한 물건에 대하여 세금환불수속을 하는 곳은 (　　　　)를 출국할 때이다.

① 각각의 국가　　② 프랑스
③ 스위스　　④ 프랑스와 스위스

【14】 귀국시 입국심사에 대한 설명 중 올바른 것은?

① 여권, 출입국카드, 귀로(歸路)에 이용한 항공기의 탑승권을 제시한다.
② 여권과 출입국카드를 제시한다.
③ 여권만 제시한다.
④ 여권, 출입국카드, 검역설문표를 제시한다.

【15】 워싱턴조약(CITES)의 규제대상품을 한국에 반입하는 데에는 수출국이 발행하는 "수출허가서", "재수출증명서", (　　　　) 등을 취득하여, 세관에 제출하지 않으면 안 된다.

① 검역증명서　　② 원산지증명서

③ 선하증권　　④ 휴대품 · 별송품신고서

【16】 귀국시 별송품의 통관수속에 대해 적절한 것은?

① 휴대품 · 별송품신고서는 2장을 세관에 제출해야 한다.

② 복수의 국가에서 토산품을 별송한 경우에는 휴대품 · 별송품신고서는 해당하는 국가 마다 각각 2통씩을 세관에 제출하지 않으면 안 된다.

③ 입국시 별송품 신고를 잊어버린 경우에는 후일 세관에 추가신고를 할 수 있다.

④ 본래 휴대하여 반입해야 할 수하물이나, 항공사의 실수로 인해 미착이 되어 후에 송부되어 오는 것은 별송품이 되지 않기 때문에 세관에 신고할 필요가 없다.

【17】 "휴대품 · 별송품신고서는 해외 시가란의 금액기입시에 실제로 지급한 금액을 (　　　　) 기입한다.

① 현지통화로　　② 미화달러로 환산하여

③ 한국통화로 환산하여　　④ ECU로 환산하여

【18】 귀국시 통관에 즈음하여 주류에 대해서 1병은 760cc의 것으로 제한되고 있는데 1쿼터(quarter)병은 (　　　　)로 취급된다.

① 1병　　② 1.25병

③ 1.5병　　④ 2병

【19】 주류의 간이세율을 왼쪽에서 높은 순서로 열거한 것 중 올바른 것은?

① 브랜디→위스키→진→와인　　② 진→브랜디→위스키→와인

③ 위스키→브랜디→와인→진　　④ 위스키→브랜디→진→와인

【20】 귀국시 반입한 다음의 물품세가 적용되는 경우, 세액이 가장 높은 것은 (　　　　)이다.

① 20만원 상당의 손목시계　　② 6만원 상당의 브랜디

③ 8만원 상당의 가죽 핸드백　　④ 10만원 상당의 반지

TIM

■ GREECE

Geographical information: Capital - Athens(ATH).

1. **Passport**: Required except for holders of;
   1. Laissez-Passer (provided with a Greek visa) issued by the United Nabons or by the European Union;
   2. Military Identity Card (with movement or leave order) issued by a NATO country (see Terms & Definitions).
   3. National Identity Card issued to nationals of; Austria, Belgium, France, Gemany, Italy, Luxembourg, Monaco, Netherlands ("Toeristenkaart"), Portugal, Spain, Switzerland or the United Kingdom ("British Visitor's Passport").
   4. Passport expired max. 5 years issued to;
2. **Visa**: Warning; Non-comphance with the entrytransit regulations may result in refusal of entry. which can iead to diffcules and costs for both transporting airline and passenger.
   Visa required, except for.
   1. nationals of Greece;
   2. nationals of the following countries coming for touristic purposes only;
   a. for a stay of max. 3 months;
   – holders of British passports with on the front cover "United Kingdom of Great Bntain and Northem Ireland" or "Jersey" or "Guernsey and s dependencies" or "Iste of Man" in which the holder is descnbad as "British Subject, Citizen of the United Kingdom, Islands and Colonies".
   (However, if passport issued in Hong Kong, max. stay of 1 month permitled);
   – Andorra, Argentina, Austraka, Austria, Beigium, Cyprus, Czech Rep 24, Denmark, Finland, France, Germany (also applicable if holding former East German documents). Iceland, Ireland (Rep.), Israel, Italy, Japan, Korea Rep, (South), Liechtenstein, Luxembourg, Malta, Mexico, Monaco, Netherlands, New Zealand, Norway, Peru, Portugal (if holding pass-ports issued in Macao, max. stay of 2 months permitted), San Marino, Slovak Rep. 24. Spain, St, Kitts-Nevis, Sweden, Switzerland;
   – Canada, U.S.A. (not applicable to those coming from the belau Islands. Marshall Islands, Micronesia, Northem Manana Islands). extension on arrival possible;
   b. for a stay of max. 2 months. Brazil, Chile, E´Üæ◊, Matawi, Nicaragua, Uruguay;
   c. for a stay of max. 1 month: Hungary;
   d. for a stay of max. 14 days: ∂Ï Saivador, Singapore;
   3. military persons as mentioned under 1. "Passport"2.;
   4. holders of a re-entry permit 21 issued by Greece;
   5. holders of diplomatic or service passports provided they are nationas of the Philippines and Turkey;
   6. holders of diplomatic passports accrediled to Greece pravided they are visa exempted on a mutual basis.
   7. holders of dipiomalic passports issued by the govemment of former Yugoslavia;
   8. holders of sarvice passports provided being nationals of ran;
   9. holders of Taiwan(Rep. of China) passports 22;
3. **Health**: Requited - except for transit passengers not leaving the airport - vaccination against; yellow fever (Persons without valid certificate - if required - are liable to quarantine) if arriving within 6 days after leaving or transiting 31 infected areas (see General Health Information)
   Exempt are: children under 6 months.

Notes:
31 Not required for those not leaving the aircralt in the countries concemed.

4. Tax: Airport Development Charge is levied on all passengers leaving Greece; the amount varies between GRD 2,800. and GRD 5,500.
   Place of payment; airport of departure in Greece.
   Exempt are:
   1. children under 12 years;
   2. passengers transiting within 24 hours, provided transter is indicated on the ticket;
   3. crew members of departing aircraft, or if traveling as a passenget to resume service on an aircraft on another airport;
   4. employees of a Government to which the aircraft is registered traveling on duty, as well as airline own employees traveling on duty.

5. **Customs**:
   Import: free import
   RESIDENTS of a country inside geographic at Europe:
   A. if bought or acquired outside E.U. (see Terms & Delinitions) or inside E.U. tax tree:
   1. 51 200 cigaretles or 50 cigars or 100 cigarillos or 250 grammes of pipe locacco.
   2. 51 1 litre of alcoholic beverages or 2 litres of wines, sparkling wines, liqueurs;
   3. 50 grammes of perfume and ®˘ litre of Eau de Cologne;
   4. 500 grammes of coffee or 200 grammes of coffee extract;
   5. 100 grammes of tea or 40 grammes of lea exiract.
   6. Gift articles (may not include electronic devices) up to total value of GRD 9,000.
   B. if bought or acquired inside E.U. (see Terms & Definitions) not tax free; unlimited.
   RESIDENTS of a country outside geographical Europe if bought ? acquired outside E.U. or inside E.U.(see terms & Delinitions) tax

free;
1. 51 400 cigaretles of 100 cigars or 200 cigarillos or 500 grammes of pipe tobacco;
2. see A.2. through 6.

If bought or acquired inside E.U. (see Terms & Definitions) not tax free; unlimited.

Additional information: Windsurf boards can be imported duty free up to one piece per person, provided registered in the passport on arrival.

Prohibited: plants with soil.

Pets:
1. Cats and dogs require a health and rabies inoculation certificate issued by a veterinary authority in the country of origin stating that rabies inoculation look place not more than 12 months (for cats 6 months) and not less than 6 days pnor to arrival. Health clearance at port of entry.
2. Parrots and parrot-birds can only be imported by individuals and not for trade Health certificate issued by a veterinanan in the country of ongin. stating that;
   – the birds were examined upon embarkation and were lound free from Psitlacosis and
   – their country of origin is free from said disease.
   The birds are subject to surveillance by the veterinary authorities at the location of destination for a period of 6 months

Export: free export of winosurf boards provided registered in the passpot on arrival. If not re-exported the import duty must be paid on departure.

Notes:

51 Only for persons of 18 years and older

6. **Currency**:

Import: allowed.

local currency (Greek Drachma-GRD): RESIDENTS:
up to GRD 40,000 51;
NON-RESIDENTS; up to GRD 100,000 61;
foreign currency;
RESIDENTS AND NON-RESIDENTS; unlimited, Amounts exceeding the equivalent of USD 1,000 must be deciared on arrival.

Travellers's cheques and letters of creait unlimited provided having been issued in passenger's own name (not endorsed to him).

Gold or gold coins unimited

Export:allowed.

RESIDENTS:
local currency(Greek Drachma-GRD)
up to GRD 40,000 61
foreign currencies: USD 1,700 (for each trip)
In case of higher amounts permit from the Bank of Greece requifed.

NON-RESIDENTS
local currency: up to GRD 40,000 61
foreign currencies; after a stay
a. not exceeding one year banknotes, traveller's cheques. etc. up to a value of USD 1,000. higher amounts if having been declared on arrival;
b. of more than one year permit from the Bank of Greece required
   Re-export of gold and gold or silver coins to be detemined by the Credit Sub-Com-mittee on basis of application submitted by person concerned.

Notes:

61 Import and export of local currency is only allowed in denominations up to GRD 5,000

■ SINGAPORE

Geographical information:

Capital Singapore(SIN)

Singapore is an independent state with government regulations of ? own. For the government regulations of Malaysia see pages "Malaysia".

1. **Passport**: Required except for holders of
   1. Certificate of Identity issued by the Government of any country to stateless persons.
   2. Collective Passport/Travel Document is sued by all countries except the categories mentioned under 11 and 2. "Visa"2.provided:
   a. issued to not less than 5 or more than 20 persons;
   b. travelling on package of chartered tours to countries within Asia;
   c. valid only for the specific period of the lour;
   d. containing the holder's nationality and identity;
   e. all persons mentioned on this collective passport/travel document are nationals of the country issuing the document.
   f. the document has been visaed for Singapore. if necessary.
   3. Laissez-Passer (travelling on duty) issued by the United Nations.
   4. Military Identity Card with movement order issued to:
   a. members of "Her Majesty's Forces"
   b. U.S. military personnet. Movement orders must be authorized and signed by the commander of the unit.
   5. Pilgrim Pass issued by the Govemment of Singapore.
   6. Holders of the following seamen documents provided travelling on duty;
   a. Seaman Book issued to nationals of Greece and Italy;
   b. Seaman Book issued to nationals of Commonweaith countries (see Terms & Definitions). (assuring the returnability of the holder to country of origin).
   c. Seaman book or Seafarer's Identity Document(assuring the returnability of the holder to country of origin) issued to nationals of:
   Algeria, Argentina, Australia, Austna, Bahamas, Baroados

Belgium, Brazil, Bulgana, Canada, Cape Verde, Chile, China(People's Reo.). C.I.S./former U.S.S.R.(see Terms & Definitions). Cote d'lvoire. Cuba, Czech Rep. 12. Denmark, Dominican Republic, E´Üæ◊, Egypt, Fiji. Finland, France, Germany(Fed. Rep.). Ghana, Greece, Guinea, Hungary, Iceland, India, Iraq, Ireland, Israel, Italy, Japan, Korea (Rep), Lebanon, Liberia, madagascar, Malaysia, Mexico, Monaco, Netherlands, New Zealand, Nigeria, Norway, Peru, Philippines, Poland, San Marino, Senegal, Slovak Rep. 12. Spain Sunname, Sweden, Swizerland, Syna, Trinidad and Tobago, Tunisia, United Kingdom. U.S.A. Uruguay, Vanuatu, Yemen Rep. Yugostavia, Zambia;

d. Indian seaman registration book and cantinuous discharge certificate;
e. Hong Kong discharge book bearing entry Visa for Hong Kong;

7. Seaman's Identity Book (traveiling on duty) issued by the Government of Singapore.
8. Seaman books other than those mentioned in item 6 and 7 above provided with a visa.

Validity: Passports or passport replacing documents must be valid for at least 6 months at the time of passenger's arnval in Singapore.

Admission restrictions:

a. The Government of Singapore refuses admission to holders of travel documents that have not been endorsed valid for travel to Singapore.
b. The Government of Singapore may refuse entry to visitors who do not comply with their requirements regarding general appearance and clothing. E.g. "hippies" may be refused to land and mate persons with hair reacning below collar and or covering. ears ano or ? accross the forehead till touching the eyebrow will not be permitted to enter or overnight transit Singapore.

3. Health: Required - except for transit passengers not leaving the airport - vaccinanon against: yellow fever 31 if arriving within 6 days after leaving or transiting 32 countries with endemic or infected areas(see General Health information).

Exempt are: children under 1 year.

Letters of exemption trom vaccination against yellow fever are not acceptable.

Notes:

31 Persons without valid yellow fever certificate - if required - will be vaccinated upon arrival. If they refuse to do so. they will be quarantined or deported. up to the discretion of the authorities.

32 Not required for those not leaving the airport in the areas concemed.

4. Tax: Passenger Service Charge is levied on all air passengers embarking in Singa. pore from;

a. Changl Airport: SGD 15.
b. Seletar Airport: SGD 10.

Place of payment: PSC doupons for departure from Changi Airport can be bought from airline offices. travel agencies and hotels in town or at the airport. PSC coupons for departure from Seletar is only avaitable at Seietar Airport.

Exempt are:

1. those being in transit through Singapore and not leaving the transit area. unless forced to do so due to circumstances over which passengers or airline operators have no control(e.g. aircraft breakdown etc.);
2. childred under 2 years.

5. Customs:

Import: free import by passengers of 18 years and older of Wines, Spirits and beer not exceeding one litre each:

Crews: sprits not exceeding ®˘ fitre and table wines of beer not exceeding one litre each;

Additional information:

1. Singapore is member of the CITES(see Terms & Defiaitions);
2. Free import is not allowed if traveiling between Singapore and Malaysia.
   Exempt are transit passengers coming from a third country. provided their pass. ports do not bear an entry stamp (stamped during same journey) of Malaysia.
3. Any chewing-gum and tobacco products must be declared on arrival.

Warning:

The trafticking of illegal drugs is a senous oflence in Singapore and the penalty for such an offence is death.

Prohiblted:

1. Meat and meat products. unless brought from Malaysia;
2. import or transit of arms or explosives, unless carner holds permit of Director of Civil Aviation. Singapore. About 2 weeks time is required to process an application therefore. Violation may result in prosecution of passenger and carrier. (See also "Terms and Definitions");
3. Goods originationg from South Africa.

6. **Currency**:

Import and

Export: local currency (Singapore Dollar -SGD) and foreign currencies: no limit.

【여행사실무문제 44】

【1】 항공사의 신규항공노선 개설 및 여행상품개발시에 여행업자 또는 보도관계자 등을 초청하여 실시하는 시찰목적의 초대여행은?

① familiarization tour ② incentive tour

③ optional tour ④ package tour

【2】 우리나라의 여권은 3종으로 구분되어 있다. 다음 중 맞지 않는 것은?

① 관광여권 ② 외교관여권

③ 공용여권 ④ 일반여권

【3】 다음 중 국제전염병이 아닌 것은?

① 황열 ② 콜레라

③ 에이즈 ④ 페스트

【4】 중국의 열차등급은 3종으로 구성되어 있다. 다음 중 틀린 것은?

① 특쾌(特快) ② 관광쾌(觀光快)

③ 직쾌(直快) ④ 보쾌(普快)

【5】 유럽 여행자 중 배낭여행자들이 주로 이용하는 철도패스 중 사용하고자 하는 나라와 기간을 선택할 수 있는 신종 패스는?

① 유레일 패스 ② 유레일 프렉시패스

③ 유로 패스 ④ 유레일 유스패스

【6】 미국의 주(州) 가운데 여름시간(서머타임)을 실시하고 있지 않은 주는?

① 알래스카 ② 캘리포니아

③ 텍사스 ④ 하와이

【7】 세계 여러 나라의 도시들 중 영어식 발음과 현지에서 실제로 발음하는 것에는 상당한 차이가 있다. 다음 도시들을 현지어로 말하라.

① 콜론 • Cologne(　　　)　② 프로렌스 • florence(　　　)
③ 제네바 • Geneva(　　　)　④ 프라그 • Plague(　　　)
⑤ 네이플스 • Naples(　　　)　⑥ 베니스 • Venice(　　　)

【8】 다음 중 항공사명과 코드가 다른 것은?

① AZ－알리타리아항공　② AF－에루프랑스
③ SU－스위스항공　④ BA－영국항공

【9】 유럽형 호텔에서는 방 열쇠는 (　　　　)가 관리하고 있는 경우가 많다.

① Catering　② Cashier　③ Concierge
④ Reception　⑤ House Keeper

【10】 호텔에 따라서는 (　　　　)(으)로 불리는 중2층(세미2층)에 다이닝룸 등이 설치되어 있는 경우가 있다.

① Annex　② Balcony
③ Ground Floor　④ Mezzanine

【11】 단체여행시 친한 사람과 옆방에 투숙하기를 원하는 경우에는 (　　　　)을 달라고 요구하면 좋다.

① Suite Room　② Studio Room
③ Connecting Room　④ Adjoining Room

【12】 다음 도시명과 공항명이 틀린 것을 골라라.

① 베이징－덩샤오핑　② 방콕－돈무앙
③ 싱카포르－창이　④ 홍콩－첵랍콕

【13】 상 동

① 로마－레오나르도 다빈치　② 파리－샤를 드골
③ 런던－히드로　④ 시카고－인터내셔날

【14】 상 동

① 로스앤젤레스-인터내셔널　　② 모스크바-스탈린
③ 마닐라-니노이 아키노　　④ 도쿄-나리타

【15】 제네바 공항 도착시에 참가자 1명이 위탁수하물이 미착된 것을 발견하였다. 우선 인솔자는 계원에게 당해 손님과 함께 미착 사실을 알리고 신고서를 제출하였다. 이 때 필요서류로서 가장 중요한 것은 당해 손님의 항공권과 (　　　　)이다.

① Baggage Claim Tag　　② Boarding Pass
③ Travel Itinerary　　④ Passport

【16】 이탈리아, 스위스, 프랑스, 영국이 채용하고 있는 일광절약시간에 대해서 틀린 것은?

① 각국 모두 일광절약시간은 각각이 표준시를 1시간씩 당기는 것이다.
② 서머타임 개시기일 및 종료기일은 매년 4개국이 다르다.
③ 일광절약시간의 정식명칭은 Daylight Saving Time이다.
④ 이들 국가 중 서머타임을 실시하지 않는 국가가 있다.

【17】 이탈리아, 스위스, 프랑스, 영국 모두 공통적으로 같은 것은 (　　　　)이다.

① 시내교통으로서 지하철이 있다.
② 자동차는 좌측이다.
③ 유레일 패스가 적용되는 국가이다.
④ 국내선여객 정기항공노선이 있다.

【18】 구 · 미의 고급 레스토랑에는 와인 전문으로 주문을 받거나 조언을 해주는 (　　　　) 가 있다.

① chef　　② maitrer d'hotel
③ sommelier　　④ usher

【19】 파리발 런던행 유로스타 열차의 시발역과 종착역은 (　　　　)이다.

① 리용-빅토리아　　② 몽파르나스-킹즈크로스
③ 북역-워털루인터내셔널　　④ 동역-파딘턴역

【20】 브로치나 반지 등에 가공되는 이탈리아의 특산품 까메오의 소재는 ( )이며, 나폴리가 본고장으로 알려져 있다.

① 용암 ② 호박

③ 조개껍질 ④ 은

【21】 제네바에서 잘 가는 옵셔날투어의 하나로 프랑스령 샤모니까지 버스로 가서 거기서 공중 곤돌라를 이용하는 ( )관광이 있다.

① 마터호른 ② 몽블랑

③ 몬테로사 ④ 융프라우

【여행사실무문제 45】

【1】 다음의 발권 예에 대하여 이하의 각 문항에 대해 답하시오.

Japan Airlines									
AICHI/KATSUHIKOMR		09OCT95		SITI SIIKKE/JL			OFC TRAVEL 95 SERVICE TOKYO JP 16300000 AB ● M		
VOID		VOID		VOID	VOID				
TOKYO/NARITA	JL	719	C	12OCT	1130	OK	C	12OCT	30K
SINGAPORE	QF	010	J	18OCT	2000	OK	C	12OCT	30K
SYDNEY	NZ	106	J	22OCT	1745	OK	C	12OCT	30K
AUCKLAND									
JPY(④)	12OCT95 TYO JL SIN QF SYD NZ(EH)AKL (①) (②) NUC(③)END ROE100.85996								
	CASH								
JPY******	2 131 0100966000 2 ⊙								

(주) ① TOKYO-AUCKLAND간 TTPM은 8566마일, MPM은 8295마일이며,
② 운임은 왕복 NUC6894.70이다.

(1) 적용되고 있는 운임의 종별은 무엇인가?

(2) 여행형태는 무엇인가?

(3) 공란 ①에 표시되는 거리계산 결과를 나타내는 기호는?

(4) 공란 ②에 표시되는 운임액은?

(5) 공란 ③에 표시되는 운임액은?

(6) 공란 ④에 표시되는 운임액은?

【2】 다음의 발권 예에 대하여 이하의 각 문항에 대해 답하시오.

Japan Airlines										
BSR 1FRF/18.62JPY 1SEK/14.05JPY	09OCT95	SITI SAGKKV/JL	OFC TRAVEL 95 SERVICE TOKYO JP 16300000 AB ● M							
IKEDA/KATSUHIKOMR										
OSAKA/KANSAI	JL	713	C	12OCT	1130	OK	C		12OCT	30K
SINGAPORE	SK	974	C	14OCT	2215	OK	C		12OCT	30K
STOCKHOLM	AF	2239	C	18OCT	1755	OK	C		12OCT	30K
PARIS/CHARLES DE	JL	426	C	22OCT	1850	OK	C		12OCT	30K
OSAKA/KANSAI										
JPY(⑥)	12OCT95 OSA JL SIN SK (①) STO M(②) AF PAR JL(TS)OSA (③) (④) NUC(⑤)END ROE100.85996									
JPY200YA										
JPY320FR										
	CASH									
JPY*****	1 131 0100965790 2 ⊙									

(주) ① OSAKA-STOCKHOLM 간은 M이며,
② STOCKHOLM-OSAKA간은 TTPM이 7120, MPM이 6849이다.
③ 또한 이 구간의 왕복운임은 NUC6994.84이다.

(1) 적용되고 있는 운임의 종별은 무엇인가?

(2) 반환지점의 도시코드를 기입하라.

(3) 공란 ①에 표시되는 Global Indicator(GI)는 무엇인가?

(4) 공란 ②에 표시되는 왕로의 운임액은 얼마인가?

(5) 공란 ③에 표시되는 거리계산결과를 나타내는 기호는?

(6) 공란 ④에 표시되는 복로의 운임액은 얼마인가?

(7) 공란 ⑤에 표시되는 전여정의 최종적용운임액은 얼마인가?

(8) 공란 ⑥에 표시되는 일본통화운임액은 얼마인가?

【3】 다음의 발권 예에 대하여 이하의 각 문항에 대해 답하시오.

Japan Airlines			
BSR 1USD/101.23JPY	21AUG95	SITI S4GK2E/JL	OFC TRAVEL SERVICE TOKYO JP 16300000 95 AB ● M
MATSUDA/SMS			

TOKYO/NARITA	JL	010	C	25AUG	1210	OK	C	25AUG	PC
CHICAGO/OHARE	AA	792	Y	27AUG	1010	OK	C	25AUG	PC
NEW YORK/NEWARK		VOID		VOID	VOID				
PHILADELPHIA	UA	1271	Y	05SEP	1525	OK	C	25AUG	PC
WASHINGTON/DULLES									

JPY(④)	25AUG95 TYO JL CHI AA NYC //PHL UA(PA)WAS (①) (②) NUC(③)END ROE100.85996XT660YC310XFORD3
JPY150XA	
JPY610XY	
JPY970XT	CASH
JPY******	1 131 0100965793 2 ⊙

(주) TOKYO-WASHINGTON간의 TTPM은 7223이며 MPM은 8115이다. 또한 편도요금은 NUC3371.01이다.

(1) 적용되고 있는 운임의 종별은 무엇인가?

(2) 뉴욕-필라델피아간의 「VOID」는 무엇을 의미하는가?

(3) Fare Culculation Box 가운데 「NYC//PHL」의미를 설명하라.

(4) 공란 ①에는 거리계산결과 어떻게 표시하는가?

(5) 공란 ②에는 어떻게 표시하는가?

(6) 공란 ③에는 어떻게 표시하는가?

(7) 공란 ④에는 어떻게 표시하는가?

【4】 다음의 발권 예에 대하여 이하의 각 문항에 대해 답하시오.

Japan Airlines										
	11OCT95	SITI 5Y32RV/JL					OFC TRAVEL 95 SERVICE TOKYO JP 16300000 AB ● M			
NAKAMOTO/KEIICHIMR										
TOKYO/NARITA	JL	723	C	13OCT	1315	OK	C		13OCT	30K
KUALA LUMPUR	MH	190	C	16OCT	1230	OK	C		13OCT	30K
DELHI	IC	182	J	23OCT	0930	OK	C		13OCT	30K
BOMBAY	AI	308	C	28OCT	1930	OK	C		13OCT	30K
TOKYO/NARITA										
JPY(⑥)	13OCT95 TYO JL(EH)KUL M(①) MH(EH)DEL M661.75 IC E/BOM AI(EH)TYO (②) (③) P (④) NUC(⑤)END ROE100.85996									
	CASH									
JPY******	1 131 0100965799 2 ⊙									

(주) ① TOKYO-KUALA LUMPUR의 왕복운임 NUC 2870.31
② TOKYO-KUALA LUMPUR-DELHI의 TTPM 4223마일.
③ TOKYO-DELHI의 MPM4387마일.
④ TOKYO-DELHI왕복운임 NUC4295.98
⑤ TOKYO-BOMBAY왕복운임 NUC4398.17

(1) 적용되고 있는 운임의 종별은 무엇인가?

(2) Fare Component수는 전부 몇개 있는가?

(3) 공란 ①에는 운임액을 어떻게 표시하는가?

(4) 공란 ②에는 거리계산결과를 어떻게 표시하는가?

(5) 공란 ③에는 운임액을 어떻게 표시하는가?

(6) 공란 ④에는 가산액을 어떻게 표시하는가?

(7) 공란 ⑤에는 어떻게 표시하는가?

(8) 공란 ⑥에는 어떻게 표시하는가?

(9) 위 항공권의 단체 번호는?

(10) 위 항공권의 발행 일자는?

(11) 위 항공권의 판매 지표는?

(12) 위 항공권의 항공권 번호는?

(13) 위 항공권에 대한 부정항공권 식별 번호는?

(14) 위 항공권을 발행한 여행사는?

(15) 위 항공권 소지자의 무료수하물 허용량은?

【5】 다음의 발권 예에 대하여 이하의 각 문항에 대해 답하시오.

참고자료

① OSA-LAX-SEA는 특정경로(Specified Routing)구간임
② MPM: OSA/SEA 6054(PA), OSA/LAX 6840(PA)
③ TPM OSA/LAX 5700, LAX/SEA 955, SEA/HNL 2678, HNL/OSA 4097
④ FARE: OSA/SEA NUC4097.76(RT)

Japan Airlines

BSR 1USD/102.05JPY | 07JUL95 | SITI | S2GKHV/JL | OFC TRAVEL SERVICE TOKYO JP 16300000 95 AB ● M

FUJINO/ICHIROMR

OSAKA/KANSAI	JL	060	C	12JUL	1745	OK	C		12JUL	PC
LOS ANGELES	DL	435	Y	18JUL	1810	OK	C		12JUL	PC
SEATTLE	HA	021	Y	21JUL	0935	OK	C		12JUL	PC
HONOLULU		OPEN		OPEN					12JUL	PC
OSAKA/KANSAI										

JPY(④)	12JUL95 OSA JL LAX DL(PA)SEA (①) HA E/HNL YY(PA)OSA (②)
	NUC(③)END ROE100.85996 XT670YC620US620XF3LAX3SEA
JPY150XA	
JPY620XY	
JPY1910XT	CASH
JPY******	1 131 0100965791 0 ⊙

(주) ① OSAKA-LOS ANGELES-SEATTLE 특정경로요금은 왕복요금 NUC4097.76
② SEATTLE-HONOLULU-OSAKA의 TTPM 5975마일.
③ OSAKA-SEATTLE MPM 6054마일.

(1) 적용되고 있는 운임의 종별은 무엇인가?

(2) 반환지점의 도시코드는 무엇인가?

(3) 호놀룰루-오사카 간의 「OPEN」은 무슨 의미인가?

(4) Fare Culculation Box 가운데 「E/HNL」의 의미는?

(**5**) Fare Culculation Box 가운데 「YY(PA) SA」의 「YY」의 이미는?

(**6**) Fare Culculation Box 가운데 「XT670Y 620US620XF3LAX3SEA」는 무엇을 나타내나?

(**7**) 공란 ① 에는 왕로의 운임계산결과를 어떻게 표시하는가?

(**8**) 공란 ② 에는 복로의 운임계산결과를 어떻게 표시하는가?

(**9**) 공란 ③ 에 표시되는 수치는 무엇인가?

(**10**) 공란 ④ 에 표시되는 수치는 무엇인가?

(**11**) 이 항공권 소지자의 이름은?

(**12**) 이 항공권 발행시 외국환대고객매도율은?

【여행사실무문제 46】

【1】 다음의 도시코드에 도시명과 국명을 써 넣으시오. (동반구지역)

도시코드	도시명	국명	도시코드	도시명	국명
1. ADL			23. GVA		
2. AKL			24. HAM		
3. BCN			25. HEL		
4. BER			26. HKG		
5. BKK			27. IST		
6. BOM			28. JKT		
7. BRU			29. JNB		
8. BUD			30. KHI		
9. BUH			31. KUL		
10. CAI			32. LIS		
11. CHC			33. LON		
12. CJC			34. MAN		
13. CMB			35. MEL		
14. CNS			36. MOW		
15. CPH			37. MRS		
16. DEL			38. NBO		
17. DLC			39. NAN		
18. DPS			40. NCE		
19. DUB			41. NOU		
20. DUS			42. OKA		
21. FRA			43. OSA		
22. FUK			44. OSL		

45. PEN			53. SYD		
46. PPT			54. PUS		
47. GUM			55. TPE		
48. ROM			56. TUN		
49. SEL			57. TYO		
50. SIN			58. VCE		
51. SPK			59. WAW		
52. STO			60. WLG		

【2】 다음의 도시코드에 도시명과 국명을 써 넣으시오. (서반구지역)

1. ACA			16. NYC		
2. ATL			17. ORL		
3. BOS			18. RIO		
4. BUE			19. SAN		
5. BUF			20. SAO		
6. CHI			21. SEA		
7. DEN			22. SFO		
8. DFW			23. SLC		
9. DTT			24. STL		
10. HNL			25. TPA		
11. HOU			26. YEA		
12. LIM			27. YTO		
13. MEX			28. YMQ		
14. MIA			29. YVR		
15. MSP			30. WAS		

【3】 다음의 틀리기 쉬운 도시코드에 도시명과 국명을 써 넣으시오.

도시코드	도시명	국명	도시코드	도시명	국명
1. LAS			5. MIL		
2. LAX			6. MNL		
3. MAA			7. PAR		
4. MAD			8. PER		

【4】 다음의 알기 어려운 도시코드에 도시명과 국명을 써 넣으시오.

1. AGP			9. LED		
2. ATH			10. MES		
3. BJS			11. MUC		
4. BKI			12. PRG		
5. BNE			13. SCL		
6. CCU			14. SGN		
7. CNX			15. VIE		
8. KHH			16. ZRH		

【5】 발권구간거리의 합계와 최대허용거리를 비교하여 팩터를 구하고 인상률을 기입하라.

MPM	TTPM	FACTOR(계산식)	M~25M 또는
5184	4943		
7024	7024		
8236	8646		
4230	4853		
3975	4970		

【6】 다음 NUC기준운임금액을 계산하여, 단수처리를 하시오.

계산하려는 운임액(NUC)	계산식	단수처리후 요금
1. NUC2132.28의 $\frac{1}{2}$의 운임		
2. NUC3200.01의 $\frac{1}{2}$의 운임		
3. NUC1089.51의 5%할증운임		
4. NUC1909.60의 5%할증운임		
5. NUC1312.10의 33%할증운임		
6. NU 1200.99의 50%할증운임		
7. NUC2105.89의 90%할증운임		

【여행사실무문제 47】

【1】 다음의 항공사코드에 항공사명과 국명을 써 넣으시오.

항공사코드	항공사명	국명	항공사코드	항공사명	국명
1. AA			23. IR		
2. AC			24. IW		
3. AF			25. JD		
4. AI			26. JL		
5. AN			27. KA		
6. AY			28. KE		
7. AZ			29. KL		
8. BA			30. LH		
9. BG			31. MH		
10. BI			32. MS		
11. BR			33. MU		
12. CA			34. NH		
13. CI			35. NW		
14. CP			36. NZ		
15. CS			37. OS		
16. CX			38. OZ		
17. DL			39. PK		
18. EG			40. PR		
19. EL			41. QF		
20. FJ			42. RA		
21. GA			43. RG		
22. IB			44. SK		

45. SN			50. TK		
46. SQ			51. UA		
47. SR			52. UL		
48. SU			53. VS		
49. TG			54. VN		

【2】 다음의 여정에 여정지표(GI)를 써 넣으시오.

여 정	GI
① SEL-SIN-SYD-AKL	
② SEL-PAR-LON-WAS	
③ SEL-HNL-LAX-NYC	
④ LAX-NYC-MAI-SAO	
⑤ SEL-FRA-ATH	
⑥ SEL-ANC-PAR-LON	
⑦ SEL-LAX-NYC-ATH	
⑧ SEL-HKG-SIN-MOW	
⑨ SEL-MOW-CAI	
⑩ SEL-AMS-LON	

(注) SEL-LON, SEL-FRA, SEL-ROM간은 Nonstop

【3】 다음 문장 중 내용이 틀린 곳을 골라 밑줄의 어구를 적절한 어구로 고치시오.

1. 운임은 보통운임과 특별운임으로 구분된다.
2. intermediate class란 비즈니스 클래스를 의미하는 것이다.
3. 아프리카, 중동은 한국발 · 착의 AP운임으로 설정되어 있다.
4. 한국발 Y2운임으로는 브라질행 태평양운임을 제외하고는 도중하기를 할 수 없다.
5. 운임표의 보통운임은 어른 한 사람당 직행운임이다.
6. Y2운임은 특별운임이다.
7. 어른 보통운임에서 할인한 소아운임은 특별운임이다.

8. 애드온(add-don)으로 만든 운임도 공시운임이다.
9. 보통편도운임밖에 공시되어 있지 않은 구간의 보통왕복운임은 편도운임의 2배액을 공시운임으로 간주한다.
10. 운임은 국제선여행개시일에 유효한 운임이 적용된다.

【4】 내용 중 잘못된 문장을 골라 밑줄의 어구를 적절한 어구로 고치시오.

1. 어른은 국제선 여행개시일 기준으로 12세 이상의 자를 말한다.
2. ROE는 여행개시일에 유효한 것을 적용한다.
3. 운임계산에는 NUC 기준운임을 사용한다.
4. ROE는 소수점 제2자리까지를 계산에 사용한다.
5. 한국 원화기준의 운임은 ROE의 변경에 의해 연 4회 변경된다.
6. 한국발 미국행 소아보통운임은 어른 보통운임의 반액이다.
7. 한국발 보통유아운임은 무료이다.
8. 유아운임여객은 어른 한 사람당 2명 이내이다.
9. 유아란 2세 이하의 자를 말한다.
10. 소아운임은 50원 단위로 단수처리한다.

【5】 다음 여정의 여정운임계산에 사용할 운임을 아래의 보기에서 골라 그 기호를 써 넣어라.

1. SEL–LAX–MEX(　　　)
2. LON–ROM–IST(　　　)
3. LAX–HNL–SYD(　　　)
4. LAX–MEX–RIO(　　　)
5. SEL–PAR–RIO(　　　)
6. SEL–HNL–AKL(　　　)
7. LIM–NYC–PAR(　　　)
8. CHI–NYC–LON(　　　)

보 기

ⓐ South Atlantic Fare	ⓑ North Atlantic Fare
ⓒ South Pacific Fare	ⓓ Mid Atlantic Fare
ⓔ North or Central Pacific Fare	ⓕ Area3 Fare
ⓖ Area1 Fare	ⓗ Area2 Fare

【여행사실무문제 48】

【1】 다음의 PNR에 대해 설문에 답하라.

1. KE634 C 02FEB ICNCDG HS1 1220 1655 CABIN C
2. AF2442 C 03FEB CDGGVA HS1 1610 1715 D/P
3. ARNK
4. BA343 C 10FEB NCELHR HS1 1255 1355 D/P
5. KE645 C 20FEB LHRICN HS1 1900 1540+1 CABIN C

1. 여정의 도시코드를 적어라.

( )-( )-( )-( )-( )-( )

2. 지상운송구간의 도시코드를 적어라.

( )-( )

3. 지상운송구간도 운임에 포함하여 계산하는 경우 여행유형을 말하라.

4. 다음에 답하라.

① 출발지의 도시코드

② 종착지의 도시코드

③ 도중하기지의 도시코드

5. 이 여행의 여정지표(GI)를 말하라.

【2】 항공여행운임계산에 있어서 필요한 용어를 통일된 두문자(頭文字)로 나타낸다. 다음에 설명하는 용어를 두문자로 적으시오.

1. 두 도시간의 구간거리

2. 최대허용거리

3. 운임의 할증(율)

4. 발권구간거리의 차감

5. 운임구성지점

6. 조합계산운임

7. 출발국통화기준운임

8. 편도운임

9. 왕복운임

10. $\frac{1}{2}$왕복운임

11. 편도여행

12. 왕복여행

13. 순회여행

14. 세계일주여행

15. 보통운임오픈조(open jaw)

【여행사실무문제 49】

【1】 다음의 항공권을 보고 아래의 설문에 답하라.

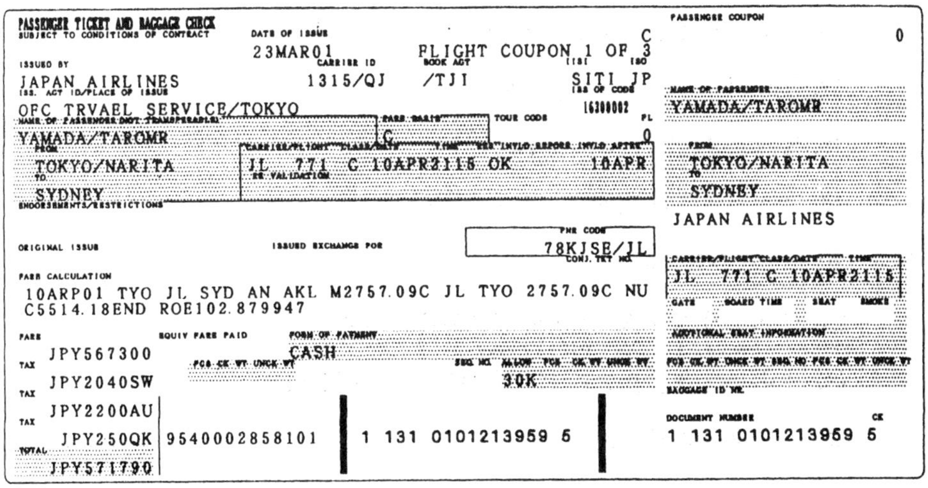

PASSENGER TICKET AND BAGGAGE CHECK
SUBJECT TO CONDITIONS OF CONTRACT
DATE OF ISSUE 23MAR01
FLIGHT COUPON 1 OF 3
ISSUED BY JAPAN AIRLINES
CARRIER ID 1315/QJ
BOOK AGT /TJI
SITI JP
ISS. AGT ID/PLACE OF ISSUE OFC TRVAEL SERVICE/TOKYO
16300002
NAME OF PASSENGER NOT TRANSFERABLE YAMADA/TAROMR
FARE BASIS C
TOUR CODE
FROM TOKYO/NARITA
TO SYDNEY
JL 771 C 10APR2115 OK 10APR
RE VALIDATION
ENDORSEMENTS/RESTRICTIONS
ORIGINAL ISSUE
ISSUED EXCHANGE FOR
PNR CODE 78KJSE/JL
CONJ. TKT NO.
FARE CALCULATION
10ARP01 TYO JL SYD AN AKL M2757.09C JL TYO 2757.09C NU C5514.18END ROE102.879947
FARE JPY567300
EQUIV FARE PAID
FORM OF PAYMENT CASH
TAX JPY2040SW
TAX JPY2200AU
TAX JPY250QK
TOTAL JPY571790
ALLOW 30K
9540002858101
1 131 0101213959 5

PASSENGER COUPON
NAME OF PASSENGER YAMADA/TAROMR
FROM TOKYO/NARITA
TO SYDNEY
JAPAN AIRLINES
JL 771 C 10APR2115
GATE BOARD TIME SEAT SMOKE
ADDITIONAL SEAT INFORMATION
BAGGAGE ID NR.
DOCUMENT NUMBER CK
1 131 0101213959 5

1. Ticket Number는?

2. Issuing Carrier는?

3. Issue Date는?

4. Date of Commencement는?

5. First Carrier는?

6. Last Carrier는?

7. Expire Date는?

8. Origin은?

9. Destination은?

10. free Baggage Allowance는?

11. Flight Coupon은 전부 몇 장 발행되어 있는가?

12. 이것은 어디 발 어디 행의 Flight Coupon인가?

다음은 이 항공권의 운임계산 내용과 관련된 것이다. 물음에 답하라.

13. Pricing Unit의 수는?

14. Pricing Unit의 유형은?

15. Fare Breaking Point는?

16. 적용되고 있는 운임의 종류는?

17. 왕로 적용운임의 NUC금액은?

18. 복로 적용운임의 NUC금액은?

19. 전 여정에 대한 적용운임의 NUC금액은?

20. IATA통화환산율은?

21. 전 여정에 대한 적용운임의 일본화폐금액은?

22. 세금 등을 포함한 모든 요금에 대한 일본화폐금액은?

23. 이 항공권의 지급수단은?

【2】 다음의 항공권을 보고 아래의 설문에 답하라.

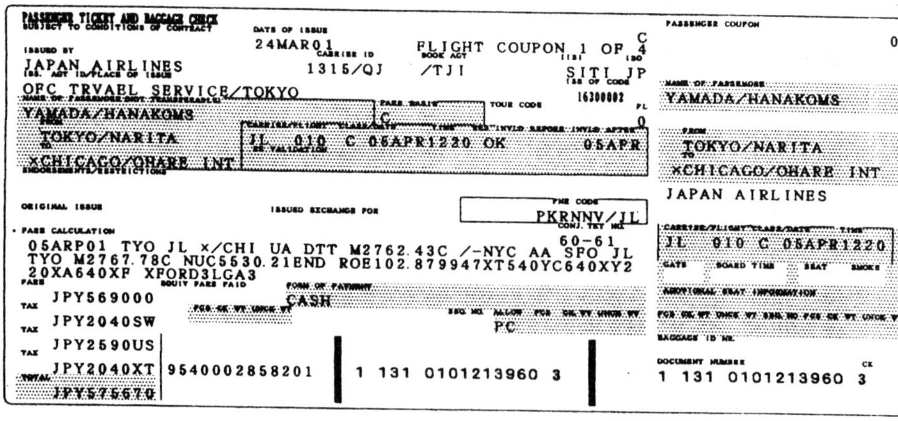
PASSENGER TICKET AND BAGGAGE CHECK
SUBJECT TO CONDITIONS OF CONTRACT
DATE OF ISSUE 24MAR01
FLIGHT COUPON 1 OF 4
ISSUED BY JAPAN AIRLINES
CARRIER ID 1315/QJ
BOOK AGT /TJI
SITI JP
ISS. AGT ID/PLACE OF ISSUE OPC TRVAEL SERVICE/TOKYO
16300002
NAME OF PASSENGER YAMADA/HANAKOMS
FARE BASIS C
FROM TOKYO/NARITA
TO xCHICAGO/OHARE INT
JL 010 C 05APR1220 OK 05APR
PNR CODE PKRNNV/JL
CONJ. TKT NO. 60-61
FARE CALCULATION
05ARP01 TYO JL x/CHI UA DTT M2762.43C /-NYC AA SFO JL
TYO M2767.78C NUC5530.21END ROE102.879947XT540YC640XY2
20XA640XF XFORD3LGA3
FARE JPY569000
TAX JPY2040SW
TAX JPY2590US
TAX JPY2040XT
TOTAL JPY575670
FORM OF PAYMENT CASH
PC
9540002858201
1 131 0101213960 3
PASSENGER COUPON
NAME OF PASSENGER YAMADA/HANAKOMS
FROM TOKYO/NARITA
TO xCHICAGO/OHARE INT
JAPAN AIRLINES
JL 010 C 05APR1220
DOCUMENT NUMBER 1 131 0101213960 3

1. Ticket은 전부 몇 장으로 발행되어 있는가?

2. Flight Coupon은 전부 몇 장으로 발행되어 있는가?

3. No-Stopover Point의 도시는 어디인가?

4. 몇월 며칠 현재 유효한 운임이 적용되어 있는가?

5. 몇월 며칠 현재 유효한 ROE가 적용되어 있는가?

6. 이 Pricing Unit의 유형은 무엇인가?

7. 적용되고 있는 운임의 종류는 무엇인가?

8. 왕로 Component의 종점은 어디인가?

9. 복로 Component의 시점은 어디인가?

10. 무료수하물 허용량의 PC는 무슨 의미인가?

【여행사실무문제 50】

【1】 다음의 영문(英文)은 관광가이드로부터 인용한 것이다.

> A군 : 각각의 (　　)안에 적당한 도시명 또는 관광개소를 선택하여 기호를 해답란에 써 넣어라.
> B군 : 밑줄의 어구(1)~(10)의 의미를 골라, 기호를 해답란에 써 넣어라.
> C군 : (i)~(x)에 적당한 전치사를 골라 기호를 해답란에 써 넣어라.

① (　　　) is a city of green parks, wide tree-lined streets, white marble buildings and, surprisingly (i) a US city, very few skyscrapers, which gives it a more European (1) air.

② If (　　　) contained only its famous (2) landmarks it would still rank as one of the world's top destinations. But it is so much more. It is an unconquered continuance of more than 2,000 years of history. A city that loves to be explored, it (3) beckons with great museums, gracious squares (which are not square), and history-steeped houses.

③ The spectacular beauty of (　　　) is an incredible experience that you'll never forget. The world famous Maid of the Mist cruises right to the base of the American Falls then to the basin of the magnificent Horse-shoe Falls.

④ The (　　　), officially called Sultan Ahmet Camii (Mosque of Sultan Ahmet), is studded (ii) domes and surrounded by six minarets. Only after entering do you understand the name: The interior is decorated with 20,000 shimmering blue Iznik tiles, interspersed with 260 stained-glass windows.

⑤ (   ) has new strength and new audiences. New generations are supporting revivals of great American musical theatre like Showboat and Hello Dolly! Forever-running shows like-Cats and Les Miserables show no signs of running out (iii) audiences; neither does the Pulitzer Prize-winning New York musical Rent.

⑥ (   ) is home (iv) 4 million people--40% of Greece's population--and suffers (v) all the problems of a big city, and then some: stifling heat and air pollution in summer; noisy traffic (4) jams, and characterless cement apartment blocks. But take the time to explore, and you will discover pockets of incomparable charm.

⑦ (   ). Curiosity seekers could move into this grand pile and never tire (vi) all that it has to offer, from the Rosetta Stone to the Mildenhall Treasure. The pick-of-the-peak, of course, are the beautiful and ancient marbles from the Parthenon in Athens.

⑧ (   ) is packed (vii) unique (5) venues for meetings, banquets, press conferences, benefits, seminars, receptions and parties. (6) Stunning views of the skyline are part of the deal at many facilities, including the brand-new Skyrink at Chelsea Piers, where US$3000 can buy (7) exclusive use of a full-size ice rink for two hours, plus use of a lounge and skate rental for all guests.

⑨ The (   ) (8) feature commanding marble statues of the third and sixteenth presidents (9) respectively, flanked by inscriptions from their greatest writings. The brand-new Franklin D. Roosevelt Memorial in Potomac Park West is a walk-or wheelchair-in sculptural tribute (viii) the great disabled president's dramatic four terms in office.

⑩ (   ) is a divided city, split by the Bosporus, the narrow channel that separates Europe from Asia. Ironically, the Asian side holds Western-style suburbs, while the European side contains old Istanbul, a wonderland of mosques, opulent palaces, and Byzantine (10) ruins (ix) the city's 16 centuries (x) a world power.

A군 보기

a. Niagara Falls　　b. Washington, D.C.　　c. New York City
d. London　　e. Athens　　f. Istanbul
g. Lincoln and Jefferson Memorials　　h. Broadway
i. British Museum　　j. Blue Mosque

B군 보기

a. in the order mentioned
b. represent
c. signal someone to come to you
d. atmosphere
e. meeting places
f. remains of building, town, structure, etc.
g. objects easily be seen from a distance and which helps to guide a traveler
h. reserved for special a person, group, company, etc.
i. many things crowded together
j. extremely beautiful

C군 보기

(같은 전치사가 2번 이상 사용되는 경우도 있다)

a. of　　b. to　　c. with　　d. as　　e. for　　f. from

문1 정답란											
	A군	①		②		③		④		⑤	
		⑥		⑦		⑧		⑨		⑩	
	B군	(1)		(2)		(3)		(4)		(5)	
		(6)		(7)		(8)		(9)		(10)	
	C군	i		ii		iii		iv		v	
		vi		vii		viii		ix		x	

【2】 다음의 영문의 밑줄에 해당하는 가장 적절한 어구를 골라 그 기호를 해답란에 써 넣어라.

① Electronic devices can <u>interfere with</u> the safe operation of an aircraft.

a. be in tune with　　b. improve efficiency of
c. have a damaging effect on　　d. have connections with

② If you are traveling as a family or group, you can <u>pool</u> your baggage for a free allowance.

a. increase　　b. include
c. be given a priority to　　d. put together

③ The BTC offers the <u>most comprehensive</u> travel and booking service in London.

a. responsible　　b useful
c. reliable　　d. including a great deal

④ Insert your ticket and the gate will open. <u>Retrieve</u> your ticket as you walk through.

a. Get back　　b. Leave
c. Hand　　d. Get a stamp pressed on

⑤ There doesn't appear to be a dress <u>code</u> here.

a. tailor　　b. rules　　c. shop　　d. hanger

⑥ "Eco tourism" reflects a growing global concern for the <u>environment</u> and the quality of life of communities.

a. coexistence　　b. surroundings
c. pollution　　d. nature

⑦ **Contemporary in design, with a million dollar collection of art, the hotel <u>caters</u> to guests at work and at play.**

a. offers special discounts b. provides all the things needed
c. provides food and drink d. gives better treatment

⑧ **The daytime and candlelight tours <u>are reminiscent of</u> the 1800's when homes were built along the banks of the Mississippi River.**

a. are remodeling b. are reproducing
c. remind you of d. return to

⑨ **Members of the National Trust are admitted free to <u>virtually</u> all properties.**

a. definitely b. nearly
c. entirely d. unconditionally

⑩ **What about doing voluntary service work like <u>excavating</u> an archeological site in Israel?**

a. digging out b. finding out
c. building d. repairing

문2 정답란	①		②		③		④		⑤	
	⑥		⑦		⑧		⑨		⑩	

【3】 다음 영문의 공란에 가장 적절한 어구를 골라 기호를 해답란에 써 넣어라.

① **Can I have one more blanket, please? Of course. I'll bring it to you ( ).**

a. right away　　b. well away
c. right up　　d. straight

② **On Boeing 737 aircraft, the controls for calling cabin crew and reading lights are located ( ) your seat.**

a. on　　b. over　　c. above　　d. under

③ **Have ou anything to declare? ? No, nothing. Just personal ( ).**

a. need　　b. baggage　　c. property　　d. effects

④ **Do ou have any means of ( )? ? Yes. Here's my passport.**

a. identity　　b. identification
c. idealization　　d. identikit

⑤ **In Europe people can easily go to ( ) country by train.**

a. a next　　b. a following　　c. a neighboring　　d. a near

⑥ **That' l be 100 dollars altogether. Cash or ( )?**

a. change　　b. credit　　c. card　　d. charge

⑦ **How ( ) is our airplane? Two hours. I don't think we can make our connecting flight.**

a. far　　b. late　　c. long　　d. early

⑧ **The biggest problem for travelers to this area is the threat of ( ).**

a. mugging　　b. digging
c. dodging　　d. lodging

⑨ **Because the traffic is so (　　　) at this hour, it will take nearly 3 hours to reach the castle.**

a. conjured　　b. confronted
c. contradicted　　d. congested

⑩ **Are you ready? I'm (　　　).**

a. all set　　b. all righ　　c. all well　　d. all over

⑪ **The Galapagos are a group of volcanic islands about 600 miles (　　　) the coast of Ecuador.**

a. on　　b. across　　c. off　　d. along

⑫ **All items of personal (　　　) such as laundry, telephone, room service, etc., are not included in the tour price.**

a. kind　　b. type　　c. character　　d. nature

⑬ **While in Banff most visitors take (　　　) the Upper Hot Springs.**

a. to　　b. up　　c. on　　d. in

⑭ **There's a long (　　　) of people waiting for the bus.**

a. row　　b. queue　　c. tail　　d. track

⑮ **I lost my address book when that man (　　　) me of my bag.**

a. rob　　b. took　　c. stole　　d. snatched

문3 정답란	①		②		③		④		⑤	
	⑥		⑦		⑧		⑨		⑩	
	⑪		⑫		⑬		⑭		⑮	

【4】 다음 우리말 문장에 대해서 올바른 영문으로 대응하고 있는 것에 O표를, 부적절한 표현이나 틀린 것에는 ×표하라.

① 주문할 준비는 다 되었습니까?-아직 안되었습니다만. ( )
Are you ready to order? Well, not quite.

② 부탁이 있습니다만. ( )
May I ask you a favor?

③ 이 세계지도의 20쪽을 보십시오. ( )
Look at page 20 of this world map?

④ 당신의 주소를 알려 주시겠습니까? ( )
Will you teach me your address?

⑤ 이 식당을 찾는데 고생하셨습니까? ( )
Did you have a hard time finding the restaurant?

⑥ 이 짐을 서울까지 일괄수속으로 하고 싶습니다. ( )
I'd like to check this bag through to Seoul.

⑦ 텔레비전이 고장난 것 같다. 누군가 손보아야 할텐데. ( )
The television seems to be out of order. I must get someone to see it.

⑧ (부재중에 전화를 받고) 그 일로 전화하고 있습니다. ( )
I'm returning your call.

⑨ 곧 그리로 가겠습니다. ( )
I'll be to you in a few minutes.

⑩ 비행기가 완전히 멈출 때까지 자리에 그대로 앉아주십시오. ( )

Please remain seating until the aircraft comes to a complete stop.

문2 정답란	①		②		③		④		⑤	
	⑥		⑦		⑧		⑨		⑩	

【5】 다음은 기내에서 객실승무원과 국외여행인솔자와의 대화이다. 질문에 적절한 답을 골라라.

① Question: 단원끼리 자리를 바꾸어 앉을 수 있나요?

Answer : a. Yes, after the plane takes off.

b. No, they can't.

c. Maybe, after the plane takes off.

d. None of the above

② Question: 승무원은 어디에 하물을 수납해야 합니까?

Answer : a. Under the front seat of another passenger.

b. In the front storage area.

c. In an overhead compartment in the rear of the cabin.

d. In the crew area at the front of the plane.

③ Question: 인솔자는 어떤 서비스에 대해서 승무원에게 조사해주도록 부탁했습니까?

Answer : a. Food service.

b. Gift service.

c. Beverage service.

d. Special movie service.

④ **Question: 단원이 사고 싶은 면세품은 다음 중 어느 것입니까?**

Answer : a. Alcohol and scarves.

b. Scotch and cigarettes.

c. Accessories and perfume.

d. Make-up and liquor.

⑤ **Question: 승무원은 병이 난 단원을 위해 무엇을 해 주는 것입니까?**

Answer : a. Bring an airsick bag.

b. Get a doctor.

c. Bring some medicine.

d. Cover him with a blanket.

문5 정답란	①		②		③		④		⑤	

【6】 다음 영어의 한국어 번역으로서 올바른 것을 골라 기호로 해답란에 쓰시오.

1. ① aboard **② accommodate** **③ accidental**
④ applicable **⑤ allowance**

a. 묶다 b. 적용되다 c. 탑승하고 있다
d. 범주 e. 우연의

2. ① be bound for~ **② be familiar with~** **③ be valid for~**
④ bewilling to~ **⑤ be eager to~**

a. ~를 잘 알고 있다. b. ~를 하고 싶어하다. c. ~에 유효한
d. ~즐거워 하고 있다. e. ~행의

3. ① on time **② in time** **③ at times**
④ ahead of time **⑤ behind time**

a. 정각보다 빨리 b. 정각에 c. 시간에 맞추어
d. 때때로 e. 정각보다 늦게

4. **① baggage** **② belongings** **③ beverage**
④ budget **⑤ bill**
a. 소유물 b. 하물 c. 감정서
d. 예산 e. 음료

5. **① translator** **② pedestrian** **③ interpreter**
④ deviator **⑤ resident**
a. 번역자 b. 이탈자 c. 보행자
d. 거주자 e. 통역사

6. **① AMTRAK** **② DST** **③ CIQ**
④ CRS **⑤ VAT**
a. 세관 · 출입국관리 · 검역 b. 부가가치세 c. 미국철도공단
d. 컴퓨터예약시스템 e. 일광절약시간

7. **① asile** **② exit** **③ galley**
④ lavatory **⑤ rear**
a. 후부의 b. 세면소 c. 출구
d. 항공기의 조리실 e. 통로

8. **① void** **② vacant** **③ punctual**
④ occasional **⑤ missing**
a. 시간대로의 b. 무효한 c. 분실하고 있다
d. 비어 있다 e. 우연의

9. **① voyage** **② transit** **③ assignment**
④ row **⑤ reduction**
a. 항해 b. 열 c. 할인
d. 통과 e. 할당

10. **① entree** **② appetizer** **③ veal**
④ tavern **⑤ spirits**

a. 송아지 고기 b. 전채(前菜) c. 선술집
d. 술 e. 주요리

문6 정답란											
	(1)	①		②		③		④		⑤	
	(2)	①		②		③		④		⑤	
	(3)	①		②		③		④		⑤	
	(4)	①		②		③		④		⑤	
	(5)	①		②		③		④		⑤	
	(6)	①		②		③		④		⑤	
	(7)	①		②		③		④		⑤	
	(8)	①		②		③		④		⑤	
	(9)	①		②		③		④		⑤	
	(10)	①		②		③		④		⑤	

【7】 관광가이드로부터 인용한 다음 문장의 읽고 각각의 (　　　　)안에 적당하다고 생각되는 도시명(영어표기) 또는 관광개소명을 A군에서 고르고, 기호로 해답란에 쓰시오. 또한 밑줄친 단어의 의미(2개의 단어가 똑같은 한국어 번역이 되는 것도 포함되어 있음)를 B군에서 골라 그 기호를 해답란에 쓰시오.

① (　　　) is on the Vierwaldstatter See. Its (1) <u>medieval</u> old town remains intact; important buildings include the Hofkirche . the old Town Hall (16021606) and the famous Lion Memorial. (주) intact: 그대로

② (　　　) stands on an island in a lagoon at the northern end of the Adriatic Sea, a position which gave it unique economic and defensive (2) <u>advantages</u> over its trading rivals.

③ The (　　　) remains the focus of most student activity (the Sorbonne is here) in Paris and there are many fine bookshops and commercial art galleries.

④ He (　　　) (3) <u>houses</u> a (4) <u>celebrated</u> art collection, such as Botticelli's Birth Of Venus, Leonardo da Vinci' s Annunciation and Michelangelo's Holy Family ? indeed it (5) claims to hold the finest collections of paintings anywhere in the world.

⑤ (　　　), th (6) <u>famed</u> university town, is home to the United Nations and the International Red Cross. The Palais des Nations should be on any visitor's list.

⑥ The (　　　), completed by Titus in A.D.80, was built to (7) <u>accommodate</u> 50,000 people and was the largest amphitheater in the world. It is located about 1km from the Piazza Venezia, right in the middle of the historical part of Rome.

⑦ (　　　) is the business, financial, cultural and shopping capital of Italy. Its appeal includes the remarkable Gothic cathedral with 135 (8) <u>spires</u>, the famed La Scala opera house and the (9) <u>soaring</u> Galleria Vittorio Emanuele II shopping arcade.

⑧ The (　　　) is an independent (10) sovereign state. It is best known to tourists and students of architecture for the magnificent St Peter's Basilica.

⑨ The biggest in Europe, the Palace of (　　　) was the official residence of the Kings of France from 1682 until 1790.

⑩ (　　) is a world-famous holiday and health resort, attracting tourists from all over the world. It is a starting point for tours of the Jungfrau region.

A군

a. Lucerne	b. Interlaken	c. Geneva	d. Milan	e. Venice
f. Uffizi	g. Colosseum	h. Latin Quarter	i. Versaille	j. Vatican City

B군

a 유명한	b. 독립한	c. 우뚝솟은	d.유리한 입장	e. 뛰어난
f. 중세의	g. 첨탑	h. 수용하는	i. 주장하는	j. 조각상(彫刻像)

문7 정답란											
	A군	①		②		③		④		⑤	
		⑥		⑦		⑧		⑨		⑩	
	B군	(1)		(2)		(3)		(4)		(5)	
		(6)		(7)		(8)		(9)		(10)	

【8】 **다음 영문의 공란에 가장 적절한 전치사를 아래의 어군에서 골라 기호를 해답란에 쓰시오. 전치사가 필요없는 문장도 있으므로, 그 경우에는 ×표를 하시오.**

(1) A: Hi, Younghee.

B: Hi, Tony.

A: How's everything (　　) you?

B: Fine, thanks.

(2) A stranger approached (　　) me in the street and asked me for money.

(3) Shall I ask (　　) the bill, so we can pay and leave?

(4) The car left the road and went (　　) a tree.

(5) I've been married (　　) John for five years.

(6) Thank you. We made it (　　) your help.

(7) A: What time are you leaving?

B: I'm leaving (　　) any minute.

(8) Please now make sure that you've fastened your seat belt ready (　　) our departure.

(9) Your oxygen mask is located in the compartment (　　) your seat.

(10) A: How would you like your Scotch?

B: Oh, (　　) water and some ice.

(11) Could you have a taxi here (　　) 11 o' clock, please?

(12) Shall I help you (　　) unload your luggage?

(13) Florence is a city rich (　　) culture.

(14) What day does Christmas fall (　　) this year?

(15) The bus stop is just (　　) the street in front of this hotel.

(16) Let's talk (　　) a cup of coffee.

(17) Smile (　　) the camera.

(18) How do you think (　　) England?

(19) John has gone (　　) abroad on business.

(20) Please give my best regards (　　) Jane.

보 기

a. through	b. to	c. with	d. over	e. at	f.in
g. across	h. of	i. into	j. above	k. for	l. on

문8 정답란										
	(1)		(2)		(3)		(4)		(5)	
	(6)		(7)		(8)		(9)		(10)	
	(11)		(12)		(13)		(14)		(15)	
	(16)		(17)		(18)		(19)		(20)	

【9】 다음 영문일정표를 읽고 내용에 합치하고 있는 기술에는 O표, 다른 것에는 ×표하시오.

Itinerary for CTSA 13-day Switzerland, Italy and France Tour

Wednesday 7 July

13:10 Lv. Seoul by BA 008

17:40 Ar. London Heathrow

19:00 Lv. London Heathrow by BA 720

21:40 Ar. Zurich (Dinner on board)

Upon arrival meeting service and transfer by private bus to hotel in Bern with English-speaking guide

Ar. Bern

Overnight in Bern at A Hotel

Thursday 8 July

Breakfast at hotel (American)

Morning departure for city sightseeing of Bern

Lv. Bern by bus

Lunch at local restaurant en route and afternoon city sightseeing of Lucerne, thence proceed to Interlaken

Ar. Interlaken

Walk to restaurant for dinner (Meat fondue with salad and a choice of desserts)

Overnight in Interlaken at B Hotel

Friday 9 July

Breakfast at hotel (Buffet)

Full-day excursion to Jungfraujoch by railway, going via Lauterbrunnen and Kleine Scheidegg, and returning via Grindelwald (time for a stroll along village streets) with lunch at local restaurant en route

Dinner excluded

Overnight in Interlaken at B Hotel

① The group changes flights twice until they arrive in Zurich.

② 도착시의 교통은 다른 단체와 혼승(混乘:섞어 탐)이다.

③ 도착시의 교통은 영어를 할 줄 아는 가이드가 동행한다.

④ 도착일의 석식은 수배사항에 포함되어 있지 않다.

⑤ 문장 가운데 en route와 같은 의미를 가진 어구는 in the suburbs이다.

⑥ 문장 가운데 proceed와 같은 의미를 가진 어구는 go on이다.

⑦ 이튿날 석식은 레스토랑까지의 교통이 포함되어 있다.

⑧ 이튿날 석식에서는 디저트를 선택할 수 있다.

⑨ 문장 가운데 troll과 같은 의미를 가진 어구는 shopping이다.

⑩ 3일째는 융프라우요흐로부터 돌아오는 길에 그린덴발드를 들른다.

문9 정답란	①		②		③		④		⑤	
	⑥		⑦		⑧		⑨		⑩	

【여행사실무문제 51】

(1) 다음 일정표를 보고 질문에 답하시오.

일 정 표
(스위스 · 이탈리아 · 프랑스 13일간)

(단원 23명+인솔자 1명) ○○여행사

일정	월일 (요일)	도시명	발착 시각	교통 기관	스케줄	식사
1일차	7월 7일 (수)	서울 런던 취리히 베른	13:10발 17:40착 19:00발 21:40착	BA008 BA720 버스	영국항공으로 런던 경유 취리히로 이동 공항착 후 버스로 베른으로 베른박	기내식
2일차	7월 8일 (목)	베른 루쩨른 인터라켄		버스	오전: 베른 시내관광 후 루쩨른으로 이동 오후: 루쩨른 시내관광 후 인터라켄으로 이동 석식은 스위스 명물요리 양고기 퐁듀를 즐기십시오. 인터라켄박	조식 중식 석식
3일차	7월 9일 (금)	인터라켄 라우타부른넨 크라이네샤이덱 융프라우요흐 그린덴발드 인터라켄		등산 열차	종일: 융프라우요흐 관광등산열차를 계속 타고 해발 3,454m의 정상역까지 등정. 스위스 알프스의 웅대한 경관을 즐기십시오. 도중 그린덴발드의 거리를 산책하면서 스위스의 산악마을의 정취를 감상하여 보기 바랍니다. 인터라켄박	조식 중식 ×
4일차	7월 10일 (토)	인터라켄 몽토르 제네바 밀라노	18:10발 19:30착	버스 버스 AZ593	오전: 도중 레만호반의 자태를 비추는 숀성(城)을 견학하고 제네바로 이동 오후: 제네바에서 약간의 관광을 한 후 항공편으로 밀라노 향발(유엔지구, 오비브공단, 종교개혁기념비 등) 석식은 밀라노의 명물 리조트와 카츠레츠를 즐기십시오. 밀라노박	조식 중식 석식

일정	월일 (요일)	도시명	발착 시각	교통 기관	스케줄	식사
5일차	7월 11일 (일)	밀라노 베로나 베니스		버스	오전: 밀라노시내관광, (두오모 등) 오후: 베로나 관광후 베니스로 이동 (줄리에트의 집, 원형극장 등) 석식은 베니스의 명물 아드리아해의 해선요리를 시식 베니스박	조식 중식 석식
6일차	7월 12일 (월)	베니스		곤돌라	오전: 베니스시내관광(산마르코사원, 두칼레궁전 등) 오후: 자유시간 베니스박	조식 중식 ×
7일차	7월 13일 (화)	베니스 피렌체		열차	오전: 열차로 피렌체로 이동 오후: 피렌체 시내관광(우피치미술관, 두오모 등) 석식은 피렌체 풍 스테이크를 즐기십시오. 피렌체박	조식 중식 석식
8일차	7월 14일 (수)	피렌체 아시지 로마		버스	오전: 버스로 로마에 이동, 도중 아시지 시내관광(성프란 체스코교회 등) 석식은 칸초네를 들으며 식사를 즐기십시오. 로마박	조식 중식 석식
9일차	7월 15일 (목)	로마		버스	오전: 로마시내관광(성베드로사원, 트레비 분수 등), 오후: 자유시간 로마박	조식 중식 ×
10 일차	7월 16일 (금)	로마 파리	09:05발 11:10착	AZ318	오전 : 항공기로 파리향발(중식은 한식) 오후: 파리시내관광(노틀담사원, 에펠탑 등) 석식은 유명레스토랑에서 프랑스요리를 즐기십시오. 파리박	조식 중식 석식
11 일차	7월 17일 (토)	파리		버스	오전: 베르사이유궁전 관광 오후: 자유시간 OP: 세느 강 유람, 또는 리도쇼 파리박	조식 중식 ×
12 일차	7월 18일 (일)	파리 런던	10:45발 11:05착 13:25발	BA305 BA005	오전: 영국항공편으로 런던 경유 서울향발 기중박	조식 기내식 기내식
13 일차	7월 19일 (월)		09:10착		인천국제공항 도착 후 해산	기내식

〈여행실시 전후 및 실시중 (평상시)〉

【1】 3일째 융프라우요흐관광에 즈음하여 미리 손님들에게 안내해 두어야 하는 것을 적으시오.

①

②

③

【2】 4일째 밀라노공항 도착 후 호텔로 향하는 버스 안에서 손님들에게 안내하지 않으면 안 되는 것을 열거하시오.

①

②

③

④

⑤

【3】 7일째 베니스(산타루치아역)~피렌체(중앙역) 간의 열차이동에 즈음하여 주의사항을 열거하시오. (열차는 베니스산타루치아역 출발→로마의 테르미니역 행)

①

②

③

④

【4】 9일째 식사 후 자유시간이나 손님에게는 어떤 안내를 할 예정인지 열거해주고, 고객의 대다수는 유럽이 초행이어서 인솔자와 동일행동을 원하고 있는 낌새가 보이고 있다. 이 날은 기본적으로 인솔자도 자유시간이다.

①

②

③

④

〈여행실시중(이상시)〉

【1】 1인 참가 고객이 서울~런던 간의 기내에서 넘어져 허리에 타박상을 입었다. 인솔자는 비행기에서 내린 후 처음으로 이런 사실을 알았다. 전혀 걷지 못하는 상태는 아니나 상당히 불편한 것만은 사실이다. 입국심사장이 있는 터미널로 이동시키지 않으면 안 되는데 이때 인솔자는 어떤 조치를 해야 하나?

①

②

③

④

⑤

【2】 런던 도착 후 다음 계속편 탑승구에 갔으나 BA항공사의 직원들로부터 "오버부킹으로 7명의 고객은 탈 수 없고, 이 편은 취리히행의 BA 최종편인데 이 후 SR로 좌석확보가 가능하다고 생각하지만 이도 확약할 수 있는 상황은 아니다" 라고 얘기하고 있다. 이 경우 항공사에게는 어떻게 대처하겠는가? 또한 고객에게는 어떻게 납득시켜야 하나?

①

②

③

【3】 취리히 도착시 이국적(중국교포) 손님이 스위스의 비자취득이 안 되어 입국이 거부되 었다. 이 고객은 인천국제공항에 집합시각에 대지 못했기 때문에 인솔자는 비자를 체크할 여유가 없었다. 담당자로부터 서류를 인계받을 당시에는 모든 수속이 완료되었다고 했었다. 어떤 대응책을 강구해야 하는가?

①

②

③

【4】 3일째, 크라이네샤이덱에서 그린덴발드로 향하는 전차 안에서 과반수 이상의 고객이 날씨가 너무 좋으니 전차에서 내려 하이킹을 하는 것이 어떻겠는가라는 제의가 들어왔다. 단지 자기들만으로는 불안하기 때문에 "인솔자가 동행해주기 바란다"고 요구해왔다. 나머지의 고객은 원래 코스대로 전차로 그린덴발드로 가기로 되어 있으니 인솔자는 자기들과 동행한다고 주장하고 있다. 이러한 때 인솔자는 어떤 행동을 취해야 할까?

①

②

③

【5】 7일째, 피렌체 관광시 우피치미술관은 관광순서의 마지막이라고 현지가이드와 협의한 후 출발했다. 그러나 미술관에 도착해보니 미술관은 정부요인의 급작스런 방문으로 폐쇄되어 있었다. 이러한 경우 어떻게 대처할지? 또한 고객에게는 어떻게 납득시킬지?

①

②

③

(2) 다음은 인솔자가 화재발생시의 안전조치를 취해야 할 사항이다. 질문에 답하시오.

【1】 호텔 등 화재발생에 대비하여 고객에게 취해야 할 조치는?

①

②

③

④

⑤

⑥

⑦

⑧

⑨

【2】 화재발생을 알았던 때, 인솔자가 취해야 할 조치사항은?

①

②

③

④

⑤

⑥

⑦

【3】 여행사에게 책임을 묻게 될 가능성이 있는 사항은?

①

②

③

④

【4】 인솔자에게 책임을 묻게 될 가능성이 있는 사항은?

①

②

③

④

(3) 다음 일정표를 보고 질문에 답하시오.

일 정 표
(세계일주 14일간)

(단원 18명+인솔자 1명) ○○여행사

일정	월일(요일)	도시명	발착시각	교통기관	스케줄	식사
1일차	5월 3일(월)	서울 시카고 버팔로 나이애가라폴즈	17:45발 15:15착 20:30발 22:56착 심야착	UA882 UA790 버스	유나이티드항공으로 시카고향발, 버팔로 경유 나이애가라폴즈로 이동, 착후 호텔에서 식사 나이애가라폴즈 박	× 기내식 석식
2일차	5월 4일(화)	나이애가라폴즈		유람선	오전: 유람선에 승선하여 나이애가라폭포관광 중식은 폭포전경이 한 눈에 들어오는 레스토랑에서 명물 연어요리를 즐기십시오. 오후: 자유시간 나이애가라폴즈 박	조식 중식 석식
3일차	5월 5일(수)	나이애가라폴즈 버팔로 워싱턴DC	 10:00발 11:20착	버스 UA7297	오전: 항공기로 워싱턴 DC로 향발 오후: 착후 점심을 먹은 다음 워싱턴시내관광(링컨기념관, 항공우주박물관 등) 워싱턴 박	조식 중식 석식
4일차	5월 6일(목)	워싱턴DC		버스	오전: 워싱턴 시내관광 백악관, 알링턴국립묘지 등) 오후: 자유시간 OP: 블루알레이 재즈나잇(18:00~22:00경) 워싱턴 박	조식 중식 ×
5일차	5월 7일(금)	워싱턴DC 뉴욕	09:00발 11:55착	열차 버스	오전: 메트로라이너로 뉴욕향발 오후: 착후 한정식으로 점심을 드신 후 뉴욕시내관광(유엔본부, 자유의 여신상, 월가 등) OP: 디너크루즈(석식포함, 1700~2200경) 뉴욕 박	조식 중식 ×
6일차	5월 8일(토)	뉴욕			종일: 자유시간 OP: 보스턴 1일 관광(0700~1900경: 점심 포함) 뉴욕 박	조식 × ×
7일차	5월 9일(일)	뉴욕	20:30발	BA176	오전: 자유시간 OP: 할렘 · 고스펠 투어(1000~1400경) 저녁 : 항공편으로 런던향발 기내 박	조식 × 기내식

일정	월일 (요일)	도시명	발착 시각	교통 기관	스케줄	식사
8일차	5월 10일 (월)	런던	08:30착	버스	오전: 착후 런던 시내관광(버킹검궁전, 런던타워 등) 정심은 중화요리로 합니다. 오후: 윈저성 관광, O : 뮤지컬 투어(1700~2300경 석식포함 런던 박	기내식 중식 ×
9일차	5월 11일 (화)	런던 아테네	08:25발 14:10착	BA2540 버스	오전: 개드윅공항에서 공로로 아테네향발 착후 아테네시내관광(파르테논신전,아크로폴리스언덕 등) 아테네 박	조식 기내식 석식
10 일차	5월 12일 (수)	아테네		버스 크루즈	종일: 에게 해 미니크루즈 투어(점심은 배 안에서) 석식은 페레우스항구의 레스토랑에서 새우요리를 즐기십시오.	조식 중식 석식
11 일차	5월 13일 (목)	아테네 이스탄불	11:10발 12:50착	TK1848 크루즈	오전: 공로로 이스탄불향발 오후: 착후 보스포러스 크루즈 투어(아시아 대륙과 유럽대륙을 나눈 보스포러스 해협을 관광) 이스탄불 박	조식 중식 석식
12 일차	5월 14일 (금)	이스탄불		버스	종일: 이스탄불 시내관광(성소피아사원, 톱카프궁전, 술탄 무하마드 모스크, 지하궁전, 그랑바잘 등) 이스탄불 박	조식 중식 석식
13 일차	5월 15일 (토)	이스탄불	17:00발	TK450	오전: 자유시간 오후: 공로로 귀국길에 기내 박	조식 × 기내식
14 일차	5월 16일 (일)	서울	10:45착		인천국제공항 도착후 해산	기내식 ×

〈여행실시 전후 및 실시중 (평상시)〉

【1】 여정의 2일째 나이애가라관광은 "유람선에 승선하여 보는 캐나다쪽 폭포 관광과 버스로 이동하여 보는 미국쪽 폭포의 관광이 포함되어 있다. 미리 고객에게 안내해 주어야 하는 사항을 열거해 보시오.

①

②

③

④

⑤

【2】 여정 2일째 자유행동 중에 인솔자로서 어떤 것을 체크하면 좋다고 생각합니까? 해당사항을 열거하세요.

①

②

③

④

【3】 여정 5일째 암트랙(AMTRAK)에 승차하는데 미리 고객에게 안내해야 할 주의사항은 무엇입니까?

①

②

③

【4】 여정 10일째 에게 해 미니크루즈에서는 에기나 섬, 이도라 섬, 포로스 섬 등 3개의 섬 을 관광하는데 승선 전에 고객에게 안내해야 할 주의사항은 무엇입니까?

①

②

③

④

⑤

⑥

〈여행실시 전후 및 실시중 (이상시)〉

【1】 여정 1일째 인천국제공항 출발시에 기체에 이상이 발생하여 출발이 4시간 지연되고, 그 후에도 도중 기상악화로 인해 2시간 지연되어, 결국 시카고에 도착한 것이 예정

시각보다 6시간이나 늦어졌기 때문에 버팔로행 최종편에 접속하지 못하였다. 이 경우 인솔자로서 어떤 조치를 취하여야 하는가? 긴급성이 높은 것부터 열거하시오.

①

②

③

④

⑤

⑥

【2】 관광 첫날부터 단독 참여한 표정이 암울한 남자손님이 신경 쓰였는데, 여정 2일째에는 슬슬 불평을 말하더니, 3일째 버팔로 공항에서 큰 소리로 말도 안 되는 소리를 하기 시작하였다. 이러한 경우 인솔자로서는 어떤 조치를 취하여야 하나?

①

②

③

④

【3】 여정 9일째 아테네에서 저녁을 먹고 난 후 한 고객이 고열과 구토증세를 보이기 시작하여 소란이 일었다. 이때 인솔자로서 취해야 할 사항을 열거하시오.

①

②

③

④

【4】 앞서 소란을 일으킨 고객의 병명은 가벼운 폐렴으로 3~4일간 입원이 필요하게 되었다. 인솔자로서 어떤 조치를 취해야 할지 열거하시오

①

②

③

④

【5】 여정 10일째 에게 해 미니크루즈 종료 후 영접 버스에 승차했을 즈음 손님 숫자가 2명 모자란 것을 알게 되었다. 인솔자로서 대처해야 할 사항은? 또한 이러한 사태를 일으키지 않기 위해서는 어떤 주의사항을 전달해야 하나?

(대처법)

①

②

(방지책)

①

②

【여행사실무문제 52】

〈아시아〉

【1】 다음 일본의 지명에 맞는 한자를 골라 연결하라.

ⓐ 도쿄	① 名古屋	ⓖ 닛코	⑦ 奈良
ⓑ 오사카	② 別府	ⓗ 하코네	⑧ 京都
ⓒ 나고야	③ 大阪	ⓘ 교토	⑨ 熊本
ⓓ 후쿠오카	④ 東京	ⓙ 구마모토	⑩ 箱根
ⓔ 요코하마	⑤ 横浜	ⓚ 나라	⑪ 熱海
ⓕ 벳푸	⑥ 福岡	ⓛ 아타미	⑫ 日光

【2】 다음은 일본의 행정단위이다. 한국의 행정단위와 상관되는 것을 연결하라.

ⓐ 토(都)	① 도
ⓑ 후(府)	② 특별시
ⓒ 켄(県)	③ 광역시
ⓓ 군(郡)	④ 면
ⓔ 초, 마치(町)	⑤ 군
ⓕ 손, 무라(村)	⑥ 읍

【3】 다음은 일본의 관광 개소에 대한 설명이다. 보기에서 정답을 골라 그 기호를 기입하라.

① 한국 서울의 명동과 비견되는 도쿄의 번화가. ( )
② 일본의 심벌로 달력 등에 사진으로 자주 등장되는 일본을 대표하는 산. ( )
③ 일본에서 가장 큰 오락공원으로 우라야스(浦安)에 있는 리조트. ( )
④ 일본의 대표적인 국립공원으로 산과 바다, 온천이 삼위일체가 되어 있다.( )
⑤ 도쿄 가까이에서 대자연을 접할 수 있는 경승지이다. 도쇼구(東照宮)가 명물.( )
⑥ 아름다운 자연과 독특한 분위기로 일찍이 피서지로 유명한 곳이다. ( )

⑦ 일본의 여러 성 중 가장 아름답기로 유명한 성이 있는 곳. (　　)

⑧ 일본의 현 수도인 도쿄로 이전되기 전까지의 수도로 한국의 경주처럼 오래된 유적이 많다. (　　)

⑨ 네덜란드 풍의 집들이 즐비한 "하우스텐보스"가 있는 곳. (　　)

⑩ 제2차 세계대전 당시 원자폭탄이 투하된 도시로 원폭 돔의 건물을 그대로 보존, 평화공원으로 조성하고 있으며 일본에서도 흔치 않은 궤도전차가 시내를 질주하고 있다. (　　)

⑪ 규슈 횡단도로상에 있는 활화산으로 현재에도 용암개스를 분출하고 있다. (　　)

⑫ 우리나라 삼국시대의 문화를 받아들여 일본 최초의 국가를 세웠던 곳.(　　)

⑬ 일본의 최북단에 있는 섬 홋카이도의 도청소재지로서 겨울의 눈 축제는 장관이다. (　　)

⑭ 규슈남단에 있는 도시로 사쿠라지마(櫻島)의 활화산이 관광 포인트이다. (　　)

⑮ 온천으로 유명한 벳푸에 있는 자연원숭이 공원으로 유명한 산. (　　)

⑯ 사가미만(相模湾)에 면한 바다의 휴양지로 13m 높이의 청동대불로 유명한 곳. (　　)

보 기

ⓐ 신주쿠(新宿)	ⓑ 후지하코네(富士箱根)	ⓒ 닛코(日光)	ⓓ 교토(京都)
ⓔ 나가사키(長崎)	ⓕ 아소산(阿蘇山)	ⓖ 삿포로(札幌)	ⓗ 가고시마(鹿児島)
ⓘ 다카사키산(高崎山)	ⓙ 가마쿠라(鎌倉)	ⓚ 후지산(富士山)	ⓛ 도쿄디즈니랜드
ⓜ 가루이자와(軽井沢)	ⓝ 히메지(姫路)	ⓞ 히로시마(広島)	ⓟ 나라(奈良)

【4】 일본은 서기도 사용하고 있으나 국내에서는 자기들만의 독특한 연호를 사용하고 있다. 연호와 연대를 연결하라.

ⓐ 쇼와(昭和)	① 1868~1912
ⓑ 헤이세이(平成)	② 1989~현재
ⓒ 다이쇼(大正)	③ 1912~1926
ⓓ 메이지(明治)	④ 1926~1989

【5】 일본 제1의 호수로 그 면적만도 서울특별시보다도 큰 694.5㎢나 된다

① 사로마호 ② 비와호(琵琶湖)

③ 가스미가우라호(霞ケ浦湖) ④ 도와다호(十和田湖)

【6】 일본의 강은 우리나라와는 달리 급경사를 이룬 강이 많아 물살이 거센 것이 특징이다. 일본에서 유역면적이 가장 넓으며 두 번째로 긴 강은 어느 강인가.

① 토네강(利根川) ② 이시카리강(石狩川)

③ 시나노강(信濃川) ④ 기타카미강(北上川)

【7】 일본에는 홋카이도(北海道)를 비롯하여 8개 지방으로 나뉘어 있다. 지역분류가 아닌 것은.

① 간토(関東) ② 긴키(近畿) ③ 오키나와(沖縄) ④ 주고쿠(中国)

【8】 나라(奈良) 부근에 있는 절로 고구려의 승려 담징이 벽화를 그려 더욱 유명해졌다.

① 코후쿠지(兴福寺) ② 가스가다이샤(春日大社)

③ 호류지(法隆寺) ④ 도다이지(東大寺)

【9】 일본은 7세기경에 건국한 비교적 역사가 짧은 나라이다. 나라(奈良)→헤이안(平安)→가마쿠라(鎌倉) →남보쿠초(南北朝)→무로마치(室町)→모모야마(桃山)→에도(江戸) 시대를 거치고 있다. 이 가운데 1573년 일본을 천하통일한 사람은 누구인가?

① 토요토미히데요시(豊臣秀吉) ② 오다노부나가(織田信長)

③ 고니시유키나가(小西行長) ④ 도쿠가와이에야스(德川家康)

【10】 일본은 조그마한 섬나라로 알려져 있다. 그러나 실제로는 우리나라(남한의)의 약 (　　　)배의 면적과 3배의 인구를 가진 큰 나라다.

① 2 ② 3

③ 4 ④ 5

【11】 일본은 축제의 나라이다. 그 중 일본 3대축제가 아닌 것은?

① 교토(京都)의 아오이(葵)마츠리(祭) ② 나라(奈良)의 오미즈토리(御水取)

③ 아이누 족의 곰 축제(熊祭) ④ 나고야(名古屋)의 벚꽃 축제

【12】 다음은 일본의 중요도시와 번화가를 연결한 것이다. 틀린 것은?

① 교토(京都)-신주쿠(新宿) ② 후쿠오카(福岡)-텐진(天神)

③ 오사카(大阪)-미도스지(御堂筋) ④ 삿포로(札幌)-시리베시(後志)

【13】 일본 메이지(明治)시대의 민속문화촌을 감상하려면 이 도시에 가야 한다.

① 가나자와(金沢) ② 니가타(新潟)

③ 나고야(名古屋) ④ 센다이(仙台)

【14】 다음은 일본의 중요도시 이름(A군)과 도시코드(B군)이다. 관련 있는 것끼리 연결하라.

A군	B군
1. 도쿄(東京)	a. SPK
2. 오사카(大阪)	b. TAK
3. 나고야(名古屋)	c. FUK
4. 후쿠오카(福岡)	d. KMJ
5. 삿포로(札幌)	e. OKA
6. 센다이(仙台)	f. YOK
7. 니가타(新潟)	g. HIJ
8. 나가사키(長崎)	h. SDJ
9. 가나자와(金沢)	I. SHI
10. 고마츠(小松)	j. TYO
11. 오카야마(岡山)	k. KMQ
12. 히로시마(広島)	l. KIJ
13. 마츠야마(松山)	m. KOJ
14. 다카마츠(高塚)	n. OSA
15. 구마모토(熊本)	o. KAZ
16. 가고시마(鹿児島)	p. OKJ
17. 요코하마(横浜)	q. NGO
18. 시즈오카(静岡)	r. KMI
19. 미야자키(宮崎)	s. MYJ
20. 오키나와(沖校)	t. NGS

【15】 참가 4102개교 중 55대표학교가 집결하여 시합하는 대회장으로 고교생에게 있어서는 꿈에도 그릴 수 없는 야구 향연장이다.

① 도쿄 ② 고시엔

③ 간사이 ④ 후쿠오카

【16】 도쿄로부터 약 1740km가 될 수 있는 태평양상에, 동서로 4.5km 남북으로 1.8km의 산호초로 구성된 세계에서도 드문 섬. 조수가 가득 차 있을 때에는 불과 70cm의 바위가 나올 만큼의 매우 작은 섬이나 영토주권을 행사하려고 섬의 꼭대기 부분을 콘크리트로 싸서 보호하고 있을 정도로 공을 들이고 있다.

① 다케시마 ② 이리오모테지마

③ 사토시마 ④ 오키노토리시마

【17】 오호츠크 해와 북쪽의 벌판에 형성된 국경의 마을은.

① 메이지무라 ② 아스카무라

③ 사루후츠무라 ④ 유후인

【18】 일본 프로야구의 오늘을 떠받치고 있으며, 미국 메이저리그에 진출하여 신인상 타격상 등을 수상한 야구천재는?

① 스즈키이치로 ② 마츠자카다이스케

③ 오사다하루 ④ 나카타히데토시

【19】 일본의 스모(씨름) 두 번째로 높은 등급 이름은?

① 요코즈나(横綱) ② 오제키(大關)

③ 세키와케(關脇) ④ 코무스비(小結)

【20】 일본의 3대 역사서라고 할 수 없는 것은?

① 고지키(古事記 · 고사기) ② 니혼쇼키(日本書記 · 일본서기)

③ 만요슈(万葉集 · 만엽집) ④ 일본사기(日本事記 · 일본사기)

【여행사실무문제 53】

【1】 대만 지역의 설명문이다. 아래의 보기에서 도시명과 관광지명에 해당하는 기호를 적어라.

① 대만 최고봉 옥산(玉山 : 3,997m)의 전위(前衛)가 되는 산악의 경승지로, 북회귀선에 가까운 오래된 산림철도를 이용해서 가는 곳. ( ), 〔 〕

② 대만의 남단에 있는 산림 유락구(遊樂區)로서 200여종의 열대식물이 자생하고 있는 광대한 천연식물원. ( ), 〔 〕

③ 중국대륙에서 운반해 온 역대황제의 귀중품 및 발굴품 70만점이 수장되어 있는 곳. ( ), 〔 〕

④ 대만의 역사 · 문화를 기록한 수많은 건축물, 고대결혼식, 민족예능, 연중행사 등 매력물(attraction). ( ), 〔 〕

⑤ 해발 746m의 고지에 있는 주위 24㎞, 수심 30m의 에메랄드 빛의 아름다운 호수. ( ), 〔 〕

보 기

도시명: ⓐ 화리엔(花蓮) ⓑ 카오숭(高雄) ⓒ 타이중(臺中) ⓓ 치아이(嘉義) ⓔ 타이베이(臺北)

관광지명: ㉮ 일월담(日月譚) ㉯ 고궁박물원(古宮博物院) ㉰ 대만민속촌(臺灣民俗村) ㉱ 아리산(阿里山) ㉲ 간정국가공원(墾丁國家公園)

【2】 다음은 대만 각 도시의 관광포인트에 대한 설명이다. 해당하는 것을 골라 그 기호를 써 넣어라.

① 33여개의 기둥으로 된 장병에 대한 제사를 지내는 영묘(靈廟). 1시간마다 위병 교대식을 볼 수 있다. ( )

② 색채가 화려한 타이베이 시내에서 가장 오래된 절(寺廟). ( )

③ 장제스(蔣介石)총통을 기념하는 70m의 장대한 백아(白亞)의 전당. ( )

④ 51층 244m의 고층빌딩 전망대에서 타이베이 시내를 조망하는 곳. ( )

⑤ 네덜란드 사람에 의해 건축된 성이 남아 있다. 지금은 정성공(鄭成功)시대의 역사자료관. ( )

⑥ 타이난시(臺南市) 최대의 묘, 정성공과 그 일족을 모시고 있다. ( )

⑦ "전대수학(全臺首學)"의 현판을 걸고 있는 대만 제1의 유학(儒學)학사. ( )

⑧ 연꽃으로 유명한 담수호. 용, 호랑이 2쌍의 탑이 호수면에 모습을 비추고 있다. ( )

⑨ 표고 356m, 이 전망대에서 시가의 야경을 감상할 수 있다. ( )

⑩ 200칸이나 되는 포장마차 집이 이어져 있는 곳을 산책할 수 있다. ( )

보 기

ⓐ 新光摩天展望臺(신광마천전망대)	ⓑ 忠烈祠(충렬사)	ⓒ 蓮花潭(연화담)
ⓓ 中正紀念堂(중정기념당)	ⓔ 壽山公園(수산공원)	ⓕ 龍山寺(용산사)
ⓖ 赤嵌樓(적감루)	ⓗ 孔子廟(공자묘)	ⓘ 延平郡王祠(연평군왕사)
ⓙ 六合二路(육합이로)		

【3】 다음은 중국의 중요 관광지에 대한 설명문이다. 보기에서 해당기호를 찾아 그 기호를 써 넣어라.

① 오곡풍양(五穀豊穰)을 기원하는 황제의 제단, 중심에 있는 것이 기년전(祈年殿). ( )

② 베이징의 북서부 만수산록에 있는 청조시대의 여름 이궁. 불향각, 석방 등이 있다. ( )

③ 전통연극의 경극(京劇)공연장. ( )

④ 베이징시내의 제일 번화가. ( )

⑤ 아큐(阿Q)정전, 광인일기를 쓴 작가의 기념관과 무덤이 있다. ( )

⑥ 상하이 제1의 번화가. 노포(老鋪), 유행의 첨단점포들이 즐비하다. ( )

⑦ 장강(長江)의 지류가 동중국해로 흘러 들어가는 하구에 있다. 주변에는 가든 브리지(外白渡橋)도 있다. ( )

⑧ 명대에 조성한 강남식 정원, 기암을 여러 곳에 배치함. ( )

⑨ 금붕어나 새 등의 점포가 늘어선 곳. ( )

⑩ 명 · 청의 황궁이었던 자금성의 유적. ( )

⑪ 아름다운 백옥(白玉)불상으로 유명함. ( )

⑫ 삼일월형(三日月形)의 호수. ( )
⑬ 환상적인 대 종유동굴. ( )
⑭ 양귀비가 목욕했다고 알려진 곳. ( )
⑮ 거대한 석가모니 열반상으로 유명함. ( )

보 기

ⓐ 황포공원(黃浦公園)	ⓑ 남경로(南京路)	ⓒ 노신공원(魯迅公園)
ⓓ 예원(豫園)	ⓔ 유리창(琉璃廠)	ⓕ 왕부정(王府井)
ⓖ 전취덕고합점(全聚德烤鴨店)	ⓗ 전문반점이원극장(前門飯店梨園劇場)	
ⓘ 이화원(和園)	ⓙ 천단공원(天壇公園)	ⓚ 화청지(華淸池)
ⓛ 대불사(大佛寺)	ⓜ 노적암(蘆笛岩)	ⓝ 월아천(月牙川)
ⓞ 고궁박물원(古宮博物院)	ⓟ 화조광장(花鳥廣場)	ⓠ 옥불사(玉佛寺)

【4】 다음은 홍콩의 관광설명문이다. 보기에서 해당하는 기호를 골라 써 넣어라.

① 신 · 구가 교차하는 거리. 산쪽에는 옛날 거리, 바다쪽에는 고층빌딩. ( )
② 예로부터 상업의 중심. 멋있는 홍콩을 몸으로 실감하는 거리. ( )
③ 명화 "모정"의 사진촬영장소인 강어귀의 하얀 백사장이 일품. ( )
④ 일본계 백화점이 밀집된 곳. 쇼핑객이 즐겨 찾음. ( )
⑤ 여기서 홍콩의 백만불 야경을 즐길 수 있음. ( )
⑥ 홍콩 제1의 비즈니스 거리와, 쇼핑 천국은 홍콩의 중심. ( )
⑦ 구룡반도에서는 섬의 안쪽에 해당하는 고급주택지. ( )
⑧ 홍콩이 중국에 반환되기까지 홍콩과 중국의 접경을 이룬 곳. ( )
⑨ 대표적인 재래시장거리. ( )
⑩ 구룡반도의 맨 앞에 위치하는 중심가. ( )
⑪ 중국사람들의 열기 넘치는 번화가. 관광객은 거의 없다. ( )

보 기

ⓐ 산카이(新界)	ⓑ 쭝완(中環)	ⓒ 완차이(灣仔)
ⓓ 퉁로완(銅*灣)	ⓔ 셩완(上環)	ⓕ 태평산정(太平山頂)
ⓖ 침수이완(淺水灣)	ⓗ 치에추(赤柱)	ⓘ 몽콕(王角)
ⓙ 야우마티(油麻地)	ⓚ 침샤초이(尖沙咀)	

【5】 다음은 실크로드 상의 도시에 대해서 설명한 것이다. 보기에서 도시를 골라 기호를 기입하라.

① 감숙성의 서쪽에 위치하고 석굴로 세계에 널리 알려져 있다. ( )

② 현재 신장 위그르 자치구의 구도(區都). 한대(漢代)에는 서역도호부가 있었던 곳. ( )

③ 많은 왕조가 수도로 한 도시. 특히 당나라 현종이 황제였을 때는 세계 유수의 국제도시 중의 하나였다. ( )

④ 천산남로와 서역남로가 교차되는 지점에 개설된 도시. 타클라마칸 사막 서쪽에 위치한다. ( )

⑤ 대 분지에 있는 오아시스의 도시. 한의 무제(武帝)시대에는 고창군(高昌郡)이 놓였었고, 서역지배의 거점이 되었다. ( )

⑥ 감숙성의 성도, 인도에 간 현장법사도 이탈리아에서 온 마르코폴로도 이 도시를 지났다. ( )

보 기

ⓐ 시안(西安)	ⓑ 둔황(敦煌)	ⓒ 우루무치(烏魯木齊)
ⓓ 투루판(吐魯蕃)	ⓔ 카슈가르(疎勒)	ⓕ 란저우(蘭州)

【여행사실무문제 54】

【1】 다음은 필리핀의 관광명소에 대해 언급한 것이다. 보기에서 적당한 것을 골라 그 기호를 적어라.

① 각지의 주거를 모은 필리핀 문화촌. ( )
② 16세기 스페인 사람이 세운 성쇄도시(城塞都市). ( )
③ 가톨릭총본산, 스테인드 글라스가 아름답다. ( )
④ 민다나오 섬의 주도(州都). ( )
⑤ 보트를 타고 급류를 타는 즐거움이 있다. ( )
⑥ 가까이에 번화한 시장이 있는 다운타운 교회. ( )
⑦ 태평양전쟁의 유적지, 마닐라만에 있는 섬. ( )
⑧ 대통령관저는 호화스러운 스페인 풍의 건물. ( )
⑨ 피서지로서 알려진 고원의 소도시. ( )
⑩ 타르화산과 호수의 신비로운 풍경이 볼만함. ( )
⑪ 스페인과 이슬람 색이 감도는 독특한 분위기의 도시. ( )

보 기

ⓐ 말라카낭궁전	ⓑ 인트라무로스	ⓒ 키아포교회	ⓓ 나용필리피노
ⓔ 마닐라대사원	ⓕ 산보안가	ⓖ 타카이타이	ⓗ 팍상한
ⓘ 다바오	ⓙ 바기오	ⓚ 코레히도르섬	

【2】 다음은 베트남, 라오스, 캄보디아에 대한 설명이다. 보기에서 적당한 것을 골라 그 기호를 적어라.

① 라오스의 수도, 큰 나무로 둘러 쌓인 도시, 시내에는 불탑이 많다. ( )
② 베트남 남부의 중심도시, 이전에는 "동양의 파리"라고 불렀다. 프랑스 풍의 건물이 아직도 산재하고 있다. ( )
③ "황금의 불상"에서 유래한 라오스의 고도, 쉔튼 사원이 유명. ( )
④ 장대한 크메르의 유적, 세계 7대 불가사의의 하나인 앙코르와트의 현관도시. ( )

⑤ 베트남의 고도, 1802년 원왕조(阮王朝)의 수도, 왕궁은 베이징 자금성의 축소판. ( )

⑥ 어주인선(御朱印船)이 기항한 예로부터의 항구, 참족의 조각박물관이 있다. ( )

⑦ 1,000년의 역사를 가진 동남아시아 최고(最古)의 도시, 프랑스 시대의 잔영이 남아 있는 베트남의 수도. ( )

⑧ 캄보디아의 수도, 메콩델타 수로교통의 요충의 위치에 있다. ( )

보 기			
ⓐ 루앙프라방	ⓑ 비엔찬	ⓒ 호치민	ⓓ 시엠립
ⓔ 후에	ⓕ 프놈펜	ⓖ 다낭	ⓗ 하노이

【3】 다음은 말레이시아와 싱가포르에 대한 관광개소의 설명이다. 보기에서 정답을 골라 그 기호를 써 넣어라.

① 7층 탑이 아름다운 불교사원, 오르막의 연도에 무수한 상점이 이어짐. ( )

② 네덜란드의 침공에 대비해 포르투갈 사람이 세운 요새. ( )

③ 19세기말 벽돌로 지은 관청시설. 아라비아 풍의 개성적 디자인이 인상적임. ( )

④ 2개의 흙탕물 강이 합류하는 지점(도시명의 이름)에 세워진 회교사원. ( )

⑤ ……수도(水道)에 면한 높은 지대에 세워진 빅토리아풍의 궁전 ( )

⑥ 해협에 돌출한 네덜란드제 대포는 조지타운의 심벌이다. ( )

보 기		
ⓐ 구연방사무국 빌딩	ⓑ 극락사	ⓒ 산티아고요새
ⓓ 베사르궁전	ⓔ 콘워리츠요새	ⓕ 마스지트쟈메

【4】 다음은 인도네시아, 부르나이, 파푸아뉴기니, 다람살라에 관한 설명문이다. 보기에서 답을 골라라.

① 많은 부족이 사는 웅대한 산악지대의 도시, 싱싱축제로 유명 ( )

② 하얀 백사장과 푸른 해변이 펼쳐지는 아름다운 휴양지. ( )

③ 족자카르타 북서쪽 42km에 있는 세계최대의 불교유적. ( )

④ 해발 1,400m의 고원지대에서 바토르 산과 바토르 호수, 아반 산의 전망이 아름답다. ( )

⑤ 족자카르타에서 64km 북동방향에 있는 인도네시아의 고도(古都). ( )

⑥ 교외에는 고무나 팜 야자, 차 등 프랜테이션이 펼쳐지는 인구 180만명의 산업도시지만, 고원휴양지의 토바 호수나 브라스타기국립공원에의 입구이다. ( )

⑦ 자카르타 수라바야에 이은 인도네시아 제3의 도시, 구원이 피서지로 동양의 파리라고 일컫는 아름다운 거리풍경으로 널리 알려져 있다. ( )

⑧ 자바섬에 있는 힌두교 사원, 높이 47m의 당당한 외관은 히말라야산을 모방한 것이라고 함. ( )

⑨ 소로(수라카르타)에 있는 왕궁, 못을 일절 사용하지 않은 전통적 자바건축으로 알려져 있다. ( )

⑩ 자카르타 북쪽 100km지점 자바해안에 있는 아름다운 작은 산호섬, 인도네시아말로 "1000개의 섬"을 의미할 정도로 무수한 섬들이 있다. ( )

⑪ 성장한 암놈은 체장 3m, 체중 100㎏ 이상이나 나가는 큰 도마뱀이 서식하고 있는 섬. ( )

⑫ 발리 최고의 힌두교 사원, "어머니 사원"으로 불리는 발리 힌두교의 총본산이다. ( )

⑬ 발리 섬에 있는 최고급 해변 휴양지, "2개의 섬"으로 불리는 지명대로 2개의 섬이 해변을 향해 돌출하고 있다. ( )

⑭ 자카르타 중심에 있는 메르데카 광장에선 132m 대리석탑, 인도네시아 독립기념비로 자카르타의 심벌이다. ( )

보 기

ⓐ 사누르비치	ⓑ 보로부두르	ⓒ 마운트하겐
ⓓ 반둥	ⓔ 소로(수라가르타)	ⓕ 메단
ⓖ 킨타마니	ⓗ 프람바난사원	ⓘ 누사도아
ⓙ 코모도	ⓚ 부사키사원	ⓛ 망쿠누가랑왕궁
ⓜ 모나스	ⓝ 프로우 · 스리브	

【5】 다음은 태국에 관한 관광개소의 설명문이다. 보기에서 답을 찾아 그 기호를 골라 써 넣어라.

① 플라싱사원, 야시장, 메오족 촌이 있는 북부 타이의 중심지. ( )
② 미얀마나 라오스와의 국경 가까이에 있는 산속의 한적한 도시. ( )
③ 차오프라야 강 하구에 있는 타이왕국의 수도. ( )
④ 타이문화의 원점을 음미하게 하는 90개 가까운 유적이 눈을 끄는 도시. ( )
⑤ 태국권위의 상징. 건축양식은 태국의 전통적 양식과 이탈리아 르네상스 양식을 혼합. ( )
⑥ 높이 79m의 큰 탑을 가진 사원. 일출시의 경관은 발군임. ( )
⑦ 높이 3m의 순금의 불상을 가진 사원. ( )
⑧ 태국에서 최대라고 일컫는 높이 114m의 불탑이 있는 곳. ( )
⑨ 태국의 자연과 문화를 재현한 아름다운 대정원. ( )
⑩ 태국의 실크왕과 연고가 있는 도시. ( )
⑪ 방콕 북쪽 6km 지점, 차오프라야 강(江) 하류에 전개된 삼각주 위에 발달해 있다. ( )
⑫ 라마 5세에 의해 1899년에 건축된 사원. ( )
⑬ 국왕과 왕비 전용의 신전으로서 최고의 격식을 자랑하는 사원. 이름의 유래는 모셔지고 있는 불상이, 이전에 "…제"라고 생각되고 있었기 때문에. ( )
⑭ 대규모 수상시장. ( )

보 기

ⓐ 방콕	ⓑ 치앙라이	ⓒ 치앙마이
ⓓ 수코타이	ⓔ 대리석사원	ⓕ 로즈가든
ⓖ 새벽사원	ⓗ 아유타야	ⓘ 담낭사도와크
ⓙ 에메랄드사원	ⓚ 나콘판톰	ⓛ 짐톰슨의 집
ⓜ 트라이미트사원	ⓝ 왕궁	

【여행사실무문제 55】

【1】 다음은 미얀마의 관광개소에 대한 설명문이다. 보기에서 적당한 말을 골라 그 기호를 기입하라.

① 미얀마의 수도. 불교를 상징하는 쉐다곤 · 파고다를 비롯하여 몇 개의 파고다가 있다. ( )

② 이라와디 강변의 낮은 언덕이 730개의 흰 불탑군이 있는 쿠도드파고다 사원이 되어 있다. 불탑의 나라라고 말하는 까닭이 여기서 연유한다. ( )

③ 시내에서 가장 큰 아난다 사원을 비롯한 불탑군의 저녁 풍경이 아름답다. ( )

④ 거대한 잠자는 부처는 높이 16m, 길이 55m나 된다. 994년 건립, 슈에타랴운 불탑이 있는 이 도시는 양곤 북동쪽 80km에 있는 고도(古都)이다. ( )

보 기			
ⓐ 바간	ⓑ 양곤(랭군)	ⓒ 만달레이	ⓓ 바고(페구)

【2】 다음은 스리랑카의 관광개소에 대한 설명문이다. 보기에서 적당한 말을 골라 그 기호를 기입하라.

① 산에 둘러 쌓인 분지이다. 이전에 싱할리 왕조의 수도, 스리랑카 제2의 도시. ( )

② 신수도(스리 · 자야와루데네프라 · 콘테)에 천도하기까지 수도였다. 지금도 경제, 상업의 중심지여서 실질적인 수도라고 할 수 있다. ( )

③ 10~12세기 싱할리 왕조의 수도였다. 많은 불교유적이 남아 있다. 거대한 돌로 만든 좌 · 입 · 열반 불상으로 유명함. ( )

④ 섬내 중앙부에 있는 높이 200m 정도의 암산(岩山)에 궁전 흔적이 있으며, 바위 표면에 그려진 코레스코가 볼만하다. ( )

⑤ 섬내 중북부에 있는 스리랑카 최대의 불교유적, 이 나라 최고의 수도(기원전 4~후 8세기경까지 실론의 수도로서 번창했음)였다. ( )

보 기				
ⓐ 콜롬보	ⓑ 캔디	ⓒ 아누라다프라	ⓓ 시기리아	ⓔ 폴론나루와

【3】 다음은 인도의 불교유적을 설명한 것이다. 석가모니의 연고지를 보기에서 골라 (　　)안에 그 기호를 기입하라.

① 탄생한 곳. (　) ② 깨달음을 얻은 곳. (　)
③ 처음으로 설법한 곳.(　) ④ 입적한 곳. (　)

보 기

ⓐ 쿠시나가라 ⓑ 룸비니(네팔) ⓒ 사르나트
ⓓ 부다가야(보드가야)

【4】 다음은 파키스탄의 관광개소를 설명한 것이다. 보기에서 정답을 골라 그 기호를 써 넣어라.

① 파키스탄 최대의 도시. 상공업의 중심지이며, 이 나라 해 · 공 교통의 요충이다. (　)
② 고대 간다라 왕국의 수도. 아프가니스탄, 파키스탄, 인도를 연결하는 교통의 요지로 예로부터 교역의 기지로 번창했다. (　)
③ 인더스 문명을 대표하는 유적. 기원전 1,500년경, 아리아인의 침략으로 궤멸되었다고 전해지는 설도 있지만, 대홍수 때문이라는 설도 있다. (　)
④ 라발핀디 북서쪽 25km. 인더스 강 좌안에 있는 간다라 지방의 도시유적. 불교미술 발상지 (　)
⑤ 16~17세기 무갈제국의 수도로서 번창한 곳으로 이스람의 도시이면서도 무갈 문화의 색채를 농후하게 간직하고 있다. (　)

보 기

ⓐ 모헨조다로 ⓑ 라호르 ⓒ 카라치
ⓓ 타키시라 ⓔ 페샤와르

【5】 다음은 한국인이 자주 찾는 인도의 관광유적에 대한 설명문이다. 각 도시와 관계가 있는 설명문과 관광개소를 골라 그 기호를 기입하라.

도시명	설명문	관광개소
① 아그라	(　)	〈　〉〈　〉
② 바라나시	(　)	〈　〉〈　〉

③ 우다이푸르 ( ) 〈 〉〈 〉
④ 카주라호 ( ) 〈 〉〈 〉
⑤ 자이푸르 ( ) 〈 〉〈 〉
⑥ 델리 ( ) 〈 〉〈 〉

설명문

ⓐ 찬들러 왕조시대(10~11세기)의 힌두, 자이나교 사원과 그 성벽을 메우고 있는 남녀 교합상(男女交合像)으로 유명하다.
ⓑ 힌두교의 일대성지. 갠지스강에서 목욕하는 곳으로 유명.
ⓒ 이전 무갈제국의 수도. 교외에 폐허가 된 화테푸르시쿠리가 있다.
ⓓ 인도 북부의 현관. 수도를 포함한 행정지역.
ⓔ 성벽에 둘러 쌓인 건물 색에서 이 도시의 이름 "핑크시티"가 생겨났다.
ⓕ 도시 이름의 원천이 된 왕이 직접 건조한 인공호수 및 궁전이 볼만함.

관광개소

㉮ 시티팔레스	㉯ 바람 궁전	㉰ 녹야원
㉱ 아크바르 영묘	㉲ 피촐라 호수	㉳ 후마융 묘
㉴ 자그디시 사원	㉵ 자미 마스지드	㉶ 암베르 성
㉷ 메딴게스와라 사원	㉸ 타지마할	㉹ 다샤슈워메이드 · 가트(목욕장)

【6】 각 도시에 관계가 있는 설명 · 관광개소를 골라 그 기호를 기입하라.

도시명	설명문	관광개소
① 스리나가르	( )	〈 〉〈 〉
② 콜카타(캘커타)	( )	〈 〉〈 〉
③ 뭄바이(봄베이)	( )	〈 〉〈 〉
④ 고아	( )	〈 〉〈 〉
⑤ 첸나이(마드라스)	( )	〈 〉〈 〉
⑥ 아우랑가바드	( )	〈 〉〈 〉

설명문

ⓐ 인도최대의 도시, 동부지역의 현관도시.
ⓑ 오랜 기간 포르투갈의 식민지였으나 현재는 자치주이다.
ⓒ 데칸고원의 구릉지대의 도시이다. 2대 석굴사원 관광의 기점.
ⓓ 이웃나라 파키스탄과의 국경분쟁이 끊임없는 캐쉬미르의 수도.
ⓔ 벵갈 만에 면한 남인도 최대도시.
ⓕ 인도의 서부지역 현관도시, 경제활동의 중심지.

관광개소

㉮ 마이단 공원	㉯ 아잔타와 엘로라	㉰ 고팔가나파티사원
㉱ 달호수	㉲ 칸헤리석굴	㉳ 세인트조지 요새
㉴ 카랑쿠트비치	㉵ 아크하발 정원	㉶ 비비 · 까 · 마끄바라
㉷ 하지알리 모스크	㉸ 타고르하우스	㉹ 마리나비치

【여행사실무문제 56】

〈러시아 및 독립국가연합〉

【1】 다음은 러시아의 관광개소에 대한 설명문이다. 보기에서 적당한 말을 골라 그 기호를 기입하라.

① 아무르 강과 우수리 강의 합류지점에 위치하는 동시베리아의 공업도시, 17세기 러시아의 탐험가 하바로프의 이름에 연유하여 도시명이 붙여졌다. ( )

② 표토르 대제가 173년에 페크로파부로후스크 요새의 건설을 시작했다. 이 늪지에 건설한 제정 러시아 시대의 도시, 운하가 발달한 프랑스 풍의 세련된 도시. ( )

③ 시베리아의 문화 · 경제의 중심지로 인구는 약 65만명, 바이칼 호수의 서쪽 65km, 앙가라 강과 이르크트 강이 합류하는 곳에 위치하고 있는 시베리아의 고도, 바이칼 호수 관광의 기점인 동시에 시베리아 철도의 중계점이기도 하다. ( )

④ 시베리아의 남동단, 동해에 면한 러시아 극동에 있어서의 굴지의 항만도시, 시베리아 철도의 동쪽 종점. ( )

⑤ 유럽 러시아의 거의 중앙, 모스크바 강변에 위치하는 러시아 연방의 수도. ( )

보 기		
ⓐ 모스크바	ⓑ 이르쿠츠크	ⓒ 하바로브스크
ⓓ 상트페테르부르그	ⓔ 블라디보스토크	

【2】 다음은 모스크바 관광의 포인트에 대한 설명문이다. ( )안에 해당하는 어구를 보기에서 골라 그 기호를 써 넣어라.

① 성바실리 사원은 ( )의 남단에 있으며 ( )탑이 상징적인 사원이다.

② 트레차코프 미술관은 러시아 최대의 ( )회화의 미술관이다.

③ 볼쇼이 극장의 볼쇼이는 ( )의미로 러시아 최대의 오페라 발레 극장이다.

④ 크레믈린은 중세도시의 ( )을(를) 의미하며 러시아 연방공화국의 정치의 중심이다. 성벽으로 둘러 쌓여 탑, 궁전, 사원 등 볼만한 것이 많이 있다.

보 기		
ⓐ 성벽	ⓑ 붉은 광장	ⓒ 큰
ⓓ 러시아	ⓔ 파의 둥근 꽃	

【3】 다음은 우크라이나에 관한 언급이다. (　　)안에 적당한 어구를 골라 그 기호를 기입하라.

① 1991년 독립한 우크라이나는 동은 (㉮), 서는 루마니아 (㉯)와 국경을 접하고, 남은 해상교통의 요충(㉰)에 면해 있다. 비옥한 흑토(黑土)에 혜택을 입은 이 나라는 유럽의 곡창지대로 예전부터 널리 알려져 있다. 햇빛 넘치는 흑해 연안의 휴양지. 얄타와, (㉱), 오뎃사까지는 우크라이나의 수도인 (㉲)로부터 철도로 갈 수 있다.

② (　　)는 도니에프르 강의 유역에 있으며, "러시아 도시이 어머니"로 불리는 오랜 역사를 가진 도시.

③ (　　)대수도원은 키에프 교외에 있다. 키에프 최대의 볼거리이다.

④ (　　)은(는) 크리미아 반도에 있는 보양지, 제2차 세계대전 종료시에 역사적인 회담이 개최된 곳.

⑤ (　　)은(는) 국민에게 가장 존경받으며, 추모되는 국민 시인.

보 기

ⓐ 러시아	ⓑ 폴란드	ⓒ 키에프	ⓓ 소치
ⓔ 흑해	ⓕ 쉐프첸코	ⓖ 얄타	ⓗ 페체르스카야

【4】 다음은 카프카스 지방에 관한 언급이다. 보기에서 정답을 골라 그 기호를 기입하라.

아제르바이잔, 아르메니아, 그루지아 3국은 카프카스 산맥의 남쪽에 있는 나라들로 동쪽의 (①)해, 서쪽은 (②)해에 둘러쌓인 산악지대. 흑해연안에는 스후미, 바츠미 등 보양지가 있다. 아르메니아의 남서쪽은 (③)로 "노아의 방주"로 알려져 있는 영봉(靈峰)(④)산이 우뚝 솟아 있다.

보 기

ⓐ 터키	ⓑ 흑(黑)	ⓒ 카스피	ⓓ 아라라트

【5】 다음은 러시아의 교통과 관련된 문제이다. 아래의 보기에서 정답을 골라 그 기호를 기입하라.

① 러시아 전역에서 도시의 중요 교통수단의 하나인 레일을 타고 다니는 전차 (　　)

② 아래쪽에 레일없이 윗쪽에 전선을 연결하여 달리는 일명 전기버스 (　　)

③ 지하철의 입구 ( )
④ 지하철의 출구 ( )
⑤ 2인 1실의 침대열차 ( )
⑥ 4인 1실의 침대열차 ( )
⑦ 객실에 문이 없는 침대열차 ( )
⑧ 지하철의 환승표시 ( )
⑨ 700km 이상 장거리열차 ( )
⑩ 151km~700km의 지방열차 ( )
⑪ 150km 이하의 교외열차 ( )
⑫ 특급열차 ( )
⑬ 여객열차 ( )
⑭ 급행열차 ( )
⑮ 지하철 ( )

보 기

ⓐ 스콜라스누이	ⓑ 쁘리가로드누이	ⓒ 뜨랄레이부스
ⓓ 메트로	ⓔ 스코루이	ⓕ 비호트 베 고르트(Выход b город)
ⓖ 뜨람바이아	ⓗ 빠사자르스키	ⓘ 메스누이
ⓙ 부호트(Вход)	ⓚ 룩스	ⓛ 쁠라츠까르따
ⓜ 쿠뻬	ⓝ 다리누이	ⓞ 페레호트(переход)

【6】 중세 러시아의 옛 모습이 남아 있는 고도(古都)로서 황금의 고리라고 불리는 3개 도시가 있는데 그 중 아닌 것은?

① 야로슬라블 ② 크라스노야르스크
③ 세르기예프 파사트 ④ 수즈달

【7】 아시아와 유럽의 분기점을 이루는 우랄산맥에 걸쳐 있는 도시는?

① 민스크 ② 우슈리스크
③ 예카테린부르크 ④ 이르쿠츠크

【8】 과학연구도시인 아카뎀고로도크가 건설되면서 시베리아의 과학과 문화의 중심도시로 성장하였으며, 러시아의 중앙점으로 유명한 도시는?

① 블라디보스토크　② 노보시비르스크
③ 우슈리스크　④ 하바로브스크

【9】 러시아의 중요도시와 그 도시를 관통하는 강을 연결한 것이다. 틀리는 것은?

① 모스크바-모스크바강　② 노보시비르스크-우수리강
③ 하바로브스크-아무르강　④ 이르쿠츠크-앙가라강

【10】 러시아 옛수도이자 제2의 도시이며, 러시아의 베니스로 알려진 역사문화도시는?

① 그라스노야르스크　② 소치
③ 상트페테르부르크　④ 리스트뱐카

【11】 러시아의 소박한 민예품의 하나로 전세계적으로 유명한 인형의 이름은?

① 발리에트　② 스딴찌아　③ 쯔르크
④ 마트료시카　⑤ 거스띠니차

【12】 1825년 12월 전제정치와 농노제에 반대하여 혁명을 일으켰는데 "12월에 혁명을 일으킨 사람들"이라는 뜻은?

① 샤슬릭　② 쉐이스트　③ 데카브리스트　④ 다스비다니아

【13】 다음은 러시아의 침대열차표이다. 아래 물음에 답하라.

РЖД 20 АСУ ЭКСПРЕСС ПРОЕЗДНОЙ ДОКУМЕНТ AT2010040 424665

ПОЕЗД № шифр	ОТПРАВЛЕНИЕ число месяц часы мин.	ВАГОН № тип	ЦЕНА руб. Билет Плацкарта	кол. человек	ВИД ДОКУМЕНТА

009 ИА 28 07 08.55 15 К 000655.7 000773.2 01 ПОЛНЫЙ
ИРКУТ ПАСС-НОВОСИБ ГЛ (2054001-2044001) ФИРМ
МЕСТА 019 В-СИБ
AT 424665 НН9 НЗ 0025190 170701 0718 ИИ61Н05 01115/Н
330538595/CHUNG=C
Н-1548.8 РУБ В Т.Ч.НСП 73.6/5.0/38+СТР 2.3 РУБ
ПРИБЫТИЕ 29.07 В 15.47

2010040424665 1
20100404246651

① 승객의 성명은?　　② 몇호차인가?
③ 좌석번호는?　　④ 출발역과 도착역은?
⑤ 이 열차표의 가격은?　　⑥ 이 열차의 출발시각은?

【14】 러시아의 역사를 순서대로 나열하시오.

① 소비에트러시아　　② 끼에프러시아　　③ 뾰뜨르대제 러시아
④ 모스크바러시아　　⑤ 타타르러시아

【15】 페레스트로이카(개혁)정책으로 구소련의 해체에 직접적인 계기를 만든 러시아의 지도자는 누구인가?

① 안드로포프　　② 브레즈네프　　③ 푸틴
④ 흐루시초프　　⑤ 고르바초프

【16】 대다수 러시아인들이 숭배하고 있는 종교는?

① 천주교　　② 기독교　　③ 정교
④ 이슬람교　　⑤ 불교

【17】 다음은 모스크바의 지하철표이다. 아래 물음에 답하라.

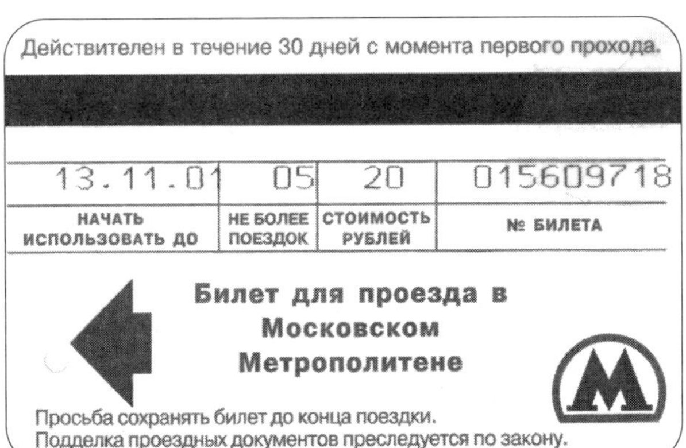

*** 모스크바에는 이러한 회수권 이외에도 1회용 지하철표(동전)가 있다.**

① 이 회수권의 유효기간은?
② 이 회수권으로 몇 번까지 승차할 수 있는가?
③ 이 회수권의 지급요금은?

【18】 러시아는 다민족국가이다. 가장 많은 수의 민족은?

① 게르만족
② 슬라브족
③ 타타르족
④ 한족
⑤ 노르만족

【19】 소비에트사회주의 연방공화국 중 가장 먼저 분리독립한 나라가 아닌 것은?

① 라트비아
② 리투아니아
③ 벨로루시
④ 에스토니아

【20】 크림반도 동남해안에 있는 도시로서 "크림의 진주"라는 별명처럼 아름다운 도시로서 명성을 날리고 있으며, 한국의 38° 선이 정해진 곳이라는 이야기도 전해지고 있다.

① 무르만스크
② 나호트카
③ 얄타
④ 야쿠츠크

【21】 다음 문장 중 맞으면 표 틀리면 ×표하시오.

① 러시아에 입국하려면 예약하여 지급을 마쳤다는 서류(바우처)를 지참해야 한다. ( )
② 지하철은 타고 내릴 때 검표대를 통과하도록 되어 있다. ( )
③ 모든 역의 입출구에서는 개표 및 회수를 원칙으로 한다. ( )
④ 일단 열차에 승차하면 승객은 차장에게 차표를 맡겨야 한다. ( )
⑤ 시내버스에는 차장석이 있으며, 이 좌석에는 승객이 앉을 수 없다. ( )
⑥ 차장이 없는 버스에서는 내릴 때 차비를 내야 한다. ( )
⑦ 러시아에서는 자가용 영업행위가 엄격히 금지되고 있다. ( )
⑧ 러시아식 사우나는 공동탕으로 운영되고 있다. ( )
⑨ 슬라브인들의 세계를 구성하고 있는 원초적 물질은 물, 불, 공기, 눈, 흙이다. ( )
⑩ 러시아의 열차에서는 사람 타는 칸에 개와 함께 탈 수 있다. ( )
⑪ 모든 열차시각표는 모스크바시각으로 표시된다. ( )
⑫ 러시아 통화인 루블에 대한 교환비율은 은행이 가장 높다. ( )
⑬ 일행 2명이 열차를 탈 때는 1층이나 2층 어느 한쪽으로 선택하는 것이 좋다. ( )

⑭ 한 장의 전화카드로 러시아 전역에서 사용할 수 있다. ( )

⑮ 열차의 화장실은 출발 후 약 30분, 도착예정 30분간은 사용이 금지된다. ( )

【22】 러시아평원에 숲을 이루고 있는 일명 세계수(世界樹) 또는 우주목(宇宙木)으로 불리는 나무는 무엇인가?

① 포플러 ② 자작나무 ③ 가문비나무
④ 버드나무 ⑤ 소나무

【23】 다음 중 러시아를 대표할 만한 음식이 아닌 것은?

① 피로슈키 ② 펠메니
③ 보르시치 ④ 얍차

【24】 다음은 각 도시를 대표하는 관광지이다. 연결이 잘못된 것은?

① 모스크바–크렘린
② 상트페테르부르크–에르미타주미술관
③ 이르크츠크–바이칼 호수
④ 노보시비르스크–아가뎀고로도크
⑤ 하바로브스크–잠수함박물관

【여행사실무문제 57】

다음은 실크로드(비단길)의 나라들에 관한 언급이다. 보기에서 정답을 골라 그 기호를 기입하라.

【1】 다음 국가의 수도를 연결하라.

① 우즈베키스탄	ⓐ 아쉬아바드(Aschabad)
② 카자흐스탄	ⓑ 알마아타(Alma-ata)
③ 키르기스탄	ⓒ 듀샨베(Dusanbe)
④ 타지키스탄	ⓓ 비쉬케크(Biskek)
⑤ 투르크메니스탄	ⓔ 타쉬켄트(Tashkent)

【2】 다음 문장의 (　　)안에 해당하는 어구를 보기에서 골라 그 기호를 기입하라.

① 우즈베키스탄의 (　　)은(는) 인구 21만명의 국제도시로 중앙 아시아의 경제 문화의 중심지이다.

② (　　)은(는) 기원 전 10세기경부터 중앙아시아 유수의 오아시스 도시로서 번영하여 티무르제국 시대의 수도가 되어 그 유적이 남아 있는 실크로드의 중요한 도시이다.

③ (　　)는 사마르칸트의 동쪽에 있는 실크로드의 고도(古都). 소구드인의 도시국가에서 서먼조(朝) 나 부하라한국(國)의 수도가 된 적도 있다.

④ (　　)은(는) 우즈베키스탄의 서부 아무다리아 강 하구에 있다. 6세기에서 20세기 전반까지 계속 된 히와한국(汗國)의 유적이 남아 있는 실크로드의 고도(古都)

보 기

ⓐ 부하라　　ⓑ 사마르칸트　　ⓒ 히와　　ⓓ 타쉬겐트

다음은 발트 3국에 대한 설명이다. 보기에서 정답을 골라 그 기호를 기입하라.

【3】 다음 나라의 수도를 연결하라.

① 라트비아	ⓐ 빌리우스(Vilnius)
② 리투아니아	ⓑ 탈린(Tallinn)
③ 에스토니아	ⓒ 리가(Riga)

【4】 다음 문장에 해당하는 정답을 골라 그 기호를 기입하라.

① 발트 3국 중 가장 북쪽에 위치하는 에스토니아의 탈린은 에스토니아어로 (　　)라는 의미이며, 13세기에 덴마크 사람이 콤페아의 언덕에 성을 건축한데서 이 도시가 시작되었다.

② "탈린 · 라인 · 익스프레스"는 (　　), 탈린 간을 1시간 30분에 연결하는 호버크래프트. 12월~3월은 운휴.

③ (　　)은(는) 발트 3국 중 최대도시. 이 도시의 구시가 랜드마크로서 인기가 있는 성페테르교회의 탑의 높이는 123m로 탑의 전망대에서 내려다보는 도시의 아름다움은 발군.

④ (　　)는 발트 3국 가운데 가장 남단에 위치하는 나라의 수도. 발트 3국의 수도 중에서는 유일하게 내륙에 위치하고 있으며, 내륙적인 탓에 여유있는 분위기를 연출하고 있다.

⑤ 나치스의 박해를 피하려는 유태인을 구한 일본의 쉰들러 스기하라(杉原)하우스가 (　　)의 당시 수도인 카우나스에 있고, 관광명소로 되어 있다.

⑥ 발트 3국의 토산품은 브로치나 목걸이에 가공한 (　　)이(가) 유명하다.

보 기

ⓐ 덴마크인의 거리	ⓑ 리투아니아	ⓒ 빌리우스
ⓓ 리가	ⓔ 헬싱키	

【여행사실무문제 58】

〈미주(美洲)〉

【1】 다음은 미국의 서부지역을 대표하는 국립공원이나 관광지의 설명이다. 보기에서 정답을 골라 그 기호를 기입하라.

① 지금으로부터 2억년 전에 늪지에 퇴적한 큰 나무들이 석화(石化)하여 적갈색의 화석이 되어 대지를 가로막고 있다. ( )

② 애리조나주 북동부 적갈색의 대지에 대소 다수의 테이블 상(狀)의 대지나 탑이 우뚝 솟은 풍경은 많은 영화나 CM으로 익숙해져 있다. ( )

③ 유타주 남부에 있으며, 사암(砂岩)이 침식되어 형성된 깊은 계곡, 깎아지른듯한 단애 등 아름답고 웅대한 풍광이 있는 국립공원. ( )

④ 애리조나주 중동부에 5만년 전에 낙하한 운석이 충돌 충격으로 깊게 패인 큰 구멍으로 직경 1,245m, 깊이 171m나 되며, 60층 높이의 빌딩이 그 안에 쏙 들어갈 정도. ( )

⑤ 1872년에 지정된 세계 최고(最古)로, 미국 최대의 국립공원. 온천이나 간헐천 대협곡이나 호소가 점재하여 야생돌물이 다수 생식하는 웅대한 자연공원. ( )

⑥ 콜로라도주가 댐으로 막혀 생긴 세계에서 두 번째로 큰 인조호수로 각종 수상레포츠의 기지가 되어 있다. ( )

⑦ 유타주 동부의 사막지대에 위치하는 국립공원. 기암이 늘어서 있고, 아치를 이루는 바위가 200 이상 점재하여 독특한 풍경을 자아내고 있다. ( )

⑧ 내륙부 사우스다코타주 서부의 브랙힐즈 산지의 고봉으로 산정의 화강암벽에 4인의 대통령을 거대한 바위에 조각해 놓은 곳으로 알려져 있다. ( )

⑨ 유타주 남부의 국립공원으로 붉은 색을 띤 석회암이 침식하여 여러 형태의 첨봉(尖峰)이나 다리를 형성하고 있다. 바위는 햇빛 밑에서 시시각각으로 색을 변하게 해 아름답다. ( )

보 기

ⓐ 자이언국립공원	ⓑ 레이크파월	ⓒ 러쉬모어산
ⓓ 모뉴먼트 밸리	ⓔ 아치즈국립공원	ⓕ 미티오크레타
ⓖ 페트리파이어드 포레스트	ⓗ 브라이스캐니언 국립공원	ⓘ 옐로스톤국립공원

【2】 다음은 미국의 중요 관광도시이다. 보기에서 정답을 찾아 그 기호를 기입하라.

① 미시간주 남동부에 있는 자동차공업으로 유명한 도시. 교외에는 자동차 왕 헨리 포드가 세운 "그린 필드 빌리지"가 있다. ( )

② 미시시피 강과 미주리 강이 합류점에 있는 중부평원지대의 중심도시로 서부에의 입구를 상징하는 높이 192m의 "게이트웨이 아치"가 있다. ( )

③ 금융 · 투자의 중심이 되어 있는 중서부 제1의 대도시. "현대건축의 박물관"이라고 불릴 정도로 독특한 빌딩이 즐비하다. 미시간 호수에 면해 있다. ( )

④ 독립선언이나 헌법발포의 무대가 된 미합중국 최초의 수도. ( )

⑤ 이리 호에 면한 뉴욕주의 북서부의 항만 · 공업도시로 나이애가라 폭포 관광의 거점도시. ( )

⑥ 텍사스주 북동부의 산업과 상업의 중심도시, 1963년에 케네디 대통령이 암살된 도시. ( )

⑦ 플로리다 반도 거의 중앙에 위치하며, 20개 이상의 놀이시설이 집중되어 있는 세계 최대의 리조트 타운. ( )

⑧ 루이지애나주 남부의 항만도시, 프랑스계 이민이 만들어낸 클레오르문화가 숨쉬는 곳. ( )

⑨ 조지아주의 주도이며, 남북전쟁시 폐허가 되었으나, 현재는 남부의 교통 · 경제의 중심지. ( )

보 기

ⓐ 시카고	ⓑ 필라델피아	ⓒ 버팔로
ⓓ 디트로이트	ⓔ 센트루이스	ⓕ 올랜도
ⓖ 아틀랜타	ⓗ 댈러스	ⓘ 뉴올리안즈

【3】 다음은 미국 중 · 서부지역 관광개소에 대한 설명이다. 보기에서 정답을 골라 그 기호를 기입하라.

① 보스톤의 건국 유서가 있는 16개소를 도보로 돌아볼 수 있도록 설정한 코스. ( )

② 시내 전체가 식민지시대의 미국을 재현하고 있는 미국판 민속촌, 버지니아주의 남동부에 위치. ( )

③ 워싱턴에서 차로 40분, 초대대통령 조지 워싱턴의 사저(私邸)가 있다. ( )

④ 보스턴 북서쪽 약 17km에 위치하고 있다. 1775년에 독립전쟁이 개시된 곳. ( )

⑤ 올랜드의 동쪽, 차로 1시간 가량의 대서양안에 있는 우주왕복선의 발사기지. 아이맥스영화관, 우주 비행사 기념비 등 시설의 일부가 관광객용으로 공개되고 있다. ( )

⑥ 미식축구관객 76,000명, 콘서트관객이라면 95,000명을 수용하는 세계 최대의 돔형 스타디움. ( )

⑦ 남북전쟁의 "애틀랜타 전투" 모습을 360도 입체 파노라마 유화(油畵)로 보여준다. ( )

⑧ 뉴올리안즈 시의 구시가, 18세기초에 프랑스인이 만든 거리로 좁은 가로 여기저기에 남아 있는 돌로 만든 보도블럭이나 오래된 가로등이 남유럽 분위기를 느끼게 한다. ( )

보 기

ⓐ 마운트버넌	ⓑ 프리덤 트레일	ⓒ 렉싱턴
ⓓ 윌리암스버그	ⓔ 프렌치쿼터	ⓕ 사이클로라마
ⓖ 수퍼돔	ⓗ 케네디우주센터	

【4】 다음은 알래스카에 대한 기술이다. 보기에서 정답을 골라 그 기호를 기입하라.

① 구 러시아령 아메리카의 수도. ( )

② 골드러쉬 시대의 도시. ( )

③ 그레이셔만(bay)의 대빙하. ( )

④ 디날리 국립공원. ( ), ( )

⑤ 아메리카 최북단 도시. ( )

보 기

ⓐ 앵커리지	ⓑ 시트카	ⓒ 주노
ⓓ 페어뱅크스	ⓔ 포인트배로우	

【5】 다음은 캐나다에 대한 기술이다. 보기에서 정답을 골라 그 기호를 기입하라.

① 로키산맥 국립공원 중 최대로, 최북단에 위치한다. 미라미드 호, 마린 호 등 호수의 아름다움과 로프 웨이로 올라가는 위슬라즈 산에서의 조망, 풍부한 야생동물 등으로 널리 알려져 있다. ( )

② 캐나다에서 최초로 그러면서도 가장 유명한 국립공원, 웅대한 산들과 아름다운 계곡을 비롯하여 동명(同名)의 호수로 알려져 있는 레이크 루이즈 등 2개의 인기 높은 리조트 타운을 끼고 있다. 캐나다에서는 진기한 온천이 솟고, 노천 대욕장이 있다. ( )

③ 캐나디언 로키에의 남쪽 현관도시, 매년 7월 상순 스턴피드는 관광객으로 활기가 넘친다. ( )

④ 브리티시콜럼비아주 남부의 계곡지대로 과수재배와 와인 양조로 캐나다를 대표하는 지역. ( )

⑤ 앨버타주의 주도, 캐나디언 로키에의 북쪽 현관도시. ( )

⑥ 밴쿠버의 북쪽 120km 지점에 있는 유명한 스키리조트. ( )

⑦ 밴프 남동쪽에 있는 3개의 주립공원을 포함한 자연보호구이자 휴양지. ( )

⑧ 나이애가라 폭포의 캐나다지역 현관도시, 세계 제일의 CN타워(553.3m)가 있다. ( )

⑨ 몬트리얼의 구시가, 센트로렌스 강 주위에 있으며, 여름 저녁 무렵에는 노상에서의 각종 공연, 꽃시장, 카페를 찾는 관광객으로 활기 넘치는 옥돌로 포장한 광장. ( )

⑩ 퀘백 구시가 샤트 푸론트낵 호텔 앞에서 센트로렌스 강을 따라 길게 뻗은 전장 671m의 나무판자로 깐 유보도(遊步道)테라스. 강과 주변지역의 멋진 전망을 볼 수 있다. ( )

⑪ 샤트롤리에호텔 옆에서 오타와 강을 따라 북쪽으로 향하여, 공원, 미술관, 교회, 폭포, 수상관저, 고급주택지 등을 연결하는 경치가 빼어난 드라이브 코스. ( )

⑫ 토론토 북쪽 30km 지점에 있는 캐나다 최대의 오락공원, 약 121만㎡의 부지에 140 종류 이상의 놀이기구가 있다. ( )

보 기

ⓐ 원더랜드	ⓑ 써섹스 드라이브	ⓒ 자크 까르띠에 광장
ⓓ 뒤프랭 테라스	ⓔ 휘슬러	ⓕ 에드먼턴
ⓖ 오커나건	ⓗ 카나나스키스	ⓘ 캘거리
ⓙ 토론토	ⓚ 재스퍼국립공원	ⓛ 밴프국립공원

【여행사실무문제 59】

【1】 다음은 카리브 해에 관한 설명이다. 보기에서 정답을 골라 그 기호를 기입하라.

① 히스파니올라 섬의 동쪽 $\frac{2}{3}$를 점하는 나라 서쪽의 아이티가 아메리카적인 나라인데 비해 성격이 밝고 정열적인 라틴계의 나라. ( )

② 히스파니올라 섬의 서쪽 $\frac{1}{3}$을 점하는 나라, 언어는 프랑스어를 사용하지만 아프리카적인 문화를 가지며, 부도교가 뿌리 깊게 남아 있다. ( )

③ 미국 플로리다 반도 남쪽에 위치하고 있는 카리브 해 최대의 섬, 1953년 혁명에 의해 카리브 해의 국가 중 사회주의 국가가 되었다. ( )

④ 플로리다 반도의 남동쪽에 연이어 떠 있는 700여 개의 섬으로 구성된 나라, 자유항으로 미국에서의 관광객이 많다. ( )

⑤ 최고봉 블루마운틴이라는 이름으로 생산되는 커피의 생산과, 레게음악으로 유명한 나라, 300년간이나 영국의 식민지였다. ( )

⑥ 아메리카합중국의 자치령으로 "풍부한 항구"라는 의미를 가지고 있다. 카리브 해의 거의 중앙에 위치하고 있는 나라로서 면적은 약 9,000㎢ 정도. ( )

⑦ 남미 베네수엘라 앞 바다에 떠있는 2개의 섬으로, 칼립소의 고향으로 알려져 있다. 코스모폴리탄적인 분위기를 가진 지상의 낙원. ( )

보 기

ⓐ 쿠바	ⓑ 자메이카	ⓒ 바하마
ⓓ 아이티	ⓔ 도미니카	ⓕ 푸에르토리코
ⓖ 트리니다드토바고		

【2】 다음은 멕시코의 관광개소에 관한 설명이다. 보기에서 정답을 골라 그 기호를 기입하라.

① 미국관광객이 많다. 미국과의 국경도시. ( )

② 멕시코시티의 남남서 185km 지점에 있으며, 18세기 실버 러시로 급속하게 발전한 도시, 흰 벽의 거리 풍경과 걸어서 돌로 만든 보도블록의 언덕길을 오르면 이 도시의 정취를 느끼게 한다. ( )

③ 카리브 해에 면함, 멕시코에서도 으뜸가는 해양 리조트. ( )

④ 마리아치나 데킬라 등의 발상지로서 알려져 있다. 멕시코 제2의 도시로서 옛 멕시코를 감상할 수 있다. ( )

⑤ 멕시코시티의 남동쪽 523km, 분지에 형성된 도시로 근교에는 몬테 아루반이나 미투나와 관련된 유적이 있다. ( )

⑥ 유카탄 반도의 중심도시, 흰 벽이 아름다운데 연유하여 "백아(白亞)의 도시"라는 애칭이 있다. 마야 유적 탐방의 기점. ( )

⑦ 멕시코 최초의 문명이라고 일컫는 오르메카 문명의 발상지로서 주립(州立) 인류학박물관에서는 그 유물을 볼 수 있다. 멕시코의 대표적 항만도시이기도 하다. ( )

⑧ "태평양의 진주"로 비유하는 세계 유수의 고급 별장지. ( )

⑨ 캘리포니아 반도 남단의 2개 도시의 총칭, 사막 가운데 해변 휴양지로서 유명하다. ( )

⑩ 유카탄 반도 서안의 요새도시, 스페인 함대가 최초로 상륙한 도시로 유카탄 최초의 식민 도시로 알려져 있다. ( )

보 기

ⓐ 아카풀코	ⓐ 캄페체	ⓒ 과달라하라	ⓓ 와하카
ⓔ 티후아나	ⓕ 칸쿤	ⓖ 메리다	ⓗ 베라크루스
ⓘ 타스코	ⓙ 로스카보스		

【3】 다음은 멕시코와 그 주변지역의 설명이다. 보기에서 정답을 골라 그 기호를 기입하라.

① 라틴아메리카 카톨릭의 총본산, 열성적이면서도 신자가 큰 광장을 문에서 제단까지 기어 들어가는 모습이 자주 눈에 띈다. ( )

② 시민들의 휴식장소. 박물관, 동물원, 유원지, 운동장 등이 있다. ( )

③ 멕시코 유일의 고층건축으로 최상층의 전망에서 바라보는 야경은 압권. ( )

④ 시의 중심광장으로 주위에는 성당, 국립궁전, 연방구청 등 중후한 건물이 밀집해 있다. 정식명은 헌법광장. ( )

⑤ 공화국 광장에 있는 돔형의 건물, 혁명 영웅들의 유골이 안치되어 있다. ( )

⑥ 오래된 역사를 가진 공원, 근대화의 아버지 후아레스 대통령의 대리석 기념물을 비롯하여 많은 동상이나 분수가 있다. ( )

⑦ 토라테로루코 단지내에 있는 광장, 아즈테카의 신전 식민지시대의 교회, 현대의 고층건축 등 3부분이 공존하고 있다. ( )

⑧ 시의 남쪽 교외에 있는 물의 고향, 뱃놀이 장소로 유명함. ( )

⑨ 건물군으로는 대표적 화가 랑 · 오고르만의 대담하면서도 큰 벽화로 유명함, 통칭 U.C.로 불림. ( )

⑩ 모자이크 모양의 아름다운 이 건물은 숙로로 이용하고 있다.

보 기

ⓐ 아라메다공원	ⓑ 과달루페사원	ⓒ 소치밀코
ⓓ 소칼로	ⓔ 타일의 집	ⓕ 대학도시
ⓖ 3문화광장	ⓗ 혁명기념탑	ⓘ 라틴아메리카타워
ⓙ 차플테펙공원		

【4】 다음은 여행자들이 자주 찾는 관광개소이다. 보기에서 정답을 골라 그 기호를 기입하라.

① 1825년에 볼리비아 독립선언 조인식이 거행되었다. "자유의 집"이 있다. 도시 이름은 초대대통령에서 따왔다. 헌법상의 수도. ( )

② 페루의 우루밤바협곡에 잠들어 있는 잉카의 공중도시, 이 유적의 입구는 표고 2,400m에 있다. ( )

③ 임립(林立)하는 모아이 상으로 유명, 이 상은 누가 무슨 목적으로 만든 것인지, 수수께끼로 남아 있다. 칠레 본토에서 3 800km이나 떨어진 남태평양의 섬. ( )

④ 공중에서 바라보지 않으면 형태를 알 수 없는 약 200개의 거대한 지상 그림이 있다. 누가 언제 그린 것인지 전혀 알 길이 없다. ( )

⑤ 페루와 볼리비아에 걸친 길이 194km, 폭 65km의 거대한 호수, 태양이 생겨나서 잉카제국의 시조가 내려온 곳으로 알려져 있다. ( )

⑥ 칠레의 호수지방의 주도(主都). 알래스카로부터 계속되는 팬어메리칸 고속도로는 이 삼림과 호수의 도시에서 드디어 끝난다. ( )

⑦ 볼리비아의 작은 마을로 프레잉카의 유적군이 있다. 거대한 하나의 바위로 구성되어 있으며, 정교한 조각으로 만든 "태양의 문"이 특히 유명하다. ( )

⑧ 별명 페루의 "갈라파고스"로 많은 해수류(海獸流)가 생식하고 있다. ( )

보 기

ⓐ 티티카카 호	ⓑ 마추픽추	ⓒ 티와나코
ⓓ 프에르토 · 몬트	ⓔ 바제스타스섬	ⓕ 스쿨레
ⓖ 발파라이소	ⓗ 나스카	ⓘ 이스터 섬

【5】 (　　) 다음은 페루, 베네수엘라, 칠레에 관한 기술이다. 보기에서 정답을 골라 그 기호를 기입하라.

① 전장 4,300km에 이르는 남북으로 가늘고 긴 나라의 수도, 스페인 통치시대의 중후한 건물이 많다. (　)

② 15세기 후반부터 약 1세기에 걸쳐 잉카제국의 수도로서 번영한 페루의 도시. (　)

③ 마젤란해협을 두고 땅끝 "후에고 섬"과 면해 있는 칠레의 최남단 도시, 파타고니아 남부의 관광거점 (　)

④ 안데스 산에 둘러 쌓인 이 도시는 표고 3,700m로 세계 최고(最高)의 도시이다. (　)

⑤ 안데스 산맥의 동쪽에 펼쳐지는 열대 우림지대에 있는 도시로서 비경인 페루 아마존에의 여행은 이곳으로부터 시작된다. (　)

⑥ 볼리비아 동부의 저지대에 위치하는 이 나라 제2의 도시, 기후는 아열대에 속한다. (　)

보 기

ⓐ 쿠즈코	ⓑ 산타크루스	ⓒ 산티아고
ⓓ 푼타아레나스	ⓔ 라파스	ⓕ 이키토스

【6】 다음의 유적은 중미(中美)를 대표하는 것이다. 보기에서 정답을 골라 그 기호를 기입하라.

① 과테말라 밀림에 매몰되어 있는 마야 고전기 최대의 유적, 대 제사 센터로서 번성해 왔지만 900년 경 돌연 그 흔적이 없어진 유적. (　)

② 마야의 수많은 유적 중 백미(白眉)라고 알려져 있으며, 피라미드형 비명(碑銘)의 신전은 유명하다. (　)

③ 멕시코 중앙 고원에 있는 고대 도시유적, 태양과 달의 피라미드를 비롯하여 많은 유적이 있다. (　)

④ 식민지 시대의 수도가 있었던 도시, 1773년 지진으로 파괴된 건물이 지금도 남아 있고, 도시 전체가 역사박물관의 체취를 느끼게 한다. ( )

⑤ 평탄한 밀림 가운데 엘 카스티 · 조(성), 구기장, 천문대, 성스러운 온천 등 수백 개의 유적이 있다. ( )

보 기

ⓐ 치첸이트사　ⓑ 테오티우와칸　ⓒ 티갈
ⓓ 팔렝케　ⓔ 안티구아

【7】 다음은 브라질의 도시에 관한 설명이다. 보기에서 정답을 골라 그 기호를 기입하라.

① 광대한 브라질의 중앙고원에 홀연히 출현한 미래도시, 초 근대적 시가지 건축이 일품임. ( )

② 적도직하, 아마존 강 하구에 있는 도시, 식민지 시대의 잔영을 남긴 콜로니알조 건물과 근대적인 빌딩이 보기 좋게 조화를 이루고 있다. ( )

③ 구아이바 강을 따라 개설된 남 브라질의 대도시, 유럽계의 이주자가 많고 타지역과는 사뭇 다른 독특한 분위기를 연출하고 있다. ( )

④ 아마존 강 탐험의 관광기지, 네오클래식 양식의 아마조나스극장이나 인디오박물관 등이 있다. ( )

⑤ 인구는 주변지역을 포함하여 1,300만명으로 남미 최대의 도시, 특히 일본계 이민자들이 많이 살고 있으며, 활기 넘치는 도시로 유명하다. ( )

⑥ 파라과이 강의 원류지대에 있으며, 브라질, 볼리비아, 파라과이 3국에 걸쳐 있는 세계 최대의 대습원 (大濕原), 야생동물의 보고로 알려져 있다. ( )

⑦ 브라질과 아르헨티나와의 국경을 접하는 지점에서 파라과이와의 국경 가까이에 있다. 세계 제1을 자랑하는 브라질측의 탐승기지, 폭포의 압도적인 박력은 경이로움 그 자체. ( )

⑧ 브라질 제 2의 도시, 카니발과 삼바가 키워드, 세계적인 관광도시로 지명의 의미는 “1월의 강”이다. ( )

보 기

ⓐ 포스도 이구아수　ⓑ 마나우스　ⓒ 리우데자네이루
ⓓ 포르투알레그레　ⓔ 판타날　ⓕ 사웅파울루
ⓖ 벨렝　ⓗ 브라질리아

【여행사실무문제 60】

〈남미 · 대양주 · 태평양〉

【1】 다음은 아르헨티나의 도시에 대한 설명이다. 보기에서 정답을 골라 그 기호를 기입하라.

① 부에노스아이레스 남서쪽 1,400km, 삼림과 호수의 휴양지. 스키, 하이킹, 낚시 등의 야외위락 스포츠를 즐길 수 있는 곳. ( )

② 아메리카 대륙 최고봉 아콩카구아 산을 조망하는 남미 제1의 와인 산지. ( )

③ 웅대한 라플라타 강 하구에 펼쳐지는 아르헨티나의 수도. "남미의 파리"라는 별명을 가지고 있는 독특한 유럽적 분위기를 연출하는 대도시, 지명의 뜻은 '순풍". ( )

④ 파타고니아의 빙하관광(11월~3월이 시즌)기지로 알려져 있는 도시, 도시명은 같은 이름의 식물이름에서 따옴. ( )

⑤ 남미 대륙의 다른 장소에서는 볼 수 없는 코끼리, 바다표범을 비롯하여 펭귄, 강치(물개와 비슷), 고래 등 바다 동물이 다수 서식하고 있다. ( )

⑥ 아르헨티나에서도 빼어난 해변 휴양지, 여름에는 바캉스객으로 해변이 꽉 찬다. 밤에는 카지노를 즐길 수 있다. ( )

⑦ 아르헨티나 제2의 도시, 최고(最古)의 역사를 가진 대학이 있는 문화도시의 일면과 현재에는 공업도시의 일면을 가지고 있는 곳. ( )

⑧ 마젤란해협을 사이에 두고 마주보는 "불의 나라" 후에고 섬에 있는 아르헨티나 최남단의 도시. ( )

보 기

ⓐ 칼라파테	ⓑ 마르 · 델 · 플라타	ⓒ 바릴로체
ⓓ 멘도사	ⓔ 부에노스아이레스	ⓕ 발데스반도
ⓖ 우슈아이아	ⓗ 코르도바	

【2】 다음 문장을 읽고 아래의 질문에 답하라.

A: 1516년 스페인 탐험가 솔리스 일행이 발견하여 스페인령이 된 것에서 시작된다. 그 후 19세기에서 20세기에 걸쳐 유럽에서 많은 이주자가 도래하였다. 그

들이 제 1보를 내디딘 땅이 "세계 음악 발상지의 땅"으로 알려진 보카였다.

B: 베스트 3은 CR 플라멩고, 코르미넨세 FC, 바스코. 어린이로부터 어른까지 거의 열광적인 팬 뿐, 과연 본 고장이다.

C: "우선 폭음, 폭식을 삼가주세요. 술도 안됩니다. 뜨거운 목욕도 삼가는 것이 좋겠지요. … 쿠즈코, 라파스, 푸노(티티카카호반)에 가기 전에 이렇게 안내했다. 어떤 병을 위한 것입니다.

D: 카리브해안에 엄지손가락처럼 돌출한 반도 유카탄 반도. 스페인 사람들이 침략하기 이전, 이 일대에는 뛰어난 문명이 있었고, 현재에는 그 유적 순회여행이 인기있는 관광코스가 되어 있다.

① A의 국가명 ( ), 도시명 ( ), 세계의 음악이란( )

② B의 국가명 ( ), 도시명 ( ), 스포츠명 ( )

③ C의 국가명 ( ), 인접국가명 ( ), 병명 ( )

④ D의 국가명 ( ), 문명 이름 ( ), 이 반도의 동쪽에 있는 유명한 해변 휴양지명 ( )

【3】 다음은 호주에 관한 도시의 설명문이다. 보기에서 정답을 골라 그 기호를 기입하라.

① 시드니와 멜버른 거의 중간에 있는 이 나라의 수도. ( )

② 대보초 섬(Great Barrier Reef)의 현관도시. ( )

③ 남북 40km의 해변휴양지로 조류(鳥類)를 중심으로 한 커럼빈 야조원(野鳥園)이나 서퍼스 패러다이스가 있다. ( )

④ 그린란드 야생동물 보호구에의 기지이다. 사우스 오스트레일리아주의 주도(州都). ( )

⑤ 호주의 거의 중심(배꼽)에 위치하는 해발 600m의 고원도시. ( )

⑥ 인도양에 면한 도시로서 오스트레일리아의 주도, 근교의 프리맨틀은 아메리카즈 요트 레이스 개최로 유명. ( )

⑦ 오스트레일리아 대륙의 남쪽에 위치하는 태즈마니아 섬(태즈마니아주)의 주도. ( )

⑧ 세계 3대 미항의 하나로 영국인이 최초로 입식한 땅, 오페라 하우스는 이 도시의 심벌. ( )

⑨ "종의 기원" 주창한 과학자에 연유하여 이름 붙여진 이 도시는 노던 테리토리의 중심. ( )

⑩ 호주 제2의 도시로 빅토리아주의 주도, 쿡의 집이나 펭귄 퍼레이드로 유명한 필립 섬이 관광포인 트이다. ( )

⑪ 골드코스트의 현관도시, 한국에서의 직행편도 많이 있다. 론파인 코알라 보호구가 관광포인트. ( )

보 기

ⓐ 시드니	ⓑ 케언스	ⓒ 퍼스
ⓓ 애들레이드	ⓔ 멜버른	ⓕ 캔버라
ⓖ 브리즈번	ⓗ 호바트	ⓘ 다윈
ⓙ 앨리스 스프링스	ⓚ 골드코스트	

【4】 다음은 시드니 중요 관광개소이다. 보기에서 정답을 골라 그 기호를 기입하라.

① 시드니 발상의 땅, 벽돌집의 이어짐. ( )

② 세가월드, 아이맥스 영화관 하버 사이드 페스티발, 마켓 플레이스, 수족관 등 놀이시설이 충분한 곳으로 유명함. ( )

③ 시내에서 차로 30분, 태평양에 면해 1km 가까이 해변이 계속되며, 푸른 바다와 흰 파도의 대비가 아름다운 해안. ( )

④ 시드니에서도 굴지의 고급 주택가, 항구에 면한 고지대에는 스페인 풍의 대저택이 이어지며, 고급 부티크의 쇼핑을 즐길 수 있다. ( )

⑤ 오페라 하우스에 이어 시드니를 대표하는 간판의 하나이다. ( )

보 기

ⓐ 하버브릿지	ⓑ 더록스	ⓒ 달링 하버
ⓓ 더블베이	ⓔ 본다이 비치	

【5】 다음 ( )안에 적당한 어구를 보기에서 골라 그 기호를 기입하라.

① 호주의 식당에서는 Licensed라든지 ( )표시가 되어 있다, 이는 주류 판매에 관한 자격 유무를 표시한 것이다.

② 호주의 대표적인 토산품은 ( ). 여러 가지 색을 가진 이 보석은 반짝거리는 모습이나, 유형, 세공 등에서 가격차가 꽤 생긴다.

③ 세계적으로도 평가가 높은 호주산 와인. 팬더 · 발레, 또는 ( ) · 발레가 유명.

④ (　　)은(는)앨리스 스프링스와 애들레이드 간을 20시간에 연결하는 야간 호화 열차이다.

⑤ (　　)은(는) 태평양의 시드니, 인도양 안의 퍼스를 3박 4일간 달린다. 대륙횡단의 호화열차.

보 기		
ⓐ 인디언 퍼시픽	ⓑ BYO	ⓒ 더 · 갠
ⓓ 바룻사	ⓔ 오팔	

【여행사실무문제 61】

【1】 다음은 뉴질랜드의 관광개소를 설명한 것이다. 보기에서 정답을 찾아 그 기호를 기입하라.

① 남섬에 있는 뉴질랜드의 최고봉으로 표고 3,764m. ( )

② 에이번 강이 조용히 흐르고 녹음 풍성한 아름다운 도시는 가든 시티로 불리고 있다. 고딕 양식의 대성당 등 고건축물이 많고 영국의 분위기를 물씬 풍기고 있다. ( )

③ 남섬 제2의 도시, 스코틀랜드계 이주민이 많았기 때문에 거리에는 빅토리아 양식의 중후한 건물이 남아 있다. 뉴질랜드 최초의 대학인 오타고 대학이 있는 학원도시이다. ( )

④ 북섬 최남단에 있으며, 쿡 해협의 니콜슨만에 면하고 있는 뉴질랜드의 수도. ( )

⑤ 오클랜드의 남쪽 약 200km, 로토루아의 서쪽 150km에 위치하는 종유동굴로 야행성 반딧불이 서식하고 있는 것으로 유명하다. ( )

⑥ 북섬 거의 중앙에 있는 대지열대(大地熱帶)에 속하기 때문에 여러 곳에서 온천이 분출하고 있다. 마오리 문화를 견학할 수 있는 관광지로서도 유명하다. ( )

⑦ 남섬 남부의 중앙, 와카티프 호수의 호반에 둘러 쌓인 산악 휴양지로 서쪽으로 피요르드 랜드 국립공원을 끼고 있는 휴양도시. ( )

⑧ 남섬 서남부 피요르드 랜드 국립공원 서남부에 있다. 태즈먼 해로 들어가는 강어귀로 동 국립공원 중 제1의 경승지. ( )

⑨ 남섬 최대의 테아나우 호의 남단에 있는 휴양지로 피요르드 랜드의 트랙킹 거점도시. ( )

⑩ 북섬 북부, 노스 아일랜드 반도의 어깨쭉지 부분에 위치하여 2개의 만에 낀 무역항이면서도 공업도시로 뉴질랜드에서 최대의 도시. ( )

보 기

ⓐ 크라이스트처치	ⓑ 오클랜드	ⓒ 테아나우	ⓓ 웰링턴
ⓔ 퀸즈타운	ⓕ 로터루아	ⓖ 밀포드사운드	
ⓗ 와이토모 종유동굴	ⓘ 마운트쿡	ⓙ 더니든	

【2】 다음의 관광개소가 있는 도시를 보기에서 골라 그 기호를 기입하라.

① 해글리공원, 대성당광장, 에이번 하반(河畔) ( )

② 키위 & 버드 라이프 파크, 스키퍼스캐년, 봅스 힐. ( )

③ 교통박물관, 차이나 오리엔탈 마켓, 이든 산. ( )

④ 화카레와레와, 마오리촌, 레인보 스프링스 레인보 팜 쇼. ( )

보 기		
ⓐ 로터루아	ⓑ 크라이스트처치	ⓒ 퀸스타운
ⓓ 오클랜드		

【3】 다음 문장의 ( )안에 들어갈 적당한 어구를 골라 그 기호를 기입하라.

① ( )국립공원은 북섬의 중앙, 타우포 호수의 남쪽 약 30km에 펼쳐지는 국립공원. 등산, 하이킹, 스키, 골프 등 시설이 완벽하게 갖추어져 있는 산악 휴양지.

② ( )호는 크라이스트처치와 남섬의 서해안에 있는 그레이마우스를 약 4시간 20분으로 연결하는 횡단철도이다.

③ ( )조약은 1840년에 선주민족 마오리와 뉴질랜드에 이주하여 살고 있었던 영국인과의 사이에 맺은 조약이다.

④ 마운트쿡의 동사면(東斜面)에는 길이 27km의 ( )빙하가 있으며, 세스나 비행기로 빙하의 유람비행을 즐길 수 있다.

⑤ 뉴질랜드의 명물요리는, ( )의 해선요리(海鮮料理), 모습, 형태, 맛도 일본의 새우요리(伊勢海老)와 비슷하다.

보 기		
ⓐ 그레이피시	ⓑ 통가리로	ⓒ 와이탕이
ⓓ 태즈먼	ⓔ 트랜스 알파인	

【4】 다음은 하와이 제도(諸島)에 대한 기술이다. 보기에서 정답을 골라 그 기호를 기입하라.

① 하와이제도 최대의 섬 하와이 섬에는 하와이 제도의 최고봉 (㉮)산이나 하와이 화산국립공원으로 지정된 활화산 (㉯)이 있다.

② 두 번째로 큰 섬은 (㉮)섬. 하와이 왕조의 수도가 있던 섬으로 (㉯)섬이라고

도 불리며, 세계 최대의 크레타를 가지고 있는 하레아카라산이 있다.

③ 세번째로 큰 섬이 (㉮)섬. 주도 호놀룰루가 있고, 별명 (㉯)섬으로도 불리고 있다.

④ 네번째로 큰 섬은 (㉮)섬으로 (㉯)협곡이나 (㉰)의 동굴이 있다.

⑤ (　　)은(는) 이전에 카메하메하 대왕의 별장지였던 섬. 파인애플 랜드라고도 불리고 있다.

⑥ (　　)은(는) 마우이 섬의 바다 한가운데에 떠있는 표주박형의 섬. 투명도 발군이 바다로 스노클링을 즐길 수 있다.

보 기

ⓐ 오하우	ⓑ 마우나케아	ⓒ 킬라우에아
ⓓ 시다	ⓔ 마우이	ⓕ 와이메아
ⓖ 카우아이	ⓗ 알로하	ⓘ 라나이
ⓙ 몰로카이	ⓚ 계곡	

【5】 다음은 오하우 섬의 관광개소에 대해 설명한 것이다. (　　)안에 맞는 어구를 골라 보기에서 그 기호를 기입하라.

① 와이키키해변은 다이아몬드헤드에서 알라와이 요트하버까지 계속되며, 하와이제도 굴지의 해안 휴양지로 메인 스트리트는 (㉮)거리이다. 또한 (㉯)은(는) 직경 1,200m의 거대한 분화구를 가진 사화산, 오하우 섬의 상징적인 존재. (㉰)공원은 동물원, 수족관, 야외음악당이 있는 공원으로 훌라 댄스 쇼도 개최된다.

② (㉮)은(는) 1882년에 건조되어 1893년까지 궁전으로 사용되었던 하와이 왕조시대의 대표적 건물, 이 궁전 가까이에 하와이왕조 창립자 (㉯)의 동상이 있다.

③ (　　)은(는) 제2차 세계대전의 전쟁을 개시한 군항이다. 침몰한 전함 애리조나 기념관이 있다.

④ (　　)전망대는 연중 강풍이 불고 있는 곳으로 유명하여 일명 바람산으로 알려져 있다.

⑤ (　　)은(는) 오하우 섬의 북측에 있으며, 남태평양의 생활과 문화를 재현한 레저 랜드이다.

⑥ (　　)은(는) 오하우 섬의 동쪽에 있는 광대한 부지를 가진 해양레저 파크.

보 기

ⓐ 칼라카우아	ⓑ 시 라이프 파크	ⓒ 폴리네시안 문화센터
ⓓ 카메하메하 대왕	ⓔ 누우아누 팔리	ⓕ 카피올라니
ⓖ 다이아몬드 헤드	ⓗ 이올라니	ⓘ 진주만

【6】 다음은 하와이 섬의 관광개소에 대해 설명한 것이다. (　　)안에 맞는 어구를 골라 보기에서 그 기호를 기입하라.

① (　　)은(는) 동해안에 있는 하와이 제2의 도시로 난(蘭)을 주체로 한 열대식물원이 유명하다.

② (　　)은(는) 서안의 중심지인 리조트타운, 캡틴 쿡의 기념비가 부근에 있다.

③ (　　)은(는) 킬라우에아 화산으로부터 흘러내린 용암류가 해수에 식어서 만들어진 흑사(黑砂)의 해안을 이루고 있다.

④ 마우나케아 산의 산록에는 (　　)목장의 목초지가 끝없이 펼쳐져 있다.

보 기

ⓐ 와이메아 파카	ⓑ 프알루우	ⓒ 힐로
ⓓ 카이루아 코나		

【여행사실무문제 62】

〈중동(中東)〉

【1】 이란의 관광도시에 관한 설명이다. 보기에서 정답을 골라 그 기호를 기입하라.

① 이란 남부 화르스(Fars) 지방의 수도, 페르세폴리스에의 입구, 마스지트 모스크는 이란 최대의 모스크로 유명하다. ( )

② 이란의 중부에 있으며, "…는 세계의 양분(兩分)"이라고 노래했던 오아시스 도시, 16~18세기에 번영한 사파디왕조의 수도였다. ( )

③ 정치 · 경제의 중심으로 이란 제1의 근대적인 대도시. ( )

④ B.C.550년~B.C.300년경의 아케메네스 왕조의 수도, 달리우스 1세의 대궁전이 발굴되어 있다. 사람얼굴에 날개 달린 짐승모양의 상(人面有翼獸身像)을 조각한 것은 쿠세르쿠세스 문. ( )

⑤ 중앙부의 오아시스 도시, 아타슈가데는 조로아스터교의 성지. ( )

보 기		
ⓐ 이스파한	ⓑ 테헤란	ⓒ 야즈드
ⓓ 시라즈	ⓔ 페르세폴리스	

【2】 다음은 이라크에 관한 것이다. 설명문에 합치하는 답을 골라 그 기호를 기입하라.

① 메소포타미아 고대도시 유적으로는 세계 최대, 정면에 있는 것이 이슈탈문(門). ( )

② 바그다드 시대, 선사시대, 수메르, 바빌로니아, 아시리아 등으로 나뉜 전시는 세계 굴지의 것으로 알려져 있다. ( )

③ 티그리스 강의 모스르의 반대측, 아시리아의 수도 성벽과 문이 복원되어 있다. ( )

④ 유프라테스 강 하구, 슈메르의 유적으로 붉은 벽돌의 신전 군의 흔적이 남아 있다. ( )

⑤ 페르시아 만에 연결되는 유일한 개항, 동북 74km에 에덴동산이라고 알려진 곳이 있으며, 아담의 나무라고 불리는 고목이 있다. ( )

⑥ B.C.20~B.C.7세기 경 아시리아대에 번창한 도시, 북부 메소포타미아, 티그리

스 강변 니네베의 건너편(對岸)에 있다. ( )

보 기

ⓐ 이라크박물관	ⓑ 바빌론의 유적	ⓒ 모술
ⓓ 니네베	ⓔ 우르	ⓕ 바스라

【3】 다음은 시리아에 관한 것이다. 설명문에 합치하는 답을 골라 그 기호를 기입하라.

① "사막의 여왕"이라고 불리는 로마시대에 번창한 시리아의 대상(隊商)도시, 동서교역의 중요한 중계지였었기 때문에 막대한 부를 축적하여 열주(列柱)거리, 아그라, 극장, 유스티니아누스의 성벽 등이 남아 있다. ( )

② 인류가 계속하여 살고 있는 최고의 도시라는 타이틀을, 다마스쿠스와 경합하고 있는 오랜 역사의 도시로 알려져 있다. ( )

③ 고대 오리엔트시대로부터 번성해 온 도시로서, 현존하는 세계 최고(最古)의 시리아의 도시로서, 현재의 수도로서 중심적 지위에 있다. 7세기 우마이야 왕조의 수도이기도 했다. ( )

보 기

ⓐ 다마스쿠스	ⓑ 팔미라	ⓒ 알레포

【4】 다음은 이스라엘의 대표적 도시이다. 설명문에 맞는 도시를 골라 그 기호를 기입하라.

① 하이파에서 동쪽으로 40km, 요셉과 마리아가 생활하고 예수 그리스도가 어린 시절을 보낸 곳, 수태 고지교회(受胎告知教會)가 있다. ( )

② 헤브라이어로는 '평화의 수도" 기독교, 유대교, 이슬람교의 성도(聖都)이다. ( )

③ 고대로부터의 항구도시이지만, 인접도시 야포를 합병하여 최대의 도시가 되었다. 벤구리온 국제공항이 여기에 있다. 지중해에 면해 있다. ( )

④ 구약성서시대 가나안 땅에 들어온 이스라엘 사람들이 최초로 공격하여 승리를 이끈 곳, 사해에 가깝다. ( )

⑤ 지중해에 면한 제3의 도시, 북부관광의 기점도시이다. ( )

⑥ 예루살렘 남쪽 약 10km지점에 있으며, 기독교 탄생지. 성생탄교회(聖生誕教會)의 지하에 기독교가 생겼다는 동굴이 있다. ( )

⑦ 아카바 만에 면한 이스라엘 최대의 휴양지. ( )

보 기

ⓐ 예루살렘　　ⓑ 베들레헴　　ⓒ 텔아비브
ⓓ 나자레　　ⓔ 예리코　　ⓕ 하이파
ⓖ 에일라트

【5】 예루살렘 및 그 주변에는 역사상 많은 유적이 산재하고 있다. 그 개소에 해당하는 설명문에 합치하는 단어를 골라 그 기호를 기입하라.

① 그리스도가 매장되어 부활한 교회. ( )
② 구시가를 전망할 수 있는 곳, 성모마리아 교회도 있다. ( )
③ 예수그리스도가 십자가에 못박힌 곳. ( )
④ 솔로몬 신전의 흔적, 유대교의 성지. ( )
⑤ 이슬람교의 성지. ( )

보 기

ⓐ 올리브산　　ⓑ 골도다 언덕　　ⓒ 성분묘교회(聖墳墓教會)
ⓓ 바위 돔　　ⓔ 통곡의 벽

【6】 다음은 이스라엘을 특징짓고 있는 것들이다. 보기에서 정답을 골라 그 기호를 기입하라.

① 예수그리스도가 폭풍 가운데에서도 걸어서 호수면(湖水面)을 건넜다는 곳. ( )
② 솔로몬의 동산(銅山)이 있었던 곳으로 유명. ( )
③ 해발-397m는 세계에서 가장 표고가 낮고, 염분 25%, 사람이 들어가도 가라앉지 않는다. 사해사본 (死海寫本)은 20세기 최대의 발견이라고 한다. ( )
④ 헤롯왕이 B.C. 2년부터 12년에 걸쳐 만든 항구도시, 이 극장 입구의 기둥에 로마총독 필라투스의 이름이 새겨져 있다. ( )

보 기

ⓐ 사해　　ⓑ 갈릴리 호수　　ⓒ 로마의 원형극장
ⓓ 네게브 사막

【7】 다음은 요르단의 관광개소를 설명한 것이다. 보기에서 정답을 찾아 그 기호를 기입하라.

① 홍해의 입구에 면한 요르단 유일한 도시, 해변 휴양지로 알려져 있으며, 또한 다이버의 천국으로 유명하다. ( )

② B.C.2세기에서 A.D.2세기에 걸쳐 번성한 나바티아 왕국의 수도, 돌산 사이에 대상(隊商)의 유적이 홀연히 나타난다. ( )

③ 2~3세기에 최성기(最盛期)였던 그레코로만의 수도, 유적의 중심은 열주(列柱)가 남아 있는 아르테미스 신전, 중동의 봄베이로 알려져 있다. ( )

④ 요르단 강 동쪽 75km지점, 로마 사람이 이상의 도시 필라델피아로서 발전시켰다. 19세기 오스만터키 시대에 재건되어 요르단의 수도가 되어 있다. ( )

보 기

ⓐ 암만 ⓑ 아카바 ⓒ 페트라 ⓓ 제라시

【8】 다음은 레바논의 관광개소를 설명한 것이다. 보기에서 정답을 찾아 그 기호를 기입하라.

① 기원전후로부터 300년에 걸쳐 로마인이 건설한 주피터 신전, 박카스 신전, 비너스 신전이 남아 있어 유명한 관광코스가 되어 있다. ( )

② 이 나라 최대의 아랍시장인 스쿠가 있다. 제2의 도시로서 페니키아 도시동맹의 중심. ( )

③ 알렉센더 대왕의 7개월 간에 걸친 대포위를 참아냈다. 대왕의 개선문이 남아 있으며, 세계유산에 등록되어 있다. ( )

④ 심볼은 반도 돌출부의 "비둘기 바위", 유럽의 분위기를 물씬 풍기게 하는 수도. ( )

⑤ 페니키아시대의 유적, 출토의 비문 연구에서 후에 알파벳이 생겨났다. 십자군의 요새 흔적이 남아 있는 것으로 유명. ( )

보 기

ⓐ 베이루트 ⓑ 발벡 ⓒ 트리폴리
ⓓ 티레 ⓔ 주바일

【9】 다음은 터키의 도시 또는 유적지에 대한 설명이다. 보기에서 정답을 골라 그 기호를 기입하라.

① 1923년 오스만제국으로부터 터키공화국이 되었을 때 여기에 수도가 정해졌다. ( )

② 이름을 몇 번이나 바꾸었다. 지금 이름 전에는 콘스탄티노플이었다. ( )

③ 아나토리아 고원의 서쪽, 기암군(奇巖群)이 있는 카파도키아 관광기지의 하나. ( )

④ 터키 제3의 도시, 에게 해에 면하고 있으며, B.C.2000년경의 유적이 있다. ( )

⑤ B.C.11~A.D.7세기경에 헬레니즘과 아르테미신(神) 신앙이 만들어진 도시유적. ( )

보 기		
ⓐ 이스탄불	ⓑ 에페소스	ⓒ 앙카라
ⓓ 이즈미르	ⓔ 교레메	

【10】 다음은 키프로스 (사이프러스)에 관한 설명이다. 보기에서 정답을 골라 ( )안에 그 기호를 기입하라.

키프로스는 지중해 최동부에 떠있는 면적 9,251㎢의 섬이다. 예로부터 동서문화의 십자로로서 번성하여 왔다. 기후는 (①)성 기후이지만, 산간부에서는 겨울, 눈도 내린다. 수도는 (②)이지만 이 나라의 현관이 되는 곳은 (③)로, 항공기도 이곳에서 발착한다. 편이 많은 것은 인구의 80%나 점하는 (④)사람이 조국의 수도 (⑤)로부터, 공로(空路)로 약 1시간 30분의 거리이다.

보 기		
ⓐ 아테네	ⓑ 니코시아	ⓒ 그리스
ⓓ 라르나카	ⓔ 지중해	

【11】 다음은 터키에서 빼놓을 수 없는 관광개소를 설명한 것이다. 보기에서 정답을 골라 그 기호를 기입하라.

① 호머의 "일리아스"의 목마도 복원되어 있다. 에게 해를 바라보는 곳에 위치하고 있다. ( )

② 오스만터키의 술탄들의 주거지였던 궁전. ( )

③ 힛타이드시대의 건물, 마라티아 출토의 라인온상(像) 등을 전시. 앙카라에 있다. ( )

④ 기암이 임립(林立)하는 관광포인트, 아나트리아 평원에 있다. ( )

⑤ B.C.2~3세기의 유적도시, 아테나신전, 제우스신전, 트라야누스 신전이 남아 있다. ( )

⑥ 최초 그리스 정교의 총본산, 후에 이슬람교의 모스크로 되었다. ( )

⑦ 6개의 미나렛트를 가진 아름다운 모스크로 알려져 있다. 이스탄불에 있다 ( )

⑧ 룸 셀주크 성새(城塞)도 남아 있는 휴양지, 클레오파트라라는 이름의 해변이 있다. ( )

보 기

ⓐ 카파도키아	ⓑ 아야 소피아 대성당	ⓒ 불 모스크
ⓓ 아나토리아 문명박물관	ⓔ 트로이	ⓕ 안탈랴
ⓖ 페르가마	ⓗ 톱카프 궁전	

【12】 다음은 사우디아라비아의 관광지에 관한 설명이다. 보기에서 정답을 골라 그 기호를 기입하라.

① 제다 북방 약 350km, 무하마드의 묘가 있다. ( )

② 수도로서 반도의 거의 중앙, 아리드 오아시스에 발달한 도시, 도시명은 정원(庭園)의 의미. ( )

③ 홍해에 면한 항구도시, 메카까지 60km, 수도는 아니나 각국 대사관은 이곳에 몰려 있다. ( )

④ 성지의 중심에 있으며, 순례자는 코란을 암송하면서 이 주위를 돈다고 한다. ( )

⑤ 무하마드가 570년에 탄생한 이슬람교의 성지, 제다의 동쪽 약 60km 지점에 있다. ( )

보 기

ⓐ 메카	ⓑ 메디나	ⓒ 리야드
ⓓ 제다	ⓔ 카바신전	

【13】 다음은 페르시아만 연안국 및 아라비아 반도의 기타 여러 나라에 관한 설명이다. 보기에서 그 답을 찾아 해당기호를 기입하라.

① 수장국(首長國)연방 가운데에서는 최대의 면적을 가지고 있다. 석유생산으로 강력한 경제력을 가지고 있으며, 연방의 수도. ( )

② 만안(灣岸) 굴지의 상업도시로서 알려져 있다. 세계 유수의 자유항(free port)으로 쇼핑, 아름다운 해안 등 휴양지이기도 하다. ( )

③ 페르시아 만의 가장 깊숙한 곳에 위치하며, 석유생산으로 윤택하다. 경제기반이 강한 나라, 1990년 이라크가 침공하여 걸프전쟁의 무대가 되었다. ( )

④ 페르시아 만에 떠있는 33개의 섬들로 구성된 수장국, 석유생산으로 윤택하다. 예로부터 수메르 인이 살아 왔으며, 무역의 중계항로서 번성하여 왔다. 수도는 알 마나마. ( )

⑤ 페르시아 만에 돌출한 반도국, 석유산출로 경제가 성립하고 있는 윤택한 군주국으로 수도는 도하이다. ( )

⑥ 아라비아반도의 남단에 있는 공화국, 시바여왕으로 알려져 있는 시바왕국이 여기에 있었던 시대에는 바다 실크로드의 요충이었다. 수도는 표고 2,300m의 사나. ( )

⑦ 아라비아반도의 동단에 있으며, 아라비아 해에 면하고 있고, 수도는 마스카트 아라비아 반도의 보석상자라고 말할 정도로 아름다운 나라이다. ( )

보 기

ⓐ 두바이	ⓑ 아부다비	ⓒ 오만
ⓓ 쿠웨이트	ⓔ 바레인	ⓕ 카타르
ⓖ 예멘		

【여행사실무문제 63】

〈아프리카〉

【1】 다음은 이집트에 관한 설명문이다. 보기에서 정답을 찾아 그 기호를 기입하라.

① 나일 강 델타지대에 있는 아프리카 최대도시. ( )
② 중 · 신왕국시대 번영의 수도 테베의 유적이 있다. ( )
③ 알렉산더 대왕이 건설한 도시, 현재는 이집트 제2의 도시이다. ( )
④ 나일 강의 물을 가로막아 만든 인공호수가 이 도시의 남부에 있다. ( )
⑤ 람세스 2세가 세운 대신전이 1972년에 이전되었다. ( )

보 기

ⓐ 알렉산드리아 ⓑ 카이로 ⓒ 룩소르
ⓓ 아부심벨 ⓔ 아스완

【2】 다음은 이집트의 중요한 관광개소이다. 이 중 카이로에 있는 것은 A란에 그 기호를, 룩소르에 있는 것은 B란에 그 기호를 표기하라. (해당되지 않는 것도 있음)

A	B

보 기

① 카르나크 신전 ② 귀족의 묘 ③ 왕가의 계곡
④ 이집트 고고학박물관 ⑤ 아부심벨 신전 ⑥ 나세르호 관광
⑦ 아라바스타 모스크(정식명: 무하마드알리 모스크) ⑧ 그레코로만 박물관
⑨ 멤논의 거상 ⑩ 시타델(城塞)
⑪ 하트쉐프스트 여왕 장제전(葬祭殿) ⑫ 람세스 광장
⑬ 한 알 할릴리 시장 ⑭ 투탕카멘의 황금마스크 ⑮ 시나이산

【3】 다음은 마그레브 (모로코, 튜니지아, 알제리) 3국에 관한 것이다. 이들 3국의 국제 공항이 있는 도시와 공항명을 기입하라.

국명	도시명	공항명
모로코		
튀니지		
알제리		

【4】 다음은 모로코와 관련된 기술이다. 보기에서 정답을 골라 그 기호를 기입하라.

① 9세기로부터의 시가지가 지금도 남아 있는 모로코 제1의 도시, 구시가는 주위를 갈색 성벽으로 에워싸고 있으며, 미로와 같은 거리 모습이 이색적이다. ( )

② 베르베르인이 개설한 도시로 붉은 거리로 불린다. 아틀라스산맥 자락에 있는 대상로(隊商路)의 기점도시로 유명하다. ( )

③ "흰 집"의 매력은 영화로 일약 유명하게 되었다. 모로코 최대의 도시. ( )

④ 카스바 우다이아 문의 가운데에는 흰 벽의 집들이 이어져 있다. 신시가지는 근대적인 도시계획에 입각하여 아름다운 거리, 모로코의 수도. ( )

⑤ 스페인에서 페리가 발착하는 항만도시, 매력은 메디나(구시가)와 구시가와 소코라고 불리는 시장. ( )

⑥ 아틀라스산맥을 넘어 오아시스와 카스바 가도(街道)의 기점이 되는 도시, 영화 "아라비아의 로렌스"를 촬영한 곳으로 유명하다. ( )

보 기

ⓐ 와르자자트 ⓑ 마라케시 ⓒ 카사블랑카
ⓓ 페즈 ⓔ 라바트 ⓕ 탕헤르

【5】 다음은 튀니지와 관련된 기술이다. 보기에서 정답을 골라 그 기호를 기입하라.

① 가베즈 만에 면한 이 리조트 섬에는 국제공항도 있으며, 야자나무에 둘러 쌓인 호화스러운 호텔, 실제로 천국이 따로 없다. ( )

② 파리의 샹제리제 거리와 필적할 정도로 넓은 도로의 근대적인 도시인 반면, 세계유산에도 등록된 메디나에는 아랍풍의 별세계가 전개된다. ( )

③ 기원전 8세기에 건설되어 지중해 무역의 중심지였던 이 도시는 로마에게 멸망되어 지금은 그 유적만 남아 있다. ( )

④ 세계유산에 등록되어 있는 마그레브 최고의 모스크, 이슬람교의 성지로서도 유명하다. ( )

⑤ 가베스 만에서 내륙의 남쪽방향 43km. 기묘한 수혈주댁(竪穴住宅)으로 알려져 있으며, 영화 "스타워즈"의 무대가 되었었다. ( )

보 기		
ⓐ 카이로우안(케로안)	ⓑ 튀니스	ⓒ 카르타고
ⓓ 제르바섬	ⓔ 마트마타	

【6】 다음은 케냐, 탄자니아에의 여행시기, 준비, 현지에서 볼 수 있는 동물 등에 대해서 기술한 것이다. 맞으면 O표, 틀리면 ×표하라.

① 케냐에는 우기(雨期)가 2회 있으며, 대우기(大雨期)는 3월에서 5월(3월말에서 6월 중순), 소우기(小雨期)는 10월에서 12월(11월에서 1월)이다. 여행에는 우기 이외의 달이 좋다.(주의: 괄호 안은 탄자니아의 경우) ( )

② 입국시에는 황열병의 예방접종증명서가 필요하다. 기타 장티푸스, 파상풍, 광견병, A형 간염, 폴리오 등 예방접종과 항말라리아약의 복용이 요청된다. ( )

③ 적도 직하에 위치하고 있기 때문에 기후는 열대성이어서 스웨터, 가디건 등은 필요 없다. ( )

④ 영양류(羚羊類)는 어떤 동물 보호구에서도 볼 수 있으며, 엘란도, 와일드 비스트, 임팔라, 스니, 오리비 등의 종류가 있다. ( )

⑤ 육식수(肉食獸)로는 사자, 표범, 치타, 늑대, 하이에나 등을 볼 수 있다. 동물을 촬영하려면 망원렌즈를 지참하는 것이 좋다. ( )

⑥ 동물보호구의 대다수는 사반나로 불리는 초원지대에 있으며, 코끼리, 기린, 영양, 악어, 하마, 얼룩말 등을 자주 볼 수 있다. ( )

【7】 짐바브웨는 관광적으로는 빅토리아 대폭포와 그레이트 짐바브웨 유적이 있는 것으로 알려져 있다. 이하의 기술에 대해서 맞으면 O표, 틀리면 ×표하라.

① 빅토리아 대폭포는 낙차 약 110m, 짐바브웨와 잠비아 양국에 걸쳐 있다. 세계 3대 폭포의 하나이다. ( )

② "짐바브웨"란 현지어로 "돌의 집"이라는 의미로, 그레이트 짐바브웨는 11세기~15세기에 이 땅에서 꽃을 핀 왕국의 유적이라고 알려져 있다. ( )

③ 빅토리아 대폭포를 처음으로 소개한 것은 영국의 탐험가 리빙스톤이다. (　)

【8】 각 군(群)에 관계가 있는 것끼리 연결하라.

A군	B군	C군
ⓐ 골드 리프 시티	① 더반	㉮ 인도양의 해안 휴양지
ⓑ 패트리커 기념비	② 프리토리아	㉯ 금광이용의 대레저시설
ⓒ 골덴 마일	③ 요하네스버그	㉰ "보아인의 대이동"의 거대한 기념비

【9】 다음 설명문을 읽고 국명과 수도명에 해당하는 기호를 골라 써 넣어라.

① 세계에서 4번째로 큰 섬, 동식물의 종류가 많고 그 대부분은 이 섬의 고유 종으로 알려져 있다.

② 이스라엘 팔레스타인 분쟁이 말려들기 전까지에는 중동의 스위스로 알려져 있을 정도로 풍광이 수려한 나라, 고대 이집트 왕국시대에 삼나무의 수출항으로 번성한 비브로스, 고대 종교도시의 유적으로 알려진 바르베크 등의 관광도시를 가지고 있다.

③ 솔로몬왕과 시바여왕으로 이어지는 아프리카 최고(最古)의 독립국, 해발 2,400m의 높이에 있는 아름다운 고원의 수도가 있다.

④ 아프리카 서단에 위치하고 있으며, 세계적으로 저명한 시인, 작가, 영화감독, 화가, 조각가, 무용단을 가진 서아프리카의 문화국가, 대서양에 돌출해 있는 수도의 바다 가운데는 예전 노예 무역시대의 사적을 가진 골레 섬이 있다.

⑤ 국명은 이전 서아프리카에서 번성한 흑인왕국에서 따왔다. 내륙부 여러 산물의 집산지로서 활기가 넘치는 수도에는 이전 이 땅에서 황열병의 연구 중 쓰러진 일본인 노구치(野口英世)의 기념비가 있다.

⑥ 북쪽에 사하라사막이 펼쳐진다. 흑인문화가 몇 세기에 걸쳐서 꽃을 피웠다. 베르데 곳에 있는 수도 이외에도 예전 "황금의 도시"로 알려진 도브크츠, 가오, "아프리카의 베네치아"로 알려진 교역도시 젠네, 소수부족인 "도곤족 방문지기로 알려진 모프티 등이 있다.

⑦ 국토의 절반이 해발 1,200m의 고원으로 되어 있으며, 적도 직하임에도 불구하고 온난한 기후로 혜택을 입고 있다. 나일 강의 수원인 빅토리아 호, 사자, 악어, 하마, 코끼리, 들소 등의 무리를 볼 수 있는 카바레가(매티슨)폭포 국립공원이 볼거리.

⑧ 인도양상에 떠있는 섬나라로 풍부한 숲과 산호초 등 아름다운 자연과 온화한 기후 혜택을 입고 있다. 프랑스 풍의 건물을 가진 수도나 주변이 모래사장 해변휴양지가 매력.

문제번호	국명	수도
ⓐ		
ⓑ		
ⓒ		
ⓓ		
ⓔ		
ⓕ		
ⓖ		
ⓗ		

보 기

국 명:	① 가나	② 에티오피아	③ 모리셔스	④ 레바논
	⑤ 마다가스카르	⑥ 우간다	⑦ 말리	⑧ 세네갈
수도명:	㉮ 다카르	㉯ 캄팔라	㉰ 아크라	㉱ 베이루트
	㉲ 포트루이스	㉳ 아디스아바바	㉴ 안타나나리보	㉵ 바마코

【여행사실무문제 64】

〈유럽〉

【1】 **다음 문장의 ( )안에 해당하는 관광개소를 보기에서 골라 그 기호를 써 넣으시오.**

① 런던 가운데에서도 별격(別格) 취급을 받는 것이 ( ), 상업 · 금융의 중심지로서 중요기관이 집중하고 있다.

② 런던을 찾는 관광자들이 가장 많이 들르는 장소는 ( )으로, 제일번화가이다.

③ 런던시내에 거대한 면적을 가진 공원이다. ( )

④ 윈저성으로 명성을 얻고 있는 윈저의 시가지에는 영국의 명문 ( )학교가 있다.

⑤ 안에 들어가면 왕조시대의 의상을 입은 수위가 사진촬영에 응해주고 있다. ( )의 중심에 있는 화이트타워에는 내부가 박물관이 되어 있어 중세의 무기나 갑옷 등이 진시되어 있다.

보 기

ⓐ 이튼교(校)	ⓑ 런던탑	ⓒ 하이드파크
ⓓ 시티	ⓔ 피카디리서커스	

【2】 **다음은 관광자들이 자주 찾는 관광개소이다. 그 설명이 해당하는 것을 보기에서 골라 그 기호를 써 넣으시오.**

① 리젠트스트리트와 교차하는 옥스퍼드서커스 주위가 가장 번화하다. ( )

② 6개의 주요 거리가 합쳐지는 광장, 이 광장의 심벌이 그리스 신화의 에로스상.( )

③ 개인의 컬렉션에서 출발, 대표적인 것으로 로제타스톤, 엘긴 · 마블 · 컬렉션, 이집트실의 미이라나 관의 전시 등이 있다. ( )

④ 궁전을 경비하는 근위병은 붉은 색 상의에 검은 모피의 모자를 쓰고 있는 것으로 친근감을 주고 있으며, 고적대의 연주에 맞추어 퍼레이드를 한다. ( )

⑤ 피비린내 나는 역사와는 달리 아름다운 성, 1078년 잉글랜드를 정복한 노르만공 윌리엄 1세가 거성(居城)으로 화이트타워를 건축한 이래 역대 왕의 손으로 탑이나 성벽이 증축되어 현재에 이르고 있다. ( )

⑥ 천재건축가로 알려진 크리스토퍼 렌의 대표걸작, 찰스 왕세자와 고 다이애나비의 결혼식을 올린 곳으로 유명하다. ( )

⑦ 원래 헨리 8세의 수렵장이었는데 1637년부터 일반에 공개되고 있다. ( )

⑧ 1805년 남스페인의 해상에서 프랑스함대를 격파하여, 나폴레옹의 영국침략을 단념시켰다. 영웅 넬슨제독을 기념하는 기념비가 있는 광장이다. ( )

⑨ 전장 280m, 19세기의 고딕양식 탑을 주축으로 중앙부분으로 대형 선박이 통과할 때 90초 간 여덟팔자 형태의 글자모양으로 개폐된다. ( )

⑩ 그 북쪽에는 96m의 시계탑이 있다. 빅벤이라고 불리는 대종은 런던의 상징으로 15분마다 울리는 시종(時鐘)은 BBC의 시보(時報)로도 사용된다. ( )

보 기

ⓐ 버킹검궁전	ⓑ 런던탑	ⓒ 세인트폴 사원	ⓓ 타워브리지
ⓔ 국회의사당	ⓕ 피카딜리서커스	ⓖ 대영박물관	ⓗ 하이드파크
ⓘ 옥스퍼드스트리트	ⓙ 트라팔카스퀘어		

【3】 관계 있는 항목을 오른쪽에서 골라 연결하시오.

① 비틀즈	ⓐ 케임브리지
② 비어트릭스 포터	ⓑ 베이커가 221번지B
③ 마담 투소	ⓒ 밀랍인형관
④ 나폴레옹	ⓓ 로제타스톤(대영박물관)
⑤ 팁스선생 안녕	ⓔ 윈저성
⑥ 셜록홈스	ⓕ 리버플
⑦ 넬슨제독	ⓖ 호수지방
⑧ 정복왕 윌리엄 1세	ⓗ 트라팔카스퀘어
⑨ 터너(화가)	ⓘ 글래스고우
⑩ 녹색의 골짜기	ⓙ 테이트갤러리

【4】 각각의 설명과 관련있는 것을 보기에서 골라 그 기호를 써 넣으시오.

① 세계 제일의 튜립공원이 있다. ( )

② 네덜란드에서 치즈의 도시로 유명. ( )

③ 네덜란드가 자랑하는 거장 렘브란트가 1639~1658년까지 지낸 집. ( )

④ 네덜란드 최남단부, 마누 강 좌안에 연 역사가 깊은 도시. ( )

⑤ 나라의 거의 중앙에 위치, 많은 국제견본시가 개최되는 상업도시. ( )

⑥ 도시명이 수로(물길)를 의미하며, 좁은 운하로 둘러 쌓인 아담한 도자기의 도시. ( )

⑦ 세계에서도 유수의 항구를 가진 네덜란드 제2의 도시. ( )

⑧ 암스테르담의 중심광장. ( )

⑨ 1889년 카이퍼스와 팬헨트의 작품, 서울역이나 도쿄역의 모델. ( )

⑩ 나치의 박해를 피해 부모와 누나, 다른 유태인 4명이 숨었던 집. 소녀의 절절한 애원이 일기에 점철되어 있다. ( )

⑪ 세계 최대로 알려진 생화시장이 있다. ( )

⑫ 수도는 아니나 국회, 관청, 각국 대사관이 있어 정치상의 중심지이다. ( )

⑬ 1575년 네덜란드 최초의 대학을 설립, 네덜란드 아카데미즘의 중심. ( )

보 기

ⓐ 렘브란트의 집	ⓑ 큐켄호프	ⓒ 알크마르	ⓓ 데르프트
ⓔ 유트레이트	ⓕ 마스트리히트	ⓖ 담광장	ⓗ 로테르담
ⓘ 라이덴	ⓙ 암스테르담중앙역	ⓚ 안네프랑크의 집	ⓛ 아루스메이어
ⓜ 헤이그			

【5】 다음 중 베네룩스 3국과 관련없는 것을 고르시오.

① 고흐( ) ② 팬아이크( ) ③ 마담 루소( ) ④ 렘브란트( )
⑤ 오드리헵번( ) ⑥ 피카소( ) ⑦ 오스카와일드( )
⑧ 잔세 스칸스( )

【여행사실무문제 65】

【1】 다음 문장의 (　　)안에 해당하는 관광개소를 보기에서 골라 그 기호를 써 넣으시오.

① 유원지 티볼리를 가진 도시. (　)

② 이 도시에서 생활하면 동화를 읽고 싶어진다. 예를 들면 인어상처럼. (　)

③ 햄릿의 무대가 된 크론보르성이 이 도시에 있다. (　)

④ 덴마크 전국토의 인구에 필적할만한 사람들이 방문하는 이 유원지는 1843년에 저널리스트인 게오 커스틴이 당시의 국왕 크리스찬센에게 진언하여 조성되었다. (　)

⑤ 시청사 광장에서 콩겐스유니트광장에 이르는 전장 1.2km의 보행자 천국은 쇼핑의 중심. (　)

⑥ 운하에 둘러 쌓인 스로츠홀멘 섬에 있는, 시내에서 가장 오래된 역사를 가지고 있다. 왕궁이었던 곳은 옛날 이야기로 지금은 아마리엠보궁전으로 이전되어 있다. (　)

⑦ 덴마크 심벌의 하나인 그녀는 암석이 많은 파도치는 가장자리 암석에 앉아 있다. 안데르센에 의해 생겨나, 에드워드 에릭센에 의해서 모습을 드러냈다. 어깨의 가는 선에는 감싸주고 싶은 향수가 있다. (　)

⑧ 셰익스피어작 햄릿의 무대로서 알려져 있으며, 여름 햄릿 축제에서는 성을 둘러싼 그윽하고 조용한 일각에서 셰익스피어극이 연출되는 곳으로 명성을 날리고 있다. (　)

⑨ 덴마크 제3의 도시인 오덴세는 (　　)이(가) 탄생과 성장한 도시로, 그는 이 도시를 꽃과 같다고 하였다. (　)

⑩ 유틀랜드반도에 있는 덴마크 제2의 도시. (　)

보 기

ⓐ 안데르센	ⓑ 헬싱괴르	ⓒ 코펜하겐	ⓓ 스트로이에
ⓔ 오덴세	ⓕ 티볼리정원	ⓖ 오프스	ⓗ 인어상
ⓘ 크리스티안스보르궁전		ⓙ 크론보르	

【2】 다음 설명에 해당하는 관광개소를 보기에서 골라 그 기호를 써 넣으시오.

① 1619년 구스타프 아돌프왕이 건설한 스웨덴 예테보리오크보후스주(州)의 주도

(州都). 고텐부르크(Gotenburg)라고도 한다. ( )

② 노벨상 수상파티는 시청사 "황금의 방"에서 행해진다. ( )

③ 발트 해로부터 약 30km 거슬러 올라온 멜라렌호(湖) 동쪽에 있으며, 시가는 많은 반도와 작은 섬 위에 자리잡고 있다. 넓은 수면과 운하 때문에 흔히 '북구의 베네치아' 라는 별명으로 불린다. ( )

④ 1891년에 스웨덴 민속학자이며 교육자인 A.하셀리우스(A. Hazelius)가 설립한 세계 최초의 야외박물관이다. ( )

⑤ 스톡홀름 북서쪽 65km 지점에 위치한다. 1270년 대주교좌의 소재지가 되었으며, 18세기까지 스웨덴의 수도로서 문화와 학술의 중심이 되었다. ( )

⑥ 350km에 이르는 해안선의 중심에 있는 스웨덴 제2의 도시. 독일이나 스코틀랜드로부터의 이주자가 많고 북구 최대의 항구도시이다. ( )

⑦ 스웨덴 제3의 도시로 12세기에 창설되고 1353년 자유도시가 되었으며, 특히 한자동맹시대(12~13세기)에는 북해 청어어업의 근거지였다. ( )

⑧ 가옥은 삼림에서 벌채해온 나무껍질과 통나무로 지어졌으며, 말 목각은 스웨덴의 심벌로 되어 있다. ( )

보 기

ⓐ 예테보리　ⓑ 스톡홀름　ⓒ 말뫼　ⓓ 스칸센
ⓔ 달라르나지방　ⓕ 웁살라

【3】 다음 설명에 해당하는 관광개소를 보기에서 골라 그 기호를 써 넣으시오.

① 오포텐 협만의 반도에 위치하며, 극권을 넘는 북위 68° 28′의 고위도에 있어, 여름에는 백야현상이 50일에 이르지만 난류의 영향으로 부동항을 이룬다. ( )

② 노르웨이의 정치 · 문화 · 상공업의 중심지이며 부동항이다. 바이킹선 등 남자의 로맨스를 불러일으킬 박물관이 있는 도시. ( )

③ 오슬로 서쪽 492km, 대서양 연안의 작은 만(灣) 깊숙한 곳에 있는 항만도시이다. 이 나라 제2의 도시로서 가장 중요한 어항이기도 하다. ( )

④ 노르웨이 서해안에 있는 협만, 길이 204km, 해안쪽으로 깎아지른 산 사이를 깊숙이 파고들어간 노르웨이 최장의 협만이다. ( )

⑤ 노르웨이 왕국 최초의 수도였던 곳으로 현재 이 나라 제3의 상공업도시인 동시에 대학도시이기도 하다. ( )

보 기

ⓐ 오슬로　ⓑ 나르비크　ⓒ 베르겐　ⓓ 트론헤임　ⓔ 송네

【4】 다음 설명에 해당하는 관광개소를 보기에서 골라 그 기호를 써 넣으시오.

① 핀란드 북부 라플란드의 북극권 바로 아래에 있는 도시, 라프지방의 행정중심지로 오우나스 강(江)이 케미 강과 합류하는 지점에 위치한다. (　)

② 14세기 이래 동쪽의 러시아에 대한 기지로서 스웨덴인이 건설하였다. 수산물 · 목재 · 펄프 등의 선적항으로 농산물가공 · 조선 · 화학공업 등이 행해지고 있으며, 이 나라 북부의 관광중심지이다. (　)

③ 핀란드의 수도, 스웨덴어로는 헬싱포르스(Helsingfors)라고 한다. 현재의 도시 구역은 핀란드만에 돌출한 작은 곶(串)과 그곳을 중심으로 하는 주변의 섬들로 이루어져 있다. (　)

보 기

ⓐ 헬싱키　ⓑ 로바니에미　ⓒ 오울루

【5】 다음 설명에 해당하는 관광개소를 보기에서 골라 그 기호를 써 넣으시오.

① 아이슬란드 남서부의 중앙구조대에 있는 간헐천의 총칭, 현지음은 게이시르, 이 나라의 수도로부터 동쪽 약 80km, 론귀클 빙하(氷河)의 남단 가까이에 있다. (　)

② 북위 63° 20' 부터 66° 33' 까지, 서경 13° 30' 부터 24° 32' 까지를 차지하며, 남북길이 340km, 동서 길이 530km의 계란형을 이루고 있다. 유럽에서는 영국에 이은 2번째로 큰 섬이다. 가장 가까운 서쪽의 그린란드까지는 278km, 남동쪽의 스코틀랜드까지는 708km, 동쪽의 노르웨이까지는 970km 떨어져 있다. (　)

③ A.D. 1180년부터 1300년까지 쓰여진 대부분의 대하소설로 아이슬란드의 가장 잘 알려진 문학 장르이다. (　)

④ 북위 64° 에 위치한 세계 최고 위도상의 수도이다. 1874년에 첫 노르웨이 식민자 I.아르나르손 등의 정착으로 취락이 시작되었다. (　)

보 기

ⓐ 아이슬란드　ⓑ 레이캬비크　ⓒ 가이저　ⓓ 사가

【여행사실무문제 66】

【1】 다음 도시들은 여행자들이 많이 찾는 곳이다. 문장의 (　　)안에 해당하는 관광개소를 보기에서 골라 그 기호를 써 넣으시오.

① 바이에른주의 주도(州都), 맥주의 본고장. (　)
② 대성당이 있는 라인 강의 연안도시. (　)
③ 엘베 강 하구에 있으며, 먹을거리와 관계가 있다. (　)
④ 발트 해에 면해 있다. (　)
⑤ 춘추 2회에 걸쳐 국제견본시가 열리고 있다. (　)
⑥ 로맨틱가도상의 중세도시. (　)
⑦ 베토벤 생가가 있다. (　)
⑧ 독일의 수도 독일 동부, 바르샤바-베를린 주곡(主谷)의 저지(低地)에 있다. (　)
⑨ 독일의 현관도시로 유명하다. (　)
⑩ 베를린 근교, 대전(大戰)은 이 선언으로 종결되었다. (　)
⑪ 넥카 강 하안 (河岸)의 학원도시. (　)
⑫ 온천으로 잘 알려져 있다. (　)
⑬ 여기서 생긴 헌법은 유명하다. (　)
⑭ 나치독일을 여기서 심판을 받았다. (　)
⑮ 체코에 가깝고, 작센지방의 중심도시이다. (　)

보 기

ⓐ 베를린	ⓑ 푸랑크푸르트	ⓒ 뮌헨
ⓓ 본	ⓔ 바이마르	ⓕ 뤼벡
ⓖ 로텐부르크	ⓗ 뉘른베르크	ⓘ 함부르크
ⓙ 포츠담	ⓚ 바덴바덴	ⓛ 드레스덴
ⓜ 하이델베르크	ⓝ 쾰른	ⓞ 라이프치히

【2】 다음 도시와 관계가 있는 것끼리 연결하시오.

① 쾰른	ⓐ 18~19세기에 독일 정신문화의 중심지
② 뒤셀도르프	ⓑ 오데콜론은 이 도시의 명산품
③ 하메른	ⓒ 로렐라이는 전설의 언덕
④ 바이마르	ⓓ 유럽최고(最古)의 도자기 도시
⑤ 라인 강 유람	ⓔ 쥐덫의 집이 남아 있다
⑥ 뮌헨	ⓕ 히틀러가 봉기한 도시
⑦ 마이센	ⓖ 시인 하이네의 탄생지
⑧ 바이로이트	ⓗ 바그너 음악제가 열린다

【3】 오스트리아 여행에서 숙박지로 선정된 중요도시에는 비엔나와 잘츠부르크. 이 도시의 관광명소를 각각의 기호로 기입하시오.

① 비엔나
( ), ( ), ( )
( ), ( )

② 잘츠부르크
( ), ( ), ( )

보 기

ⓐ 슈베르트생가	ⓑ 모차르트생가	ⓒ 미라벨정원	ⓓ 쉠부른궁전
ⓔ 슈테판성당	ⓕ 호프부르크궁전	ⓖ 국립오페라극장	ⓗ 대축제극장

【4】 다음은 비엔나 시내의 관광개소에 대한 설명문이다. 보기에서 장답을 골라 ( ) 안에 그 기호를 써 넣으시오.

① 프랑스의 베르사이유 궁전에 대항하여 건조되었다. 합스부르크왕가의 여름 궁전. ( )

② 오페라좌와 슈테판사원을 연결하는 비엔나에서 제일 번화가. ( )

③ 왕궁정원, 영웅광장과 이어진 공원으로 완성은 1020년. 비엔나 최고의 공원으로서 장미원 등이 있으며, 꽃이 피는 시기에는 무척 아름답다. ( )

④ 비엔나 국제정원 전시회(1964)를 기념하여 조성된 높이 252m의 탑. ( )

⑤ 구시가의 거의 중앙에 위치한 높이 137m의 첨탑과 모자이크가 유명. 오스트리아 최대의 고딕식 성당이다. ( )

⑥ 모짜르트가 1784년부터 1787년까지 살아 있던 집이 모차르트 기념관으로서 개방되어 있다. ( )

⑦ 1679년 페스트의 종식에 감사하여 시(時)의 황제 레오폴트1세가 헌상한 삼위일체기둥. ( )

⑧ 슈테판사원 서쪽에 펼쳐진 폭이 넓은 거리를 닮은 광장으로 쇼핑가이다. ( )

⑨ 1365년 루돌프 4세공에 의해서 창립되어 독일어를 사용하는 대학으로는 최고의 역사를 자랑하고 있다. ( )

⑩ 마리아 테레지아가 창시한 무대에 요제프2세가 궁정 국민극장 이름을 지은 것이 이 극장의 시작이다. ( )

보 기

ⓐ 케른트너거리	ⓑ 슈테판사원	ⓒ 피가로하우스	ⓓ 그라벤
ⓔ 페스트기념기둥	ⓕ 폴크스정원	ⓖ 부르크극장	ⓗ 빈대학
ⓘ 쉘부른궁전	ⓙ 도나우타워		

【5】 다음 도시와 관계가 있는 것끼리 연결하시오.

① 루쩨른	ⓐ 유명한 국제도시, 프랑스어권
② 제네바	ⓑ 재건된 카펠다리가 유명
③ 몽트레	ⓒ 옵션으로 시욘성 관광은 잊지 말기를
④ 취리히	ⓓ 리마트 강변에는 구시가, 스위스 최대도시
⑤ 다보스	ⓔ 빙하특급, 베르니나특급의 발착점
⑥ 생모리	ⓕ 토마스만의 마의산의 무대

【여행사실무문제 67】

【1】 다음 문장의 (　　)안에 해당하는 적절한 어구를 보기에서 골라 그 기호를 써 넣으시오.

① 이전에 국제연맹의 본부가 있었던 (　　)에는 프로테스탄트 운동의 역사를 전하는 (　　)이(가) 있다.

② 마터호른 관광에는 (　　)역전에서 등산열차로 갈아타고 전망대가 있는 (　　)까지 급한 경사면을 등정한다.

③ 루쩨른에서 유명한 기념비는 (　　)로 빙하공원 옆에 있다.

④ 소년소녀 소설 "알프스의 소녀 하이디"의 무대로서 알려진 산촌은 (　　)와의 국경 근처에 있는 (　　)이다.

보 기			
ⓐ 마이엔페르트	ⓑ 리히텐슈타인	ⓒ 체르마트	ⓓ 고르너그라트
ⓔ 제네바	ⓕ 빈사의 사자	ⓖ 종교개혁 기념비	

【2】 다음 도시들은 여행자들이 많이 찾는 곳이다. 문장의 (　　)안에 해당하는 관광개소를 보기에서 골라 그 기호를 써 넣으시오.

① 론 강(江)과 손 강(江)의 합류점에 있다. 오래 전부터 프랑스 교통의 요충지. (　)

② 가론 강(江) 우안에 위치하며 파리 · 마르세유 · 리옹에 다음가는 프랑스 제4의 도시이다. 대주교구청 · 항소법원 등이 있으며, 프랑스 남부 최대의 교통 · 산업 · 문화의 중심지이다. (　)

③ 파리의 동쪽 447km, 라인 강(독일 국경)의 서쪽 약 3km 지점에 위치하며 알자스의 경제 · 문화 중심지이다. (　)

④ 오랫동안 센현(縣)의 주도(主都)였으나 1964년부터 파리만으로 독립 현이 되었다. 프랑스의 정치 · 경제 · 교통 · 학술 · 문화의 중심지일 뿐만 아니라 세계의 문화 중심지로, '꽃의 도시' 라고 불리며 프랑스 사람들은 스스로 '빛의 도시' 라고 부른다. (　)

⑤ 파리 남쪽 77km, 지중해 리옹 만(灣) 내의 크론곶과 크르와제트곶 사이에 있는

천연의 양항으로 프랑스의 무역항이며 대도시이다. ( )

보 기

ⓐ 파리	ⓑ 스트라스부르	ⓒ 리용
ⓓ 툴루즈	ⓔ 마르세이유	

【3】 파리를 기점으로 당일관광코스를 나타낸 것인데, 이 가운데 당일관광이 불가능한 코스를 고르시오.

① 유로디즈니랜드 관광
② 샤르트르관광
③ 시욘성과 와인의 본고장 관광
④ 폰텡느부로관광
⑤ 베르사이유궁전 관강
⑥ 르와르계곡과 고성순례

【4】 프랑스의 관광은 역시 파리에서 시작하는 것이 일반적이다. 파리에 관한 이하의 설문에 해당하는 것을 골라 그 기호를 써 넣으시오.

① 세느 강 유람에 이용되고 있는 관광선. ( )
② 파리의 큰 거리 중 가장 유명한 거리. ( )
③ 에펠탑도 올라가지만 여기도 올라간다. ( )
④ 왕과 왕비가 기요틴에 처형된 광장의 이름. ( )
⑤ 문학의 향기가 깊게 배었던 거리. ( )
⑥ 세느 강에 있는 작은 섬. ( )
⑦ 앵발리드에 묻혀있는 프랑스의 영웅. ( )
⑧ 프랑스의 화이트하우로 알려져 있는 궁전. ( )
⑨ 유트리로와 피카소도 살고 있었던 지구(地區) 이름. ( )
⑩ 세계 최대급의 미술관. ( )

보 기

ⓐ 나폴레옹	ⓑ 생제르멩데프레	ⓒ 바트무슈	ⓓ 루부르
ⓔ 시테	ⓕ 몽마르트언덕	ⓖ 샹젤리제	ⓗ 엘리제
ⓘ 개선문	ⓙ 콩코르드		

【5】 다음도 파리와 관련된 문제이다. 해당하는 것을 골라 그 기호를 (   )안에 써 넣으시오.

① 콩코르드광장과 루브르미술관 사이에 있는 정원. ( )
② 유명 부티크가 밀집되어 있는 쇼핑가. ( )
③ 사르트르, 모파상 등이 영면하고 있는 묘지. ( )
④ 혁명 200주년 기념으로 데팡스지구에 완성한 것. ( )
⑤ 여기에 나폴레옹의 석관이 안치되어 있다. ( )
⑥ 파리 최고(最古)의 다리로도 새다리(新橋)로도 부르고 있다. ( )
⑦ 몽마르트언덕에 있는 화가의 광장. ( )
⑧ 파리의 서쪽에 펼쳐진 시민들의 휴식처인 숲. ( )
⑨ 구역사를 개조하여 만든 세느 강 좌안에 있는 미술관. ( )
⑩ 세느 강에 떠 있는 섬에 있는 가톨릭 사원. ( )

보 기

ⓐ 테르트르	ⓑ 신개선문	ⓒ 생트노레	ⓓ 노틀담
ⓔ 오르세	ⓕ 앵발리드	ⓖ 튈르리	ⓗ 블로뉴
ⓘ 퐁누프	ⓙ 몽파르나스		

【6】 다음은 프랑스 유명호텔 이름과 그 호텔이 소재한 장소이다. 서로 연결하시오

① 크리용	ⓐ 모나코
② 마르티네스	ⓑ 칸느
③ 네그레스코	ⓒ 파리
④ 드 파리	ⓓ 니스

【여행사실무문제 68】

【1】 이하의 관광개소 중 로마 시내에 있는 것에는 O표, 없는 것에는 X표 하시오.

① (　)콜로세움　② (　)포로노마노　③ (　)폼페이유적
④ (　)스칼라좌　⑤ (　)아피아구(舊)가도　⑥ (　)카타콤페
⑦ (　)베네치아광장　⑧ (　)카라카라욕장　⑨ (　)산마루코광장
⑩ (　)자니코로언덕　⑪ (　)스페인계단　⑫ (　)베키오다리
⑬ (　)메디치가예배당　⑭ (　)아카데미아미술관

【2】 다음은 아탈리아의 중요도시에 관한 설명문이다. 보기에서 정답을 골라 그 기호를 괄호안에 써 넣으시오.

① 피렌체의 남쪽 약 50km 지점, 옴브로네 강(江)의 지류 사이에 끼어 있는 해발고도 320m의 구릉에 위치한다. 포도주 산지로서 이름높은 키안티 산지에 위치하여 포도주 · 대리석 · 농기구 등을 생산한다. (　)

② 영어로는 제노아(Genoa)라고 한다. 이탈리아 쪽의 리구리아 해(海) 중앙에 위치하는 이탈리아 제1의 항구이며, 밀라노 · 토리노와 더불어 북부 이탈리아 공업도시이다. (　)

③ 투린(Turin)이라고도 한다. 제노바 북서쪽 포 강(江) 연변에 있는 교통의 요지이며 기원 전에 켈트인이 이곳에 도시를 건설하였다. (　)

④ 로마 · 밀라노 다음가는 이탈리아 제3의 도시이다. 세계 3대 미항으로 배후는 베수비오 화산의 서쪽 기슭까지 이르고 있다. (　)

⑤ 영어로는 베니스(Venice)라고 한다. 석호(潟湖)위에 흩어져 있는 118개의 섬들이 약 400개의 다리로 이어져 있다. (　)

⑥ 전나무로 뒤덮인 해발고도 약 1,200m의 분지에 위치하는 돌로미티알프스의 산악 관광지이다. (　)

⑦ 영어로는 플로렌스라고도 한다. 로마 북서쪽 233km, 아르노 강(江)의 양안(兩岸), 구릉과 선상지상에 있다. 근교의 아르노 강 연변의 저지는 신흥공업지대로 상공업의 중심을 이룬다. (　)

⑧ 볼로냐의 동쪽 약 70km의 아드리아 해(海)에 가까운 옛 도시로, 포 강(江) 하류

에서 운하로 아드리아 해로 연락된다. ( )

⑨ 포강의 지류인 티치노 · 아다두 하천 사이의 비옥한 평야부에 자리한다. 예로부터 교통의 요지로서 발달한 북이탈리아 공업지대의 중심도시이다. ( )

⑩ 시칠리아 섬 최대의 도시이며 콩카드로라고 부르는 비옥한 평야를 배후지로 두고 있는 상공업 중심지이다. ( )

보 기

ⓐ 나폴리	ⓑ 팔레르모	ⓒ 시에나	ⓓ 베네치아
ⓔ 라벤나	ⓕ 토리노	ⓖ 피렌체	ⓗ 제노바
ⓘ 밀라노	ⓙ 코르티나담페초		

【3】 왼쪽의 도시와 오른 쪽의 관광개소를 연결하시오.

① 로마 ( ), ( )	ⓐ 트레비분수
② 밀라노 ( ), ( )	ⓑ 움부리아국립박물관
③ 피렌체 ( ), ( )	ⓒ 산타루치아항(港)
④ 폼페이 ( )	ⓓ 줄리에타의 집
⑤ 베네치아 ( ), ( )	ⓔ 베수비오 화산으로 매몰된 유적
⑥ 페루자 ( )	ⓕ 스카라좌
⑦ 피사 ( )	ⓖ 우피치미술관
⑧ 아시시 ( )	ⓗ 산마루코대사원
⑨ 베로나 ( )	ⓘ 도우모(꽃의 성모사)
⑩ 나폴리 ( )	ⓙ 리알토다리
	ⓚ 사탑
	ⓛ 포로로마노
	ⓜ 산프란체스코사원
	ⓝ 산타마리아델그라치에교회(최후의 만찬 성화)

【4】 세계의 소국 독립국 바티칸시국에 대해서 설명한 문장이다. 보기에서 정답을 골라 그 기호를 괄호안에 써 넣으시오.

① 바티칸 관광은 거장 베르니니 설계의 ( )에서 시작한다. 정면의 ( )는 세계 최대의 가톨릭 대성당.

② 로마 미술유산의 대부분은 바티칸에 있다고 해도 과언이 아니라고 일컬어지고 있다. 대 성당 내의 미켈란젤로의 조각 ( ), 시스티나 예배당 안에 있는 미켈란젤로가 그린 천정화( ) 라파엘로작 "아테네의 학당" 등 빼놓을 수 없는 걸작이 즐비하다.

보 기

ⓐ 피에타	ⓑ 산피에트로광장	ⓒ 최후의 심판
ⓓ 산피에트로 대사원		

【5】 스페인을 대표하는 화가로 고야, 베라스케스, 그레그 등이 있다. 작품명을 밑에서 골라 그 기호를 써 넣으시오.

① 고야 ( ), ( )

② 베라스케스 ( ), ( )

③ 엘 그레코 ( ), ( )

보 기

ⓐ 라스 · 메니나스(궁녀들)	ⓑ 수태고지(受胎告知)	ⓒ 말가리타여왕
ⓓ 나(裸)의 마하	ⓔ 카를로스 4세의 가족	ⓕ 오르가스백작의 매장

【여행사실무문제 69】

【1】 다음 도시들은 여행자들이 많이 찾는 곳이다. 문장의 (　　)안에 해당하는 관광개소를 보기에서 골라 그 기호를 써 넣으시오.

① 지부랄탈 해협을 조망하는 항구도시. (　)

② 시에라네바다 산맥의 북쪽과 과달키비르 강(江)의 지류 헤닐 강과 다르로 강이 합류하는 높이 670m 지점에 있다. (　)

③ 몬데구 강(江) 하구에서 약 50km 상류에 있는 구릉에 있으며 부근 농업지역의 중심지이다. 로마시대에는 아에미니움이라고 하였다. (　)

④ 수도 마드리드 남서쪽 70km 지점에 위치하는 관광도시이다. 타호 강(江) 연안에 있으며 역사 · 미술적으로는 마드리드를 능가하기도 한다. (　)

⑤ 지중해 연안의 항구도시이며, 항만규모와 상공업활동에 있어서는 에스파냐 제1의 도시이다. (　)

⑥ 리스보아(Lisboa)라고 한다. 테주 강(타호 강)의 삼각 하구 우안(右岸)에 위치한다. 이 나라 최대의 도시이며, 유럽대륙 대서양 연안 굴지의 양항(良港)이기도 하다. (　)

⑦ 옛 이름은 히스팔리스, 과달키비르 강 어귀에서 87km 상류 연안에 있다. (　)

⑧ 12사도(使徒)의 한 사람인 성(聖)야곱(에스파냐어로 산티아고)의 순교지로 알려져 있다. (　)

⑨ 이베리아반도의 중앙부, 해발고도 635m의 메세타원에 위치하며, 만사나레스 강(江)에 임한다. 유럽의 수도 중 가장 높은 곳에 있다. (　)

⑩ 안달루시아 지방의 중앙에 위치한다. 8세기에 세워진 이슬람교 대사원이 상징하는 바와 같이 중세에는 이슬람의 지배를 받았기 때문에 오늘날에도 이슬람교 색채가 남아 있다. (　)

보 기

ⓐ 마드리드	ⓑ 코임브라	ⓒ 바르셀로나	ⓓ 리스본
ⓔ 그라나다	ⓕ 코르도바	ⓖ 산티아고데콤포스텔라	
ⓗ 세비야	ⓘ 톨레도	ⓙ 아르헤시라스	

【2】 **그리스는 뭐라 해도 고대 유적의 나라이다. 다음의 설명문에 해당하는 것을 골라 (　　)안에 그 기호를 써 넣으시오.**

① 스니온곶 단애상에 건조된 도리아양식의 열주신전(列柱神殿) (　)

② 지중해 크레타 섬에 있던 고대 왕국의 궁전. 에게문명 전기의 지배자 미노스의 거성(居城)이다. 섬의 북안(北岸) 현재의 이라클리온시(市) 남쪽 약 6km 지점 구릉 위에 있다. (　)

③ 아폴로 신전을 중심으로 하는 고대 지중해 세계의 배꼽. (　)

④ 그리스 도데카니소스주(州)의 주도(州都). B.C. 407년 로도스 도시국가의 수도로서 건설되어, 지중해 무역의 중심지로서 번영했다. (　)

⑤ 펠로폰네소스반도 북서쪽 그리스 엘리스지방에 있는 제우스의 신역(神域). 신역은 헤라클레스가 만들었다고 하는 벽으로 둘러싸여 있으며, 그 속에는 제우스 신전을 비롯하여 제우스 제단, 헤라 신전, 펠롭스 신전 등이 있다. (　)

⑥ 알렉산더 대왕과 관련 있는 땅 페라에의 관광은 이곳이 기점이다. (　)

⑦ 아테네 남동 약 80km에 있으며, 여기서 보이는 에게 해의 석양은 장관이라고 말하지 않을 수 없다.. (　)

⑧ 고대 그리스어(語)로는 아테나이(Ath 暴 nai), 현대 그리스어로는 아티나이(Ath 砲 nai), 영어로는 애신스(Athens)이다. (　)

⑨ 아틀랜티스 대륙의 전설을 가진 신비의 화산섬. (　)

⑩ 펠로폰네소스반도 아르골리스 북동 해안의 고대도시. 마을 근방의 바다로 돌출한 언덕 위에 시역(市域)의 유적이 확인되나 큰 규모는 아니며, 부근 일대에는 선사시대의 유적이 많다. (　)

보 기

ⓐ 로도스 섬	ⓑ 산트리니 섬	ⓒ 테살로니키	ⓓ 아테네
ⓔ 에피다우로스	ⓕ 올림피아	ⓖ 크노소스궁전	ⓗ 포세이돈신전
ⓘ 델피유적	ⓙ 스니온곶		

【여행사실무문제 70】

【1】 다음은 체코와 슬로바키아의 대표적인 관광개소이다. 문장의 (　　)안에 해당하는 낱말을 보기에서 골라 그 기호를 써 넣으시오.

① 프라하 남서 22km지점에 있으며, 삼림에 둘러 쌓인 바위산 위에 건조된 고성. (　)

② 프라하 남쪽 약 4km에 있는 프랑스 풍의 성으로 수렵에 관한 전시품이 많이 소장되어 있는 곳으로 유명하다. (　)

③ 보레미아나 그라스의 산지, 카오린(陶土)이 풍부하게 산출되는 유리공업, 유리공예품으로 체코를 대표하는 도시로 알려져 있다. (　)

④ 모라비아지방의 중심도시로 매년 국제견본시가 개최되는 도시로 알려져 있다. (　)

⑤ 도나우 강 좌안에 있는 슬로바키아의 수도, 2세기 이상 헝가리왕국의 수도였다. (　)

보 기

ⓐ 브르노　ⓑ 카를슈테인성　ⓒ 코노피슈체성
ⓓ 카를로비 바리　ⓔ 브라티스라바

【2】 다음은 프라하의 대표적인 관광개소이다. 문장의 (　　)안에 해당하는 낱말을 보기에서 골라 그 기호를 써 넣으시오.

① 불타바 강에 걸린 난간에 30체의 성상(聖像)이 조각된 아름다운 다리. (　)

② 불타바 강 좌안 언덕위에 건조된 장대한 성. 대통령관저, 성피트대성당, 구왕궁, 성이지교회, 국립박물관 고미술부 등이 있다. (　)

③ 시간과 혹성이나 달의 움직임을 나타내는 시계가 있는 곳으로 유명하다. (　)

④ 광장으로 불릴 만큼 넓은 도로로 프라하의 중심적 존재. (　)

⑤ 시민들의 휴식장소로 알려져 있는 종교개혁의 선구자 후스의 동상이 있다. (　)

보 기

ⓐ 카를다리　ⓑ 프라하성　ⓒ 바츨라프광장
ⓓ 구시가광장　ⓔ 구시청사

【3】 다음은 부다페스트의 대표적인 관광개소이다. 문장의 (　　)안에 해당하는 어구를 보기에서 골라 그 기호를 써 넣으시오.

① 왕궁이 있는 언덕에 있다. 역대왕의 대관식이 거행된 교회. (　)

② 부다지구의 왕궁의 언덕에 있고, 역사박물관이 되어 있는 네오 바로크양식의 건물. (　)

③ 헝가리 건국 1,000년을 기념하여 1929년에 완성한 영웅상들이 늘어선 광장. (　)

④ 헝가리 건국 1,000년을 기념하여 1905년에 완성한 대성당. (　)

⑤ 왕궁의 언덕에 있는 관광객에게 인기있는 건조물로 도나우 강 조망이 일품. (　)

⑥ 페스트지구, 도나우 강에 면한 네오 고딕양식의 장대한 건축. (　)

보 기		
ⓐ 왕궁	ⓑ 어부의 요새	ⓒ 마챠시교회
ⓓ 국회의사당	ⓔ 성이스트반성당	ⓕ 영웅광장

【4】 다음은 바르샤바의 대표적인 관광개소이다. 문장의 (　　)안에 해당하는 어구를 보기에서 골라 그 기호를 써 넣으시오.

① 제2차 세계대전으로 파괴되었지만 완전히 복원되었다. 볼만한 곳의 중앙에 있는 구시장광장, 역사박물관 등 세계유산에 등록되어 있다. (　)

② 구시가의 북쪽에 있으며, 현재는 박물관이다. (　)

③ 시의 남쪽에 있는 17세기말에 건조된 예전의 여름 별궁. (　)

④ 도시의 남쪽에 펼쳐지는 광대한 공원으로 수상궁전이 볼 만하다. (　)

보 기		
ⓐ 퀴리부인생가	ⓑ 와지엔키공원	ⓒ 빌라누프궁전
ⓓ 구시가		

【5】 다음은 크라코프의 관광개소이다. 보기에서 정답을 골라 그 기호를 (　　)안에 써 넣으시오.

① 지동설을 주장한 코페르니쿠스가 공부한 곳이 있다. 폴란드 최고의 대학. (　)

② 시의 남쪽 비스와 강을 내려다보는 위치에 있으며, 성내의 대성당으로부터의 전망이 일품이다. (　)

③ 크라쿠프의 서쪽 53km에 있는 도시이며, 나치 독일 최대의 강제수용소가 있

던 곳으로 유명하다. ( )

보 기		
ⓐ 바벨성	ⓑ 야기우에오대학	ⓒ 오슈비엥침(독일명 아우슈비츠)

【6】 다음 문장의 ( )안에 해당하는 어구를 골라 그 기호를 써 넣으시오.

① 루마니아는 ( )인의 말을 하는 사람들의 토지라는 의미이며, 루마니아 사람은 지금도 로마의 전설과 관련되어 있다는 것을 자랑으로 여기고 있다.

② 부카레스트 관광에서는 루마니아 혁명의 무대인 ( )가(이) 필수.

③ 발칸 반도에서 최대의 규모를 자랑하는 알렉산드르 · 네프스키사원과 리라의 승원(僧院) 은 ( )관광의 하이라이트이다.

④ "아드리아해의 진주"로 불리는 ( )은(는) 크로아티아를 대표하는 보양지(保養地).

⑤ ( )는 제1차 세계대전 발발의 원인이 된 사건이 있었던 도시로 유명, 1984년 동계 올림픽의 개최지이기도 하였다.

⑥ 흰 도시의 뜻을 가지고 있는 ( )은(는) 도나우 강과 사바 강의 합류점 우안(右岸)에 있는 신 유고슬라비아의 중심도시이다.

보 기		
ⓐ 국민의 관(전 차우세스쿠궁전)	ⓑ 두부로브니크	ⓒ 불가리아
ⓓ 사라예보	ⓔ 베오그라드	ⓕ 로마

【7】 다음 국가와 수도를 연결하시오.

① 루마니아	ⓐ 사라예보
② 불가리아	ⓑ 자그레브
③ 신유고슬라비아	ⓒ 소피아
④ 보스니아헤르체고비나	ⓓ 베오그라드
⑤ 크로아티아	ⓔ 류블랴나
⑥ 슬로베니아	ⓕ 부카레스트
⑦ 알바니아	ⓖ 스코페
⑧ 마케도니아	ⓗ 티라나

【여행사실무문제 71】

〈종합편〉

해외 각지의 관광에 관한 이하의 각 설문에 대하여 해당하는 것을 고르시오.

【1】 레오나르도 다빈치의 "최후의 만찬"벽화는 밀라노의 _____벽에 그려져 있다.

① 성프란시스코교회
② 산타마리아데레피올레,
③ 산타키아라교회
④ 산타마리아데레그라체교회

【2】 프랑스혁명 200주년을 기념하여 세워진 신개선문은 신부심(副心)의 _____에 있다.

① 몽파르나스　② 바스티유
③ 생드니　④ 라데팡스

【3】 스페인 남부의 _____의 언덕 위에 세워져 아라비아어로 "빨간 성"을 의미하는 알함브라궁전은 이스람문화의 영화를 지금도 느끼게 해주는 궁전이다.

① 톨레도　② 코르도바
③ 그라나다　④ 세비야

【4】 독일의 로맨틱 가도는 북으로는 라인 강 호반의 고도 뷔쯔부룩에서 남으로는 오스트 리아 국경을 따라 산록의 도시 ________까지 약 350km에 이른다.

① 로텐부르크　② 린다우
③ 퓨센　④ 뉘른베르크

【5】 스위스 · 이탈리아 국경에 솟은 마터호른을 조망하는 대표적인 루트의 하나로 제르마트에서 해발 3,090m의 __________까지 등산열차를 이용하는 코스가 있다.

① 에규듀미디　② 그린덴발트
③ 라우타부룬넨　④ 고르너그라트

【6】 노르웨이 남서부에 위치하는 동국 최대의 송네 피요르드는 ________의 북쪽 약 80km지점에서 동쪽으로 향하여 들어가고 있다.

① 토론헤임 ② 베르겐
③ 함메르페스트 ④ 오슬로

【7】 러시아 정교의 성이삭사원은 _____에 있으며, 내부에는 500여점에 이르는 미술품을 소장한 박물관이다.

① 상트페테르부르크 ② 키에프
③ 모스크바 ④ 민스크

【8】 톱카프궁전, 술탄아프메트 · 자미니(불 · 모스크) 등 관광 포인트가 집중하고 있는 터 키의 이스탄불은 _______해협을 끼고 아시아와 유럽대륙을 연결하고 있다.

① 보스포러스 ② 지부랄탈
③ 메시나 ④ 다르다넬스(차나칼레)

【9】 나일 강 호반에 위치한 룩소르는 동안(東岸)의 룩소르 신전이나 카르나크의 신전군을 중심으로 한 고대 도시유적 __________의 관광 거점이며, 서안(西岸)에는 "왕가의 계곡"과 "왕비의 계곡"이 있다.

① 기자 ② 사카라
③ 테베 ④ 멤피스

【10】 밴프 국립공원에 속하며, 캐나디언 록키의 보석으로 칭송되고 있는 ________ 는 빙하의 침식활동에 의해 생겨난 웅덩이에 물이 고인 빙하호이다.

① 마린 레이크 ② 에머럴드 레이크
③ 오카나간 레이크 ④ 레이크 루이즈

【11】 뉴욕의 ______ 은 소장품이 350만점이 넘는 세계최대의 미술관이며, 그 중에서도 고대이집트 미술, 르네상스 이후의 유럽미술, 로버트 레만 컬렉션 등이 유명하다.

① 메트로폴리탄미술관 ② 구겐하임미술관
③ 휘트니미술관 ④ 뉴욕근대미술관

【12】 페루의 안데스산맥 가운데에서 1911년 발견된 ________는 우루밤바 강의 계곡 밑으로부터 665m 위에 해발 약 2400m에 위치한 것에서 "공중도시"로 불리는 잉카 유적이다.

① 나스카 ② 마추픽추

③ 쿠스코 ④ 차빈데우안타르

【13】 하와이 섬에는 하와이제도 최고봉(해발 4,206m)의 ________가 있고, 겨울이 되면 정상부근에는 눈꽃도 볼 수 있다.

① 킬라웨아 ② 할레아칼라

③ 마우나케아 ④ 마우나로아

【14】 중국의 큰 강 양쯔 강(장강)의 __________~우한(武漢)까지 약 1300km 사이를 내려오는 삼협 크루즈는 새로운 댐의 완성에 따른 수위의 상승으로 그 절경을 감상할 수 있는 것도 앞으로 10년 정도라고 한다.

① 상하이(上海) ② 난징(南京)

③ 수저우(蘇州) ④ 충칭(重京)

【15】 대만의 타이베이 남쪽 약 90km에 위치하는 _______은 전체가 대리석으로 되어 있으며, 단애 절벽이 끊임없이 펼쳐지는 경승지로 국가공원으로 지정되어 있다.

① 태로각협곡(太魯閣峽谷) ② 아리산(阿里山)

③ 양명산(陽明山) ④ 관자령(關子嶺)

【16】 싱가포르에서 육로(다리)로 국경을 통과하여 말레이시아에 들어가면 모스크 등 이슬람 문화의 영향이 남은 ________에 도착한다.

① 말라카 ② 센토사

③ 페낭 ④ 조호루바루

【17】 도이모이(쇄신)로 불리는 경제개혁, 개방정책에 의해 급속한 발전을 거두고 있는 ________는 일반관광객들로부터 새로운 관광목적지로 급부상하고 있다.

① 미얀마 ② 라오스

③ 캄보디아 ④ 베트남

【18】 인도네시아의 대표적인 요리인 ________은 말레이시아풍의 볶음밥인데, 한국인 관광객들에게도 익숙한 음식의 하나이다.

① 사테 ② 콘지
③ 나시고렝 ④ 미고렝

【19】 인도의 ________는 이전에 무갈제국의 수도였으나 당시의 이슬람 건축이나 성곽이 많고, 세계에서도 가장 우아한 건축물의 하나인 타지마할이 있다는 것도 유명하다.

① 아그라 ② 델리
③ 자이프르 ④ 바라나시(베나레스)

【20】 시드니의 서쪽 약 100km에 있는 __________국립공원 일대에는 변화무쌍한 풍경이 이어져 있는 산악지대가 있으며, 우뚝 솟은 3개의 기암 쓰리시스터즈는 그 심벌이 되어 있다.

① 불루마운틴즈 ② 코지어스코
③ 피너클스 ④ 카카두

【여행사실무문제 72】

【1】 마드리드의 주요광장의 하나인 ________의 중앙에는 스페인의 대작가 세르반테스 및 그 대표작의 주인공 돈키호테와 추종자 산초 판사의 상(像)이 있다.

① 시벨레스광장
② 스페인광장
③ 푸에르타 델 솔
④ 마욜광장

【2】 마드리드의 ________미술관은 거의 8,000여점의 컬렉션 가운데 우선 엘 그레코, 베라스케스, 무리료, 고야 등에 의한 그림의 보고로서 유명하다.

① 우피치 ② 에르미타주
③ 소피아왕비미술센터 ④ 프라도

【3】 마드리드 주변에 유명한 관광도시의 하나로서는 그 남남서쪽 약 70km 정도 이베리아 반도 최장의 타호 강 3방향을 에워싼 언덕 위의 도시 ________가 있다.

① 사라만카 ② 세고비아
③ 톨레도 ④ 발렌시아

【4】 파리의 사를 드골광장에 건립된 개선문에 올라가 보면 대표적 거리________를 포함한 방사선상의 12개 도로를 비롯하여 세느 강의 에펠탑이나 사크레쿠르 대성당 및 몽마르트르언덕 등이 한눈에 들러온다.

① 오페라 ② 생주르망
③ 생또노레 ④ 상제리제

【5】 파리의 오르세 미술관에 전시되어 있는 "인상파" 화가 가운데 세잔느나 고흐는 남프랑스의 ______지방에 풍광에 깊은 관계를 가지고 있다.

① 알사스 ② 부르고뉴
③ 부르타뉴 ④ 프로방스

【6】 프랑스 유수의 경승지로 세계유산에 등록되어 있는 노르망디 지방의 ________ 는 본토와 약 1km의 제방으로 연결되어 있는 조그만 섬으로 해발 78m 정도의 섬 꼭대기에는 중세 이래의 수도원이 건축되어 있다.

① 아비뇽 ② 오르레앙
③ 퐁텐부르 ④ 몽생미쉘

【7】 부러셀 중심광장인 __________는 "길드하우스" 왕가(王家: 시립박물관) 등의 오래된 건축물에 둘러싸인 아름다운 광장으로 매주 화~일요일에는 꽃시장이, 또한 일요일에는 작은 새 시장이 선다.

① 그랑플라스 ② 콩코르드광장
③ 산마루코광장 ④ 나뷔나광장

【8】 암스테르담 스키폴 남쪽 도시 아루스메르에는 세계에서 가장 큰 규모를 자랑하는 ______의 중앙시장이 있고, 거래의 약 80%는 한국을 비롯한 외국에의 수출을 담당하고 있다.

① 다이아몬드 ② 치즈 ③ 초컬릿 ④ 꽃

【9】 미국의 남부 조지아주의 주도 아틀란타는 남북전쟁(1861~1865)에서 북군에 의한 궤멸적 파괴를 입은 도시이나, 시의 동쪽 25km 지점에 있는 돔 형태의 화강암 산 _______의 북벽에는 남부의 지도자들 3인의 거대한 조각상(세로 27m, 가로 58m)이 새겨져 있다.

① 에어즈록 ② 캐피털리프
③ 스톤마운튼 ④ 하프돔

【10】 로스앤젤레스 일대에 수많은 테마공원의 하나인 _______에서는 영화무대나 특수촬영 기술견학 및 로봇공학 기술을 구사한 관광자원이 탄생하여 태고시대의 공룡이 살아 있는 문화체험장으로서 각광을 받고 있다.

① 에프코트센터
② 헐리웃볼
③ 매직킹덤
④ 유니버설스튜디오

【11】 하와이 제도 중 ________섬의 볼거리로는 미국본토의 그랜드캐년과 맞먹는 와이메아캐년이 있다.

① 오하우　　② 카우아이
③ 하와이　　④ 마우이

【12】 일본의 역사적 명승지는 오사카를 중심으로 교토와 나라 등 칸사이지방에 많이 산재하고 있는데 일본의 섬 가운데 칸사이지방은 4개의 큰 섬 중 ________섬에 있다.

① 혼슈　　② 홋카이도
③ 시코쿠　　④ 규슈

【13】 남북 880m와 동서 500m의 베이징 톈안먼(天安門)광장의 북측에는 시내관광 포인트의 하나인 __________이 있다.

① 이화원　　② 고궁박물원
③ 진시황제능　　④ 천단공원

【14】 해발 554m의 빅토리아피크를 최고점으로 하는 _________섬의 관광으로 주변일대를 조망하기에는 도로뿐 아니라 케이블카의 피크트램(등산열차)으로 전망대에 오를 수 있다.

① 괌　　② 싱가포르　　③ 페낭　　④ 홍콩

【15】 뉴질랜드 북섬의 관광코스로 잘 알려져 있는 "와이토모동굴"은 온천보양지로서 유명한 _________의 서쪽에 있다.

① 웰링턴　　② 오클랜드
③ 크라이스트처치　　④ 로터루아

【16】 터키의 아나트리아 고원 남동부 ________는 응회암(凝灰巖)의 침식이나 풍화로 형성된 죽순형태의 기암이 무수히 이어져 특이한 경관과, 그들 기암을 파고 들어가 건축된 그리스도교 수도원이나 예배당의 유적이 남아 있는 곳으로 특색 있는 장소로 알려져 있다.

① 알메리아　　② 카파도키아
③ 카르파티아　　④ 크로아티아

【17】 1970에 완성한 아스완 하이댐 건설에 의해서 나일강변에는 남북 500km에 이르는 인공호가 건설되어, 호반에 있던 ______신전은 원래의 위치로부터 220m 정도 서쪽에 이전함으로써 수몰위기를 벗어났다.

① 아부심벨 ② 카르나크
③ 파르테논 ④ 룩소르

【18】 바티칸시국내의 ________는 미술적으로는 미켈란젤로에 의한 천장의 "천지창조" 나 제단의 "최후의 심판" 등의 작품으로 유명하다.

① 산 · 조반니 · 인 · 라테라노교회
② 산타마리아 · 인 · 코스메딘교회,
③ 산삐에뜨로 · 인 · 빈코리교회
④ 시스티나예배당

【19】 셰익스피어 작 "햄릿"(1601년경)의 무대 모델이 된 클롬보 성은 덴마크의 수도 _______의 북쪽 43km 지점의 도시 헬싱오아의 해변에 세워져 있다.

① 오슬로 ② 코펜하겐
③ 스톡홀롬 ④ 헬싱키

【20】 _________의 북동쪽 약 50km의 교외에 있는 "테오테와칸"에는 기저부에서 219mx232m, 높이 66m라는 "태양 피라미드와 더불어 콜럼버스 도달 이전에 메조 아메리카의 최대 건조물이다.

① 쿠스코 ② 파나마
③ 멕시코시티 ④ 메리다

【여행사실무문제 73】

【1】 14세기 중반부터 약 400년간 계속된 왕조의 수도였던 (　　)는 태국북부의 도시로서 코끼리를 타고 계곡을 탐사하는 트레킹 투어로 유명한 도시로 알려져 있다.

① 아유타야　② 수코타이
③ 치앙마이　④ 톰부리

【2】 중국 섬서성의 성도 (　　)근교에는 진시황제릉과 병마용갱, 화청지 등 유구한 역사가 넘치는 명승고적이 산재하고 있다.

① 시안(西安)　② 타통(大同)
③ 둔황(敦煌)　④ 뤄양(洛陽)

【3】 중국 장강의 상류지방의 대표적 요리인 (　　)는 각종 향신료를 사용하여 독특한 매운 맛을 내는 특징이 있다.

① 광둥(廣東)요리　② 쓰촨(四川)요리
③ 상하이(上海)요리　④ 베이징(北京)요리

【4】 미노타우로스의 미궁의 전설이 남아 있는 크노소스 궁전은 에게 해 남부의 (　　) 섬에 있다.

① 크레타　② 산토리니　③ 미코노스　④ 로도스

【5】 독일 최고(最古)의 대학인 하이델베르크는 (　　)강변에 열린 중세의 자취를 남기는 도시이다.

① 넥카　② 마인　③ 모젤　④ 루르

【6】 스위스 중부 도시 루체른의 심벌이라고도 할 수 있는 (　　)다리는 14세기초에 건조된 지붕이 달린 목조 건축다리로 1993년에 대부분 소실되었으나 다음 해에 복원되었다.

① 카펠　② 카레르　③ 베키오　④ 몽블랑

【7】 프랑스 북동부의 알사스 지방의 중심도시 ( )에는 유럽통합의 중요한 상징의 하나인 유럽의회 본부가 있는 곳이다.

① 슝겐 ② 스트라스부르
③ 브뤼셀 ④ 마스티리히트

【8】 미켈란젤로 대표작의 하나인 다비드상은 피렌체의 시뇨리아광장에서 ( )미술관에 이전되어 현재 시뇨리아광장에는 모조 조각상이 놓여져 있다.

① 아카데미아 ② 우피취
③ 산마루코 ④ 파라티나

【9】 런던 북서의 도시 ( )는(은) 대문호 셰익스피어의 탄생지이며, 그 생가나 로열 셰익스피어 극장 등이 있다.

① 옥스퍼드 ② 스트랫퍼드 어픈 에이번
③ 버밍엄 ④ 리버플

【10】 카탈루냐 지방의 도시 ( )는 세계적인 건축가 가우디가 활약한 곳으로 1992년에는 올림픽이 개최되었다.

① 그라나다 ② 코르도바 ③ 세비야 ④ 바르셀로나

【11】 람세스 2세가 지은 아부심벨 신전관광의 거점이 되는 도시인 ( )의 근처에는 나일 강을 가로질러 완성된 하이댐 호수(나세르 호)가 있다.

① 아스완 ② 수웨즈 ③ 포트사이드 ④ 룩소르

【12】 영국풍의 아름다운 거리모습이 연출되는 ( )는 브리티시 컬럼비아주의 인너 하버 주변에는 주(州)의사당이나 고전적인 형태의 호텔이 있다.

① 에드먼튼 ② 캘거리 ③ 밴쿠버 ④ 빅토리아

【13】 1872년에 미합중국에서 처음으로 최초로 국립공원으로 지정된 ( ) 국립공원에는 수많은 온천이나 간헐천이 있으며, 세계유산(자연유산)으로 등록되어 있다.

① 옐로스톤 ② 그랜드캐년
③ 그레이셔포인트 ④ 요세미티

【14】 맨해튼 남쪽의 리버티 라운드에는 1886년에 미합중국 독립 100주년을 기념하여 ( )에 의해 선물된 자유의 여신상이 자리하고 있다.

① 영국 ② 프랑스
③ 이탈리아 ④ 스페인

【15】 하와이 제도에는 수천만년 전에 화산활동이 시작했다고 알려지지만, 제도 중 가장 새로운 섬으로 현재에도 분화가 계속되고 있는 곳은 ( )섬이다.

① 오하우 ② 카우아이
③ 하와이 ④ 마우이

【16】 멕시코 유카탄 반도에 꽃을 피운 치첸잇추아는 ( )문명 유적의 하나로 신전이나 계단상(階段狀)의 피라밋 등의 석조건축물이 남아 있다.

① 아즈테카 ② 잉카 ③ 테오테와칸 ④ 마야

【17】 세계 3대 폭포의 하나로 알려지고 있는 ( )폭포는 브라질과 아르헨티나 국경에 걸쳐 있다.

① 앙헤르 ② 이구아수
③ 나이애가라 ④ 빅토리아

【18】 오스트렐리아 대륙의 북동부의 도시 ( )는 세계 최대의 산호초 그레이트 배리어 리프에의 관광거점이다.

① 아델레이드 ② 케언즈
③ 다윈 ④ 브리즈번

【19】 사우던 알프스의 아름다운 경관에 혜택을 입은 뉴질랜드 남섬의 와카티프 (Wakatipu)의 호반 리조트지역 ( )은 밀포드사운드에의 관광거점이다.

① 웰링턴 ② 퀸즈타운
③ 크라이스트처치 ④ 로터루아

【여행사실무문제 74】

【1】 대만 유수의 경승지 타이료우커시구(太魯閣溪谷)를 관통하는 동서횡단공로에서 타이충(臺中)과 연결되어 있는 (　　)는 동해항 유일의 국제항이며, 소수민족 아미족의 본거지로서 또한 대리석산업의 중심지로서 알려져 있다.

① 화리엔(花蓮)　　② 치룽(基隆)
③ 체쳉(墾丁)　　④ 카오슝(高雄)

【2】 중국 산뚱(山東)반도 남쪽 치아오초우완(膠州灣)에 면해 있는 항구도시 칭다오(靑島)는 1898년부터 1992년까지 (　　)에 조차되어 있던 곳으로 거리에는 유럽풍의 건물이 늘어서고 또한 칭다오맥주도 그 당시의 종주국의 생산기술을 전수받은 것이다.

① 영국　　② 네덜란드
③ 독일　　④ 프랑스

【3】 중국남부 홍콩 서쪽 64킬로 지점에 있는 마카오는 아시아에 있어서의 그리스도교 기지였던 것을 나타내는 세인트폴 천주교회 흔적과 관광상 유인요소가 되고 있는 공영 카지노나 개경주 등으로 알려져 있는데 1999년도에 (　　)로부터 중국측에 공식 반환되었다.

① 이탈리아　　② 스페인　　③ 포르투갈　　④ 노르웨이

【4】 1521년에 세계일주 항해에 이어 마젤란이 상륙한 (　　)는 필리핀의 중남부의 중심도시로 근교에는 유명한 해변백사장 휴양지가 있다.

① 산보안가　　② 세부　　③ 다바오　　④ 레가스피

【5】 인도네시아 발리 섬에서 볼 수 있는 전통적 춤의 케차쿠나 환상적인 실루엣연극의 와얀크리트는 어느 쪽도 (　　)의 장편서사시 라마야나(前者)나 마하바라타(後者)와 관계가 있다.

① 인도　　② 캄보디아　　③ 타이　　④ 말레이시아

【6】 국민의 약 89%가 (　　)을 신봉하는 미얀마에는 나라의 중앙부에 있는 파간처럼 그 수가 약 2,000개라는 불탑이나 사원이 남아있는 유적도 있다.

① 이스람교　② 대승불교　③ 힌두교　④ 상좌부불교

【7】 중부인도 마디야 프라데쉬주의 도시 (　　)는 외벽이 엄청난 남녀의 관능적 조각 등으로 채워진 힌두교의 석조사원군의 존재로 말미암아 유명하다.

① 아그라　② 암리차르　③ 카주라호　④ 부다가야

【8】 중근동에서는 아라비아어가 공용어가 되어 있는 나라가 많은 가운데 (　　)에서는 인도유럽어족에 속하는 페르시아어가 공용어가 되어 있다.

① 이라크　② 이란　③ 시리아　④ 요르단

【9】 10여년에 걸쳐 행해져온 바티칸의 (　　)의 벽화수리작업이 완성되어 미켈란젤로의 최후의 심판도 일반에게 공개되게 되었다.

① 산타마리아 델 피오레 대성당　② 산타마리아 델 그라체 수도원식당
③ 시스티나 예배당　④ 하기아 소피아 대성당

【10】 세계적으로 베스트셀러가 된 피터 메르 씨의 저작으로 한층 지명도를 높인 남프랑스의 프로방스 지방에는 아비뇽, (　　), 에익산 프로방스 등 매력적인 도시가 있다.

① 알레　② 산레모　③ 보르도　④ 리용

【11】 덴마크의 수도 코펜하겐의 북쪽 교외 항구도시 엘시노어에 있는 (　　)성은 셰익스피어의 비극 햄릿의 무대가 된 고성으로 매년 여름 그 궁정에서 야외극이 개최된다.

① 아말리엠보르　② 윈저　③ 크론보르　④ 샤보르

【12】 축구의 나라라고 일컬어지고 있는 브라질의 화폐가 최근 단위가 (　　)로 변경되었다.

① 크루제이로　② 콜론　③ 페소　④ 레알

【13】 모두 16개의 박물관 · 미술관 등으로 성립된 미국 동부의 (　　)에 있는 스미소니언 협회 중에서도 특히 인기가 높은 항공우주박물관에는 라이트 형제의 복엽기(複葉機)나 린드버그의 대서양 논스톱 횡단기, 아폴로 11호의 달착륙지령선, 월석(月

石) 등 다채로운 것들이 전시되어 있다.

① 필라델피아 ② 보스톤 ③ 뉴욕 ④ 워싱턴 DC

【14】 캐나다의 알버타주 남부 캐나디언 로키산맥의 산록에 있는 평원 배드랜드에는 미국의 몬태나주나 유타주에 버금가는 세계 최대의 ( )화석의 산출지로서 명성이 나 있다.

① 암모나이트 ② 공룡 ③ 고인류(古人類) ④ 맘모스

【15】 커피의 브랜드로 알려져 있는 섬의 최고봉 블루마운틴이나 유명한 음악의 레게로 친해진 ( )는 1962년에 카리브해역에서 영국의 식민지로부터 최초로 독립을 하여 영연방의 일원이 되어 있는 국가로서 수도 킹스톤은 플로리다반도의 마이애미로부터 남쪽으로 비행기로 1시간의 위치에 있다.

① 쿠바 ② 자메이카 ③ 바하마 ④ 푸에르토리코

【16】 남미 칠레 해역, 790킬로, 남태평양 폴리네시아 동쪽 끝에 해당하는 ( )에서는 거대 석인상(石人像) "모아이" 가운데 섬내 최대의 제단 아후통가리키의 15체(體)의 복원작업이 일본기술진에 의해 완성되었다.

① 이스터섬 ② 갈라파고스 제도 ③ 마우이섬 ④ 모레아섬

【17】 아프리카 대륙의 최고봉 ( )는 탄자니아 북동부 적도부근에 위치한 표고 5,895미터의 화산인데 꼭대기에는 만년설로 덮이어 있다.

① 아콩카구아 ② 킬리만자로 ③ 초모랑마 ④ 매킨리

【18】 아프리카를 대표하는 자연경관의 하나인 ( )는 열대우림 주변에 분포하고 벼과식물의 초원의 중앙에 수목이 듬성듬성 자라는 들판으로 야생동물의 생식처로 유명하다.

① 사반나 ② 스텝 ③ 팜파 ④ 메세타

【19】 아프리카 대륙 동쪽 약 1,700킬로, 남위 4도~11도에 위치하는 ( )공화국은 국제공항과 수도인 마에섬을 중심으로 100여 개의 섬들로 구성되어 있으며, 혜택받은 자연의 매력을 주로 한 관광이 국가의 최대산업이다.

① 코모로 이슬람 ② 세이셸

③ 마다카스카르 ④ 모리셔스

【여행사실무문제 75】

【1】 다음의 괄호 안에 적당한 도시 이름을 보기에서 골라 그 기호를 적어라.

① 보스포러스 해협에 면한 아시아와 유럽에 걸쳐 있는 곳 ( )
② 세계에서 가장 깊은 바이칼 호수에 가까운 시베리아의 중심도시 ( )
③ 천일야화의 무대로 유명한 티그리스 강에 면한 도시 ( )
④ 갠지스 강 델타에 있으며 인도에서 2번째로 인구가 많은 도시 ( )
⑤ 재즈의 발상지로서 유명한 미시시피 강 하구에 있는 도시 ( )

보 기

ⓐ 뉴올리안즈 ⓑ 이르크츠크 ⓒ 콜카타
ⓓ 이스탄불 ⓔ 바그다드

【2】 다음의 광장이 있는 도시를 골라 그 기호를 기입하라.

① 마리아 테레사광장 ( ) ② 산마요르광장 ( )
③ 타임스퀘어광장 ( ) ④ 트라팔카광장 ( )
⑤ 붉은 광장 ( )

보 기

ⓐ 모스크바 ⓑ 베네치아 ⓒ 런던
ⓓ 비엔나 ⓔ 뉴욕

【3】 다음 궁전이 있는 도시 이름을 보기에서 골라 그 기호를 적어라.

① 아말리엠보르궁전 ( ) ② 코레스탄궁전 ( )
③ 동궁 · 冬宮 ( ) ④ 포탈라궁전 ( )
⑤ 알함브라궁전 ( )

보 기

ⓐ 라사 ⓑ 그라나다 ⓒ 코펜하겐
ⓓ 테헤란 ⓔ 상트페테르부르크

【4】 다음에 열거한 기념건조물이 있는 도시 이름을 보기에서 골라 그 기호를 적어라.

① 엠마뉴엘기념관 ( ) ② 링컨기념관 ( )
③ 루쉰기념관 ( ) ④ 안네프랑크의 집 ( )
⑤ 프랭크린기념관 ( )

보 기

ⓐ 필라델피아 ⓑ 워싱턴 ⓒ 상하이
ⓓ 암스텔담 ⓔ 로마

【5】 다음 국경일은 어느 나라에서 행해지고 있는 것인가?

① 쌍십절(雙十節) ( ) ② 출라롱콘대제제 ( )
③ 간디생탄제 ( ) ④ 모하메드생탄제 ( )
⑤ 춘분 · 추분 ( )

보 기

ⓐ 일본 ⓑ 인도네시아 ⓒ 타이완
ⓓ 타일랜드 ⓔ 인도

【6】 다음 문장의 괄호 안에 적당한 단어를 보기에서 골라 그 기호를 기입하라.

대소 3,000여 개의 섬으로 구성된 국가 인도네시아는 (①)섬의 서북단의 도시 자카르타를 수도로 하여 인구 약 2억명으로 그 대다수는(②)교도이나, 발리 섬에는 (③) 교도가 살고 있다. 고도(古都) 족자카르타 근교에는 불교유적(④)도 있고, 다채로운 문화를 자랑하고 있다. 자카르타에서 발리 섬 (⑤)까지는 항공편도 있다.

보 기

ⓐ 힌두 ⓑ 덴파사르 ⓒ 보르부드르
ⓓ 회 ⓔ 자바

【7】 다음 나라 중 공용어를 2개 가진 나라를 4개 지적하고 그 공용어를 말하라.

① 벨기에 ② 몽골
③ 스위스 ④ 룩셈부르크

⑤ 인도　　⑥ 브라질
⑦ 필리핀　　⑧ 모리셔스
⑨ 체코　　⑩ 방글라데시

【8】 다음의 관광지 또는 국제기관이 있는 도시를 골라 그 기호를 써 넣어라.

① 브룩필드동물원 (　)　　② 유엔본부 (　)
③ 하겐베크동물원 (　)　　④ 트레비분수 (　)
⑤ 티볼리공원 (　)　　⑥ IATA본부 (　)
⑦ 브롱크스동물원 (　)　　⑧ 팔레르모공원 (　)
⑨ 국제적십자사본부 (　)　　⑩ 바투동굴 (　)
⑪ 주롱새공원 (　)　　⑫ 농눅빌리지 (　)
⑬ 폴리네시안민속촌 (　)

보 기

ⓐ 호놀룰루　ⓑ 제네바　ⓒ 파타야　ⓓ 싱가포르
ⓔ 뉴욕　ⓕ 함부르크　ⓖ 로마　ⓗ 몬트리올
ⓘ 코펜하겐　ⓙ 부에노스아이레스　ⓚ 제네바　ⓛ 시카고
ⓜ 콸라룸프르

【9】 다음 나라의 국교 또는 종교는 무엇인지를 골라 그 기호를 써 넣어라.

① 인도 (　)　　② 인도네시아 (　)
③ 말레이시아 (　)　　④ 파키스탄 (　)
⑤ 필리핀 (　)　　⑥ 이란 (　)
⑦ 이라크 (　)　　⑧ 터키 (　)
⑨ 리비아 (　)　　⑩ 미얀마 (　)
⑪ 스리랑카 (　)　　⑫ 타이 (　)
⑬ 스페인 (　)　　⑭ 이탈리아 (　)

보 기

ⓐ 기독교　ⓑ 천주교　ⓒ 이슬람교
ⓓ 힌두교　ⓔ 불교

【10】 일본은 4개의 큰 섬으로 구성되어 있다. 다음 중 아닌 것은? (　　)

① 혼슈　　② 규슈
③ 홋카이도　　④ 주고쿠

【11】 ______는 국제날짜변경선 서쪽에 있다.

① 알래스카　　② 하와이
③ 타히티　　④ 통가

【12】 에콰도르의 수도 키토는 거의 적도선상에 있으면서 ______산중의 해발 2,800 미터 대의 고원지대에 있기 때문에 그 기후는 연중 쾌적하다.

① 록키　　② 애팔래치아
③ 안데스　　④ 시에라네바다

【13】 세계에서 2번째로 큰 섬 ______의 서반부에는 인도네시아령으로 이리안자야라고 하며 최근 분리독립 움직임이 있다.

① 수마트라　　② 보르네오
③ 뉴기니아　　④ 마다카스카르

【14】 페루의 수도 ______는 일년 중 거의 비가 오지 않으며, 일본계 대통령인 후지모리가 집권한 적도 있었다.

① 보고타　　② 리마
③ 카라카스　　④ 산디에고

【15】 많은 인종으로 구성된 미국의 시민 중 11%는 ________이다.

① 유태인　　② 아메리칸 인디언
③ 백인　　④ 흑인

【16】 이념의 벽을 허문 문으로 유명한 브란덴부르크 문이 있는 곳은?

① 프라하　　② 바르샤바
③ 베를린　　④ 부다페스트

【17】 역사상 최초의 국제회의로 알려지고 있는 빈 국제회의(1814~1815)는 마리아 테레지아의 발안으로 조성된 ________궁전을 중심무대로 개최되었다.

① 베르사이유　　② 에르미타쥬
③ 쉘부른　　④ 버밍엄

【18】 ________의 설계에 의한 바티칸 성 삐에또르(베드로)대성당의 돔은 2중 빈 구조로 구성되어 있으며, 내부의 계단을 올라 맨 꼭대기까지 올라갈 수 있다.

① 레오나르도다빈치　　② 라파엘로
③ 베르니니　　④ 미켈란젤로

【19】 외국의 세관에 따라서는 입국자의 판단에 따라 녹색검사대와 적색검사대를 선택할 수 있는 _______시스템을 채용하고 있는 국가도 있다.

① 셀프서비스　　② 듀얼채널
③ 투톤컬러　　④ 프리패키지

【20】 미국의 주류 및 담배의 면세기준은 ________세 이상의 자로 규정하고 있다.

① 18세　　② 19세
③ 20세　　④ 21세

【21】 향수는 면세기준으로 온스라는 단위를 사용하고 있는데 1온스는 약 _____에 상당한다.

① 28그램　　② 36그램
③ 48그램　　④ $\frac{1}{4}$파운드

【22】 다음 중 국가와 통화가 일치하지 않는 것은?

① 중국-위앤　　② 싱가포르-파운드
③ 일본-엔　　④ 필리핀-페소

【23】 외국의 통관규칙에서는 주류의 경우 스피리트(spirits) 와인, 맥주 등으로 구분되어 있는데 이 중 _________는 스피리트로 구분된다.

① 포도주　　② 샴페인　　③ 브랜디　　④ 쉐리

【24】 주류의 면세기준으로 쿼트(quart)라는 단위가 자주 사용되고 있는데 미국식으로 말하는 경우 1쿼트는 ________에 해당한다.

① 760cc ② 950cc ③ 1리터 ④ 2리터

【25】 다음 각각의 나라에 대해서 빈 칸을 채워라.

국명	수도	통화단위	정치체제
유고슬라비아			
중국			
러시아			
필리핀			
태국			
베트남			
싱가포르			

보 기

전제군주제 공화제 입헌군주제
인민(사회주의)공화제 연방자치제 독립국가연합

【26】 항공여행 중 비상사태 발생시 언급한 다음 문장 중에서 맞으면 O표, 틀리면 ×표 하라.

① 항공기에 설비되어 있는 구명뗏목은 통상적으로 25인승이다. ( )

② 스튜어디스의 콜버튼이 점멸(點滅)한 때에는 무언가 비상사태 발생표시이다. ( )

③ 구명구(救命具)는 부풀려서는 안 된다. ( )

④ 긴급탈출시 가장 가까운 탈출구보다도 탑승시에 올라온 문으로 쇄도하는 경향이 있다. ( )

⑤ 보잉747 등 대형여객기의 탈출용 슈트는 비상시 2분내에 부풀리게 되어 있다. ( )

⑥ 점보기의 탈출 슈트는 2인이 동시에 탈출할 수 있도록 되어 있다. ( )

【여행사실무문제 76】

【1】 미국의 코인(coin)에는 그 금액이 아니라 일반적으로 다음과 같이 부르고 있다. 각각 몇 센트에 해당하는가?

① Penny (　　)　② Dime (　　)　③ Nickel (　　)

④ Quarter (　　)　⑤ Half Dollar (　　)

【2】 다음은 일반적으로 각국에서 터부시하는 것을 적은 것이다. 해당국을 보기에서 골라 그 번호를 적어라.

① 음식을 젓가락으로 집어 주는 것을 매우 싫어한다. (　)

② 안식일에는 담배불도 붙이지 않는다. (　)

③ 인형을 선물해서는 안 된다. (　)

④ 어린이의 머리를 만져서는 안 된다. (　), (　)

⑤ 카네이션을 보내면 안 된다. (　)

⑥ 상대방의 어깨를 쳐서는 안 된다. (　)

⑦ 왼손을 부정한 것으로 여긴다. (　)

보 기

ⓐ 중근동제국	ⓑ 중국	ⓒ 이스라엘	ⓓ 러시아
ⓔ 캄보디아	ⓕ 프랑스	ⓖ 인도네시아	ⓗ 일본

【3】 다음은 해외여행설명회에서 테이블 매너에 대해 설명한 내용이다. 틀린 것을 골라라.

① 빵은 입에 들어갈 정도의 크기로 뜯어먹게 되어 있으며, 토스트도 예외가 아니다.

② 빵은 수프가 나오고 나서 먹어야 한다.

③ 테이블 의자에 앉을 때에는 반드시 우측에서부터 앉아야 한다.

④ 소금이나 후추 등이 필요할 경우, 그것이 옆 사람의 앞에 있을 때에는 손을 뻗쳐 가져 오면 된다.

⑤ 고기를 자를 때의 나이프는 오른손이나 왼손 어느 쪽에 쥐어도 상관없다.

⑥ 와인, 칵테일 등의 그라스는 반드시 오른손에 쥐도록 되어 있다.

【4】 다음은 유럽의 중요 건축양식 중 중세 양식에 대해서 설명한 것이다. 공란에 알맞는 말을 골라 그 번호를 써 넣어라.

① 천장의 형태를 반 원통형으로 하여, 출입구에는 둥근 창을 만들고 창에는 스테인드 글라스로 장식하고 있는 10~12세기경의 건축양식을 (　　)양식이라고 한다.

② 높이 솟은 외관과 높은 창문이나 원통형 천장을 이루고, 첨탑 등을 부설하고 있는 건축을 (　　)양식이라고 한다.

③ 15~16세기경이 되면 그리스시대나 로마시대의 양식을 받아들인 (　　)양식이 유행했다. 건물전체가 옆으로 길어지며, 또한 출입구는 건물의 중앙에 놓이는 한편 건물의 외벽의 장식에 많은 공을 들였다.

보 기

ⓐ 고딕　　ⓑ 르네상스　　ⓒ 로마네스크

【5】 다음 문장이 공란에 어울리는 단어를 ① 도시명, ② 토산품, ③ 맛있는 것을 각각의 어군(語群)에서 골라 그 단어를 기입하라.

ⓐ (①)에서는 토레차코프미술관에서 돌아오는 길에 베료스카에서 (②)를 샀는데 그날 저녁의 따뜻한 (③)는 맛있었다.

ⓑ (①)관광 하이라이트의 하나는 근위병 교대식이다. 리젠트 스트리트에서 (②)를 사고, 본고장의 위스키와 더불어 먹어본 (③)는 대단했다.

ⓒ 꽃의 도시 (①)는 너무나도 볼 곳이 많다. 토산품은 오페라 하우스 부근에서 (②)를 사기로 하고, 한번쯤은 (③)을(를) 시식해볼 작정이다.

ⓓ 호반의 국제도시 (①)에서는 마르슈거리의 가게에서 (②)를 사고, (③)를 먹었다.

ⓔ 영원의 수도 (①)에서는 스페인광장 부근에서 (②)를 샀다. 음식은 역시 (③)류가 입에 맞아 좋다.

어 군

① 제네바, 로마, 마드리드, 파리, 런던, 모스크바
② 가죽제품, 모피제품, 양복천, 시계, 향수, 칼 제품
③ 파스타, 스모가스보드, 보르시티, 에스카르고, 퐁듀, 스모그드 서몬

【6】 다음 A군의 용어에 대해 여행업무상 가장 관련있는 용어를 B군에서 골라라.

A군	B군	
① Yellow Book = ( )	㉠ Inflight	㉡ Excess Baggage
② Evacucation Slide = ( )	㉢ Embarkation	㉣ Room Charge
③ Flat rate = ( )	㉤ Invoice	㉥ Money Changer
④ Over Weight = ( )	㉦ Emergency	㉧ Reader
⑤ Voucher = ( )	㉨ Exchange Order	㉩ Vaccination

【7】 국제공항에서의 면세품 판매는 1947년 아일랜드공화국의 (   )공항에서 최초로 시작되었다.

① 샤논 ② 벨파스트
③ 개드윅 ④ 테게르

【8】 유럽철도여행을 기술한 다음 문장 중 맞는 것을 골라라.

① 플랫폼, 차내 어나운스는 현지어 또는 영어로 수시로 방송한다.
② 개찰구가 없는 나라가 많고 차내에서 검표를 자주 한다.
③ 차량마다 행선지가 다를 경우가 많고, 중간지점에서 분할 및 증결이 이루어진다.
④ 비행기에 비교하여 국경에서의 출입국관리, 세관검사는 엄격하게 실시된다.

【9】 유럽의 철도차량에 대한 기술 중 올바른 것을 골라라.

① 유럽의 식당차는 운전 중 상시 열어놓고 있다.
② 좌석차는 개실(個室) 가운데 6~8명이 앉는 컴파트먼트 형식이 많다.
③ 정식의 침대차와 별도로 쿠셰로 연결된 열차도 있다.
④ 1등 좌석차는 일부의 중요구간만 연결되어 있다.

【10】 다음 열차의 약어를 기술하라.

① HST ② TEE
③ TEN ④ IC
⑤ TGV

【여행사실무문제 77】

【1】 이스라엘에서는 유대교의 "적성식품규제"에 의해 ( )를 먹는 것을 엄격히 금지하고 있다.

① 쇠고기 ② 지느러미와 비늘이 있는 생선
③ 양고기 ④ 돼지고기

【2】 로마의 근교에는 그리스도교가 일반에 공인되지 않았던 시대에 신도의 피난처나 예배당으로서 이용되었다. 지하묘지 ( )가 남아 있으며 로마의 유명한 관광코스의 하나이다.

① 카타콤페 ② 사나고그
③ 바실리카 ④ 모스크

【3】 ( )는 유대교도들에게는 통곡의 벽, 기독교도들에게는 성분묘교회, 이슬람교도들에게는 바위 돔(오마르모스크)으로 불리는 사적지가 있다. 각 교도들에게 공통적인 성지인 이 도시는?

① 나자레 ② 베들레헴
③ 바빌로니아 ④ 예루살렘

【4】 이슬람교의 모스크에는 제단이나 우상류는 일절 없고, 예배방향(메카)을 나타내기 위한 ( )라고 불리는 아치형의 오목한 작은 방이 반드시 내벽이 일각에 설치되어 있다.

① 히주라 ② 미나레트
③ 미흐라브 ④ 메스키타

【5】 ( )의 로마교회의 비판을 기점으로 하여 칼빈파에 이르는 16세기 초두에서 17세기 전반에 걸쳐 유럽에 있어서의 종교적 · 정치적 변혁을 종교개혁이라고 한다.

① 마틴 루터 ② 사보나롤라
③ 에르난 코르테스 ④ 크롬웰

【6】 하늘에는 천당이 있고, 땅에는 (　　)이 있다고 하여 중국 제일의 아름다운 경치를 자랑하는 지상의 낙원"으로 알려져 있다.

① 상하이(上海)　② 옌지(延吉)
③ 베이징(北京)　④ 항저우(杭州)

【7】 (　　)에는 삼신일체의 사상이 있으며, 브라흐마가 우주를 창조하고, 비슈누가 우주를 유지하고, 시바가 우주를 파괴한다고 하여, 최고신은 이들 3신에 모습을 바꾸어 나타난다고 하고 있다.

① 몰몬교　② 조로아스터교
③ 힌두교　④ 부도교

【8】 기원전 3세기 아쇼카왕 시대에 스리랑카에 전파되었다고 일컫는 (　　)은 오늘날에도 이 나라의 다수파, 싱할리 사람의 신앙으로 자리하고 있다.

① 불교　② 시크교
③ 힌두교　④ 자이나교

【9】 호주 동부의 시드니와 서부최대의 도시 (　　)간을 연결하는 인디언 퍼시픽 철도는 전장 3,960Km로 65시간이나 걸린다.

① 아델레이드　② 앨리스 스프링스
③ 프리맨틀　④ 퍼스

【10】 파리의 지하철은 메트로로 불리고 있으나 영국의 지하철은 (　　)로 불린다.

① 서브웨이　② 튜브
③ 언더웨이　④ 인터시티

【12】 아래의 일정으로 항공기를 환승하여 이동하는 경우, 맞는 것은?

10:40 PRG dep. (OK774)→11:40 ZRH arr

12:30 ZRH dep. (SR926)→13:15 GVA arr

① 출발시의 탑승수속에서 위탁수하물은 제네바까지 Through Check-in 했다.

② 출발시의 탑승수속에서 항공권은 제네바까지 여객용편(Passenger Coupon)을 떼어줬다.

③ 프라하에서는 제네바까지의 보팅카드가 건네졌다.

④ 취리히 공항에서 환승시 트랜지트카드(Transit Card)가 건네졌다.

【12】 어느 항공편의 탑승권은 승객의 ( )과 교환된다.

① Exchange Coupon ② Audit Coupon

③ Flight Coupon ④ Passenger Coupon

【13】 어느 항공편을 이용함에 있어서 항공사에 위탁한 수하물이 목적지 공항에서 발견되지 않는 사고가 발생했을 때 소정의 사고보고서를 작성하는데 필요한 것은 당해 수하물표와 ( )이다.

① 당사자의 여권 ② 당사자의 탑승권

③ 당사자의 항공권 ④ 도착공항내의 세관에 의한 사고증명서

【14】 탑승수속시 항공사에 맡긴 위탁수하물이 도착시 미착이 된 경우 도착공항의 해당항공사에 그 사정을 보고하고 ( )를 작성하여 이를 보관하지 않으면 안 된다.

① Claim Tag ② Flight Coupon

③ Property Irregularity Report ④ Voucher

【15】 ( )의 지하철 · 버스 공용의 10장 묶음의 할인회수권은 "카르네"로 불린다.

① 파리 ② 밀라노

③ 모스크바 ④ 런던

【16】 지하철이 24시간 운행되며, 승차권 대신에 토큰이 필요한 곳은 ( )이다.

① 보스턴 ② 뉴욕

③ 워싱턴 ④ 로스앤젤레스

【17】 스위스의 융프라우요흐나 ( )를 방문할 때에는 고산병이 걸리지 않도록 과격한 움직임을 삼가는 등 주의가 필요하다.

① 뉴질랜드의 로터루아 ② 인도의 봄베이

③ 멕시코의 아카풀코 ④ 페루의 쿠스코

【18】 미국 축제일로 3월에서 4월에 걸쳐 개최되는 것은 ( )이다.

① 이스터 ② 독립기념일
③ 메모리얼 데이 ④ 레이버 데이

【19】 ( )는 관광안내 등의 업무에 관해서 공식면허가 필요한 나라이다.

① 미국 ② 이탈리아
③ 호주 ④ 독일

【20】 ( )에서는 외국인 여행자가 일정액 이상의 쇼핑을 한 경우, 면세조치를 받을 수 있 는 제도가 있다.

① 미국 ② 호주
③ 스페인 ④ 멕시코

【21】 여행지에 있어서 운송 · 숙박 · 관광 · 식사 등 여행자에 대해 제공해야 할 여행서비스의 내용을 명기하여 그 대가의 지급을 보증 또는 증명하는 증표는 해외여행관계에서는 일반적으로 ( )라고 한다.

① invoice ② voucher
③ confirmation slip ④ MCO

【22】 인솔자가 동행하여 여정관리업무에 해당하는 단체여행에 대하여 기본적으로 개인단위로 행동하는 여행형태를 여행업계에서 약칭으로 ( )라고 한다.

① FIT ② ICT
③ MCT ④ SIT

【23】 영국의 호텔에 숙박하고 있을 경우, 열차표가 필요한 경우에는 ( )에 부탁하면 된다.

① Receptionist ② Hall Porter
③ Front Clerk ④ Room Maid

【24】 유럽의 호텔에서 모닝콜을 예약할 경우 ( )에 의뢰하면 좋다.

① Concierge ② Page Boy
③ Porter ④ Room Clerk

【25】 베이징 교외의 관광포인트로서는 만리장성의 관광지점으로 유명한 팔달령과 더불어 그 도중에 있는 (　　)이 잘 알려진 곳이다.

① 명13릉　② 중산능
③ 명효능　④ 진시황제능

【26】 인구의 1/4이 요업관계에 종사하고 있다는 (　　)는 중국 최대의 도자기 생산지이다.

① 칭더천(景德鎭)　② 초코우디엔(周口店)
③ 징장샨(井岡山)　④ 스좌창(石家莊)

【27】 기원전 8세기에서 10세기에 걸쳐 9개 왕조의 수도가 된 이 도시의 관광포인트는 교외에 있는 중국 3대석굴의 하나로 유명한 (　　)이다.

① 막고굴(莫高窟)　② 운강석굴(雲崗石堀)
③ 용문석굴(龍門石窟)　④ 관림당(關林堂)

【28】 싱가포르의 (　　)섬은 시내로부터 페리보트 또는 케이블카를 이용하여 가볍게 갈 수 있다. 다양한 볼거리를 즐길 수 있는 휴양섬의 하나이다.

① 센토사　② 푸켓
③ 보라카이　④ 민다나오

【29】 로맨틱 가도의 남쪽 기점 퓌센근교에는 루트비히 3세가 세운 (　　)성이 있다.

① 님펜부르그　② 호엔슈방가우
③ 시용　④ 노이슈반슈타인

【30】 크레타 문명의 중심지 크노소스 항구였던 곳으로 현재에는 항공로로도 크레타 섬의 현관도시가 되어 있다.

① 이즈미르　② 이라클리온
③ 에리니콘　④ 니코시아

【여행사실무문제 78】

【1】 제네바에서 수배가능한 이 나라 특유의 요리에는 (   )이 있다.

① 빠에리아 ② 파스타 ③ 브이야베스 ④ 퐁듀

【2】 빵과 커피 또는 홍차만의 간단한 조식은 (   )로 불린다.

① 클럽 블랙퍼스트 ② 컨티넨탈 블랙퍼스트
③ 브런치 ④ 베드 앤드 블랙퍼스트

【3】 이탈리아 요리 특유의 스파게티, 마카로니, 카네로니, 라뷔오리, 라자냐 등은 (   )로 총칭된다.

① 앙뜨레 ② 오드볼 ③ 파스타 ④ 피자

【4】 위스키나 (   )등의 증류주는 스피리트로 총칭되며, 각국의 통관규칙에도 와인이나 맥주 등과 구별하여 면세기준을 마련하고 있는 경우가 많다.

① 쉐리 ② 샴페인 ③ 노주(老酒) ④ 브랜디

【5】 프랑스요리의 메뉴 가운데 (   )이라고 적힌 부분에는 고기요리가 들어 있다.

① Hors d'oeuvre ② Poissons ③ Salades ④ Viandes

【6】 프랑스 노르망디 지방에서 생산된 것으로 시도르(sidre, 사과주)가 있는데 (   )는 이를 증류한 것이다.

① aquavit ② calvados ③ gin ④ rum

【7】 레스토랑에서 소믈리에(sommelier)라는 것은 (   )이다.

① 손님이 앉을 테이블을 지정하는 사람
② 손님이 앉아있는 테이블에서 식사 서비스를 하는 사람
③ 손님이 식사 메뉴 선택에 조언을 하는 사람
④ 손님의 식사메뉴에 맞추어 와인의 선택을 조언하는 사람

【8】 바르셀로나에서의 점심은 스페인의 명물요리 ( )로 했다.

① 스브라키 ② 파에리야 ③ 파스타 ④ 퐁듀

【9】 ( )는 전채, 주채(主菜), 디저트 등으로 구성된다. 즉 정식의 총칭이다.

① 테이블도트 ② 알라카르트 ③ 비스트로 ④ 타베르나

【10】 영국의 명물요리 로스비프의 구성에는 전통적인 스타일로서 ( )이(가) 사용된다.

① 요크셔 푸딩 ② 그린피스

③ 마카로니 ④ 버터 라이스

【11】 남프랑스 마르세이유의 명물요리로서 수배할 수 있는 것으로는 ( )가 있다.

① 리조토 ② 라크렛트

③ 브이야베스 ④ 무사카

【12】 브라질에서는 구운 큰 고깃덩어리를 손님의 테이블에서 큰 칼로 잘라 제공하는데 이러한 요리를 ( )라 한다.

① 아사도 ② 타코스 ③ 훼조아다 ④ 슈라스코

【13】 ( )는 전채로서 서비스하는 것이 일반적이다.

① boef bourguignon ② créme caramel

③ coq au vin ④ terrine de foie gras

【14】 스웨덴 명물요리의 하나로 뷔페식 요리인 이 요리는 ( )이다.

① gazapacho ② escargots

③ minestrone ④ smörgåsbord

【15】 유명한 와인의 하나인 "로마네콘티"는 ( )산 와인이다.

① 브르고뉴 ② 보르도 ③ 샹파뉴 ④ 코냑

【16】 프랑스에서는 레스토랑의 서비스책임자를 ( )로 부르고 있다

① maître d'hôtel ② busboy ③ usher ④ chef

【17】 (　　)는 스페인의 요리의 대표적인 수프이다.

① clamchowder　② gazpacho　③ minestrone　④ vichysoise

【18】 정식식사로서는 아페리티프의 대표적인 것의 하나로 (　　)가 있다.

① cognac　② madeira　③ port　④ sherry

【19】 유럽의 레스토랑에서는 특히 저녁 때, (　　)라고 불리는 복장을 요구하는 경우가 있다.

① black tie　② casual　③ coat and tie　④ fomal

【20】 라인 강과 모젤 강에 면한 지역은 독일의 와인 생산지이며, (　　)포도주는 세계적으로 유명하다.

① 적포도주　② 백포도주

③ 적과 백포도주　④ 백포도주과 로제와인

【21】 다음 국가 중 차량통행이 우측인 나라는?

① 일본　② 태국　③ 영국　④ 독일

【22】 중국은 표준시간이 +8로 기재되어 있는데 이는 (　　)에 적용한다는 것을 의미한다.

① 황허강 이북지역　② 양쯔강 이남지역

③ 시안(西安) 이동(以東)지역　④ 중국전지역

【23】 제네바를 기점으로 대절버스로 2시간 정도의 일정으로 관람할 수 있는 알프스의 산은 어느 것인가?

① 아이가　② 마터호른

③ 몽블랑　④ 융프라우

【24】 호텔 체크아웃시에 지급하는 세탁비, 전화요금 등 개인적으로 사용한 요금을 (　　)라고 한다.

① service charge　② single supplement

③ incidental charge　④ cover charge

【여행사실무문제 79】

【1】 다음은 세계의 유명 축제 및 이벤트를 설명한 것이다. 보기에서 정답을 골라 그 기호를 적어라.

① 11월 제1화요일에 개최되는 남반구 최대의 경마레이스. ( )

② 바그너 무대작품만을 공연하는 음악제. 7월 하순~8월말 사이에 5주간 개최된다. ( )

③ 세계 4대 테니스 선수권대회 중 최고의 권위를 자랑함. 개최지의 이름을 따서 윔블던 테니스대회라고 하기도 함. 6월말~7월에 개최됨. ( )

④ 7월 중 3주간에 걸쳐 약 4,000㎞를 달리는 프랑스 일주 자전거 레이스. ( )

⑤ 음력 5월 5일(양력 6월)에 행해짐. 용의 모습을 닮은 가늘고 긴 보트에서의 레이스. 화교들에 의해서 세계 각지에서 행해지지만 홍콩에서 개최되는 것이 단연 으뜸이다. ( )

⑥ 9월 중순부터 약 1개월간 개최되는 하와이 최대의 이벤트. ( )

⑦ 3월 12일~19일까지 개최되는 그리스도의 성부 요셉을 찬양하는 축제. 불의 축제라고 알려진 이 축제는 거대한 종이인형으로 도시의 광장을 장식하여 최종일 한밤중에 태워 없앤다. ( )

⑧ 이집트에서 이슬람력(歷)의 제3월 12일에 개최되는 무하마드의 탄생을 축하하는 축제. ( )

⑨ 부활절 40일전의 2~3월에 4일간 행해지는 성대한 축제, 장대한 축제용 수레와 삼바리듬으로 노래 하며 춤추는 무희들의 대 퍼레이드는 매우 유명하여 세계 각지에서 관광객이 몰려든다. ( )

⑩ 인도 전국에서 3월 만월(滿月)의 날에 행해지는 축제, 이 날은 거침없이 이야기하며 카스트 제도의 구분없이 색분(色粉), 색수(色水)로 서로 끼얹으며 일대 소동이 벌어진다. ( )

⑪ 1789년 바스티유 감옥 점거를 기념하여 7월 14일에 성대하게 치러지는 축제, 프랑스에서 불리는 이름은 "7월 14일제". ( )

⑫ 부활제 전 1주간 3월말~4월 중순에 행해진다. 세마나 · 산타. 스페인의 세비야 지방, 목에서 발 끝까지 뒤집어 쓴 상의에 원추형 두건을 쓴 복장으로 거리를 누

빈다. 더욱이 세비야에서는 4월 하순에 봄 축제가 있고, 이것도 널리 알려져 있다. ( )

⑬ 11월 제3주에 2일간 개최되는 아시아 최대의 모터스포츠 이벤트. ( )

⑭ 6월 제1 수요일에 개최되는 샐러브렛트 4세마(歲馬)에 의한 영국 최대의 경마 이벤트. ( )

⑮ 4월 제2주에 미국 오거스타에서 개최되는 골프 토너먼트, 세계 4대 골프 토너먼트의 하나. ( )

⑯ 중국의 건국제, 10월 1일, 중국에서 설날에 이은 축제, 특히 천안문광장에서 개최되는 불꽃놀이는 화려함의 극치를 이룬다. ( )

⑰ 모차르트 탄생지에서 7월말 ~8월에 걸쳐 개최되는 세계적인 음악제. ( )

⑱ 겨울의 이별날짜가 4월 30일, 마녀가 비를 타고 찾아오는 축제, 불꽃놀이가 절정 독일 하르츠지방(스톡홀름의 스칸센에서도 개최됨). ( )

⑲ 달라나 지방의 시리안 호반이 유명, 집 입구에 어린 자작나무를 장식하여, 풍작과 번영을 기원하는 축제. ( )

⑳ 뮌헨의 맥주축제 매년 9월말부터 10월 제1일요일까지 16일간에 걸쳐 개최된다. ( )

보 기

ⓐ 홀리	ⓑ 국경절	ⓒ 용선절(龍船節)
ⓓ 마카오그랑프리	ⓔ 멜보른컵	ⓕ 마우릿 · 운 · 나비
ⓖ 영국더비	ⓗ 전영테니스선수권	ⓘ 찰츠부룩음악제
ⓙ 발렌시아 불축제	ⓚ 파리제	ⓛ 트루드프랑스
ⓜ 마스터스	ⓝ 알로하페스티벌	ⓞ 리오의 카니발
ⓟ 성주간(聖週間)	ⓠ 바이로이트음악제	ⓡ 옥토버페스트
ⓢ 프르기스의 밤	ⓣ 달라나의 하지(夏至)축제	

【2】 이하 설명문에 해당하는 휴양지 명을 보기에서 골라 그 기호를 기입하라.

① 발리 섬의 동쪽에 있는 섬, 아직도 세속화되어 있지 않은 순수한 자연과 깨끗한 공기를 자랑하고 있다. 1991년 호화호텔(쉐라톤 슨기기비치)가 오픈되자마자 이 섬의 인기를 변화시켰다고 한다. ( )

② 역사가 있는 도시 "조지타운"과 인기 해변 "바트페링기"를 가진 아시아의 노포(老鋪) 리조트. ( )

③ 본 섬과 거기서 돌출한 마크탄 섬으로 구성된 휴양지로 놀랄만큼 투명한 바다가 인기. ( )

④ 방콕의 남쪽 안다만 해상에 떠 있는 태국 유수의 휴양지, 순수한 자연과 근대적인 리조트호텔이 동거하는 현대적 낙원. ( )

⑤ 인도네시아 굴지의 휴양지, 열대의 공기에 신비적인 향기가 녹아든 매혹적인 섬. ( )

⑥ 신선한 산호초로 장식된 무수한 작은 섬으로 구성된 리조트, 스리랑카의 남서쪽에 있으며, 다이버 들을 매료시킬 대자연이 풍부하게 존재한다. ( )

⑦ 미니록 섬 등 봉긋한 섬들이 푸른 바다에 떠 있어 한 폭의 그림과 같은 곳. 필리핀의 팔라완섬 북부에 있다. 투명도 발군의 바다를 자랑한다. ( )

⑧ 천의 섬이라고 말하는 의미를 가진 인도네시아의 리조트. 티모르 섬, 바라트 섬 등에는 야자 잎으로 지붕을 덮은 코티지(cottage)가 산재한다. ( )

⑨ 페낭 북서쪽 108㎞. 태국과의 국경부근에 떠 있는 99개의 섬들로 구성되어 있는 리조트, 많은 전설이 전해져 오고 있는 명소와 아름다운 자연이 매혹적이다. ( )

⑩ 보르네오 섬에 있는 백사장 해변 휴양지, 동말레이시아 사바 주의 주도(州都) 코타키나발루에서 차로 15분, 각종 스포츠 시설도 완비되어 있다. ( )

보 기

ⓐ 에르니도	ⓑ 프로우스리브	ⓒ 세부	ⓓ 발리
ⓔ 몰디브	ⓕ 랑카위	ⓖ 롱보크	ⓗ 탄준아루
ⓘ 푸켓	ⓙ 페낭		

【3】 다음은 동남아시아산 전통공예품과 의상을 설명한 것이다 보기에서 정답을 찾아 그 번호를 기입하라.

① 힌두교도의 여성이 입는 민족의상 ( )

② 인도네시아 자바섬에 전해지는 납결염색으로, 손으로 그려 넣은 것은 고급품임. ( )

③ 인도네시아 춤 등에서 연주되는 민속악기. ( )

④ 베트남 여성의 민족의상. 중국풍의 길게 늘어뜨린 상의에 바지를 입는 방식. ( )

보 기			
ⓐ 아오자이	ⓑ 바틱	ⓒ 사리	ⓓ 카메랑

【4】 다음 두 도시간 비행소요시간을 연결하라.

ⓐ 서울 → 도쿄	① 02:05
ⓑ 서울 → 뉴욕	② 06:25
ⓒ 서울 → 로스앤젤레스	③ 10:55
ⓓ 서울 → 시드니	④ 03:55
ⓔ 서울 → 홍콩	⑤ 11:05
ⓕ 서울 → 베이징	⑥ 02:10
ⓖ 서울 → 방콕	⑦ 13:45
ⓗ 서울 → 파리	⑧ 04:25
ⓘ 서울 → 마닐라	⑨ 12:25
ⓙ 서울 → 뉴델리	⑩ 03:55
ⓚ 서울 → 상하이	⑪ 07:55
ⓛ 서울 → 모스크바	⑫ 02:05
ⓜ 서울 → 괌	⑬ 06:45
ⓝ 서울 → 싱가포르	⑭ 09:35

【여행사실무문제 80】

다음은 세계의 미술관 · 박물관에 관한 설명문이다.

【1】 브뤼셀 "눈속의 나냥꾼", 에메랄드의 약통(2,600캐럿의 원석을 도려낸 것), 합스부르크 역대(歷代)의 미술 · 보식품(寶飾品)을 전시한 곳은?

① 빈 자연사박물관　　② 오스트리아회화관

③ 빈 미술사박물관

【2】 호프 다이아몬드(45.5캐럿) 스타 오브 아시아(330캐럿의 사파이어), 보석류의 컬렉션이 있는 곳은?

① 보스턴 미술관　　② 스미소니언 자연사박물관

③ 필라델피아 미술관

【3】 엘 그레코의 "톨레도 풍경", 렘브란트의 "호메로스의 흉상과 아리스토텔레스, 반 고흐의 "노송 나무", 상설전시 10만점을 자랑하는 미국 최대의 미술관은?

① 아메리카자연박물관　　② 뉴욕 근대미술관

③ 메트로폴리탄 미술관

【4】 보첼리의 "비너스의 탄생", "봄", 미켈란젤로의 "성가족", 예전 메디치가의 집무관전, 르네상스회화의 최고걸작을 전시한 곳은?

① 로마 국립박물관　　② 우피치미술관

③ 베네치아 아카데미아미술관

【5】 미켈란젤로의 "최후의 심판"(시스티나 예배당), "라오콘" / 가톨릭의 총본산에 있다. 박물관과 미술관의 집합체.

① 로마국립박물관　　② 우피치미술관

③ 바티칸박물관

【6】 "로제타 스톤", "마그나칼타 사본", "엘르긴 마브르스" / 1759년 세계 최초의 박물관으로서 개관함. 400만종의 우표를 전시하는 곳은?

① 런던박물관　　② 런던 내셔널 갤러리

③ 대영박물관

【7】 밀레의 "이삭줍기", 마네의 "식탁의 점심", 르노와르의 "무랑드 갸렛트" / 1900년에 건조된 역사(驛舍)를 개조, 인상파의 걸작품을 전시하는 곳은?

① 오랑주리미술관　　② 기메박물관

③ 오르세미술관

【8】 "미로의 비너스", "모나리자", 리전트 다이아몬드(140 캐럿) / 유리 피라미드 밑이 입구, 세계 최대 급의 미술관은?

① 퐁피두 예술문화센터　　② 로댕미술관

③ 루브르미술관

【9】 "제우스 대제단", "바밀론의 이슈타르문", "밀레토스의 시장문" / 중근동, 헬레니즘 컬렉션으로 세계적으로 유명한 박물관은?

① 독일박물관　　② 페르가몬박물관

③ 다렘박물관

【10】 다빈치의 "성모자(聖母子)", 렘브란트의 "다나에", 마티스의 "붉은 하모니" / 제정시대에는 황거(皇居), 프랑스어로 "숨은 집"을 의미하는 건물은?

① 에르미타주 국립미술관　　② 푸슈킨 미술관

③ 트레차코프 국립미술관

【11】 그레코의 "양 사육의 예배", "수태고지(受胎告知)", 고야의 "벌거숭이의 마하", "옷 입은 마하" / 스페인 역대 국왕의 컬렉션 중심의 세계적인 미술관은?

① 산페르난도 왕립미술관　　② 프라도미술관

③ 피카소미술관

【12】 렘브란트의 "야경", 훼메르의 "요리하는 여인", 핼스의 "유쾌한 술 마시기", / 17세기 네덜란드의 회화를 중심으로 전시하는 미술관은?

① 헤이그 미술관 ② 암스테르담 국립미술관

③ 고흐 미술관

【13】 신라의 역사를 전하는 성덕대왕신종(에밀레종)이 있는 박물관은?

① 국립부여박물관 ② 국립경주박물관

③ 국립민속박물관

【14】 은 · 주시대의 고고(考古)출토품, 송 · 청시대의 회화, 도자기 등 / 1948년 국민당 정부가 대만으로 가져온 중국예술의 거의 모든 모습을 전시하고 있는 곳은?

① 중국역사박물관 ② 고궁박물원

③ 협서력박물관

【15】 에카테리나 2세의 컬렉션에서 시작되는 세계적으로 유명한 미술관, 예전의 동궁(冬宮)과 3개의 이궁으로 구성되어 있는 곳은?

① 에르미타주 미술관 ② 푸슈킨미술관

③ 네프스키미술관

【16】 인상파회화를 중심으로 수장 · 전시하고 있는 미술관으로서 마네, 모네, 르노와르, 고호 등 인상파 거장들의 걸작을 마음껏 감상할 수 있는 곳은?

① 에르미타주미술관 ② 오르세미술관

③ 프라도미술관

【17】 독일 남부의 도시에 있는 "오래된 회화관"이라는 의미를 가진 미술관. 15세기~18세기 중엽의 그림을 전시, 루벤스의 수집은 세계 최고라고 전해지고 있는 곳은?

① 라이덴국립고대박물관 ② 아르테피나코테크

③ 루브르미술관

【18】 프랑스의 국립현대미술 종합전시장, 20세기의 현대미술도 수집 · 전시하고 있는 곳은?

① 우피치미술관　② 트레차코프국립미술관
③ 퐁피두예술문화센터

【19】 유럽최대의 교통박물관, 수 · 육 · 공 · 우주에 걸쳐 모든 관련 교통기관을 전시하고 있는 곳은?

① 스위스교통박물관　② 벨기에교통박물관
③ 독일교통박물관

【20】 네덜란드 서부의 도시에 있는 고대 오리엔트나 고대 그리스의 유물수집으로 유명한 세계 유수의 박물관.

① 라이덴국립고대박물관　② 노이데치카코테크
③ 바티칸박물관

【21】 스페인이 자랑하는 거장인 고야, 베라스케스, 에르 그레코의 걸작을 소장한 미술관.

① 오르세미술관　② 내셔널갤러리
③ 프라도미술관

【여행사실무문제 81】

【1】 판테온에서 걸어서 10분 거리에 있는 (　　)에 뒤로 향하여 동전을 던져 넣으면 다시 로마를 방문할 수 있다는 전설로 유명한 곳은?

① 슈발로체　　② 트레비분수
③ 콜로세움　　④ 스크로베니예배당

【2】 면적 44ha, 인구는 고작 1,000명이라는 작은 나라(　　). 세계에 약 1억명의 신자가 있다고 알려진 가톨릭 총본산이다.

① 드레스덴　　② 모나코
③ 바티칸　　④ 칸다하르

【3】 프랑크푸르트 동쪽 약 100km 지점인 뷔쯔부룩에서 시작되는(　　)가도는 뮌헨의 남서쪽, 알프스의 산록에 있는 퓨센까지 연결되고 있다.

① 아피아　　② 로맨틱
③ 메르헨　　④ 메블

【4】 루이 16세에 시집간 마리 앙트와네트의 여름 궁전으로 이용한 (　　)궁전의 정원은 런던의 하이드파크보다 넓다.

① 베르사이유　　② 바티칸　　③ 쉘부른　　④ 알함브라

【5】 안네 프랑크의 집으로 유명한 이 거리에 있는 (　　)에서는 차고 맛좋은 맥주가 있다.

① 버드와이저맥주공장　　② 로젠벡맥주공장
③ 하이네켄맥주공장　　④ 커스게이트맥주공장

【6】 중세건축의 대표작, 정면 왼쪽에서 높이 69m인 탑을 계단으로 오를 수 있는 (　　)은 800년간 파리의 역사를 굽어보고 있다.

① 브라고뷔센스키대성당　　② 노틀담대성당
③ 헨드라크게르스덴아힌대성당　　④ 퀼른대성당

【7】 325㎢에 이르는 북극권 외에서는 북반구 최대의 빙원(氷原)은?

① 보우레이크대빙원　　② 레이크루이스대빙원

③ 컬럼비아대빙원　　④ 알래스카대빙원

【8】 2004년 건조한 타이완 최고의 마천루로서 508m에 이르는 빌딩이다.

① 씨엔타워　　② 타이베이 101

③ 엔젤타워　　④ 애플타워

【9】 수억년의 세월이 만들어낸 대자연의 경이, 그랜드캐년 국립공원으로는 (　　)에서 매일 비행편이 출발하고 있다.

① 라스베이거스　　② 캔사스시티

③ 샌디아고　　④ 샌프란시스코

【10】 미국에서 서해안이라고 하면 LA나 샌프란시스코 등이 떠오르지만 (　　)도 또한 풍부한 자연에 둘러 쌓인 도시이다. 그곳은 캐나다와 국경을 이루고 있다.

① 샌프란시스코　　② 애틀랜타

③ 시애틀　　④ 샌디아고

【11】 "모터 타운, 자동차의 도시"로 불리는 (　　)에서는 자동차 제조업계의 거장들인 포드, 크라이슬러, 제너럴모터스 등이 이곳에 본사를 두고 있다.

① 댈러스　　② 덴버

③ 휴스턴　　④ 디트로이트

【12】 세계 3대극장의 하나인 (　　)은(는) 매년 5월 25일에 시즌을 개막하는데, 이 날은 또한 아르헨티나의 혁명기념일이기도 하다.

① 스칼라좌　　② 가부키좌　　③ 콜론극장　　④ 오페라좌

【13】 선주민인 구아라니족의 말에서 유래하여, "장대한 물"로 번역되는 (　　)는 아르헨티나와 브라질이 국경에 위치하고 있는데, 폭포의 넓이가 자그만치 4km나 되며, 최대낙차 80m로 그 규모가 세계 최대이다.

① 나이애가라　　② 엔젤　　③ 이구아수　　④ 빅토리아

【14】 하바나 시내 오비스포 거리에 있는 헤밍웨이가 늘 이용하며 묶었던 (　　)호텔의 팸플릿에는 "이 호텔은 최고의 장소라고 생각한다"라고 말한 헤밍웨이의 말을 싣고 있다.

① 팔레스호텔　② 호텔암보스문도스
③ 홀리데이인　④ 래플즈호텔

【15】 선주민인 아즈테카시대에는 호상(湖上)에 떠 있는 거대한 도시였다. (　　)도 스페인에게 식민지화된 이후 테스코코로 불리고 있던 호수를 메꾸어 현재의 모습이 되었다.

① 멕시코시티　② 리마
③ 사웅파울로　④ 카르타고

【16】 장래적인 자원의 영속적인 활용을 주제로 하는 관광을 무엇이라고 하나?

① eco-tourism　② sustainable tourism
③ industrial tourism　④ permanent tourism

【17】 "Blue Flag Campaign"이란 무엇을 의미하나?

① 해양환경보전운동　② 사막방지화운동
③ 청색깃발달기운동　④ 수질보호운동

【18】 JNTO(Japan National Tourism Organization)는 일본에서 무엇이라 하나?

① 일본관광공사　② 국제관광진흥회
③ 일본관광개발공사　④ 일본국제관광기구

【19】 21세기 미국과의 전쟁으로 세계인의 주목을 받고 있는 아프카니스탄에 관한 것이다. 다음의 관광개소에 적합한 것을 보기에서 골라 그 기호를 써 넣으시오.

① 금요일의 모스크 아프카니스탄의 모스크 중 가장 뛰어난 모스크의 하나. (　)
② 같은 이름의 계곡에 2세기경 건축된 불교유적군으로 2001년 탈레반에 의해 해체된 55m의 대 마애불은 세계문화유산급이었다. (　)
③ B.C. 2000년 국보급의 유물 등 세계적으로도 귀중한 출토품을 전시하고 있다. (　)

보 기

ⓐ 바미안유적　　ⓑ 고고학박물관　　ⓒ 마스지트 · 쟈미

【20】 중국 제일의 큰 강으로 대하_______의 삼협(三峽)으로 불리는 200여km에 걸친 경승지의 한 구석에 건설중인 거대한 댐이 완성되면 그 상류지역에 대형선박의 항행(航行)도 가능하다.

① 황하(黃河)　　② 흑룡강(黑龍江)
③ 장강(長江)　　④ 이강(釉江)

【21】 국토가 남북으로 1,600km에 걸친 베트남 주요 도시로서는 북부에 수도 하노이나 하이퐁이 있으며, 중부에는 항구도시 다낭이나 역사도시 후에, 남부도시에는 이전에 사이공으로 불리던 _________이 있다.

① 비엔찬　　② 프놈펜
③ 호치민　　④ 양곤

【22】 동남아시아의 역사적 도시로 오래된 거리를 보전하려는 운동이 본격화되면서 말레이시아의 ________에서도 주도 조지타운의 구시가지 차이나타운의 경관을 살리려 는 주민 주도의 움직임이 계속되고 있다.

① 푸껫　　② 피낭
③ 싱가포르　　④ 말라카

【23】 민족음악인 "감랑"은 1889년 파리의 만국박람회에서 비로소 서양에 소개되어 드비시 등의 음악가 등에게 큰 영향을 미친 것으로, 지금도 _______에 있어서의 중요한 관광자원이 되고 있다.

① 인도네시아　　② 쿠바
③ 자메이카　　④ 태국

【24】 인도의 남부 데칸고원의 한 구석에는 대규모 불교 석굴군으로 유명한 아잔타나, 마찬가지로 불교 · 힌두교 · 자이나교의 석굴사원군으로 유명한 ________가 있다.

① 아그라　　② 엘로라　　③ 카주라호　　④ 스리나가르

【25】 아드리아 해의 진주로 불리는 경승지 드브로부니크는 구 유고슬라비아를 구성한 한 공화국으로 자그레브를 수도로 하는 ________는 유수의 관광도시이다.

① 크로아티아　　② 슬로바키아
③ 불가리아　　④ 루마니아

【26】 1998년에 유럽연합(EU) 가맹한 ______는 국토(33만 8,000㎢) 가운데 69%가 삼림 및 10%를 점하는 호수의 수가 188,000개나 되는 호수와 삼림국가이다.

① 오스트리아　　② 스위스
③ 핀란드　　④ 리투아니아

【27】 프랑스의 국가적 위인을 기리는 신전인 파리의 ________에 금세기 초 노벨 물리학상, 후에는 화학상도 수상한 폴란드 출신의 퀴리부인의 유체가 금년의 여성으로서 처음으로 그 전당에 들어갔다.

① 앵발리드　　② 트로카델로
③ 파르테논　　④ 판테온

【여행사실무문제 82】

【1】 다음에 열거하는 것은 태평양상의 섬들이다. 해당하는 설명을 ( )안에 그 기호를 기입하라.

① 캐롤린제도의 서부에 있는 섬, 대소 4개의 섬으로 구성되어 있고, 큰 석화(石貨)가 사용되고 있는 것으로 알려져 있다. 하얀 자연과 역사가 숨쉬는 섬. ( )

② 북마리아나 제도의 중심이 되는 섬, 미국 자치령 북마리아나연방의 행정부가 이 섬에 있다. ( )

③ 마리아나제도의 남단에 위치하고 있다. 1521년 마젤란이 발견하여 스페인령이 되었으나 1898년 미국령이 되었다. 미크로네시아에 있어서 최대의 관광지이다. ( )

④ 수도가 누쿠알로파, 철저한 기독교왕국, 전국토가 왕실 소유임, 남태평양 중부에 있는 나라, 면적 749.9㎢. ( )

⑤ 캐롤라인제도의 서부에 있는 200여 개의 작은 섬들로 구성된 열도(列島). 1994년에 공화국이 되었다. 미크로네시아연방의 한 주(州)를 구성하고 있다. ( )

⑥ 티니안 섬의 남쪽 괌섬과 중간에 있는 소박한 비치리조트의 섬이다. 통가 · 타가 · 채석장 등이 관광의 포인트. ( )

⑦ 날짜변경선 서쪽에 위치하고 있는 섬으로 피지에서 직선거리 800km의 섬, 섬의 중심 도시가 아피아, 총각 1명에 처녀 20명으로 여성천국의 섬. ( )

⑧ 사이판 섬 남쪽 약 5km지점에 있는 해변 휴양지, 낚시의 메카로 잘 알려져 있다. 관광개소는 타가유적, 일본해군기지사령부흔적, 바지락조개 해안 등. ( )

⑨ 미크로네시아에 딸린 섬, 면적 $334km^2$, 포나페 섬(Ponape I.)이라고도 한다. ( )

⑩ 남태평양 중부에 있는 나라, 면적 749.9㎢, 인구밀도 수도는 누쿠알로파, 170여 개의 섬으로 구성되어 있으나 그 중 36개의 섬에만 주민이 거주한다. ( )

보 기

ⓐ 괌	ⓑ 사이판	ⓒ 로타	ⓓ 통가
ⓔ 서사모아	ⓕ 얍	ⓖ 팔라우	ⓗ 티니안
ⓘ 타이티	ⓙ 폰페이		

【2】 다음은 괌섬의 관광개소에 대해서 설명문 중 (　　)안에 해당되는 것을 보기에서 골라 그 기호를 써넣으시오.

① 차모로족의 젊은 남녀가 몸을 던졌다는 비련의 전설이 남아 있는 (　　)는(은) 투몬 비치가 있는 투몬지구의 유일한 경승지이다.

② (　　)는(은) 괌의 행정부가 있는 아가나시를 한눈에 볼 수 있는 스페인시대의 성채의 흔적이다.

③ (　　)는(은) 스페인 통치시대에 아가니아 강에 건설된 아치형 다리이다.

④ (　　)는(은) 석기시대의 유물로 보이는 산호암초의 석주(石柱)가 남아 있는 공원이다.

⑤ (　　)는(은) 괌섬의 남쪽 약 4km에 떠있는 휴양지로 유명한 섬이다.

⑥ 괌섬의 남부에 있는 (　　)에는 차모로 민족의 생활 · 문화 · 역사가 그대로 재현되고 있다.

보 기

ⓐ 사랑의 절벽	ⓑ 이나라한 · 차모로문화촌	ⓒ 아프간요새
ⓓ 라테스톤공원	ⓔ 코코스섬	ⓕ 스페인다리

【3】 다음은 사이판 섬 관광개소에 관한 설명문이다. (　　)안에 적당한 어구를 골라 그 기호를 기입하시오.

① (　　)는(은) 해양스포츠를 즐길 수 있다. 마이크로비치의 바다 한가운데 떠 있는 작은 섬이다.

② 제2차 세계대전시, 사이판 공방전의 전장이 되었던 이 섬에는 일본군 병사가 옥쇄한 곳(　　)이나, 일본군 사령부가 있었던 (　　)이(가) 있다.

③ (　　)는 야생조가 사는 무인도로 본 섬의 전망대로부터의 조망이 매우 뛰어나다.

④ (　　)는(은) 일본통치시대에 입식하여 일본 사람들이 만든 공원으로서 사탕수수를 운반했던 기관차가 남아 있다.

보 기

ⓐ 버드 아일랜드	ⓑ 사탕왕공원	ⓒ 반자이클리프
ⓓ 마나가하 섬	ⓔ 라스트 커맨드 포스트	

【4】 다음 문장은 어느 나라에 대해서 설명한 것인지 보기에서 적당한 것을 골라 그 기호를 (   )안에 써 넣으시오.

① 남태평양 서부 멜라네시아의 남동부에 있는 나라로 면적 1만 8272㎢, 수도는 수바, 동쪽은 통가제도, 서쪽은 산타크루스제도, 남쪽은 뉴질랜드, 북쪽은 투발루로 이어지는 대양(大洋)상에 있다. 인도 사람이 주민의 대다수를 점하고 있다. (   )

② 면적 1만 2190㎢, 수도는 빌라이며 프랑스어를 공용어로 사용하고 있다. 오랫동안 영국과 프랑스의 공동 통치령인 뉴헤브 리디스제도(諸島)가 1980년 7월 독립한 나라이다. 섬의 형태 또한 프랑스 빵과 비슷하다. (   )

③ 서태평양의 면적 21㎢의 소국이다. 수도는 야렌이다. 남위 0°32′, 동경 166°55′에 위치하는 산호섬으로 전체적으로 평탄한 지형을 이루어 최고점이 70m를 넘지 않으며, 남서부에 부아다 호(湖)가 있다. 면적과 인구 면에서 바티칸시국을 제외하면 세계에서 가장 작은 국가이다. 영화 "남태평양"이 이 섬의 아름다운 자연을 소개하였다. (   )

④ 적도 바로 남쪽 주위 20km의 작은 섬이나 인광석 산출은 세계 제1, 2위를 다투고 있다. (   )

보 기

ⓐ 나우루 ⓑ 뉴칼레도니아 ⓒ 피지 ⓓ 바누아투

【5】 다음에 열거하는 것은 타이티의 섬들(소시에테제도)이다. 해당하는 설명을 (   )안에 그 기호를 기입하시오.

① 남태평양의 진주로 불리는 매우 아름다운 섬. "허리케인" 등 영화의 무대가 되었다. (   )

② 소시에테제도의 최대의 섬으로 주도와 국제공항을 가진 정치 · 경제의 중심지, 후기 인상파 회화의 거장 고갱의 기념관이 있다. "지상 최후 남태평양의 낙원"이라고 불리고 있다. 그러나 이 섬 부근에 프랑스의 무르로아 환초에서 핵실험이 자행되고 있어 걸림돌이 되고 있다. (   )

③ 뮤지컬 영화 "남태평양"의 발리하이 섬의 모델이 된 섬으로 유명하다. (   )

보 기

ⓐ 타이티 ⓑ 모레아 ⓒ 보라보라

【6】 다음 문장은 어느 나라(지역)에 대해서 설명한 것인지 보기에서 적당한 것을 골라 그 기호를 (　　)안에 써 넣으시오.

① 남태평양 중부에 있는 나라, 면적 749.9㎢, 수도는 누쿠알로파, 170여 개의 섬으로 구성되어 있는 남태평양 유일왕국. (　)

② 남태평양 날짜변경선[日附變更線]의 동쪽 멜라네시아의 동단 피지 제도에서 북동쪽으로 약 800km 해상에 위치하는 화산군도이다. 주도(主島) 사바이는 이 지방 최대의 섬이며, 높이 1,858m의 실리실리산이 있다. 폴리네시아 최초의 독립국. (　)

③ 남태평양 사모아제도에 있는 일명 동(東)사모아라고도 한다. 주도는 파고파고 면적 199㎢, 1722년 네덜란드인이 발견하였다. 서머세트 모옴의 "비"의 무대가 되었다. (　)

④ 남태평양에 있는 뉴질랜드령의 제도, 면적 241㎢, 남위 18~23°, 서경 160° 부근에 흩어져 있다. 펜린(통가레바) · 마니히키 등 주로 환초로 구성된 북부 군도와, 라로통가 · 아이투타키 등 화산섬으로 이루어진 남부 군도로 나누어진다. (　)

⑤ 중부 태평양의 서쪽에 있는 나라, 면적 811㎢, 수도는 타라와이며 영어를 공용어로 사용하고 있다. 미크로네시아 중부의 길버트 제도(諸島)를 국토로 하는 영국연방에 속한 나라이다. (　)

⑥ 태평양 남서부에 있는 나라, 면적 2만 8370㎢, 뉴기니 섬 북동쪽 해상에 이어지는 비스마르크 제도로 남쪽에 북서~남동쪽으로 1,500km에 걸쳐 두 줄기로 뻗어내린 크고 작은 화산섬들로 이루어져 있다. 주도(主島)는 과달카날. (　)

⑦ 남태평양에 있는 나라, 면적 26㎢, 수도는 푸나푸티이다. 오스트레일리아 북동쪽 4,000km 지점, 남위 5~11°, 동경 176~180°에 위치하는 섬나라이다. 영국의 보호령이었다. (　)

⑧ 동남아시아 보르네오 섬 중에서 인도네시아령(領)을 가리키는 현지 이름, 면적 53만 9,460m², 보르네오 섬의 3/4을 차지한다. (　)

⑨ 정식명칭은 콜론 제도(Archipilago de Coln), 주도(主島)는 산크리스토발 섬, 총면적 7,850㎢, 에콰도르 해안으로부터 서쪽으로 1,000km 지점에 위치하며 대소 16개의 섬과 다수의 암초로 이루어져 있다. 이 제도에서 가장 큰 섬은 이사벨라 섬(5,800㎢)으로, 최고봉은 아술산(1,689m)이며, 다른 섬들은 대개 작고 평평하다. (　)

⑩ 이탈리아 남서부에 있는 지중해 최대의 섬. 영어로는 시실리 (Sicily) 섬이라고 한다. 면적 2만 5708km², 주변의 작은 섬과 함께 이탈리아의 한 주(州)를 형성

하며, 주도(州都)는 팔레르모, 북동단은 메시나 해협을 사이에 두고 본토 남단에 접한다. ( )

⑪ 서인도제도 북부에 있는 영국연방의 독립국, 면적 1만 3942㎢, 플로리다 반도 남동쪽에서 히스파니올라섬에 이르기까지 약 800km에 걸쳐서 산재하는 약 700개의 섬과 2,000여 개의 산호초로 구성되며 사람이 거주하는 섬은 약 30개이다. 수도는 뉴프로비던스 섬에 있는 나소이다. ( )

⑫ 남아메리카 마젤란 해협의 동쪽 760km, 남대서양에 있는 영국령의 제도, 면적 1만 2000km^2, 주도(主都)는 스탠리, 동서 2개의 주도(主島)와 여러 개의 작은 섬으로 이루어져 있다. ( )

⑬ 캐나다 동쪽 끝 래브라도반도 남쪽에 있는 섬, 면적 11만 700㎢, 동쪽으로는 대서양, 서쪽으로는 세인트로렌스 만(灣)에 면해 있다. ( )

⑭ 대서양 북부에 있는 섬나라, 면적 10만 2819㎢, 수도는 레이캬비크. ( )

⑮ 인도양 중북부에 위치한 섬나라, 면적 298㎢, 수도는 말레이며 디베히어를 공용어로 사용하고 있다. 스리랑카의 남서 약 650km에 있다. ( )

보 기

ⓐ 미국령사모아	ⓑ 쿡제도	ⓒ 통가	ⓓ 사모아
ⓔ 투발루	ⓕ 솔로몬	ⓖ 키리바시	ⓗ 시칠리아
ⓘ 갈라파고스제도	ⓙ 칼리만탄	ⓚ 바하마	ⓛ 포클랜드제도
ⓜ 아이슬란드	ⓝ 뉴펀들랜드	ⓞ 몰디브	

【7】 다음은 종족에 관한 설명이다. 보기에서 적당한 것을 골라 그 기호를 ( )안에 써 넣으시오.

① 뉴질랜드의 원주민, 폴리네시아계의 해양종족으로 유럽인의 내항(來航) 전에는 20~50만명으로 추정되었다. 인구가 유럽인과의 접촉 이후 19세기 말에는 약 4만명 으로 격감하였으나, 현재는 20만 명까지 회복되어 뉴질랜드의 총인구 중 약 7.5%를 차지한다. ( )

② 일본 홋카이도(北海道) · 쿠릴열도 · 사할린 섬에 거주하는 민족, 인종학상으로는 유럽 인종의 한 분파에 몽골로이드의 피가 섞여 있다. ( )

③ 중국땅에 흩어져서 거주하고 있는 한족 혈통을 가진 중국 국적의 주민들, 중국 둥베이(東北) 3성 지역에 흩어져 거주하고 있는 한족(韓族) 혈통을 지닌 중국

국적의 주민들을 말한다. ( )

④ 몽골 고원 및 중앙아시아에서 활약한 투르크계(系)민족. ( )

⑤ 우랄산맥 서쪽, 볼가 강과 그 지류인 카마 강 유역에 살고 있는 투르크 어계(語系)의 종족이다. ( )

⑥ 중국 내에 거주하며 이슬람교를 신봉하는 소수민족, 7세기경부터 중국에 들어간 아라비아인이 오랫동안 한족(漢族)과 혼혈되어, 한어(漢語)를 전적으로 쓰게 되어 한화도(漢化度)가 높은 이슬람교를 믿는 집단을 형성하였다. ( )

⑦ 서양 고대에 활약한 인도 유럽어족의 일파, 원주지는 청동기시대의 독일 남동부, 라인 강 · 엘베 강 · 도나우 강 유역이며, B.C. 10~B.C. 8세기 무렵부터 이동하기 시작하여, B.C. 6~B.C. 4세기 무렵 갈리아 · 브리타니아에 진출하였다. ( )

⑧ 남아메리카의 라플라타 강(江) 유역과 우루과이 강 · 파라나 강 하류 등의 광대한 목축지대인 팜파스의 주민 또는 목동. ( )

⑨ 현재 동유럽과 북아시아의 주된 주민으로 러시아 · 폴란드 · 체코 · 슬로바키아 · 유고슬라비아 · 불가리아의 기간민족이다. ( )

⑩ 5세기에 독일 북서부에서 브리타니아로 건너온 게르만인의 한 파, 원래는 잉글랜드의 색슨인을 대륙의 색슨인과 구별하기 위해서 사용되었으나, 현재는 노르만이 영국을 정복하기 전의 영국인이라는 의미로 쓰인다. ( )

보 기

ⓐ 위그르족	ⓑ 아이누족	ⓒ 켈트족
ⓓ 마오리족	ⓔ 후이족(回族)	ⓕ 타타르족
ⓖ 가우쵸족	ⓗ 슬라브족	ⓘ 조선족
ⓙ 앵글로색슨족		

【여행사실무문제 83】

【1】 다음은 관광객들이 즐겨 찾는 세계의 유명한 산을 설명한 것이다. 보기에서 정답을 찾아 그 기호를 (　　)안에 기입하시오.

① 일본 규슈[九州] 중앙부에 있는 활화산, 높이 1,592m, 구마모토(熊本)·오이타(大分) 등 2개 현(縣)에 걸쳐 있다. (　)

② 미국 사우스다코타주(州)에 있는 산, 높이 1,829m, 주의 남서부 블랙힐스 산지에 있는 산봉우리로, 산허리의 화강암에는 워싱턴, 링컨, 제퍼슨, T.루스벨트의 거대한 두상(頭像)이 조각되어 있는 것으로 유명하다. (　)

③ 중국 산둥성[山東省]에 있는 타이산산맥의 주봉(主峰)으로 높이는 1,532m이다. 5악(五岳)의 하나인 동악(東岳)으로서, 도가(道家)의 설(說)에 따라 제왕이 된 사람은 산꼭대기와 산기슭에서 '봉선(封禪)' 의식을 행하였다. (　)

④ 이란 북부 엘부르즈 산맥에 있는 산, 해발고도 5,604m, 테헤란에서 북동쪽으로 46km 떨어진 곳에 있는 사화산이다. 가파른 화구구는 용암류와 화산재로 이루어져 있으며 분화구는 퇴적물이 쌓여 있다. (　)

⑤ 타이완[臺灣] 중앙부에 있는 산, 높이 3,997m, 타이완 최고봉으로 3,500m가 넘는 동서 남북의 4개봉이 주위를 둘러싸고 있다. (　)

⑥ 스위스 베른주(州)에 있는 산, 높이는 4,158m이다. 대부분이 화강암으로 이루어져 있으나, 북벽(北壁)에는 중생대 쥐라기의 석회암이 노출되어 있다. (　)

⑦ 알프스산맥의 최고봉, 높이 4,807m, 이탈리아어로는 몬테 비앙코(Monte Bianco)라고 하며, '흰 산' 이라는 뜻이다. (　)

⑧ 미국 알래스카주(州) 알래스카산맥 중에 있는 산, 높이 6,194m, 산체(山體) 상부의 2/3는 만년설로 덮여 있으며, 남쪽 사면은 대부분 빙하로 이루어져 있다. (　)

⑨ 말레이시아 사바주(州) 북부에 있는 동남아시아 최고봉으로 높이는 4,101m이다. 근년에 이 일대를 중심으로 하여 국립공원지역이 설정되었다. (　)

⑩ 탄자니아에 있는 휴화산, 높이 5,895m, 케냐와의 국경 가까이에 있다. 아프리카 지구대(地溝帶)를 따라 빅토리아 호(湖)의 동쪽에 위치하는 아프리카대륙의 최고봉이며 세계 최고의 화산이다. (　)

보 기

ⓐ 다마반드	ⓑ 타이(泰)	ⓒ 러슈모어
ⓓ 융프라우	ⓔ 아소(阿蘇)	ⓕ 킬리만자로
ⓖ 맥킨리	ⓗ 몽블랑	ⓘ 키나발루
ⓙ 위(玉)		

【2】 다음은 관광객들이 즐겨 찾는 세계의 유명 호수이다. 보기에서 정답을 찾아 그 기호를 (　　)안에 기입하시오.

① 러시아 동시베리아 남부에 있는 호수, 길이 636km, 최대너비 79km, 면적 3만 1500㎢, 초승달 모양으로 북동~남서쪽으로 길쭉하며, 부랴티야 공화국과 이르쿠츠크주(州)에 걸쳐 있다. (　)

② 페루와 볼리비아 국경지대에 있는 호수, 면적 8,135㎢, 해발고도 3,810m, 최대수심 281m, 안데스산맥의 알티플라노 고원 북쪽에 있는 남아메리카 최대의 담수호. (　)

③ 중국 장쑤성(江蘇省) 남동쪽에 있는 호수, 면적 2,213㎢, 옛날에는 바다였으나, 장강(長江)어귀의 삼각주가 발달함에 따라 형성된 담수호이다. (　)

④ 중국 저장성(浙江省) 항저우시(杭州市) 서쪽에 있는 호수, 면적 5.66㎢, 둘레 15km, 평균 수심 1.5m, 최대수심 2.8m이다. 중국 저장성 항저우시 서쪽에 있다. (　)

⑤ 아프리카 최대의 호수, 면적 6만 9485㎢, 호면 해발고도 1,134m, 최대수심 82m, 호안선 길이 3,440km, 아프리카 제1의 호수이자 담수호로는 세계 제2위. (　)

⑥ 일본 시가현(滋賀縣) 중앙부에 있는 일본 최대의 호수, 면적은 673.9㎢, 길이는 63.5km, 최대너비는 22.1km, 최대수심은 103m이다. (　)

⑦ 미국과 캐나다 국경에 걸쳐 있는 호수, 면적 약 8만 2,360㎢, 최고수심 405m, 해발 고도 183.6m, 호안선 길이 3,000km, 5대호의 하나로, 서쪽 끝에 있는 세계에서 가장 큰 담수호이다. (　)

⑧ 영국 스코틀랜드 인버네스에 있는 호수, 길이 36km, 평균너비 1.6km, 깊이 230m, 그레 이트글렌 계곡에 있으며, 로크엔드~포트오거스터스까지 이어지는 좁고 긴 모양의 호수이다. (　)

⑨ 스위스 남서부, 프랑스와의 국경에 있는 호수, 제네바 호라고도 한다. 길이 72km, 너비 14km, 면적 582㎢, 호안선 길이 195km, 호면 해발 372m, 평균수심 154m, 최대수심 310m, 초승달 모양을 한 알프스 산지 최대의 호수. (　)

⑩ 동아프리카 대지구대(大地溝帶)에 있으며 빅토리아 호 다음가는 아프리카 대륙 제2의 호수, 면적 3만 3,000㎢, 남북길이 720km, 평균 동서길이 50~70km, 호면 높이 773m, 수심 약 1,430m, 세계에서 바이칼 호 다음으로 깊은 호수이다. ( )

보 기

ⓐ 티티카카	ⓑ 탕가니카	ⓒ 네스	ⓓ 레만
ⓔ 비와	ⓕ 슈피리어	ⓖ 타이후	ⓗ 빅토리아
ⓘ 시후	ⓙ 바이칼		

【3】 다음은 관광객들이 즐겨 찾는 세계의 유명한 강이다. 보기에서 정답을 찾아 그 기호를 (　　)안에 기입하시오.

① 중부 유럽 최대의 강, 본류의 길이 약 1,320km, 유역면적 15만 9,610㎢, 알프스산지에서 발원하여 유럽에서 공업이 가장 발달한 지역을 관류하여, 북해로 흘러든다. ( )

② 남아메리카 최대의 강, 유역면적 705만㎢, 유역면적과 유량은 세계 제1위. ( )

③ 중국의 티베트에서 발원하여 미얀마 · 라오스 · 타이 · 캄보디아 · 베트남을 거쳐 남중국해로 흐르는 강, 길이 4,020km, 유역면적은 80만㎢, 동남 아시아 최대의 강. ( )

④ 서부 시베리아 저지를 흐르는 강, 길이 3,680km, 유역면적 293만㎢, 지류인 이르티슈 강을 합하면 길이 5,570km. ( )

⑤ 적도 부근에서 발원하여 지중해로 흘러드는 세계에서 가장 긴 강. ( )

⑥ 서아시아 최대의 강, 아랍어로는 알푸라트, 터키어로는 피라트, 길이 2,700km. ( )

⑦ 중국 대륙 중앙부를 횡단하는 중국에서 가장 긴 강, 길이 5,800km, 유역면적 180만㎢, 일명 장강(長江)이라고도 하며, 장강삼협 크루즈로 유명하다. ( )

⑧ 러시아 서부를 남쪽으로 흐르는 유럽 제일의 강, 길이 3,700km. ( )

⑨ 중국 북부를 서에서 동으로 흐르는 중국 제2의 강, 길이 5,464km. ( )

⑩ 미국 중부를 북에서 남으로 관류하는 미국 최대의 강, 길이 6,210km. 나일 강 · 아마존 강에 이어 세계에서 세번째로 긴 강이다. ( )

보 기

ⓐ 양쯔	ⓑ 오브	ⓒ 볼가	ⓓ 라인
ⓔ 나일	ⓕ 아마존	ⓖ 황허	ⓗ 미시시피
ⓘ 유프라테스	ⓙ 메콩		

【여행사실무문제 84】

【1】 다음은 관광객들이 즐겨 찾는 세계의 유명한 폭포이다. 보기에서 정답을 찾아 그 기호를 (　)안에 기입하시오.

① 아프리카 잠비아와 짐바브웨의 경계를 흐르는 잠베지 강(江)에 있는 대폭포. 해발고도 약 90m의 고원에서 흘러내리는 잠베지 강의 물이 너비 약 1,500m의 폭포로 바뀌어 110~150m 아래로 낙하한다. (　)

② 땅으로부터 490m의 높이를 도중에서 막힘없이 낙하하여 형성된 폭포이다. 낙차 979m로 세계 최고이며, 부수된 폭포를 포함하면 높이 1,000~1,600m에 이른다. (　)

③ 옛 이름은 스탠리 폭포(Stanley Falls), 낙차는 모두 70m 가량이지만, 대체로 너비가 넓으며 제7폭포의 너비는 약 800m나 된다. 이 폭포 때문에 콩고 강의 항행이 불가능하며, 키상가니~우분디 사이는 철도로 연결된다. (　)

④ 브라질과 아르헨티나의 국경에 있는 폭포, 너비 4.5km, 평균낙차 70m. (　)

⑤ 브라질 북동부에 있으며, 높이 80m, 강어귀에서 300km 지점에 있는 4개의 큰 폭포로 이루어진다. 수량이 풍부하기로는 세계 최대급으로 알려져 있다. (　)

⑥ 캐나다 퀘벡주(州) 남부에 있는 폭포, 높이 약 50m, 세인트모리스 강(江)에 있다. 폭포 이름은 폭포 근처에 있었던 육로가 바위투성이의 산마루를 지나가게 된다고 해서 '산마루'라는 의미에서 유래되었다. (　)

⑦ 아프리카 중앙부를 흐르는 콩고 강(江) 하류에 있는 32개 폭포의 총칭, 총낙하길이 약 60m, 콩고 서부에 있으며, 일부는 콩고민주공화국과의 국경지역에 걸쳐 있다. (　)

⑧ 캐나다와 미국 국경 사이에 있는 대폭포, 캐나다 쪽은 높이 48m, 너비 900m에 이르는 것으로, 중앙을 국경선이 통과하고 있다. 고트 섬 북동쪽의 미국 폭포는 높이 51m, 너비 320m에 이른다. (　)

⑨ 폭포와 앨버트 호의 낙차는 약 122m이다. 가장 하류에 있는 폭포의 너비는 불과 6m이며, 바위가 갈라진 틈에서 50m 아래에 있는 용소(龍沼)로 떨어진다. (　)

⑩ 일본 도치기현(枋木縣) 닛코시(日光市) 닛코 국립공원 내에 있는 호수에서 떨어지는 폭포로서 낙차 37m. (　)

보 기

ⓐ 나이애가라, ⓑ 보요마, ⓒ 파울루아폰수, ⓓ 이과수, ⓔ 머치슨,
ⓕ 게곤, ⓖ 셔위니건, ⓗ 리빙스턴, ⓘ 빅토리아, ⓙ 앙헬

【2】 다음은 세계의 유명도시의 랜드마크를 이루는 건물이다. 보기 정답을 찾아 그 기호를 (　)안에 기입하시오.

① 뉴욕시 중심가에 있는 건축군(建築群). R.후드, W.해리슨 등 건축가에 의해서 1931~1939년에 건조되었다 (　)

② 영국 런던의 템스 강에 놓인 다리, 1894년에 완성되었으며, 양안에서 각각 8 m의 현수교 부분과 중앙 60m의 가동부분으로 되어 있다. 이들을 받쳐주는 스코틀랜드풍(風)의 대소 4개의 탑과 더불어 특이한 디자인은 런던의 상징물이 되었다. (　)

③ 중국 베이징(北京)에 있는 청(淸)나라 황성의 정문, 명(明)나라 초기에 창건하여, 처음에는 승천문(承天門)이라고 명명하였으나, 1651년에 지금 이름으로 개명했다. (　)

④ 브라질 리우데자네이루에 있는 바위산에 있는 것으로 이 도시의 상징. (　)

⑤ 중세 러시아의 성새(城塞) · 성벽(城壁)을 의미한다. 가장 유명한 것은 모스크바의 것을 가리킨다. (　)

⑥ 1958년, 일본의 만엔권 지폐가 등장한 해와 같은 시기에 건립된 이 탑은 이 도시의 하나의 관광명소로 자리를 잡게 되었지만, 근본적인 기능은 전파 발신탑이다. (　)

⑦ 국제공모전에서 1등으로 당선된 덴마크의 건축가 이외른 우촌(Utzon)이 설계한 것으로 1973년 완공된 시드니의 상징. (　)

⑧ 1889년 파리의 만국박람회장에 세워진 높은 철탑, 이것을 세운 프랑스의 교량 기술자의 이름을 따서 명명되었다. 높이는 984피트(약 300m). (　)

⑨ 뉴욕시 맨해튼 34번가에 자리잡은 초고층 빌딩, 슈립 · 람하먼이 설계, 1931년에 완공되었으며, 102층에 높이 약 381m. (　)

⑩ 미국 캘리포니아주 서안의 샌프란시스코 만(灣)과 태평양을 잇는 해협에 설치되어 있는 다리로서 길이 2,825m. (　)

보 기

ⓐ 타워브리지	ⓑ 그리스도상	ⓒ 에펠타워	ⓓ 도쿄타워
ⓔ 엠파이어스테이트	ⓕ 텐안먼	ⓖ 금문교	ⓗ 오페라하우스
ⓘ 크렘린	ⓙ 록펠러센터		

【3】 다음은 세계 유명열차를 소개한 것이다. 보기에서 정답을 찾아 그 기호를 (　　)안에 기입하시오.

① 런던파리/로마/인스부르크/취리히 구간사이를 오가는 지구상의 최초의 명물 기차로서 고품격 호텔열차의 진수를 느낄 수 있다. (　　)

② 밴쿠버/밴프/캘거리 등 캐나디안 록키와 주변지역을 연계해 철도로 관광할 수 있는 고품격 파노라믹 열차여행을 즐길 수 있다. (　　)

③ 시드니/브리즈번/케언즈 사이를 운행하는 남반구 최고의 특급열차로서 호주의 환상의 여행세계로 안내한다. (　　)

④ 프랑스/독일/오스트리아/헝가리/루마니아 사이를 운행하는 국제열차. (　　)

⑤ 미국 동부 해안에 위치한 주요 도시를 운행하는 우등 좌석 열차. (　　)

⑥ 프랑스/스위스/이탈리아(유고슬라비아) 사이를 운행하는 국제열차. (　　)

⑦ 워싱턴 D.C.에서 올란도까지 운행하는 열차로 자동차나 자전거를 화물칸으로 함께 운반할 수 있다. (　　)

⑧ 방콕/치앙마이/싱가포르/콸라룸푸르 사이를 운행하는 동남아시아 최고급 품격 기차여행으로서 상류사회의 전통과 품위를 느낄 수 있다. (　　)

⑨ 플로리다의 올란도에서 출발하여 남부 캘리포니아의 주요 도시를 연결하는 열차. (　　)

⑩ 샌프란시스코에서 로키 산맥을 거쳐 시카고까지 미대륙의 중부지역을 횡단하는 열차로 사계절 아름다운 풍광이 매력 포인트. (　　)

보 기

ⓐ 싱플론 익스프레스	ⓑ 선셋	ⓒ 이스턴오리엔탈
ⓓ 록키마운틴 레일투어	ⓔ 메트로라이너	ⓕ 오토트레인
ⓖ 그레이트사우스퍼시픽오리엔트	ⓗ 캘리포니아제퍼	ⓘ 오리엔트특급
ⓙ 오리엔트 익스프레스		

【여행사실무문제 85】

【1】 다음은 세계의 유명 성당을 소개한 것이다. 보기에서 정답을 찾아 (　　)안에 그 기호를 기입하시오.

① 성당 건물의 전장(全長)은 약 130m, 신랑부(身廊部)의 너비는 16.4m로 프랑스 제일의 규모이며, 천장 높이 36.55m, 성당 앞쪽에서 뒤쪽까지의 길이는 73.47m이다. (　)

② 베네치아시(市) 중심의 광장 정면에 있는 성당, 2명의 상인이 이집트의 알렉산드리아에서 가져온 성마르코 유골의 납골당(納骨堂)으로 세워진 것(829~832)이다. (　)

③ 프랑스 초기 고딕성당의 대표작, 센 강(江) 시테 섬에 있는 성당. (　)

④ 교황 식스투스 4세가 성모마리아에게 바친 바티칸시국에 있는 성당, 건축가 조반니 데 도르티의 설계로 1473년 착공, 1481년에 완성하였다. (　)

⑤ 독일 튀링겐주(州)에 있는 어느 교구(敎區)의 주교좌 성당, 성(聖)베드로와 성(聖) 바울로에게 바친 것이다. (　)

⑥ 이탈리아의 아시시에 있는 성당, 아시시는 로마의 북쪽 약 310 km, 운브리아 지방의 중심에 있으며, 이탈리아 중세 도시가 흔히 그렇듯이 산의 중턱에 있는 도시이다. (　)

⑦ 영국 잉글랜드 남부에 있는 고딕식(式) 대성당, 1089년에 노르망식(式) 성당으로 착공하였으나, 14세기에 크게 개조한 결과, 외관은 후기 고딕식이다. (　)

⑧ 프랑스 북부 노르망디의 캉에 있는 베네딕트회의 남자수도원 성당, 여자를 위한 라트리 니트수녀원 성당과 남매관계에 있다. (　)

⑨ 영국 켄트현에 있는 대성당, 중세기에는 영국의 정신적 중심지였다. 최초의 성당은 1070～1089년 세워진 로마네스크 양식의 건축이었다. (　)

⑩ 이탈리아 팔레르모 교외에 있는 시칠리아 섬 최대의 로마네스크식 대성당. (　)

⑪ 중세기 독일 최대의 성당이며 프랑스 고딕양식에 속하는 것으로 유명한 이 시의 상징적인 건조물이다. 1248년 9세기 이래의 구(舊)성당 대신 건축가 게르하르트에 의해 착공, 1322년에 성가대석(聖歌隊席)이 완성되었다. (　)

⑫ 영국 런던에 있는 영국 국교회의 성당, 1666년의 유명한 런던 화재 때, 시(市)

의 재건계획 담당자 C.렌에 의해 세워진 대표적인 종교건축물이다. ( )

⑬ 1030년 황제 콘라트 2세의 명령으로 기공되어 1060년 하인리히 4세에 의해 헌당(獻堂)된 라틴 십자 플랜의 독일 로마네스크 건축을 대표하는 바실리카식 성당이다. ( )

⑭ 프랑스 파리 시테 섬에 있는 고딕양식의 성당, 성왕 루이 9세의 명에 따라 1246년에 기공되어 1248년에 완성된 레요낭양식 고딕성당의 대표적인 성당이다. ( )

⑮ 미국 뉴욕에 있는 가톨릭 성당, 고딕양식을 부활시키려는 J.레비크의 설계가 채택되어 1858년에 기공, 1879년에 헌당식(獻堂式)을 올렸다. ( )

보 기

ⓐ 나움부르크	ⓑ 세인트폴	ⓒ 슈파이어	ⓓ 시스티나
ⓔ 샤르트르	ⓕ 몬레알레	ⓖ 성프란체스코	ⓗ 캔터베리
ⓘ 쾰른	ⓙ 글로스터	ⓚ 산마르코	ⓛ 생트샤펠
ⓜ 생테티엔	ⓜ 세인트패트릭	ⓞ 노트르담	

【2】 다음은 세계의 유명 석굴, 사원, 절을 소개한 것이다. 보기에서 정답을 찾아 ( ) 안에 그 기호를 기입하시오.

① 윈강석굴[雲崗石窟]과 쌍벽을 이루는 중국의 대표적 석굴사원, 뤄양(洛陽) 남쪽 약 14 km 지점에 있다. ( )

② 일본 나라현[奈良縣]에 있는 절, 스이코 왕[推古王]의 아들 쇼토쿠[聖德]가 601~607년에 세웠다고 하며 현존하는 일본 최고(最古)의 목조건물이다. 담징의 벽화로 유명. ( )

③ 프람바난 사원과 더불어 인도네시아 최대의 불교유적으로 전체 길이 4km에 이르는 부조(浮彫)의 숲이 장관이다. ( )

④ 스리랑카에 있는 불교사원, 부처의 진신치아사리를 모셔 놓은 곳이다. 콜롬보에서 북동쪽으로 116km 떨어져 있는 도시 캔디에 있다. ( )

⑤ 중국 허난성 덩펑현[河南省登封縣] 쑹산[嵩山]에 있는 사찰, 임제종(臨濟宗)의 대가람(大伽藍)이다. 중국 무술의 본거지로 잘 알려져 있다. ( )

⑥ 인도 북부 우타르푸라데시주(州)의 남동쪽에 있는 바라나시(市) 북쪽 사르나트에 있는 불교 유적, 사르나트 성지(聖地)라고도 한다. ( )

⑦ 일본 나라시(奈良市]에 있는 일본불교 화엄종(華嚴宗)의 대본산, 남도(南都) 7대사

의 하나이다. 본존은 비로자나불(毘盧遮那佛)로 앉은 키 16m, 얼굴 길이가 5m. ( )

⑧ 캄보디아에 있는 유적으로서 세계 10대 불가사의의 하나. 바깥벽은 동서 1,500m 남북 1,300m의 직사각형으로 웅장한 규모이며 정면은 서쪽을 향한다. ( )

⑨ 일본 교토[京都] 기타야마[北山]에 있는 사찰, 본래 무로마치막부[室町幕府] 시대의 장군 아시카가 요시미쓰[足利義滿]가 1397년 지은 별장이었다. ( )

⑩ 인도 서부의 고대 불교석굴, 마하라슈트라주(州) 북서부 타프티 강 지류의 만곡부(灣曲部)를 향한 구릉 중복에서 개굴된 29개의 석굴군(石窟群)이다. ( )

⑪ 중국 산시성 山西省] 다퉁[大同] 서쪽 15km, 우저우강[武州江] 북안에 있는 사암(砂岩)의 낭떠러지에 조영(造營)된 중국에서 가장 큰 석굴사원. ( )

⑫ 캄보디아 시엠립에 있는 불교사원, 세계문화유산으로 지정된 앙코르(Ankor) 유적의 일부로, 정사각형으로 지어진 불교사원이다. ( )

⑬ 네팔 카트만두에 있는 사원, 네팔에서 가장 오래된 사원으로 약 2000년 전에 건립되었다. 카트만두 서쪽 3km 지점 언덕 위에 자리잡고 있다. ( )

⑭ 파키스탄 북서부에 있는 간다라 불교사원 유적, 페샤와르 분지에서 스와트 분지로 통하는 샤코트 고개 부근에 있는 산악 사원 중의 하나이다. ( )

⑮ 인도 비하르주(州) 파트나 남서쪽, 옛 마가다왕국의 수도 왕사성(王舍城) 북방 바르가온에 있던 큰 절. ( )

보 기

ⓐ 날란다사원	ⓑ 소림사	ⓒ 스와얌부나트사원	ⓓ 아잔타석굴
ⓔ 보로부두르사원	ⓕ 불치사(佛齒寺)	ⓖ 윈강석굴	ⓗ 호류지
ⓘ 로리얀탄가이	ⓙ 긴카쿠지	ⓚ 앙코르와트	ⓛ 룽먼(龍門)석굴
ⓜ 도다이지	ⓝ 바욘사	ⓞ 녹야원	

【여행사실무문제 86】

【1】 다음은 세계의 유명한 궁전 및 신전을 설명한 것이다. 보기에서 정답을 찾아 ( )안에 그 기호를 기입하시오.

① 그리스 아테네의 아크로폴리스에 있는 신전, BC 479년에 페르시아인이 파괴한 옛 신전 자리에 아테네인이 아테네의 수호여신 아테나에게 바친 것으로서, 도리스식 신전의 극치를 나타내는 걸작이다. ( )

② 이집트 람세스 2세의 신전, 테베의 나일 강(江) 서안에 있으며, 궁전과 이어져 있다. 테베의 최고신 아몬의 신전으로 그의 무덤이기도 하다. ( )

③ 독일 뮌헨 교외에 세워진 이궁(離宮), 바이에른 후비(侯妃) 헨리에테 아데르하이트의 여름 별장으로, 이탈리아의 건축가 아고스티노 바레리와 엔리코 츠카리 등이 설계 건축하였다. ( )

④ 고대 이집트의 암굴신전(岩窟神殿), 누비아 지방에 있으며 제19왕조의 람세스 2세(재위 B.C. 1301~B.C. 1235)가 천연의 사암층(沙岩層)을 뚫어서 건립했다. ( )

⑤ 이탈리아 페스툼에 있는 도리스식 신전, 나폴리 남동쪽 페스툼에 있는 성역에 B.C. 6세기 말의 아테네의 신전이라고 불리는 케레스의 신전 외에 헤라에게 바쳐진 바실리카 (B.C. 540?)와 신전(B.C. 460?)이 있는데 후자를 말한다. ( )

⑥ 오스트리아 빈시(市) 남서쪽 교외에 있는 합스부르크가(家)의 왕궁, 여름철 별궁(別宮)으로 피셔 폰 에르라흐(1656~1722)가 황제 요제프 1세(재위 1705~1711)를 위하여 1696년경 설계한 것을 1700년경에 완성하였다. ( )

⑦ 이집트 상(上)이집트 지방에 있는 고대 이집트의 주신(主神) 아몬의 신전. B.C. 14~B.C. 13세기에 중요 부분이 건조되어 탑문(塔門)·주랑(柱廊)으로 둘러싸인 중정(中庭)·열 주실(列柱室)·내진(內陣)으로 이어지는 이집트 신전의 전형적인 양식이다. ( )

⑧ 스페인의 안다루시아 지방에 있는 건축물, 자그마한 그라나다시를 한눈으로 바라보는 구릉 위에 세운 주위 3.5km의 이슬람시대의 성보(城堡) 가운데 130×182m의 좁은 부지에 세워졌다. ( )

⑨ 파리의 센 강변에 있는 프랑스의 대표적인 궁전. 중세 이후 많은 프랑스 국왕이 이곳을 거성(居城)으로 하였고, 프랑스혁명이나 파리코뮌 등 쟁란(爭亂)의

무대가 되기도 하였다. ( )

⑩ B.C. 7세기 시칠리아의 남안(南岸)에 건설된 그리스의 식민도시에 있던 신전, 시내의 아크로 폴리스에는 신전 A · B · C · D · O가 있고, 교외에 신전 E · F · G가 남아 있다. ( )

⑪ 파리 남서쪽에 있는 바로크양식의 대궁전, 1662년경 루이 1 세의 명령으로 A 르노트르가 설계하여 대정원이 착공되고, 1668년경 건축가 L.르보가 중앙부를 증축하였다. ( )

⑫ 그리스 아테네의 남서 사로니크만(灣)에 있는 아이이나 섬 산정(山頂)에 세운 신전으로서 정면에 6주(柱), 측면에 12주를 세운 도리스식 건축으로서 건조 연대는 B.C. 490~B.C. 480년이다. ( )

⑬ 영국 런던 웨스트민스터시에 있는 국왕의 궁전, 1961년 조지 3세가 이를 구입한 이후 왕실 건물이 되었다. ( )

⑭ 중국 시짱[西藏:티베트] 자치구의 주도(主都) 라싸의 포탈라 산(山)에 있는 달라이라마의 궁전. ( )

⑮ 그리스 아테네의 아크로폴리스에 세워진 이오니아식 소신전, 아테네의 수호신이자 전쟁의 여신 아테나에게 바쳐졌다. 설계는 파르테논신전 건축가의 한 사람인 카리크라테스가 담당하였으며, B.C. 427년경에 시작되어 B.C. 424년경에 완성되었다. ( )

보 기

ⓐ 아테나니케신전	ⓑ 룩소르신전	ⓒ 쇤브룬궁전	ⓓ 라메세움
ⓔ 포탈라궁	ⓕ 아파이아신전	ⓖ 셀리누스의 신전	ⓗ 루브르궁전
ⓘ 버킹엄궁전	ⓙ 아부심벨신전	ⓚ 님펜부르크궁	ⓛ 알람브라궁전
ⓜ 파르테논신전	ⓝ 베르사유궁전	ⓞ 포세이돈신전	

【2】 다음은 세계의 유명한 성(城)을 설명한 것이다. 보기에서 정답을 찾아 (   )안에 그 기호를 기입하시오.

① 영국 런던 서편 교외 템스 강변에 구축된 성채, 11세기 간소한 목조건축에서 비롯되어, 당시의 왕 윌리엄 1세 이래로 왕의 거성(居城)이다. ( )

② 천자가 거처하는 곳이라는 데서 유래된 말로, 베이징의 내성(內城) 중앙에 위치한다. 1407년 명나라의 영락제(永樂帝)가 난징[南京]에서 베이징으로 천도하

기 시작할 때부터 건립하여 1420년에 완성하였다. ( )

③ 독일 바이에른주(州) 퓌센 동쪽에 바이에른왕 루트비히 2세가 건설한 성채궁전, 동쪽에 있는 이 성은 부왕(父王) 막시밀리안 2세가 사들인 슈방가유 재지귀족(在地貴族)의 옛 성채의 하나이다. ( )

④ 유럽 대륙에서 영국으로 들어가는 관문에 해당하는 이곳은 옛날부터 '영국 전역을 장악하는 열쇠이며 요새이다' 로 불리던 곳이다. ( )

⑤ 파리 북동 7km에 있는 콩피에뉴에서 버스로 약 30분 거리의 이곳에는 12세기경에 이미 성채가 있었다고 하지만, 성의 역사는 샤를 6세(재위 1380~1422)가 아우루이 오를 레앙에게 이 지방과 성을 준 이후부터 확실해진다. ( )

⑥ 수도 룩셈부르크를 비롯하여 외슬링의 중심지역 곳곳에 요새와 고성이 있다. ( )

⑦ 천수각인 덴슈가쿠 5층 8단으로 된 건물이다. 1583년 도요토미 히데요시가 축성하여 3년만에 완공되었으며 화재로 소실된 것을 1931년 재건하였다. ( )

⑧ 일본 성곽건축 최성기의 양식과 구조를 가장 잘 보존하고 있는 성으로 우아한 모습 때문에 일명 백로(白鷺)성으로 더 유명하며, 세계문화유산 목록에 등록되어 있다. ( )

⑨ 인도 안드라프라데시주(州) 북부 중앙 하이데라바드 서부 무시 강(江) 남쪽에 있다. 이 성은 코끼리가 진격할 때를 대비하여 끓는 기름과 납덩어리를 떨어뜨리는 장치가 있다. 성 안에는 옛 궁전 · 회교사원 · 왕실묘 등이 있다. ( )

⑩ 타지키스탄 제라프샨 강(江)의 동쪽 약 120km에 있는 산성(山城)유적, 해발고도 약 1,500m 산마루에 있다. ( )

보 기

ⓐ 피에르퐁	ⓑ 클레르보	ⓒ 히메지	ⓓ 노이슈반슈타인
ⓔ 윈저	ⓕ 오사카	ⓖ 도버	ⓗ 자금
ⓘ 골콘다	ⓙ 무그		

【3】 다음은 세계적으로 가치가 있는 4개의 자연유적지에 대해 설명한 것이다. 보기에서 정답을 찾아 ( )안에 그 기호를 기입하시오.

① 9~13세기 북미토인(北美土人)의 벼랑궁전이 보존되어 있는 공원. ( )

② 1872년 창설되어 세계 최초의 국립공원. ( )

③ 야생동물과 장엄한 자연경관을 가진 캐나다 노스웨스트 지방에 있는 공원. ( )

④ 희귀동물들이 서식하고 있는 아프리카의 지붕인 에티오피아에 있는 공원. ( )

보 기		
ⓐ 옐로스톤	ⓑ 시미엔	ⓒ 나하니(Nahanni)
ⓓ 메사베르데(Mesa Verde)		

【4】 다음은 세계적으로 가치가 있는 8개의 문화유적지에 대해 설명한 것이다. 보기에서 정답을 찾아 (　　)안에 그 기호를 기입하시오.

① 15세기 말부터 이용되고 있는 폴란드 비엘리치카(Wieliczka)에 있다. ( )

② 북미대륙에 남아 있는 유일한 노르웨이인의 유적지. ( )

③ 폴란드 크라쿠프에 있다. ( )

④ 1534년 에스파냐인의 정착으로 형성된 에콰도르의 옛 도시. ( )

⑤ C.R.다윈의 탐험여행으로 유명한 동(東)태평양의 섬. ( )

⑥ 시바의 여왕시대에 바위를 잘라 지은 에티오피아에 있는 건물. ( )

⑦ 독일 노르트라인베스트팔렌주(州)에 있는 광공업 도시에 있는 건물. ( )

⑧ 노예무역의 중심지로서 건축학상 흥미진진한 건물이 많은 세네갈에 있는 섬. ( )

보 기		
ⓐ 13세기의 역사센터	ⓑ 키토(Quito)	ⓒ 랄리벨라(Lalibela)의 교회
ⓓ 고레섬	ⓔ 암염갱(岩鹽坑)	ⓕ 갈라파고스제도
ⓖ 아헨(Aachen)의 대성당	ⓗ 랑스오초원(草原)	

【5】 다음은 세계적으로 관광가치가 매우 높은 유적(遺跡) 또는 유적지에 대해 설명한 것이다. 보기에서 정답을 찾아 (　　)안에 그 기호를 기입하시오.

① 펠로폰네소스반도 남부에 있는 비잔틴시대의 도시유적. ( )

② 인도네시아 자바 섬 중부 요그야카르타 북쪽에 있는 불교유적. ( )

③ 레바논 베이루트 북쪽 약 40km의 지중해에 면한 고대도시 유적. ( )

④ 영국 윌트셔주(州) 솔즈베리평원에 있는 고대의 거석기념물(巨石記念物). 거석주(巨石柱)라고도 한다. ( )

⑤ 스리랑카 북서부에 있는 불교유적. 정글에 매몰되어 있었으나 1912년부터 발

굴 · 정비되었다. ( )

⑥ 중국 베이징 남서쪽 약 5km 지점에 있는 한 마을에 있는 구석기시대의 유적. ( )

⑦ 멕시코 유카탄반도 북서부의 도시 메리다의 동쪽 약 110km 지점에 있는 마야 문명의 대 유적지. ( )

⑧ 인도 동해안 오리사주(州)에 있는 힌두교의 유적지. ( )

⑨ 북아프리카와 에스파냐에서 볼 수 있는 중세 및 근세에 만들어진 태수(太守) · 수장(首長)의 성채. ( )

⑩ 파키스탄 펀자브주(州) 북서단(北西端)에 있는 고대유적. ( )

⑪ 멕시코 유카탄반도의 남부, 멕시코 만(灣)에 흐르는 우수마신타 강(江)의 중부 유역에 있 는 마야문화의 신전유구군(神殿遺構群). ( )

⑫ 인도네시아의 자바 중부에 있는 힌두교 문화유적. ( )

⑬ 캄보디아 시엠레아프주(州)에 있는 불교유적지. ( )

⑭ 멕시코 남부에 있는 마야의 피라미드 소재지. ( )

⑮ 그리스 펠로폰네소스반도 엘리스 지방에 있는 제우스의 신역(神域). ( )

보 기

ⓐ 스톤헨지	ⓑ 저우커우뎬	ⓒ 보로부두르
ⓓ 카스바	ⓔ 치첸이트사	ⓕ 비블로스
ⓖ 코나라크	ⓗ 아누라다푸라	ⓘ 탁실라
ⓙ 미스트라스	ⓚ 프람바난	ⓛ 엘타힌
ⓜ 앙코르	ⓝ 올림피아	ⓞ 팔렝케

【여행사실무문제 87】

【1】 다음은 세계의 바다 및 내해(內海)를 설명한 것이다. 보기에서 정답을 찾아 (　　) 안에 그 기호를 기입하시오.

① 일본 혼슈(本州) 서부와 규슈(九州)·시코쿠(四國)에 에워싸인 내해, 면적 약 9,500㎢, 수심은 20~70m. 동쪽의 기탄(紀淡)·나루토(鳴門), 서쪽의 간몬(關門)·호요(豊豫)해협으로 외해(外海)와 통하며, 섬의 수는 약 60개에 달한다. (　)

② 오스트레일리아 북쪽 해안과 뉴기니섬 선, 소순다제도사이에 있는 해역(海域).(　)

③ 북극을 중심으로 유라시아 대륙과 북아메리카 대륙에 둘러싸인 해역. (　)

④ 터키 북서부 유럽과 아시아 사이에 있는 내해. (　)

⑤ 아시아와 북아메리카의 연안에 있는 북극해의 부속해, 추크치 해라고도 한다.(　)

⑥ 유럽 대륙(덴마크·네덜란드·벨기에·프랑스)·영국·노르웨이에 둘러싸인 대서양의 연해(緣海). (　)

⑦ 유럽 남동부와 아시아 사이에 있는 내해(內海), 동서 길이 1,150m, 남북 최대 길이 10km. (　)

⑧ 북태평양 북부에 있는 바다. (　)

⑨ 발칸반도 남부의 서해안과 이탈리아반도 남해안 및 시칠리아 섬 동해안에 둘러싸인 해역. (　)

⑩ 북유럽의 내해(內海), 면적 43만㎢, 평균깊이 55m, 가장 깊은 곳 46m, 옛 이름은 호박(琥珀)의 산지로서 알려진 마레수에비쿰(Mare Suevicum), 독일어로는 오스트제(Ostsee: 동쪽 바다). (　)

⑪ 육지에 둘러싸인 해수역 또는 내해, 좁은 해협으로 외해와 연락된다. (　)

⑫ 아프리카 대륙과 아라비아 반도 사이에 있는 좁고 긴 바다, 길이 약 2,300km. (　)

⑬ 러시아 남서부, 아제르바이잔, 투르크메니스탄, 카자흐스탄, 이란 북부로 둘러싸인 세계 최대의 내해(內海). (　)

⑭ 카자흐스탄과 우즈베키스탄 사이에 있는 대염호(大鹽湖). (　)

⑮ 남아메리카 대륙 북해안, 중앙아메리카 동해안과 서인도 제도에 둘러싸인 대서양의 내해. (　)

보 기

ⓐ 발트 해	ⓑ 추코트 해	ⓒ 아라푸라 해
ⓓ 홍해	ⓔ 아랄 해	ⓕ 북극해
ⓖ 흑해	ⓗ 세토나이카이	ⓘ 카스피 해
ⓙ 베링 해	ⓚ 이오니아 해	ⓛ 북해
ⓜ 지중해	ⓝ 카리브 해	ⓞ 마르마라 해

【2】 다음은 세계의 유명 동굴 및 동굴유적을 설명한 것이다. 보기에서 정답을 찾아 (　　)안에 그 기호를 기입하시오.

① 프랑스 남쪽 아르데슈 지방의 콤브다르크(Combe d'Ark)에 있는 선사시대의 벽화동굴 유적. (　)

② 에스파냐 북부 칸타브리아 지방 칸타브리아주에 있는 구석기시대 후기의 동굴. (　)

③ 프랑스와 이탈리아의 국경지대인 지중해의 이탈리아쪽 북해안에 있는 동굴. (　)

④ 말레이시아 · 보르네오의 사라와크주(州) 북부에 있는 동굴유적. (　)

⑤ 구석기 후기의 벽화가 있는 석회암 동굴유적, 프랑스 도르도뉴현(縣)의 몽티냐크 마을에 있다. (　)

⑥ 프랑스와 이탈리아의 국경지대인 지중해의 이탈리아쪽 북해안에 있다. (　)

⑦ 미국 켄터키주(州) 중부에 있는 석회암동굴, 길이 240km. (　)

⑧ 뉴질랜드 북섬[北島] 중북부에 있는 석회암 동굴, 반딧불이의 서식지로 유명. (　)

⑨ 프랑스 남부 피레네산맥에 있는 카르스트 지형의 동굴유적. (　)

⑩ 미국 버지니아주(州) 북서부에 있는 세계적으로 손꼽히는 아름다운 동굴. (　)

⑪ 중국 구이린(桂林)에 있는 최대의 종유동굴, 중국의 가장 전형적인 카르스트 지형으로 유명하다. (　)

⑫ 남아프리카공화국 트란스발주(州)에 있는 석회암 동굴유적. (　)

⑬ 이스라엘 북서부 하이파 남서 20km 지점에 있는 동굴유적. (　)

⑭ 프랑스의 도르도뉴 강(江) 지류(支流)인 베제르 강 연안에 있는 구석기시대의 동혈유적(洞穴遺蹟). (　)

⑮ 북한 평양특별시 승포구역(勝浦區域)에 있는 구석기시대 동굴유적. (　)

보 기

ⓐ 루레이	ⓑ 스테르크폰테인	ⓒ 알타미라
ⓓ 라스코	ⓔ 노적암	ⓕ 와이토모
ⓖ 만달리	ⓗ 라페라시	ⓘ 쇼베
ⓙ 매머드	ⓚ 그리말디	ⓛ 그리말디
ⓜ 아라고	ⓝ 스쿨	ⓞ 니아

【3】 다음은 주요 종교와 관련된 설명문이다. 보기에서 정답을 찾아 ( )안에 그 기호를 기입하시오.

① 그리스도교의 한 종파, 말일성도(末日聖徒) 예수그리스도의 교회(Church of Jesus Christ of Latterday Saints)의 속칭. ( )

② 원어(原語)는 크리스티아노스(Christianos)라는 그리스어에서 유래하는데, 그 뜻은 '그리스도를 따르는 사람' 이다. ( )

③ 사도(使徒) 베드로의 후계자로서의 교황을 세계 교회의 최고 지배자로 받들고 그 통솔 밑에 있는 그리스도교의 교파. ( )

④ 문선명(文鮮明)이 1954년 서울에서 창시한 신흥 그리스도 교회. ( )

⑤ 석가모니를 교조로 삼고 그가 설(說)한 교법(敎法)을 종지(宗旨)로 하는 종교. ( )

⑥ 인도에서 고대부터 전해 내려오는 바라문교(婆羅門敎)가 복잡한 민간신앙을 섭취하여 발전한 종교. ( )

⑦ 중국의 황제(黃帝)와 노자(老子)를 교조로 삼은 중국의 토착종교. ( )

⑧ 힌두교인인 나나크가 창시한 종교, 힌두교의 신애(信愛:바크티)신앙과 이슬람교의 신비사상(神秘思想)을 융합한 종교. ( )

⑨ 공자를 시조(始祖)로 하는 중국의 대표적 종교. ( )

⑩ 불교와 마찬가지로 비정통 브라만교에서 발생한 출가주의(出家主義) 종교. ( )

⑪ 티베트를 중심으로 하여 발전한 불교, 송첸감포(松贊岡保)왕 때 중국 당(唐)나라와 네팔 출신의 두 왕비가 중국계와 인도계의 불교를 영입하였다. ( )

⑫ 7세기 초 아라비아의 예언자 마호메트가 완성시킨 종교. ( )

⑬ 야훼를 신봉하면서, 메시아(구세주)의 도래 및 그의 지상천국 건설을 믿는 종교. ( )

보 기

ⓐ 통일교	ⓑ 기독교	ⓒ 힌두교
ⓓ 도교	ⓔ 시크교	ⓕ 모르몬교
ⓖ 불교	ⓗ 천주교	ⓘ 유교
ⓙ 자이나교	ⓚ 이슬람교	ⓛ 라마교
ⓜ 유대교		

【여행사실무문제 88】

【1】 다음은 세계의 유명 교량(橋梁)과 관련된 설명문이다. 보기에서 정답을 찾아 ( ) 안에 그 기호를 기입하시오.

① 제2차 세계대전이 한창이던 때 미얀마 국경 부근 일본군 포로수용소에서 벌어지는 이야기와 관련한 다리. ( )

② 이탈리아의 베네치아 중심부에 있는 대운하에 놓인 다리. ( )

③ 길이 650m, 세계에서 가장 긴 도개교(跳開橋)로 알려져 있다. 워싱턴시(市)의 링컨 기념관 옆에서 컬럼비아섬을 잇는 다리. ( )

④ 길이 1,068m, 폭 26m이다. 일본의 혼슈[本州]와 규슈[九州]의 두 종관 고속도로를 연결하는 다리. ( )

⑤ 미국 뉴욕시 허드슨 강에 세워진 현수교, 총길이 1,067m. ( )

⑥ 오스트레일리아 항구도시 시드니 포트 잭슨만 위에 아치 모양으로 놓여져 있으며 중심가와 북부지역을 연결하는 중요한 다리이다. ( )

⑦ 스리랑카 북서부의 마나르 섬과 인도 남동부의 라메스와람섬을 잇는 육계사주(陸繫砂洲), 라마스브리지(Rama's Bridge)라고도 한다. 길이 45km. ( )

⑧ 영국 런던의 템스 강에 놓인 다리. 1894년에 완성되었으며, 양안에서 각각 8 m의 현수교 부분과 중앙 60m의 가동부분으로 되어 있다. ( )

⑨ 오카야마현의 고지마를 기점으로 가가와현의 사카데까지 세토 내해 위에 떠 있는 다섯 개의 섬을 징검다리삼아 여섯 개의 다리로 연결하는 전장 10km의 대형 교량. ( )

⑩ 길이 2,825m 금문교(金門橋)라고도 한다. 남안의 샌프란시스코시와 북안의 마린반도를 연결하는 최단거리에 놓인 6차선 자동차 전용 현수교이다. ( )

⑪ 맨해튼 섬 남단에서 이스트 강을 건너편과 연결하는 현수교. ( )

⑫ 영국의 세번 강 상류 콜브룩데일에 가설된 주철제 아치교, 세계 최초의 철교. ( )

⑬ 중국의 양쯔 강에 놓인 철교, 충칭(重慶) · 우한(武漢) · 난징(南京)의 세 곳에 있으며, 위 층은 자동차 및 보행자용, 아래층은 복선(複線)철도용으로 된 2층 구조이다. ( )

⑭ 길이 13km, 936년에 퍼넬(C.H.Purcell)의 설계로 완성되었다. 샌프란시스코와

대안(對岸)의 오클랜드를 연결하며, 중간에 있는 에르바부에나 섬에 의하여 동서로 양분되어 있다. ( )

⑮ 뉴욕시의 브루클린과 스태튼 섬을 연결하는 뉴욕항의 유료도로 현수교이다.( )

보 기

ⓐ 알링턴교	ⓑ 베라자노내로스교	ⓒ 조지워싱턴교
ⓓ 타워교	ⓔ 콰이강의 다리	ⓕ 골든게이트교
ⓖ 부르클린교	ⓗ 콜브룩데일교	ⓘ 세토대교
ⓙ 리알토교	ⓚ 창장대교	ⓛ 간몬교
ⓜ 애덤스브리지	ⓝ 베이브리지	ⓞ 하버브리지

【2】 다음은 세계의 유명 극장(劇場)과 관련된 설명문이다. 보기에서 정답을 찾아 ( ) 안에 그 기호를 기입하시오.

① 국제공모전에서 1등으로 당선된 덴마크의 건축가 이외른 우촌(Jrn Utzon)이 설계한 것으로 1973년 완공된 조개껍질 모양의 극장. ( )

② 1870년 콘스탄치라는 이름으로 설립되었다. 1880년 조아키노 로시니(Gioacchino Rossini)의 오페라 《세미라미데 Semiramide》를 상연할 때 신장 개축되었으며, 지금의 이름으로 바꾸어 부르기 시작하였다. ( )

③ 1824년 모스크바에서 개관하였는데 말리는 '소(小)'를 뜻한다. 근대적 개념에 부합하는 소극장이 아니라 같은 광장에 면한 오페라 발레의 볼쇼이(大)극장에 대응하여 붙여진 명칭이다. ( )

④ 파리에 있는 프랑스 국립오페라 전문공연극장. 연건축면적 15만m^2, 9층 건물, 본극장(메인 홀 2700석, 좌석가변극장(부속 홀) 600~1000석, 1984년 착공, 1989년 7월 개관, 메인 홀과 부속 홀 외에도 280명이 들어갈 수 있는 스튜디오가 있다. ( )

⑤ 모스크바에 있는 극장, 정식명칭은 '러시아국립아카데미대극장' 이다. 예카테리나 2세의 명으로 1776년 건립되었으나 1805년 화재로 소실되었고, 1825년 현재의 위치에 극장을 건립, '크다' 는 뜻의 극장. ( )

⑥ 이탈리아 나폴리에 있는 오페라극장, 1737년 부르봉가(家)의 샤를(Charles) 왕이 창립하였으며, 스칼라극장보다 9년이나 먼저 설립된 유럽에서 가장 전통 있는 오페라극장. ( )

⑦ 프랑스 파리 몽테뉴가(街)에 있는 극장, 독립된 세 극장을 한 건물 안에 모은 발레 · 연극의 대전당이다. ( )

⑧ 상트페테르부르크에 있는 극장, 1824년 설립, 처음에는 주로 프랑스의 멜로드라마 · 발레 · 오페라 등을 상연하였다. ( )

⑨ 아일랜드 더블린에 있는 국립극장, 예이츠와 그레고리부인(1859?~1932) 등이 주도한 아일랜드 국민연극 운동의 본거(本據)가 된 극장이다. ( )

⑩ 미국 샌프란시스코에 있는 오페라 전용극장, 1932년 설립되었다. ( )

⑪ 평양특별시 중심부 인민대학습당, 평양제1백화점과 가까운 곳에 있다. 연건축면적은 6만㎡로 1976년 준공되었다. ( )

⑫ 이탈리아 밀라노에 있는 오페라극장, 이탈리아 뿐만 아니라 세계의 오페라극장 가운데서도 가장 유명한 오페라극장 중 하나다. ( )

⑬ 미국 뉴욕에 있는 전위적(前衛的) 실험극장. ( )

⑭ 오스트리아의 빈에 있는 시립 오페라극장, 빈 오페레타의 발상지로 유명하며, 빈국립오페라극장 다음가는 제2의 오페라극장이다. ( )

⑮ 미국 뉴욕의 무대예술 및 연주예술을 위한 종합예술센터. ( )

보 기

ⓐ 볼쇼이	ⓑ 말리극장	ⓒ 산카를로오페라극장
ⓓ 알렉산드린스키극장	ⓔ 링컨센터	ⓕ 국민오페라극장
ⓖ 시드니오페라하우스	ⓗ 애비극장	ⓘ 전쟁기념오페라극장
ⓙ 바스티유오페라극장	ⓚ 샹젤리제극장	ⓛ 스칼라극장
ⓜ 만수대예술극장	ⓝ 카페라마마	ⓞ 로마국립오페라극장

【여행사실무문제 89】

【1】 다음은 세계의 유명 운하(運河)와 관련된 설명문이다. 보기에서 정답을 찾아 (　) 안에 그 기호를 기입하시오.

① 남북아메리카 대륙의 결절점(結節點)을 이루는 지협(地峽)을 횡단하여 태평양과 대서양을 잇는 운하. (　)

② 독일 도르트문트/엠스운하의 베르게스헤베데에서 마그데부르크에 이르는 운하. (　)

③ 프랑스 중앙부에 있는 손 강(江)과 루아르 강(江)을 연결하는 운하, 길이 127km. (　)

④ 북아메리카 5대호 중의 슈피리어 호(湖)와 휴런 호를 잇는 운하, 수 운하(Soo Canals)라고도 한다. 길이 7.3 km. (　)

⑤ 벨기에 북부 리에주와 안트베르펜을 잇는 운하, 길이 122km이다. (　)

⑥ 캐나다 온타리오주(州) 남부에 있는 운하, 길이 44.4km, 최저 수심 9m. (　)

⑦ 미얀마 만달레이주(州)에 있는 운하망. 미얀마 중앙부의 건조지대에 위치하며 이라와디 강(江) 지류의 물을 끌어 이용한다. (　)

⑧ 그리스 본토와 펠로폰네소스 반도 사이의 지협부를 흐르는 운하, 길이 6.3km. 바닥 너비 21m, 표면 너비 25m, 깊이 7m, 프랑스 자본으로 1882~93년에 굴착되었다. (　)

⑨ 지중해와 홍해 · 인도양을 잇는 운하, 길이 162.5km, 아시아와 아프리카 두 대륙의 경계를 이루는 지협(地峽)에 굴착된 세계 최대의 해양운하이다. (　)

⑩ 스웨덴의 남부를 횡단하여 발트 해(海)와 카테가트 해협을 잇는 운하. (　)

⑪ 영국 스코틀랜드 동해안과 서해안을 연결하는 운하, 길이 97km. (　)

⑫ 길이 241km, 랑그도크운하라고도 한다. 지중해 연안의 아그드 근처에 있는 토호(湖)에서 시작하여 툴루즈에 이른다. (　)

⑬ 북아메리카 5대호 중의 슈피리어호(湖)와 휴런호를 잇는 운하. (　)

⑭ 중국 장쑤성(江蘇省)에 있는 운하, 길이 170km이다. 홍쩌호(洪澤湖)에서 동쪽으로 흘러 황해로 유입한다. (　)

⑮ 미국 뉴욕주 북서부에 있는 운하, 길이 약 584km, 깊이 12m, 표면 너비 12m, 뉴욕주 북부의 개척사상 유명한 운하이다. ( )

보 기

ⓐ 알베르	ⓑ 코린트	ⓒ 수에즈
ⓓ 상트르	ⓔ 예타	ⓕ 웰랜드
ⓖ 미디	ⓗ 수세인트마리	ⓘ 파나마
ⓙ 쑤베이	ⓚ 이리	ⓛ 수세인트머리
ⓜ 차우크세	ⓝ 칼레도니아	ⓞ 미텔란트

【2】 다음은 세계의 유명 온천(溫泉) 또는 온천지대와 관련된 설명문이다. 보기에서 정답을 찾아 (　　)안에 그 기호를 기입하시오.

① 신무성노동자구의 백두산 천지에 있는 탄산수소나트륨 규토천이다. ( )

② 다툰화산[大屯火山] 남서쪽 기슭, 단수이 강[淡水河] 북안에 있다. 1894년에 온천이 발견된 뒤 타이완 제일의 온천향으로 발전하였다. ( )

③ 중국 산시성[陝西省] 시안시[西安市] 동교(東郊)의 린퉁현[臨潼縣] 남쪽, 리산산[驪山]의 산록에 있는 온천. ( )

④ 일본 규슈[九州] 오이타현[大分縣]에 있는 온천. ( )

⑤ 프랑스 오베르뉴주(州) 알리에현(縣)에 있는 도시로서 루아르 강의 지류인 알리에 강 우안, 해발고도 260m에 위치한 세계적으로 유명한 광천지(鑛泉地)이다. ( )

⑥ 세계에서 세슘의 함량이 가장 높은 온천으로 유명하다. 중국 시짱자치구 르카쩌지구[日喀則地區] 앙런현[昂仁縣] 둬바이구[多白區]에 자리잡고 있다. ( )

⑦ 타이완[臺灣] 타이난현[臺南縣] 북동부에 있는 온천. 20세기 초에 발견된 염류탄산천(鹽類炭酸泉)으로 남부 타이완 제일가는 관광지가 되었다. ( )

⑧ 독일 바덴뷔르템베르크주(州)에 있는 도시, 슈바르츠발트 산지의 북부를 흐르는 오스 강 유역에 있는 온천 휴양지이다. 68℃나 되는 라듐천(泉)이 매일 80만 ℓ 씩 솟아 나와, 통풍 · 류머티즘 · 기관지염 등의 치료에 이용된다. ( )

⑨ 일본 시즈오카현[靜岡縣]에 있는 도시, 이즈 반도[伊豆半島]에 있는 일본 최대의 온천 · 관광도시이다. ( )

⑩ 터키 중서부에 있는 에스키셰히르주(州)의 주도(州都), 예로부터 온천으로 알려져 있다. 사카리아 강의 지류 연안에 위치하여 프리지아 지방의 중심도시로

서 번영하였으며, 고대에는 도릴라이움이라고 하였다. ( )

⑪ 영국 잉글랜드 요크셔주(州) 웨스트라이딩 지구에 있는 온천도시, 면적 1,305 ㎢, 리즈 북쪽 약 25km, 페나인 산맥의 동록(東麓)에 위치한다. ( )

⑫ 타이완[臺灣] 타이베이현[臺北縣]에 있는 온천마을. ( )

⑬ 터키 북서부 부르사주(州)의 주도(州都). 마르마라 해 연안에서 30km 내륙에 있는 울루산 (2,543m) 북쪽 산기슭에 자리하며, 무다니아항과는 철도로 연결된다. 융단 · 견직물 등 섬유공업이 활발하며, 온천 요양지로도 알려졌다. ( )

⑭ 프랑스 오베르뉴주(州) 퓌드돔현(縣)에 있는 도시, 도르도뉴 강의 발원지에 가까운 해발 고도 1,050m의 오베르뉴 고원에 위치한 온천도시이다. ( )

⑮ 이탈리아 토스카나주(州) 피스토이아현(縣)에 있는 온천도시, 14세기부터 염류천(鹽類泉)으로 널리 알려졌으며, 처음으로 공중목욕탕을 세운 사람은 토스카나 대공 레오폴트 2세(1747~1792)였다. ( )

보 기

ⓐ 비시	ⓑ 해러게이트	ⓒ 관쯔링
ⓓ 몬테카티니테르메	ⓔ 화칭츠	ⓕ 벳푸
ⓖ 바덴바덴	ⓗ 부르사	ⓘ 아타미
ⓙ 우라이	ⓚ 백두	ⓛ 라부랑
ⓜ 에스키셰히르	ⓝ 몽도르	ⓞ 베이터우

【여행사실무문제 90】

【1】 다음은 세계의 주요 종교와 관련된 경전에 관한 설명문이다. 보기에서 정답을 찾아 (　　)안에 그 기호를 기입하시오.

① 인도에서 가장 오래된 신화적 제식문학(祭式文學)의 일대 집대성. (　)

② 이슬람교의 경전(經典), 이슬람교의 창시자 마호메트가 619년경 유일신 알라의 계시를 받은 뒤부터 632년 죽을 때까지의 계시 · 설교를 집대성한 것이다. (　)

③ 조로아스터교(教)의 경전(經典), 주신(主神)인 아후라 마즈다 또는 그의 제령(諸靈)이 예언자 조로아스터에게 계시한 것으로 되어 있다. (　)

④ 유대교와 그리스도교가 함께 경전으로 인정하는 종교문서들. (　)

⑤ 시크교(教)의 주요 경전(經典). (　)

⑥ 중국 유교(儒教)의 근본문헌(根本文獻), 유가(儒家)의 성전(聖典)이라고도 할 수 있으며, 사서(四書)의 하나로 중국 최초의 어록(語錄)이기도 하다. (　)

⑦ 불교경전(經典)의 총서(叢書). (　)

⑧ 고대 인도 브라만교의 경전(經典). (　)

⑨ 인도의 승려가 인생에 지침이 될 만큼 좋은 시구(詩句)들을 모아 엮은 경전. (　)

⑩ 팔리어(語)로 기록된 남방 상좌부(上座部)의 경장(經藏)에 수록되어 있는 경전, 하나의 시집인데 산문도 더러 포함되어 있다. (　)

⑪ 중국에서 위찬(僞撰)된 것이라고 전하나, 신라에서 재편성된 것으로 추정되는 경전. (　)

⑫ 구약성서의 맨 앞에 있는 창세기, 출애굽기, 레위기, 민수기, 신명기 등 5종의 책. (　)

⑬ 불교 유가(瑜伽)학파의 근본경전, 유가학파의 만법유식사상은 아뢰야식(阿賴耶識)과 종자식(種子識)을 설명하는 이 경전에 의지하여 그 철학적 체계를 정립하였다. (　)

⑭ 유교(儒教)의 기본 경전. (　)

⑮ 불교의 대승경전 가운데 여래장(如來藏) 사상을 천명하는 대표적인 경전. (　)

보 기

ⓐ 구약성서	ⓑ 코란	ⓒ 아베스타
ⓓ 베다	ⓔ 그란트사히브	ⓕ 논어
ⓖ 법구경	ⓗ 대장경	ⓘ 해밀심경
ⓙ 아타르바베다	ⓚ 금강삼매경	ⓛ 모세오경
ⓜ 사서삼경	ⓝ 승만경	ⓞ 수파니파타

【2】 다음은 세계의 주요 산맥과 관련된 설명문이다. 보기에서 정답을 찾아 (　　)안에 그 기호를 기입하시오.

① 중국 몽골 고원과 둥베이[東北] 대평원의 경계를 이루는 산맥, 길이 약 1,500km 백악기에서 제3기에 걸친 조산운동에 의해 형성된 것으로 보인다. (　)

② 오스트레일리아 웨스턴오스트레일리아주(州) 남서부에 있는 산맥, 최고봉은 쿡산(582m), 퍼스 북쪽의 징진 부근에서 해안을 따라 남쪽의 브리지타운 부근까지 약 350km에 걸쳐 뻗어 있다. (　)

③ 남아메리카 서쪽에 있는 산맥, 길이 약 7,000km 평균 해발고도 약 4,000m, 태평양 연안을 따라 7개국에 걸쳐 뻗어 있다. (　)

④ 일본 혼슈[本州] 도호쿠[東北] 지방에 있는 산맥, 길이 500km, 태평양쪽 비탈면과 동해쪽 비탈면을 크게 양분하는 등뼈와 같은 산맥이다. (　)

⑤ 중국 신장웨이우얼[新疆維吾爾] 자치구에서 키르기스스탄에 걸쳐 동서로 뻗은 산맥. (　)

⑥ 인도네시아 수마트라 섬에 있는 산맥, 길이는 1,600km이다. 서해안을 따라 북단의 아티에 지방에서 남단의 람퐁지방까지 길게 뻗어 있다. (　)

⑦ 러시아 북부를 북에서 남으로 뻗어 있는 산맥, 길이 2,000km이고, 최고봉은 나로드나야산(1,894m)이다. 북부는 비교적 높고 동서의 너비가 좁으며, 남부로 갈수록 낮아지고 동서의 너비가 넓어진다. (　)

⑧ 이란 서부에서 남부에 걸쳐 뻗어 있는 습곡산맥, 길이 약 2,000km 너비 200~300km 최고봉 자르데쿠산(4,547m), 이란 고원의 남서쪽 가장자리를 이루는 산맥으로, 몇 줄기 산맥으로 이루어진다. (　)

⑨ 프랑스 · 스위스 · 독일에 걸쳐 있는 산맥, 독일에서는 레베르베르크라고 한다. 길이 360km이며, 평균너비는 50~80km, 최고봉은 크레드라네주(1,718m)이다. (　)

⑩ 러시아 시베리아 최북동부에 있는 산맥, 아나디리(Anadyr) 산맥이라고도 한다. 길이 450km이고, 최고봉은 2,320m이다. 추코트 해(海)와 아나디리 강 유역 사이에서 남쪽으로 호(弧)를 그리며 대체로 동서방향으로 뻗어 있다. ( )

⑪ 인도 잠무카슈미르주(州) 북부에 뻗어 있는 산맥, 히말라야 산맥의 서쪽 연장선은 낭가파르바트(8,125m)까지 이르고 있다. ( )

⑫ 영국 웨일스 중앙부를 남북으로 뻗은 산맥, 고생대(古生代)의 암석으로 이루어져 있으며 평균 해발고도 700m이다. ( )

⑬ 중앙아시아 남부에 있는 산맥, 파미르고원에서 남서 방향으로 뻗어 북쪽은 잠무카슈미르 국경에서 아프가니스탄으로 들어가 카불 서쪽의 코이바바 산맥에 이르기까지 길이 약 800km에 이른다. ( )

⑭ 유럽 남서부 프랑스와 에스파냐 양국의 국경을 이루는 산맥. ( )

⑮ 차드 북서부에 있는 산맥, 길이 500km, 너비 30km, 최고봉은 에미쿠시 산(3,415m), 에미쿠시 산 외에도 3,000m 이상의 높은 바위산이 많고 산맥의 골짜기 사이에는 오아시스가 산재한다. ( )

보 기

ⓐ 바리산	ⓑ 톈산	ⓒ 자그로스
ⓓ 캄브리아	ⓔ 쥐라	ⓕ 안데스
ⓖ 티베스티	ⓗ 대싱안링	ⓘ 오우
ⓙ 피레네	ⓚ 달링	ⓛ 우랄
ⓜ 카라코람	ⓝ 힌두쿠시	ⓞ 추코트

【여행사실무문제 91】

【1】 다음은 세계의 주요 분지(盆地) 및 지대와 관련된 설명문이다. 보기에서 정답을 찾아 (　　)안에 그 기호를 기입하시오.

① 오스트레일리아 중동부에 있는 광대한 분지, 퀸즐랜드 · 사우스웨일스 · 뉴사우스오스트레일리아 · 노던 등의 주(州)에 걸쳐 있다. (　)

② 체코 서부의 중앙부를 차지하는 분지, 해발고도 1,000~1,500m, 동서와 남북이 각각 200km 가량인 마름모꼴이다. (　)

③ 중국 사천요리로 유명한 이 성의 동반부에 있는 중국의 4대 분지 중의 하나, 면적 16.5만㎢, 동서 길이 380~430km, 남북 길이 310~330km이다. (　)

④ 프랑스 남서쪽에 있는 분지, 북쪽은 아르모리칸 산지, 동쪽은 중앙 고지, 남쪽은 피레네 산맥를 등지고 비스케이 만(灣)을 향하여 전개되어 있는 삼각형의 충적분지. (　)

⑤ 에콰도르 중부 안데스 산맥에 있는 하성분지(河成盆地). 해발고도 약 2,300m, 리오밤바 남서쪽 60km지점에 있으며, 과야킬~키토 철도와 팬아메리칸하이웨이가 지남. (　)

⑥ 아프리카 중서부, 적도 밑에 있는 분지, 자이르 강 본 · 지류의 유역 약 362만 6,000㎢에 이르는 분지를 말한다. (　)

⑦ 중국 신장웨이우얼[新疆維吾爾] 자치구 서쪽에 있는 분지. 면적 약 70만km^2, 남북 길이 500km, 동서 길이 1,500km, 평균 해발고도는 800~1,200m이다. (　)

⑧ 이탈리아 중부 아브루치주(州) 라퀼라현(縣)에 있는 분지. 아펜니노산지에 있는 옛 호수 바닥으로 로마시대에는 면적 155km^2 가량의 호수였다. (　)

⑨ 미국 오리건주(州) 남동부에 있는 분지, 면적 약 6,500km^2. (　)

⑩ 독일 바이에른주(州), 오버프팔츠현(縣)을 남북방향으로 흐르는 나프 강(江) 연안에 펼쳐진 분지, 동쪽은 화강암 등 심성암으로 이루어진 높은 오버프팔츠발트, 서쪽은 쥐라기의 석회암으로 된 프렌키슈알프로 완만한 경사를 이룬다. (　)

⑪ 프랑스 중남부에 있는 고원 모양의 산악지대, 뜻은 '중앙산괴' 또는 '중앙산지' 이다. 면적 약 8만 500㎢로, 프랑스 전체의 약 1/6을 차지한다. (　)

⑫ 독일 중부 튀링겐 분지 남쪽에 있는 산악지대. (　)

⑬ 중국 허난성[河南省]에 있는 분지, 중국 허난성의 주요 농업구로, 허난성 외곽의 서남부에 자리잡고 있다. ( )

⑭ 중부 유럽의 구조 분지, 판노니아 분지 또는 중부 도나우 분지라고도 한다. ( )

⑮ 프랑스 수도를 중심으로 하여 원형으로 펼쳐지는 분지, 주로 석회암으로 구성되어 있으며 중앙은 신기(新期)이나 주변에 이를수록 고기(古期) 지층이 노출되어 있다. ( )

보 기

ⓐ 콩고	ⓑ 마시프상트랄	ⓒ 쓰촨	ⓓ 하니
ⓔ 헝가리	ⓕ 알라우시	ⓖ 파리	ⓗ 나프
ⓘ 대찬정분지	ⓙ 난양	ⓚ 보헤미아	ⓛ 튀링거발트
ⓜ 타림	ⓝ 푸치노	ⓞ 아키텐	

【2】 다음은 지대(地帶) 지역과 관련된 설명문이다. 보기에서 정답을 골라 그 기호를 (   )안에 써 넣으시오.

① 영국 잉글랜드 남서부에 있는 구릉지대, 길이 90km, 평균 해발고도 150~200m, 글로스 터셔를 중심으로 북동쪽에서 남서쪽으로 뻗으며, 세번 강(江) 하류와 템스 강 상류를 가르는 분수계를 이룬다. ( )

② 캐나다 동부에서 미국의 북동부에 걸쳐 펼쳐진 대지. ( )

③ 남아프리카공화국 트란스발주(州)의 남단부에 있는 광공업지대. ( )

④ 주로 북극해 연안에서 수목의 생육한계에 이르는 사이의 동토지대. ( )

⑤ 에스파냐 중남부 고원지대 남부를 차지하는 지역. ( )

⑥ 우크라이나 동부에 위치하는 공업지대. ( )

⑦ 프랑스 중남부에 있는 고원 모양의 산악지대. ( )

⑧ 아메리카 대륙의 북부 콜롬비아 동부에서 베네수엘라 남부에 걸쳐 있다. ( )

⑨ 메트로폴리스(metropolis)가 띠 모양으로 연결되어 있는 거대한 도시 집중지대. ( )

⑩ 인도 나갈랜드주(州)와 미얀마 사가잉주(州)에 걸친 구릉지대. ( )

보 기

ⓐ 로렌시아순상지	ⓑ 툰드라	ⓒ 코츠월드	ⓓ 라만차
ⓔ 비트바테르스란트	ⓕ 마시프상트랄	ⓖ 메갈로폴리스	ⓗ 기아나고지
ⓘ 나가	ⓙ 드네프르콤비나트		

【3】 다음은 세계의 민족음악과 춤에 관련된 설명문이다. 보기에서 정답을 골라 그 기호를 (　　)안에 써 넣으시오.

① 폴란드의 대표적인 민족무용, 또는 그로부터 발생한 기악곡의 명칭. (　)

② 보헤미아의 민족무곡, '폴란드 아가씨' 의 뜻이며 빠른 2박자의 특징있는 리듬을 지녔다. (　)

③ 쿠바를 비롯한 중남미 일대에 보급되어 있는 드럼류의 리듬용 민족악기. (　)

④ 고전발레에서 추는 일련의 무용, 또는 몇 사람의 무용수가 다투어 다른 무용을 하는 일, '기분전환' 이라는 뜻이다. (　)

⑤ 서아시아에서 아프리카 북안에 걸쳐 있는 이슬람문화권 여성들이 추는 배꼽춤. (　)

⑥ 여자 무용수가 음악에 맞추어 걸친 옷을 하나하나 벗으며 추는 나체 춤. (　)

⑦ 1830년경부터 파리의 댄스홀에서 유행한 활발한 사교춤, 샤위(chahut)라고도 한다. (　)

⑧ 구두 밑창에 징을 박고 밑창의 앞부분과 뒤축으로 마룻바닥을 리드미컬하게 쳐서 소리를 내며 추는 춤. (　)

⑨ 1960년경 미국에서 일어난 새로운 사교댄스 및 그 댄스리듬. (　)

⑩ 미국의 사교춤으로 자유롭고 즉흥적인 스텝에 의한 빠른 템포의 경쾌한 춤. (　)

⑪ 영국의 잉글랜드 지방에 전해지는 포크댄스. (　)

⑫ 1960년대 후반에 유행하던 대중무용, 허리를 흔드는 간단한 춤. (　)

⑬ 우크라이나 지방의 민속무용. (　)

⑭ 인도네시아 발리섬에서 행해지는 소녀의 무용극. (　)

⑮ 러시아 카프카스(코카서스) 여러 민족의 민속무용과 그 음악. (　)

보 기

ⓐ 트위스트	ⓑ 벨리댄스	ⓒ 고파크	ⓓ 폴카
ⓔ 캉캉	ⓕ 스트립쇼	ⓖ 개더링피즈코즈	ⓗ 폴로네즈
ⓘ 고고	ⓙ 레공	ⓚ 봉고	ⓛ 지터버그
ⓜ 탭댄스	ⓝ 레즈긴카	ⓞ 디베르티스망	

【여행사실무문제 92】

【1】 다음은 세계의 중심 도시에 있는 유명한 광장(廣場)과 관련된 설명문이다. 보기에서 정답을 골라 그 기호를 (   )안에 써 넣으시오.

① 러시아 연방 모스크바의 중앙부, 크렘린 성벽의 북동쪽에 접한 광장, 다갈색의 포석(鋪石)이 깔려 있으며, 가장 넓은 부분의 너비는 100m, 길이는 500m 가량이다. (   )

② 프랑스 파리 중심부에 있는 광장, 동서 길이 360m, 남북 길이 210m. 파리에서 가장 큰 광장이다. (   )

③ 이탈리아 로마 중심부에 있는 광장, 베네치아 광장과 포폴로 광장을 연결하는 코르소 거리의 중간쯤에 르네상스식 · 바로크식의 궁전으로 둘러싸여 있다. (   )

④ 영국 런던 중심부에 있는 광장, 1841년 완성되었으며, 1805년 해전의 승리를 기념하여 지어진 이름이다. 중앙에 높이 약 50m의 넬슨탑이 서 있다. (   )

⑤ 체코의 수도 프라하에 있는 광장, 길이 750m, 너비 60m, 프라하 제1의 번화가이며, 상업 · 교통 · 문화의 중심을 이룬다. (   )

보 기

ⓐ 콜로나	ⓑ 붉은	ⓒ 바츨라프
ⓓ 트라팔가	ⓔ 콩코르드	

【2】 다음은 세계의 유명한 곶[串, cape]과 관련된 설명문이다. 보기에서 정답을 골라 그 기호를 (   )안에 써 넣으시오.

① 오스트레일리아 빅토리아주(州) 남부에 있는 곶. 남위 39° 5′, 동경 146° 25′, 오스트레일리아 대륙 최남단에 위치한다. (   )

② 에스파냐 남동부, 지중해에 돌출한 곶. 발렌시아와 알리칸테 두 도시의 중간지점에 위치한다. (   )

③ 독일 노르트라인베스트팔렌주(州) 북동부에 있는 곶. 베링해협을 거쳐 미국의 알래스카 주(州)와 마주하고 있다. (   )

④ 노르웨이 북부에 있는 곶. 유럽 대륙에서는 최북단에 돌출되어 있으며 함메르페스트

의 북동쪽 150km 지점 바렌츠 해(海)에 돌출해 있는 높이 230m의 암봉이다. ( )

⑤ 이탈리아 남부 시칠리아 섬 동쪽 끝에 있는 곶. 옛 명칭은 펠로루스 곶이었다. ( )

⑥ 영국 스코틀랜드 그레이트브리튼 섬[島] 의 가장 북동쪽 끝에 있는 곶. ( )

⑦ 포르투갈 최서단, 북위 38° 46′, 서경 9° 30′ 에 있는 곶. 유라시아대륙의 최서단인 이곳을 선원들은 '리스본의 바위' 라고 부른다. ( )

⑧ 미국 알래스카주(州) 북부, 북극해 연안에 있는 곶. 북위 71° 23′, 서경 156° 30′ 에 있으며, 알래스카의 최북단인 동시에 아메리카 대륙의 최북단이기도 하다. ( )

⑨ 세네갈 서부에 돌출된 곶. 아프리카 최서단을 이루는 반도이다. ( )

⑩ 아프리카 최남단 희망봉의 남동쪽에 있는 곶. 남위 34° 52′, 동경 19° 50′ 에 있다. 인도양과 대서양의 경계를 이루는 것으로 되어 있으나 케이프 반도를 경계로 보는 견해도 유력하다. ( )

⑪ 오스트레일리아 최북단에 있는 곶. ( )

⑫ 베트남 최남단 남중국해에 돌출한 곶. 남중국해와 타이 만(灣) 사이에 위치하며 비교적 새로운 시대에 융기한 저평한 토지이다. ( )

⑬ 불가리아 북동부 흑해에 돌출한 곶. 국립공원으로 지정되어 있으며, 대지상(臺地狀)을 이루고 있다. ( )

⑭ 멕시코 남동부, 유카탄 반도의 북동쪽 끝을 이루는 낮은 구릉성의 곶. ( )

⑮ 인도 최남단 타밀나두주(州)에 있는 곶(串). 이곳에서 벵골 만(灣) · 인도양 · 아라비아 해의 3바다가 합쳐진다. ( )

보 기

ⓐ 노르킨	ⓑ 로카	ⓒ 데주뇨프	ⓓ 베르데
ⓔ 웰슨	ⓕ 덩캔즈비	ⓖ 아굴라스	ⓗ 카마우
ⓘ 파로	ⓙ 요크	ⓚ 코모린	ⓛ 칼리아크라
ⓜ 나오	ⓝ 카토체	ⓞ 배로	

【3】 다음은 세계의 유명한 만[灣, bay]과 관련된 설명문이다. 보기에서 정답을 골라 그 기호를 (　　)안에 써 넣으시오.

① 캐나다 북동부에 있는 만. 길이 1,400km, 너비 1,000km, 주요부의 수심 40~180m, 면적 120만㎢. ( )

② 인도양 북동부에 있는 만. 면적은 217만 2000km², 평균 깊이는 800m, 가장 깊은 곳은 4,500m이다. 인도 동해안 · 스리랑카 · 미얀마 · 말레이 반도 서해안 등지에 둘러싸여 있으며, 만 안쪽에는 갠지스 강(江) · 브라마푸트라 강의 광대한 델타지역(삼각주)이 펼쳐진다. ( )

③ 오스트레일리아 남부 사우스오스트레일리아주(州)의 남동 해안에 있는 만. 에어 반도와 요크반도에 둘러싸여 있으며, 만구의 너비 80km, 만구에서 육지까지의 거리는 320km이다. ( )

④ 캐나다 온타리오주(州) 휴런 호(湖)의 북동부에 있는 만. 길이 190km, 너비 82km, 깊이 30~90m, 가장 깊은 곳 165m. ( )

⑤ 중국 산둥[山東] 반도 남쪽 연안, 황해로 이어진 만. 만구(灣口)에는 동쪽에 라오산[作山], 서쪽에 링산[靈山] 등 2곶(串)이 돌출하여 만구의 너비가 30~44km로 좁고, 만안은 두루주머니처럼 넓어 천연의 양항(良港)을 이룬다. ( )

⑥ 아라비아 해(海) 북서부에 있는 만. 동서 길이 550km, 남북 길이 300km, 북서쪽은 호르무즈 해협을 통하여 페르시아 만과 이어지고 남쪽은 아라비아 해로 열려 있다.( )

⑦ 이탈리아 서해안에 있는 만. 길이 32km, 너비 16km, 티레니아해(海)의 동쪽에 위치하며, 북서쪽에 있는 카페미세노 곶(串)에서 동남쪽의 캄파넬라포인트 곶까지 반달모양으로 펼쳐져 있다. ( )

⑧ 북극해의 랍테프 해(海)에 면하는 만(灣). ( )

⑨ 코스타리카 북서부 태평양 연안에 있는 만. ( )

⑩ 아일랜드 북부의 얼스터주(州) 남부에 있는 만. ( )

⑪ 아프리카 모잠비크 해협의 남단에 있는 만, 길이 31km. ( )

⑫ 미국 동부 대서양 연안에 있는 만, 길이 85km. 너비 180m. ( )

⑬ 일본 혼슈[本州]의 중동부 해안에 있는 만. 면적 내만(內灣) 1,100㎢, 외만(外灣) 1,500㎢, 깊이 20~40m. ( )

⑭ 필리핀 루손 섬 동해안의 남부 필리핀해에 면하는 만, 길이 약 80km. ( )

⑮ 아르헨티나 파타고니아 지방 중부에 있는 만, 세인트조지 만(灣)이라고도 한다. ( )

보 기

ⓐ 조지언	ⓑ 노르드비크	ⓒ 자오저우	ⓓ 니코야
ⓔ 델라고아	ⓕ 허드슨	ⓖ 오만	ⓗ 산호르헤
ⓘ 나폴리	ⓙ 라몬	ⓚ 벵골	ⓛ 델라웨어
ⓜ 스펜서	ⓝ 도쿄	ⓞ 더니골	

【여행사실무문제 93】

【1】 다음은 세계의 유명한 반도[半島, peninsula]와 관련된 설명문이다. 보기에서 정답을 골라 그 기호를 ( )안에 써 넣으시오.

① 중국 랴오닝성[遼寧省] 남부, 황해와 보하이해[渤海]를 가르는 반도. 남서주(南西走)하는 해발고도 1,000m급의 첸산[千山] 산맥을 척량(脊梁)으로 하여 길게 내리뻗은 삼각형의 침강지괴로, 해안선의 굴곡이 심하고, 주변에는 창산[長山] 열도를 비롯한 많은 섬들이 산재한다. ( )

② 일본 시즈오카현[靜岡縣] 동부에 있는 반도. 동쪽의 사가미 만[相模灣]과 서쪽의 스루가 만[駿河灣] 사이로 뻗어 있다. ( )

③ 중국 남동부에 돌출한 반도. 면적은 787㎢이고, 최고봉은 다마오 산[大帽山/大霧山:1,004m]이다. 중국 남부 주장커우[珠江口]와 연결되는 곳에 위치한다. ( )

④ 캐나다 퀘벡주(州) 세인트로렌스 만(灣)에 돌출한 반도. 길이 약 240km. ( )

⑤ 터키 서부, 유럽 쪽의 남서단에 북동쪽으로부터 남서방향으로 뻗은 반도. ( )

⑥ 미국 동부 대서양안에 전개된 해안평야에 있는 반도. 워싱턴의 동쪽 체서피크 만과 델라웨어 만 사이에 끼어 남쪽으로 약 300km에 걸쳐 돌출되어 있다. ( )

⑦ 동남아시아 인도차이나반도에서 남쪽으로 돌출한 좁고 긴 반도. 북동부와 중앙부는 타이, 북서부는 미얀마, 남부는 말레이시아가 각각 위치한다. ( )

⑧ 유럽 남부, 지중해 동부에 돌출한 3각형의 반도. 면적 50만 5000km^2, 동서 길이 1,300m, 남북 길이 1,000m, 북쪽부분은 도나우 강과 드라바 강의 계곡에 의해 대륙부와 밀접하게 결부되어 있고, 남쪽부분은 복잡한 지형을 이루며 에게 해(海)와 이오니아 해에 둘러싸여 있다. ( )

⑨ 프랑스 서쪽 끝, 대서양에 돌출한 반도. 폭 18km. 길이 280km. 북부는 생말로 만과 영국해협, 남부는 비스케이 만에 면한다. ( )

⑩ 미국 알래스카주(州) 서부에 있는 반도. 콧서뷰 만(灣)과 노턴 만(灣) 사이에서 서쪽으로 돌출해 있으며, 베링해협을 사이에 두고 러시아연방의 시베리아 북동단과 마주 본다. 끝에 있는 프린스오브웨일스 곶(串)은 북아메리카 대륙의 서쪽 끝이다. ( )

⑪ 유럽의 북단에 있는 반도. 면적 약 77만 3천㎢, 길이 1,850km. ( )

⑫ 아시아와 아프리카를 잇는 삼각형의 반도. 서쪽은 수에즈 운하와 수에즈 만(灣)으로 아프리카 대륙에, 동쪽은 아카바 만(灣)을 사이에 두고 아라비아 반도(사우디아라비아 및 요르단) 및 이스라엘에 각각 접하며, 북쪽은 지중해에 면한다. ( )

⑬ 아시아대륙 남서부에 있는 큰 반도. 북서단~남동단 약 2,200km, 동서 너비 약 1,200km, 면적 약 300만㎢. ( )

⑭ 오스트레일리아 사우스오스트레일리아주(州) 남해안에 있는 반도. ( )

⑮ 멕시코 남동부에 있는 반도. 면적 18만㎢, 중심지는 메리다이다. 서쪽과 북쪽은 멕시코 만과 접하고, 동쪽은 카리브 해에 면한다. ( )

보 기

ⓐ 겔리볼루	ⓑ 발칸	ⓒ 브르타뉴	ⓓ 주룽
ⓔ 스칸디나비아	ⓕ 수어드	ⓖ 요크	ⓗ 유카탄
ⓘ 랴오둥	ⓙ 말레이	ⓚ 시나이	ⓛ 델마바
ⓜ 이즈	ⓝ 아라비아	ⓞ 가스페	

【2】 다음은 세계의 유명한 조약, 협정, 회담, 회의, 성명, 라운드와 관련된 설명문이다. 보기에서 정답을 골라 그 기호를 (   )안에 써넣으시오.

① 1886년 스위스의 수도 베른에서, 저작권을 국제적으로 서로 보호할 것을 목적으로 체결된 조약. ( )

② 1842년 8월 아편전쟁의 종결을 위하여 영국과 청나라가 체결한 강화조약. ( )

③ 청·일전쟁의 전후처리를 위해 1895년 4월 17일 청국과 일본이 체결한 조약. ( )

④ 유럽경제공동체(EEC)를 설립하기 위한 조약. 'EEC 조약'이라고도 한다. ( )

⑤ 1648년 10월 24일 독일 30년전쟁을 종결시킨 조약. ( )

⑥ 지구 환경문제를 국제무역거래와 연계할 경우 관세 및 무역에 관한 일반협정(GATT)을 중심으로 맺어지는 협상. ( )

⑦ 집단살해범죄의 방지 및 처벌에 관한 조약(Convention on the Prevention and Punishment of the Crime of Genocide). ( )

⑧ 유럽의 정치통합과 경제 및 통화 통합을 위한 유럽통합조약. ( )

⑨ 전쟁으로 인한 희생자 보호를 위하여 1864~1949년의 제네바에서 체결된 일련의 국제조약. ( )

⑩ 관세장벽과 수출입 제한을 제거하고, 국제무역과 물자교류를 증진시키기 위하여 1947년 제네바에서 미국을 비롯한 23개국이 조인한 국제적인 무역협정. ( )

⑪ 2개국의 중앙은행이 상호 일정액의 자국통화를 일정기간 예치하기로 한 협정. ( )

⑫ 이스라엘의 단독평화교섭을 타개하기 위하여, 카터 미국 대통령이 미국 메릴랜드주(州) 에 있는 대통령 산장(山莊)으로 사다트 이집트 대통령과 베긴 이스라엘 수상을 초청, 회담을 계속한 결과로 합의한 협정. ( )

⑬ 1945년 미국 · 영국 · 소련 3개국 수뇌 사이에 열린 독일의 한 도시에서 조인된 독일의 전후처리 방침에 관한 협정. ( )

⑭ 경제협력개발기구에서 직접투자장벽을 제거하기 위해 추진하는 새로운 국제협약. ( )

⑮ IMF(국제통화기금) 설립을 위한 국제통화기금협정과 세계은행 설립을 위한 국제부흥개발은행협정을 총칭하는 관용어. ( )

보 기

ⓐ 로마조약	ⓑ 마스트리히트조약	ⓒ 난징조약
ⓓ 그린라운드	ⓔ GATT	ⓕ 제노사이드조약
ⓖ 스와프협정	ⓗ 포츠담협정	ⓘ 베른조약
ⓙ 제네바협약	ⓚ 베스트팔렌조약	ⓛ 브레턴우즈협정
ⓜ 캠프데이비드협정	ⓝ 다자간투자협정	ⓞ 시모노세키조약

【여행사실무문제 94】

【1】 다음은 세계의 유명한 고분, 묘, 묘지, 능과 관련된 설명문이다. 보기에서 정답을 골라 그 기호를 (　　)안에 써 넣으시오.

① 미국 버지니아주(州)에 있는 국립묘지. 면적 약 1.6㎢, 포토맥 강을 사이에 두고 수도 워싱턴과 마주보고 있다. 1864년 설립되었으며 매장자 수는 약 16만이다. (　)

② 그리스의 미케네성(城) 안에서 1876년 H 슐리만이 발견한 원형(圓形) 왕족묘지. 높이 약 1m의 2중열석(列石)을 수직으로 세워 주벽(周壁)을 삼았다. (　)

③ 중국 6조(六朝)에서 수(隋)·당(唐) 시대에 이루어진 신장웨이우얼[新疆維吾爾] 자치구 투루판[吐魯蕃] 분지에 있는 고창국(高昌國)의 묘지(墓地). 투루판 분지는 5~7세기에 번영한 곳으로 아스타나는 이곳의 북서쪽에 있다. (　)

④ 중국 산시성[山西省] 양가오 현성(縣城)의 남동 약 45km에 있는 전한(前漢)시대의 고분군(群). 대소의 네모무덤[方墳]이 80기(基)가 넘지만, 1912, 1944년에 발굴 조사된 것은 12, 15, 17호묘 등 3기이다. (　)

⑤ 일본 나라현[奈良縣] 호류지[法隆寺] 부근에 있는 6세기 중엽의 초대형 원분(圓墳). 지름 48m, 높이 9m. 조성된 것은 551~571년으로 밝혀졌다. (　)

⑥ 평양과 황해도 지방에 분포하는 고분. 평양 근교 토성리(土城里)에는 남북 10여 리, 동서 수십 리에 이르는 넓은 지역에 1,300여 개의 고분이 산재해 있고, 황해남북도에도 무수히 분포되어 있다. (　)

⑦ 길림성 돈화현 육정산(六頂山), 화룡현 북대지(北大地), 흑룡강성 영안현 삼령둔(三靈屯), 대목단둔(大牧丹屯), 풍수위자(風水威子) 및 대주둔(大朱屯), 임구현의 두도하자(頭道河子), 북참서산(北站西山), 사하자(沙河子) 등지에 고분군이 밀집되어 있다. (　)

⑧ 러시아 연방의 알타이 산지 중앙부 우르수르 강 연안에 있는 돌무지무덤[積石塚]. S.I.루 덴코가 발견한 것을 1927년 M.그리아즈노프가 조사하였다. (　)

⑨ 몽골 울란바토르의 북방 하라 강(江) 유역에 있는 흉노(匈奴) 귀족의 고분군(古墳群). 1924~1925년 러시아 탐험가 P.K.코즐로프 조사단에 의하여 212기(基)의 고분 중 12기가 발굴되었고, 이어서 몽골 학자에 의하여 계속 조사되었다(1927). (　)

⑩ 중국 북경 북쪽 약 40km 지점에 있는 평창구[平昌區] 천수산 아래에 조성된 명(明)나라 때 13제(帝)의 능묘군. ( )

⑪ 중국 산시성[山西省]에 있는 전한(前漢)시대의 고분군(群). 대소의 네모무덤[方墳]이 80기(基)가 넘지만, 1912, 1944년에 발굴 조사된 것은 12, 15, 17호묘 등 3기이다. ( )

⑫ 일본 나라현[奈良縣] 다카이치군[高市郡] 아스카촌[明日香村] 히라타[平田]에 있는 고분. ( )

⑬ 중국 저장성[浙江省] 사오싱현 코차오전[祠橋鎭] · 리주전 부근에 있는 고분군. ( )

⑭ 중국 지린성[吉林省] 지안현[集安縣] 퉁거우[通溝]에 있는 고구려의 기단식 돌무지무덤 [積石塚]. ( )

⑮ 황해남도 안악군에 있는 고구려 외방벽화고분[單室壁畵古墳]. ( )

보 기

ⓐ 후지노키고분	ⓑ 시베고분	ⓒ 그레이브서클에이
ⓓ 노인울라고분	ⓔ 대왕릉	ⓕ 알링턴국립묘지
ⓖ 명십삼릉	ⓗ 다카마쓰총고분	ⓘ 양가오고분
ⓙ 사오싱고분	ⓚ 아스타나고분	ⓛ 낙랑고분
ⓜ 발해고분	ⓝ 개천봉성리벽화고분	ⓞ 양가오고분

【2】 다음은 세계의 유명한 왕조와 관련된 설명문이다. 보기에서 정답을 골라 그 기호를 ( )안에 써 넣으시오.

① 1512~1687년 인도의 데칸고원을 지배한 이슬람왕국. 역대 왕의 칭호에서, 쿠트브 샤히왕국이라고도 한다. 바흐마니왕국이 분열하여 성립한 5왕조 중 가장 강력한 왕국으로, 1512~1518년 지방관인 쿠트브샤가 독립 · 창건하였다. ( )

② 320년부터 550년경까지 북(北)인도를 통일 · 지배한 왕조. 이 시기는 고전(古典) 인도문화의 최성기(最盛期)에 해당한다. ( )

③ 이베리아 반도에 존재하였던 이슬람 최후의 왕조(1231~1492). 아랍계(系)의 나스르족(族)의 무하마드가 세운 왕조로, 수도가 그라나다여서 그라나다왕국이라고도 한다. ( )

④ 중세 세르비아의 왕조. 1167년 무렵에 S 네마냐가 라슈카의 대(大)주판이 되어 이 왕조를 열었다. ( )

⑤ 카불을 수도로 하여 아프가니스탄을 지배한 아프간계 이슬람왕조(1747~1842). ( )

⑥ 1613년부터 917년까지 러시아를 지배한 왕조. 14세기 중엽에 모스크바에 온 프로이센의 귀족 A.I.코빌라가 먼 시조라고 한다. ( )

⑦ 중세 모로코의 이슬람 왕조(1195~1470). 유목생활을 하던 베르베르인(人)의 한 갈래인 제나다족(族)이 아틀라스 산중에 세웠다. ( )

⑧ 이집트 · 시리아 일대를 지배한 투르크계 이슬람왕조(1250~1517). 맘루크란 주로 백인 노예를 뜻하는 아랍어로, 아이유브왕조의 군사령관을 지내다가 이 왕조를 창건한 아이 베크가 노예용병 출신인 데서 생긴 명칭이다. ( )

⑨ 인도 최초의 고대 통일제국을 세운 왕조(B.C. 317~B.C. 180). 시조는 찬드라굽타이다. ( )

⑩ 867~1056년에 걸쳐 비잔틴제국을 지배한 왕조. 창시자는 바실리우스 1세로, 그는 가난한 아르메니아 출신 직공의 아들로 태어나, 867년 아모리아 왕조의 미카엘 3세를 폐위시키고 제위에 올라 이 왕조를 열었다. ( )

⑪ 타이족이 세운 최초의 왕조(1238~1378). 남중국에서 남하한 타이족이 13세기 중엽 타이의 중부에 도읍하여 창시한 왕조이다. ( )

⑫ 신성로마제국 최초의 왕조(919~1024). ( )

⑬ 레자 샤(1878~1944)가 세운 이란의 왕조(1925~1979). 레자 샤는 처음 전(前) 왕조 카자 르왕조를 섬긴 군인(뒤에 총리)이며, 영국 · 러시아의 제국주의 침략의 희생이 된 조국을 구출하기 위하여 전왕조의 폐지를 결의한 뒤, 국민의회에 의하여 국왕에 추대되어 신왕조를 수립하였다. ( )

⑭ 터키 남동부(옛 이라크 북부)의 디야르바키르 지역에 있었던 투르크멘족 왕조. 시조는 아르투크 이븐 엑세브로서 셀주크왕조를 위하여 일하다가 1086년 팔레스타인 지역을 차지하였다. ( )

⑮ 최초로 미얀마(버마)를 통일한 왕조(1044~1287). 중국에서는 포감(蒲甘) 또는 면(緬)으로 알려져 있다. ( )

보 기

ⓐ 네마냐	ⓑ 로마노프	ⓒ 골콘다	ⓓ 마린
ⓔ 마우리아	ⓕ 수코타이	ⓖ 나스르	ⓗ 두라니
ⓘ 맘루크	ⓙ 마케도니아	ⓚ 굽타	ⓛ 작센
ⓜ 아르투크	ⓝ 파간	ⓞ 팔레비	

【여행사실무문제 95】

【1】 다음은 세계의 유명한 왕가(王家)를 설명한 설명문이다. 보기에서 정답을 찾아 (　　)안에 그 기호를 기입하시오.

① 1399~1461년 동안의 영국의 왕가. 창시자는 플랜태저넷왕가의 국왕 헨리 3세의 둘째아들 에드먼드. (　)

② 덴마크 지배에 대항하여 독립전쟁을 수행한 구스타브 1세가 세운 스웨덴의 왕가. 1520년 구스타브 1세는 덴마크로부터 독립하고, 1523년 왕위에 올라 루터파 신교를 도입하여 이를 국교(國敎)로 삼아 세습왕권의 기틀을 확립하였다. (　)

③ 포르투갈(1640~1910)과 브라질(1822~1889)을 통치한 왕가. (　)

④ 중세 말기에서 근세에 걸쳐 스코틀랜드와 영국을 통치한 왕가. 이 왕가는 본래 노르만 왕조시대의 프랑스계 귀족의 혈통을 계승한 명문으로 12세기부터 스코틀랜드에 정주하였고 1371년부터 왕가가 되었다. (　)

⑤ 포르투갈의 두 번째 왕조(1385~1580). 첫 왕조인 부르고뉴왕조의 마지막 왕 페르난도의 배다른 동생이며 아비스 기사단(기사수도회)의 우두머리인 주앙 1세를 초대 왕으로 한다. (　)

⑥ 영국의 왕가 (1461~85). 에드워드 3세의 제3자(子)와 제5자의 계통으로, 같은 왕의 제4자로부터 나온 랭커스터가에 대해 왕위를 청구하여 장미전쟁을 일으켰다. 전쟁중인 1461년 제4대공(代公) 에드워드가 헨리 6세를 쓰러뜨리고 왕위에 올라(에드워드 4세) 왕가를 창설하였다. (　)

⑦ 1485~1603년 5대 118년에 걸친 절대주의 시대의 영국 왕조. 장미전쟁을 수습하고 즉위 한 헨리 7세가 시조이다. 그는 장미전쟁에 따른 유력 귀족의 몰락을 이용하여 성실청(星室廳)재판소 등을 재편하고 왕권을 강화하는 등 절대주의의 기초를 구축하였다. (　)

⑧ 영국의 왕가 (1901~). 1901년 하노버왕가의 여왕 빅토리아가 죽자 작센-코부르크-고타 가문에서 왕위를 이었으며, 1917년에 이 이름으로 바꾸었다. 작센-코부르크-고타는 빅 토리아의 남편 앨버트 공(1819~1861)의 성이다. (　)

⑨ 나폴레옹 1세와 3세를 배출한 프랑스 왕가. (　)

⑩ 10~11세기에 작센을 지배한 왕가. 시조는 936년 벤드족(族) 방위를 위해 독일

왕 오토 1세로부터 엘베 강 하류의 변경지방을 부여받았다. 헤르만 이후 작센 대공(大公)의 칭호를 썼다. ( )

⑪ 이탈리아가 공화제가 될 때까지의 이탈리아를 통치한 왕가. ( )

⑫ 근세 세르비아의 왕가. 19세기에 카라조르제비치가(家)와 세르비아의 지배를 놓고 다툰 가문이다. 시조(始祖) 밀로슈는 투르크의 독립운동에 가담하여 1815년 투르크의 주권하에서 공(公)이 되었다. ( )

⑬ 14~15세기에 밀라노와 북이탈리아를 지배한 가문. 처음에는 하급귀족이었으나 11세기 초 밀라노 자작의 지위를 얻은 뒤 가문의 이름을 바꾸었다. ( )

⑭ 1589~1792 및 1814~30년간 프랑스를 지배한 왕가. ( )

⑮ 영국의 왕가(1714~1901). 1701년의 왕위계승법에 의하여 앤 여왕이 죽은 뒤, 독일의 어느 왕가에서 영입한 조지 1세에서 시작된다. ( )

보 기

ⓐ 아비스	ⓑ 윈저	ⓒ 스튜어트	ⓓ 빌룽거
ⓔ 바사	ⓕ 튜터	ⓖ 보나파르트	ⓗ 요크
ⓘ 사보이	ⓙ 부르봉	ⓚ 랭커스터	ⓛ 하노버
ⓜ 비스콘티	ⓝ 오브레노비치	ⓞ 브라간사	

【2】 다음은 세계의 유명 요리·음식을 소개한 설명문이다. 보기에서 정답을 찾아 ( )안에 그 기호를 기입하시오.

① 10~20종의 음식을 큰 접시에 차려 놓고 각자 먹고 싶은 대로 자기 접시에 덜어다 먹는 형식의 식사. ( )

② 중국의 양쯔 강[揚子江] 상류지역에서 발달한 요리의 총칭. 촨차이[川菜]라고도 한다. 중국의 서부인 윈난[雲南]·쓰촨[四川] 등 산지 방면의 요리로서 기름지지 않고 매운 것이 특징이다. ( )

③ 연어요리, 북유럽 지역의 전통요리로서 차게 먹는 음식이다. 훈제 연어를 그대로 사용하기도 하나 신선한 연어를 요리하는 편이 더 맛이 있다. ( )

④ 각종 재료를 꼬챙이에 꿰거나 석쇠에 놓고 불에 직접 구워서 원하는 소스로 먹는 야외요리. ( )

⑤ 중국 베이징[北京] 지방의 오리 통구이 요리. ( )

⑥ 어패류(魚貝類)에 밀가루를 묻혀서, 냄비에 버터와 샐러드유를 넣고 지져내는

서양요리. ( )

⑦ 돼지고기와 쇠고기를 섞어서 갈아 감자와 조화시켜서 만든 요리. ( )

⑧ 쌀을 재료로 한 요리와 게 · 새우 · 물새 등의 요리로 정평이 나 있으며, 그 지방의 특산인 장유(醬油)와 설탕을 써서 달콤하고 기름지게 만드는 것이 특징이다. 돼지고기를 진간장으로 양념하여 만드는 홍사오러우[紅燒肉]와 바닷게로 만드는 푸룽칭셰[芙蓉青蟹], 꽃 모양의 빵인 화쥐안[花卷] 등이 유명하다. ( )

⑨ 쇠고기를 곱게 다져서 양념을 하여 달걀을 씌워 기름에 튀긴 요리. ( )

⑩ 이탈리아식 밥 요리, 두꺼운 냄비를 준비하여 버터를 녹이고 양파 작은 것을 다져 넣어 노랗게 볶는다. ( )

⑪ 돼지의 옆구리살을 소금에 절인 후 훈연시킨 가공품. ( )

⑫ 어패류를 이용한 프랑스 요리, 프랑스의 어패류 요리 중에서 보편적으로 알려진 것으로, 난류의 작은 생선과 조개류 등을 사용하는 것이 원칙이나, 비린내가 적게 나는 흰살생선도 사용된다. ( )

⑬ 꼬챙이에 재료를 꿰어서 조리하는 요리, 본래는 요리할 때 음식을 꿰는 꼬챙이를 일컫는 말이다. 재료로는 닭고기 · 쇠고기 · 돼지고기 · 어패류 · 간 · 콩팥 · 피망 · 양파 · 버섯류 등 넓게 쓰이며, 얇게 저민 베이컨을 말아서 쓰기도 한다. ( )

⑭ 양배추를 싱겁게 절여서 발효시킨 독일식 김치, 피클과 더불어 서양 김치의 대표적인 것으로서, 독일과 근처 여러 나라에서 많이 만든다. ( )

⑮ 조수육 · 어류를 버터나 샐러드유를 녹인 프라이팬이나 철판에 굽는 요리. ( )

보 기

ⓐ 상하이	ⓑ 뫼니에르	ⓒ 바이킹	ⓓ 밀라네즈리소토
ⓔ 미트볼	ⓕ 바비큐	ⓖ 베이컨	ⓗ 쓰촨
ⓘ 부야베스	ⓙ 사워크라우트	ⓚ 브로셰트	ⓛ 소테
ⓜ 라크스메달	ⓝ 과루야쯔	ⓞ 미트롤	

【3】 다음은 음식에 넣어 먹는 소스에 관한 설명문이다. 보기에서 정답을 찾아 ( )안에 그 기호를 기입하시오.

① 쇠고기나 닭고기의 로스트에 곁들이는 소스. 육류를 철판에 구울 때 생겨난 국물을 이용하는 것으로 수프스톡을 적당히 넣고 가열한다. ( )

② 프랑스 요리용 소스. 이 소스의 명칭은 창시자의 이름을 딴 것으로 알려졌다.

모든 백색 소스의 기본이 된다. ( )

③ 작은 물고기로 담근 젓갈을 주재료로 하여 만든 소스. 주로 생선요리용 소스로 많이 쓰인다. ( )

④ 정제된 식물성 기름, 달걀 노른자 및 식초를 기본 성분으로 하는 유화상태(乳化狀態)인 반고체 식품으로 만든 샐러드용 드레싱소스. ( )

⑤ 베샤멜 소스에 생크림을 섞어 만든 희고 걸쭉하며 맛이 진한 소스. 닭고기 · 생선 · 달걀 · 채소(아스파라거스 · 셀러리 · 콜리플라워 · 그린피스 · 당근 · 순무 등) 등을 찌거나 삶아서 무칠 때나 그릇에 담은 후 끼얹는 소스로 쓴다. ( )

⑥ 서양요리에 들어가는 소스 가운데 하나. 필요한 재료는 버터, 밀가루, 육수, 소금과 후추 약간만 있으면 된다. ( )

⑦ 샐러드 · 냉요리 · 전채(前菜) 등에 사용되는 냉소스. ( )

⑧ 채소 · 향신료(고추 · 육계 · 후추 · 육두구 · 샐비어)를 삶은 국물에 소금 · 설탕 · 빙초산 기타 조미료를 첨가하는 식탁용 소스. ( )

⑨ 국물에 우유와 청주와 소금을 넣어 빛깔을 희게 한 것으로, 초나 간장 같은 유색 조미료는 일절 쓰지 않는 중국소스. ( )

⑩ 토마토 · 양송이 · 호두 등을 갈아서 거른 후 설탕 · 소금 · 식초 · 향신료를 넣어 조린 소스. ( )

보 기

ⓐ 마요네즈	ⓑ 안초비	ⓒ 크림	ⓓ 브라운
ⓔ 드레싱	ⓕ 그레이비	ⓖ 우스터	ⓗ 베샤멜
ⓘ 나이유	ⓙ 케첩		

【4】 다음은 칵테일에 관한 설명문이다. 보기에서 정답을 찾아 ( )안에 그 기호를 기입하시오.

① 남성에게 어울리는 강렬한 칵테일. 드라이진 1글라스, 앙고스투라 비터스 1방울을 잘 셰이크하여 칵테일 글라스에 따라서 낸다. ( )

② 원료인 포도주에 브랜디나 당분을 섞고, 향쑥 · 용담 · 키니네 · 창포뿌리 등의 향료나 약초를 넣어 향미를 낸 리큐어(liqueur : 혼성주). ( )

③ 럼과 라임주스, 콜라를 이용해 만든 칵테일. 럼에 라임주스나 레몬 즙을 넣고 콜라를 채워 만든 알코올 음료이다. ( )

④ 위스키에 소다수를 타서 8온스짜리 텀블러에 담아 내는 음료. ( )

⑤ 야생 자두를 주향료로 써서 만든 알코올 음료. ( )

보 기

ⓐ 쿠바리브레　　ⓑ 하이볼　　ⓒ 핑크진
ⓓ 슬로진　　ⓔ 베르무트

【여행사실무문제 96】

【1】 다음은 세계의 유명한 동 · 식물원을 소개한 설명문이다. 보기에서 정답을 찾아 (   ) 안에 그 기호를 기입하시오.

① 오스트레일리아의 대표적인 동물원. 1916년 창설되었으며 수족관도 포함되어 있다. (   )

② 미국의 뉴욕주(州)에 있는 면적 106ha의 대형 동물원. 뉴욕동물학협회가 운영하고 있으나, 유지비의 대부분은 뉴욕시가 부담하고 있다. (   )

③ 오스트리아의 대표적인 동물원. 1752년에 창설된 동물원으로 세계에서 가장 오래된 것이다. (   )

④ 네덜란드 암스테르담에 있는 동물원. 1838년에 창설되었으며 왕립동물학협회에 의해 운영된다. (   )

⑤ 벨기에의 대표적인 동물원. 1843년에 창설되었으며, 이 지역의 왕립동물학회에 의하여 운영되고 있다. (   )

⑥ 인도 캘커타시에 있는 동물원. 1875년 당시 영국 황태자에 의해 개설되었다. (   )

⑦ 미국에서 가장 오래된 동물원. 1874년 미국 일리노이주 시카고에 설립된 동물원으로 총면적 14㏊에 달한다. (   )

⑧ 독일의 함부르크에 있는 사립동물원. 1907년 창립되었고, 면적은 27ha이다. (   )

⑨ 이스라엘의 수도에 있는 사영(私營)의 동물원. 성서에 나오는 동물(식물도 포함)을 모아 사육하고 있는 세계 유일의 진기한 동물원으로 1940년에 개원하였다. (   )

⑩ 인도네시아 자와바라트주(州)에 있는 열대식물원. 1817년 창립되어 네덜란드령 시대에는 보이텐조르흐 식물원이라 하였다. (   )

⑪ 인도 서벵골주(州) 캘커타에 있는 국립식물원. 1787년 창설된 것으로, 열대지방에서 가장 오래된 식물원이다. (   )

⑫ 영국 런던 교외의 큐에 있는 식물원. 넓이 1만 2000a, 온실은 관람용 · 연구용 합쳐 약 80동, 그 중에는 길이 200m의 대형건물도 있다. (   )

⑬ 스리랑카 중서부의 캔디에 있는 식물원. 면적 59ha, 1823년 영국인에 의해 창설되었으며 4,000종의 열대 목본식물들이 아름답게 배열되어 있다. (   )

⑭ 북한의 평양 대성산에 있는 식물원. 1959년 4월 평양식물원으로 개원된 120여

정보 규모이다. ( )

⑮ 오페라하우스가 이 도시의 상징이 되어 있는 곳에 있는 국립식물원. 1816년에 맥과이어 (Macquarie) 총독 영지의 일부에 설립되었다. ( )

보 기

ⓐ 안트베르펜	ⓑ 브롱크스동물원	ⓒ 링컨파크동물원
ⓓ 쇤브룬동물원	ⓔ 예루살렘성서동물원	ⓕ 인도식물원
ⓖ 아르티스	ⓗ 보고르식물원	ⓘ 타롱가동물원
ⓙ 알리포레	ⓚ 시드니왕립식물원	ⓛ 큐왕립식물원
ⓜ 페라데니야식물원	ⓝ 조선중앙식물원	ⓞ 하겐베크동물원

【2】 다음은 세계의 유명한 술(liquor)을 소개한 설명문이다. 보기에서 정답을 찾아 ( ) 안에 그 기호를 기입하시오.

① 우유를 사용하여 제조하는 중국의 증류주. 일종의 소주로 네이멍구[內蒙古] 자치구에서 많이 만든다. ( )

② 중국의 곡류 양조주. 대표적인 양조주로서 사오싱주[紹興酒]와 황주[黃酒]가 있다. 이 2 가지 술을 장기간 저장한 것을 말한다. ( )

③ 러시아의 대표적인 증류주. 러시아어의 물(바다)에서 나온 말로, 14~15세기에 이미 애음되고 있었다고 하니 증류주로서는 오랜 역사를 가지는 술이다. ( )

④ 엿기름[麥芽]의 사용량을 늘리고 그 일부를 강하게 불에 쬐어 말린 후 홉을 잘 살려 윗면을 발효시킨 중세 독일의 짙은 맥주. ( )

⑤ 파리의 동쪽 샹파뉴아르덴주(州)에서 생산되는 발포성 백포도주. ( )

⑥ 에스파냐에서 양조되는 백포도주. 엷은 색의 담백한 맛에서부터 진한 갈색의 달콤한 것까지 여러 가지가 있다. ( )

⑦ 인도의 토속적인 술. 소마주(soma 酒)와 더불어 인도 역사상 오랜 베다시대부터 있던 술이다. 소마주가 제전에서 의례용으로 쓰이므로 신성시하는 데 비해 이 술은 일반 음료로서 널리 애용되었던 것으로 추측된다. ( )

⑧ 스코틀랜드산 위스키. 영국의 법률에는 "몰트(麥芽)의 디아스타아제에 의하여 당화된 곡물의 거르기 전 술을 스코틀랜드에서 증류하여 최저 3년간 통에 담아 창고에서 익힌 것"이라고 되어 있다. ( )

⑨ 영국식 흑맥주. "강하다"는 뜻을 내포하고 있다. ( )

⑩ 독한 술 주정제(酒精製)의 뜻을 포함한 증류주의 총칭. ( )

⑪ 멕시코 고유의 술. 멕시코 특산의 다육식물인 용설란(龍舌蘭)의 수액을 채취해 두면, 자연히 하얗고 걸쭉한 풀케라는 탁주가 된다. ( )

⑫ 럼과 물을 절반씩 섞은 술. ( )

⑬ 서양요리의 정찬에서 식후에 소화를 촉진하기 위하여 내는 술. ( )

⑭ 당밀이나 사탕수수의 즙을 발효시켜서 증류한 술. 뱃사람의 술이라 하여 옛날부터 선원들에게 널리 애음되어 왔다. ( )

⑮ 중국산 증류주. 청나라 초기에 구이저우성[貴州省]의 이 이름의 거리에서 수수를 원료로 하고 밀누룩을 써서 일종의 소주를 양조한 것이 시초였다. ( )

보 기

ⓐ 아비스	ⓑ 윈저	ⓒ 스튜어트	ⓓ 빌룽거
ⓔ 바사	ⓕ 튜터	ⓖ 보나파르트	ⓗ 요크
ⓘ 사보이	ⓙ 부르봉	ⓚ 랭커스터	ⓛ 하노버
ⓜ 비스콘티	ⓝ 오브레노비치	ⓞ 브라간사	

【여행사실무문제 97】

【1】 다음은 세계의 유명한 미술관을 설명한 것이다. 보기에서 정답을 찾아 (　　)안에 그 기호를 기입하시오.

① 뉴욕시에 있는 미국 현대미술 중심의 미술관. 이 미술관은 1937년 비대상회화미술관이란 이름으로 개설되었으나 1959년 현재의 이름으로 개칭되었다. (　)

② 이탈리아의 미술관. 1679년 그리스도교 계통의 단과대학으로 건축가 G. 구아리니에 의해 건립되어 1757년 이후 과학아카데미로 사용하고 있다. (　)

③ 프랑스 파리에 있는 세계적인 미술관. 소장된 미술품의 규모는 세계 최대이다.(　)

④ 뉴욕시에 있는 미국 최대의 미술관. 1866년 7월 4일 독립기념일에 외교관 J.제이(1817～1894)가 파리에서 한 연설을 발단으로 설립운동이 구체화되었으며, 뉴욕 시민의 노력으로 1870년 임대건물에서 소규모로 개관하였다가 1880년 센트럴 파크의 지금 위치로 옮겼다. (　)

⑤ 이탈리아의 밀라노에 있는 회화관(繪畵館). 전통있는 미술학교 건물의 상층에 설치되어 있으며, 1809년에 설립되었다. (　)

⑥ 이탈리아의 피렌체에 있는 미술관. 르네상스 회화의 컬렉션으로는 질이나 양적으로 세계 제일의 미술관이다. (　)

⑦ 프랑스 파리 근교의 소도시 샹티이 성관(城館) 안에 있는 미술관. 이곳은 중세 이래 몽 모랑시, 콩데, 오를레앙 등 명문의 거성으로, 수세기에 걸쳐 훌륭한 회화와 사본이 수집되어 왔다. (　)

⑧ 미국 뉴욕시(市) 매디슨가에 있는 미술관. 철도왕 반다빌트의 손녀가 1930년에 설립하고 다음해인 1931년에 개관하였다. (　)

⑨ 헝가리 국립박물관의 동양미술부문 전시관. 1910년 창립, 중국 미술품 약 7000점, 일본미술품 약 7000점을 토대로 티베트 · 한국 · 베트남 · 인도 · 네팔 · 오스트레일리아 · 몽골 · 중근동의 작품을 소장하고 있다. (　)

⑩ 에스파냐의 수도 마드리드에 있는 미술관. 에스파냐 왕가의 소장품을 중심으로 1819년 페르난도 7세 때 건립되어 왕립미술관이 되었고, 1868년 혁명 후에 국유화되어 그 이름이 바뀌었다. (　)

⑪ 상트페테르부르크에 있는 러시아 최대의 국립미술관. 로마노프왕조 때 러시아

의 문화수준을 향상시키기 위해 궁정에서 수집한 미술작품을 중심으로 설립하였다. ( )

⑫ 그리스 아테네에 있는 국립미술관. 1879년 설립, 소규모이지만, 고대 그리스의 우수한 조각품을 많이 수장하고 있다. ( )

⑬ 러시아 모스크바에 있는 국립미술관. 1856년에 개관하여 러시아혁명 후 1918년에 국유화되었다. ( )

⑭ 뮌헨의 쾨니히스프라츠에 있는 바이에른주(州)가 관할하는 뮌헨국립고대미술관의 조각전시관. ( )

⑮ 이탈리아 베네치아에 있는 미술관. 1750년에 설립되었고, 중세에서 근세에 걸쳐 교회 · 수도원 · 길드 등이 소장하고 있던 회화 약 800점을 수장하고 있다. ( )

보 기

ⓐ 메트로폴리탄	ⓑ 콩데	ⓒ 루브르	ⓓ 페렌츠호프
ⓔ 프라도	ⓕ 사바우다	ⓖ 아크로폴리스	ⓗ 트레티야코프
ⓘ 브레라	ⓙ 글립토테크	ⓚ 구겐하임	ⓛ 에르미타주
ⓜ 휘트니	ⓝ 아카데미아	ⓞ 우피치	

【2】 다음은 세계의 유명 전시회 및 박람회, 컬렉션을 설명한 것이다. 보기에서 정답을 찾아 ( )안에 그 기호를 기입하시오.

① 오트쿠튀르와 함께 세계적인 양대 의상박람회의 하나인 기성복박람회. ( )

② 1955년 독일의 카셀에서 처음으로 열린 국제미술전람회. 1960년 제2회전이 열린 이후 4년마다 개최되고 있다. ( )

③ 신현실파전(新現實派展)의 뜻을 가진 프랑스 추상주의 미술전시회. 제2차 세계대전 후 프랑스에서 일어난 추상예술의 융성과 더불어 조직된 국제적인 미술전이며, 1946년 제1 회전 이후 해마다 파리에서 개최되고 있다. ( )

④ 1913년 뉴욕에서 개최된 미국 최초의 국제현대미술전. 미국 뉴욕의 렉시턴가(街) 26블록의 제69연대 무기고를 전시장으로 이용했기 때문에 이런 이름이 붙었다. ( )

⑤ 일본의 수도에서 열리는 국제 게임전시회로 매년 3월과 9월에 춘계 · 추계 게임쇼가 열린다. ( )

⑥ 1955년 독일의 카셀에서 처음으로 열린 국제미술전람회. 1960년 제2회전이 열

린 이후 4 년마다 개최되고 있다. ( )

⑦ 세계 최대 규모의 컴퓨터 하드웨어 및 소프트웨어 관련제품 전시회. 미국에서 해마다 봄과 가을에 열리는 세계 최대의 컴퓨터관련 전시회이다. ( )

⑧ 각 '오트쿠튀르(haute couture : 고급 양장점)' 가 연 2회(11월과 7월) 개최하는 작품발표. 각각 그 달의 마지막 월요일에 개최되며, 원칙으로 2주간의 개최기간 중 약 100~200점의 신작을 자기점포에서 발표한다. ( )

⑨ 해마다 10~11월경 미국 로스앤젤레스에서 개최되는 국제자동차전시회. ( )

⑩ 독일 하노버에서 매년 개최되는 세계 규모의 정보통신기술전시회. 미국의 컴덱스와 함께 세계 정보통신 분야를 대표하는 전시회이다. ( )

⑪ 프랑스의 남부도시에서 2년마다 개최되는 종합 국제미술전. ( )

⑫ 미국의 세계 최대의 국제적인 게임전시회. 세계 3대 게임쇼로 미국에서 열리는 세계 최대의 종합게임 전시회이다. ( )

⑬ 이탈리아 북부 피에몬테주(州)의 주도(州都)에서 격년제로 개최되는 국제적인 자동차쇼. 파리자동차쇼(1898년)에 이어 세계에서 두 번째 긴 역사를 가진 국제적인 자동차쇼로, 피아트 자동차회사(Fiat SpA) 창립 이듬해인 1900년에 처음 개최되었다. ( )

⑭ 유럽 최대의 국제적인 게임전시회. 세계 3대 게임쇼에 속하는 유럽 최대의 종합게임 전시회이다. ( )

⑮ 해마다 5월에 파리에서 개최되는 전위미술전시회. '5월전(展)' 을 뜻하며 현재 프랑스 화단에서 활약하는 전위 작가의 모임으로서 제2차 세계대전 중 대독(對獨) 레지스탕스 운동이 계기가 되어 1943년에 창립되었으며, 1945년에 제1회전을 가졌다. ( )

보 기

ⓐ 파리콜렉시옹	ⓑ 도큐멘타전	ⓒ 도큐멘타전
ⓓ 도쿄게임쇼	ⓔ 컴덱스	ⓕ 프레타포르테
ⓖ 세빗	ⓗ 아모리쇼	ⓘ 세마국제자동차쇼
ⓙ 리옹비엔날레	ⓚ 살롱 데 레알리테 누벨	ⓛ 살롱 드 메
ⓜ 토리노자동차쇼	ⓝ ECTS	ⓞ E3

【여행사실무문제 98】

【1】 다음은 세계사의 흐름에 영향을 미친 중요 전쟁에 대한 설명문이다. 보기에서 정답을 찾아 ( )안에 그 기호를 기입하시오.

① 1840~42년 아편문제를 둘러싼 청국(淸國)과 영국간의 전쟁. ( )

② 이라크의 쿠웨이트 침탈(侵奪)이 계기가 되어, 1991년 1월 17일~2월 28일, 미국을 비롯한 3개 다국적군이 이라크를 상대로 이라크 · 쿠웨이트를 무대로 전개된 전쟁. ( )

③ 1861년~65년에 미합중국의 북부와 남부가 벌인 내전(內戰). 4년에 걸친 격전 끝에 남부는 패하여 다시 연방(聯邦)으로 복귀하는 데 10여 년이 걸렸다. ( )

④ 19세기 초 네덜란드령 동인도의 자바 섬에서 일어난 민족반란(1825~1830). 자바전쟁이라고도 한다. ( )

⑤ 1558년~1583년에 발트 해 동안(東岸)의 지배권을 둘러싸고 러시아와 폴란드 · 스웨덴 사이에 벌어진 전쟁. ( )

⑥ 1808년~1814년 나폴레옹의 이베리아반도 침략에 저항하여 에스파냐 · 영국 · 포르투갈 동맹군이 벌인 전쟁. ( )

⑦ 1912~1913년 2회에 걸쳐 유럽 동남부지역의 한 반도에서 일어난 전쟁. 1908년 보스니아 · 헤르체고비나를 병합하여 강대해진 오스트리아가 이 반도로 진출하는 것을 막기 위하여 일으킨 전쟁이다. ( )

⑧ 중세 말기에 영국과 프랑스가 벌인 전쟁. 프랑스를 전장으로 하여 여러 차례 휴전과 전쟁을 되풀이하면서, 1337년부터 1453년까지 단속적(斷續的)으로 계속되었다. ( )

⑨ 1899~1902년 영국과 트란스발공화국이 벌인 전쟁. 남아(南阿)전쟁 · 남아프리카전쟁이라고도 한다. ( )

⑩ 1700~21년 발트 해(海)의 지배권을 놓고 러시아와 스웨덴이 벌인 전쟁. ( )

⑪ 1618~1648년 독일을 무대로 그리스도교와 가톨릭교 간에 벌어진 종교전쟁. ( )

⑫ 고대 그리스에서 아폴론신(神)에 대한 모독행위를 방지하기 위해 인보동맹(隣保同盟)이 델포이 신전령(神殿領)을 침범한 도시들과 세 차례에 걸쳐 싸운 전쟁. ( )

⑬ 1562~1598년 프랑스의 종교내란. 위그노란 프랑스 칼뱅파 프로테스탄트(신교

도)의 별칭이다. ( )

⑭ 로마와 페니키아의 식민시(植民市) 카르타고와의 전쟁. ( )

⑮ 남아메리카대륙의 동남단, 아르헨티나의 대륙부에서 약 500km 떨어진 남대서양의 한 작은 섬의 영유권을 둘러싼 영국 · 아르헨티나 간의 전쟁. ( )

보 기

ⓐ 남북전쟁	ⓑ 반도전쟁	ⓒ 북방전쟁	ⓓ 걸프전쟁
ⓔ 보어전쟁	ⓕ 백년전쟁	ⓖ 디포네고로전쟁	ⓗ 신성전쟁
ⓘ 30년전쟁	ⓙ 포에니전쟁	ⓚ 리보니아전쟁	ⓛ 포클랜드전쟁
ⓜ 위그노전쟁	ⓝ 아편전쟁	ⓞ 발칸전쟁	

【2】 다음은 여행사에서 사용하고 있는 여행관련 중요 용어이다. 보기에서 정답을 골라 그 기호를 (　　)안에 써 넣으시오.

① 자연체계나 동 · 식물의 생태, 또는 지역 독자의 문화를 관찰 내지 체험을 목적으로 한 여행형태. ( )

② 방일(訪日)관광객의 수용태세 촉진을 목적으로 한 일본 국토교통성의 "관광교류확대계획"을 일컫는 말이다. ( )

③ 패키지여행용에 포괄운임으로 발행한 항공권을 여행사에서 고객에게 일반판매하고 있는 저렴한 항공권을 지칭하는 용어이다. ( )

④ 항공사가 서비스의 일환으로 당해 항공사의 이용거리에 따라 무료항공권 제공이나 좌석 등급의 상향조정 등 특전을 주는 제도. ( )

⑤ 목적지가 없는 도보여행 또는 산 · 들과 바람따라 떠나는 사색여행. ( )

⑥ 중국여행시 주의해야 할 세 가지 금지사항으로 여자 · 무도 · 노래 등이다. ( )

⑦ 미국여행을 하기 위한 비자발급신청시 미국대사관이 정한 일정한 자격요건을 갖춘 사람들이 여행사를 통해 비자를 신청하는 방법이다. ( )

⑧ 미국시민권자나 국제기구 대표 등에게 세관검사 없이 빠른 시간 내에 통과할 수 있도록 한 미이민귀화국이 운영하는 제도. ( )

⑨ 미국에서 실시하는 사전입국심사제도. ( )

⑩ 일본에서 외국인 관광객이 박물관 · 미술관 · 숙박시설 · 음식점 등 관광시설을 이용할 때, 이를 제시하고 할인 등의 우대조치를 받을 수 있도록 한 것이다. ( )

⑪ 사전예약 없이 정원 이상의 여객이 타면 즉시 추가편으로 운항하는 방식. ( )

⑫ 호텔로비에 프론트와는 별도로 카운터를 설치하여 고객에게 여행안내, 우편물 집배, 티켓구입 및 전달 등 잡다한 일을 처리하는 사람. ( )

⑬ 자발적 체인의 하나로 단독경영 호텔이 집단을 이루어 공동판촉이나 회원사로 송객하는 방식을 말한다. ( )

⑭ 본래 스위스의 농가를 의미하였으나 요즈음은 열대지방의 숙박시설의 한 형태로 인식되고 있으며, 대체로 방갈로보다는 작고 건물 높이도 낮은 것이 특징이다. ( )

⑮ 식사후 테이블의 정리정돈 및 접시의 이동 등을 하는 종업원으로서 웨이터나 웨이트리스의 하위직이다. ( )

보 기

ⓐ TARP	ⓑ 격안(格安)항공권	ⓒ Mileage Service
ⓓ APIS	ⓔ Shuttle Service	ⓕ Two Way Tourism
ⓖ Bus Boy	ⓗ Wellcome Card	ⓘ 생태관광
ⓙ 샤레이(Chalet)	ⓚ 트레킹	ⓛ Concierge
ⓜ 삼배(三倍)	ⓝ Referal	ⓞ Inspass

【여행사실무문제 99】

【1】 **다음은 신화(神話) 또는 신화와 관련된 설명문이다. 보기에서 정답을 골라 ( ) 안에 그 기호를 써 넣으시오.**

① 로마신화에 나오는 사랑과 미(美)와 풍요(豊饒)의 여신. 베누스라고도 한다. ( )

② 아시리아 · 바빌로니아 신화에 나오는 인류의 시조. 바빌로니아의 성도(聖都) 에리두에서 인민을 다스리기 위해 지혜의 신 에아에 의해 만들어졌다. ( )

③ 바빌로니아 신화의 수신(水神). 에아란 수메르어(語)로 '물의 주거(住居)'를 의미한다. 애초에 수메르인(人)의 신이었으나, 바빌로니아인에게 전해져서 천신(天神) 아누, 대지의 신 엔릴과 함께 열성적으로 숭배되었다. ( )

④ 고대 인도에서의 신화적 시대구분의 명칭. '말세(末世)'라는 말에 해당한다. ( )

⑤ 북유럽 신화에 나오는 신. 고대 게르만족(族)의 신으로, 독일에서는 도나르(Donar)라고 한다. ( )

⑥ 인도신화에 나오는 지혜와 행운의 신(神). '군중의 지배자'란 뜻이다. ( )

⑦ 그리스 신화에 나오는 미소년. 트로이 왕가의 조상 트로스의 아들로 인간 중에서 가장 아름다운 소년이었다. ( )

⑧ 북유럽신화에 나오는, 거인의 나라 요툰헤임의 왕. ( )

⑨ 인도의 신화에 나오는 상상의 큰 새. 불경에는 금시조(金翅鳥) · 묘시조(妙翅鳥) 등으로 의역(意譯)되어 있다. ( )

⑩ 헤브라이신화와 성서 등에 나오는 계시(啓示)의 일을 맡은 천사. ( )

⑪ 폴리네시아의 마오리족(族) 신화에 나오는 천공(天空)의 아버지. ( )

⑫ 그리스도교에서 말하는 대천사(大天使)들 중 한 천사. 구약성서의 외경(外經)인 《토비트서》에 나오는 일곱 천사의 하나로, 헤브라이어로 '하느님이 낫게 하였다'라는 뜻이다. ( )

⑬ 그리스 신화에 나오는 식인거인(食人巨人). 복수(複數)는 라이스트리고네스. 시칠리아 또는 남(南)이탈리아 캄파니아주의 남단부인 포르미아이에 있었다고 하는 전설적 민족이다. ( )

⑭ 페르시아 신화에 나오는 운명의 신(神). 진리의 신 미트라와 함께 인간의 사후 운명을 결정한다. ( )

⑮ 힌두교 2대신(二大神)의 하나로, 인도신화에 나오는 크리슈나의 연인. 크리슈나 숭배와 함께 인도문학에서 가장 대중적인 여주인공이다. ( )

보 기

ⓐ 토르	ⓑ 에아	ⓒ 가니메데스	ⓓ 가루다
ⓔ 아다파	ⓕ 가네샤	ⓖ 가브리엘	ⓗ 칼리유가
ⓘ 랑기	ⓙ 라이스트리곤	ⓚ 비너스	ⓛ 라슈누
ⓜ 라파엘	ⓝ 라다	ⓞ 우트가르달로키	

【2】 다음은 세계적으로 유명한 여행가(旅行家) 또는 탐험가에 관한 설명문이다. 보기에서 정답을 골라 ( )안에 그 기호를 써 넣으시오.

① 이탈리아 베네치아의 상인, 여행가. 그의 저서 동방견문록이 유명하다. ( )

② 러시아의 우주비행사. 콜호스 구성원의 집안에서 태어났으며, 모스크바에는 그의 동상이 있을 정도로 러시아 사람들에게는 우상이다. ( )

③ 중세 이슬람의 여행가. 모로코 탕헤르 출생, 1325년 이집트 · 시리아를 거쳐 메카로 성지 순례를 하였고, 이어서 이라크 · 페르시아 · 중앙아시아 · 인도를 여행하였다. ( )

④ 에스파냐의 외교관 · 여행가. 마드리드 출생, 403년 카디스 부근의 항구를 출항하여 지중해를 거쳐, 로도스 · 콘스탄티노플을 지나 흑해로 들어갔다. ( )

⑤ 독일의 여행가. 아랍지역을 향한 제1회 과학탐험대 중 유일한 생환자(生還者)이다. 측량술을 배워 덴마크의 프레데릭 5세에 의한 이집트 · 아라비아 · 시리아의 과학탐험대에 참가하였다(1760). ( )

⑥ 중국 당(唐)나라의 여행가 · 기행작가. 751년 탈라스 강 전투에서 당군이 대패한 때 사라센군의 포로가 되었다. 762년에 석방되자 바닷길로 귀국하여, 보고 들은 바를 기록한 《경행기(經行記)》를 저술하였다. ( )

⑦ 프랑스의 프란체스코회(會) 수도사 · 여행가. 그는 프랑스 국왕 루이 9세의 친서를 받아, 몽골의 칸[汗]에게 그리스도 교도와 함께 성지탈환을 위한 군사를 일으키도록 권고하기 위하여 몽골제국으로 여행하였다. ( )

⑧ 영국의 등산가. 런던 출생, 1865년 난공불락의 마터호른 산에 처음 등정하였으나, 하산할 때 자일이 끊어져 7명 중 4명이 추락 · 조난한 비극은 널리 알려졌다. ( )

⑨ 2세기경에 활약한 그리스의 여행가 · 지리학자. 팔레스타인 · 이집트 · 이탈리

아 · 로마에 대하여 자세히 알고 있었으며, 특히 그리스에 대해서 소상히 알고 있어 《그리스 안내》를 썼다. ( )

⑩ 포르투갈의 여행가, 저술가. 아프리카와 동양에서 13회나 포로가 되고, 17회에 걸쳐 노예로 팔리는 등 파란만장한 생애를 보냈다. 저서 《편력기(遍歷記)》(1614)는 인도 · 아라비아 · 중국 · 일본 등지에서 그가 겪은 수많은 모험과 진기한 관찰을 생생하게 기록한 것이다. ( )

⑪ 미국의 우주비행사. 한국전쟁 중에는 제트기 조종사로 78회 출격하였으며, 그 후 미국항공우주국(NASA)에 들어갔다. 1969년 7월 20일 E.E.올드린과 함께 아폴로 11호로 인류사상 최초의 달 착륙에 성공하였다. ( )

⑫ 포르투갈 태생의 에스파냐 항해가. 인류 최초의 지구일주항해의 지휘자이다. 포르투갈어로는 마갈랴잉시라고 한다. ( )

⑬ 영국의 남극 탐험가. 데번포트 출생, 882년 해군에 입대하였으며, 1901~1904년 디스커버리호(號)를 타고 남극탐험을 지휘하였다. ( )

⑭ 영국의 선교사 · 남(南)아프리카 탐험가. 스코틀랜드의 블랜타이어 출생. ( )

⑮ 노르웨이의 극지탐험가. 1895년 1등항해사가 되고, 1897~1899년 벨기에의 남극탐험대에 참가하였다. ( )

보 기

ⓐ 두환	ⓑ 파우사니아스	ⓒ 곤살레스 데 클라비호
ⓓ 휨퍼	ⓔ 마젤란	ⓕ 가가린
ⓖ 스콧	ⓗ 니부어	ⓘ 리빙스턴
ⓙ 암스트롱	ⓚ 마르코폴로	ⓛ 뤼브뤼키
ⓜ 핀투	ⓝ 아문센	ⓞ 이븐 바투타

【여행사실무문제 100】

【1】 A군은 도시명, B군은 공항명이다. 관련있는 것끼리 연결하시오.

A군	B군
1. 홍콩	ⓐ 나리타
2. 싱가포르	ⓑ 샤를드골
3. 방콕	ⓒ 링웨이
4. 도쿄	ⓓ 창이
5. 오사카	ⓔ 코인트린
6. 뉴욕	ⓕ 존에프케네디
7. 런던	ⓖ 로건
8. 파리	ⓗ 첵랍콕
9. 마닐라	ⓘ 스키폴
10. 타이베이	ⓙ 히드로
11. 시카고	ⓚ 덜레스
12. 로마	ⓛ 돈무앙
13. 제네바	ⓜ 니노이아키노
14. 콸라룸푸르	ⓝ 푸동
15. 삿포로	ⓞ 칸사이
16. 맨체스터	ⓟ 풀스뷔텔
17. 보스턴	ⓠ 지토세
18. 암스테르담	ⓡ 오헤어
19. 워싱턴	ⓢ 셰레메티예보
20. 상하이	ⓣ 세팡
21. 함부르크	ⓤ 쇼우투
22. 모스크바	ⓥ 창카이섹
23. 베이징	ⓦ 팔마
24. 라스팔마스	ⓧ 레오나르도다빈치
25. 콜럼버스(미국 오하이오주)	ⓨ 리켄배커

【2】 다음은 차종에 관련된 설명문이다. 보기에서 정답을 골라 (　　)안에 그 기호를 써 넣으시오.

① 장기간의 드라이브 여행을 할 수 있도록 각종 생활설비를 갖춘 자동차. 국토가 넓은 미국이나 육로로 이웃나라에 갈 수 있는 유럽에서는 차를 이용한 레저여행이 성행하고 있다. (　)

② 포장을 접으면 오픈카가 되고, 창유리를 올리고 포장을 덮으면 상자형 차가 되는 것을 말한다. (　)

③ 승용차의 차체형식. 원래는 2인승의 세단(상자형 차)을 가리켰으며, 어원적으로는 마부석(馬夫席)이 외부에 있는 2인승인 4륜 상자형 마차의 뜻이다. (　)

④ 요금이 자동적으로 표시되는 미터기를 비치한 영업용 대절 여객자동차. (　)

⑤ 액체 운반을 목적으로 하는 화물용 자동차. (　)

⑥ 가공선(架空線)에서 집전(集電)하고, 모터를 돌려서 주행하는 버스. (　)

⑦ 미국에서 생산한 소형 트럭의 한 형식. 유럽에서는 이런 말을 사용하지 않는다. (　)

⑧ 지면에 부설된 궤도 위를 전력을 동력원으로 주행하는 버스. (　)

⑨ 앞뒤 바퀴를 전부 구동(驅動)할 수 있는 소형 4륜 자동차. 구조가 비교적 간단하면서도 견고하고, 차체에 비해서 구동력이 강력하다. (　)

⑩ 경기용 자동차의 한 가지. 특정한 규칙에 따라 실시되는 레이스 전용차. (　)

⑪ 경기용 자동차. 본래는 앞뒤에 좌석을 설치한 4~7인승의 대형의 포장 승용차를 가리키나, 현재는 경기용 자동차를 말하며, 'T 카' 라고도 한다. (　)

⑫ 새로운 메커니즘이나 디자인을 갖춘 차를 미리 시작(試作)해서 일반에 공개하여 반응을 조사하기 위한 시작차(experimental car). (　)

⑬ 초소형 자동차. 미니카라고도 한다. 엔진의 배기량이나 차체(車體)의 치수에 대한 특정한 규격은 없지만, 대개는 엔진의 배기량 500cc 미만, 길이 3 m 미만인 것을 말한다. (　)

⑭ 두 바퀴 자동차의 한 형식. 모터사이클의 한 종류이며, 바퀴 지름이 보통의 오토바이보다 작고 소형의 기관(50~250 cc)을 좌석 아래에 장착하고 있다. (　)

⑮ 지붕이 있는 가장 일반적인 자동차 형식. 어원은 프랑스의 지명 '스당(sedan)'에서 비롯되었는데, 그곳에서 발생한 중세 때의 왕후귀족(王侯貴族:주로 여성)용의 의자식 가마와 비슷한 데서 유래되었다. (　)

보 기

ⓐ 택시	ⓑ 트롤리버스	ⓒ 궤도버스
ⓓ 컨버터블	ⓔ 그랜드투어링카	ⓕ 지프
ⓖ 쿠페	ⓗ 스쿠터	ⓘ 세단
ⓙ 탱크로리	ⓚ 픽업	ⓛ 드림카
ⓜ 캠핑카	ⓝ 미니어처카	ⓞ 포퓰러카

【3】 다음은 유네스코에서 지정한 아시아지역 세계자연유산에 관련된 설명문이다. 보기에서 정답을 골라 (　　)안에 그 기호를 써 넣으시오.

① 석가모니의 탄생지로 세계적인 성지순례지이다. 현재까지도 석가의 탄생과 관련된 유적으로 불교 성지순례의 중심이다. (　)

② 유럽문화와 라오스 전통 건축 양식이 혼재되어 있는 것이 두드러지는 특징이며 현재까지 잘 보존되어 있다. (　)

③ 몽골에 있는 빙하지역, 산악 목초지와 준사막, 소금 호수 등이 있으며 과학적 연구자료로 중요하다. (　)

④ 방글라데시에 있는 현재 진행중인 생태학적 전이과정을 보여주는 곳으로 로얄뱅골호랑이와 같은 동물의 서식지이기도 하다. (　)

⑤ 베트남에 있는 1600개의 크고 작은 섬 및 석회암 기둥 등을 포함하고 있는 만으로 험준한 자연조건으로 인해 사람이 살지 않는 천연 지역이다. (　)

⑥ 스리랑카에 있는 사자바위라 불릴만큼 가파른 370m 화강암 봉우리 위에 있는 도시로 Kassapa I (477-95)에 축조되었다. (　)

⑦ 우즈베키스탄에 있는 2000년 이상의 역사를 가지고 있는 도시로 이스마일 사마니 무덤과 같은 유적을 포함하고 있는 중앙아시아의 역사지구이다. (　)

⑧ 인도 타지마할의 근처에 있으며 16세기 중요한 기념물 중 하나이다. 적토로 이루어진 이 요새는 무굴제국 통치자들의 제국도시였다. (　)

⑨ 인도네시아에 있는 인류 진화과정 이해에 중요한 단서를 제공해 주는 지역으로 홍적세 중기부터 현재에 이르는 인류의 발달과정이 인류 화석을 통해 나타나고 있다. (　)

⑩ 일본 홋카이도 북단에 위치한 이 지역은 해역과 육지상의 생태계적 상호과정이 어떻게 진행되고 어떠한 영향을 끼치는지 보여준다. (　)

⑪ 위대한 사상가이며 정치가, 교육자였던 공자의 사당 및 고택으로 그의 무덤을 비롯해 후손 10만 명의 묘가 포함되어 있다. ( )

⑫ 태국에 있는 중동 아시아의 가장 중요한 선사시대 인류 거주지로 알려져 있으며 인류의 문화, 사회, 기술 발전 단계를 보여주는 곳이다. ( )

⑬ 파키스탄에 있는 굽지 않은 벽돌로 지어진 도시로 인더스 계곡에 위치해 있다. 제방, 성벽, 광장 등은 초기 도시계획 시스템의 좋은 자료이다. ( )

⑭ 필리핀에 있는 16세기에 세워진 마을로 아시아 내에 있는 스페인 식민 도시 중 가장 잘 보존된 지역이다. 유럽과 아시아의 건축설계의 창조적 융화가 나타나 있다. ( )

⑮ 고대 인도 사람들의 생활 모습을 보여주는 유적지로 34개의 사원과 수도원이 있다. 현무암질로 된 높은 절벽의 벽면을 단계적으로 파내어 조성하였다. ( )

⑯ 중국 윈난성에 소재한 상업과 전략적 요충지로 몇 세기에 걸쳐 여러 지역으로부터 받아드린 건축학적 요소들을 잘 융합한 건축물들이 즐비하다. ( )

⑰ 전통적인 중국 정원으로 중국 문화가 지향하는 자연의 아름다움을 잘 나타낸다는 평을 받는다. ( )

⑱ 1350년에 건설된 수코타이에 이은 시암 왕국의 두 번째 수도로 18세기 미얀마의 침입으로 도시가 파괴되었다. 몇몇 남아있는 사리탑과 같은 유물이 당대의 영화로움을 말해준다. ( )

⑲ 파키스탄에 있는 신석기 시대 고분과 성벽 등 인더스 강 유역 도시의 다양한 발달단계를 보여주며 불교의 학습장소였다. ( )

⑳ 조선시대 정조가 그의 아버지의 묘를 수원에 옮기면서 축조한 성으로 거중기, 녹로 등 신기재를 사용해 만들어졌다. ( )

보 기

ⓐ 루앙프라방	ⓑ 생기란	ⓒ 취푸	ⓓ 모헨조다로
ⓔ 순다르반	ⓕ 아유타야	ⓖ 부카라	ⓗ 화성
ⓘ 룸비니	ⓙ 비간	ⓚ 수저우	ⓛ 하롱만
ⓜ 반치앙	ⓝ 엘로라	ⓞ 웁스분지	ⓟ 시레토코
ⓠ 탁실라	ⓡ 아그라요새	ⓢ 리장	ⓣ 시기리야

【4】 다음은 유네스코에서 지정한 이집트, 에티오피아, 알제리, 짐바브웨, 케냐, 및 탄자니아지역 세계자연유산에 관련된 설명문이다. 보기에서 정답을 골라 (　　)안에 그 기호를 써 넣으시오.

① 알제리에 있는 10세기에 만들어진 요새도시이며 공동체 생활에 중점을 둔 건축은 오늘날 도시 설계사들에게 모범을 보여준다. (　)

② 알제리 소재. B.C 4세기경 건설된 카르다니언 무역항이 있는 곳으로 지중해에 위치한 이슬람 도시였다. 현재 터키인의 궁전이나 오래된 무슬림 신전이 남아 있으며 뿌리깊은 공동체 의식이 남아 있다. (　)

③ 알제리 소재. 선사시대 동굴화가 15000여점 있는 곳으로 벽화에는 기후의 변화, 동물의 이동, 인간 삶의 진화 등에 대해 그려져 있다. (　)

④ 에티오피아 소재. 오랜 기간에 걸쳐 이루어진 침식작용으로 인해 만들어진 장관으로 이 지역에서만 발견되는 생물들의 서식지이다. (　)

⑤ 알제리 소재. 인류 진화를 알게 해주는 유적이 있는 곳으로 아프리카 대륙의 가장 중요한 고생물학적 유적군의 하나이다. (　)

⑥ 10만ha에 달하는 서부 우간다 지역으로 아프리카에서 세 번째로 높은 봉우리를 포함하고 있는 국립공원이다. 멸종위기의 동식물의 서식지이기도 하다. (　)

⑦ 중세 이집트 왕국 시대의 수도였으며 카르낙과 룩소르에는 많은 사원과 궁전이 있다. (　)

⑧ 이집트 소재. 아부 삼벨의 람세스 2세 사원과 필래의 아이시스 신전의 장엄한 기념물이 이 지역의 장관을 이룬다. (　)

⑨ 이집트의 서부 사막에 위치한 계곡으로 귀중한 돌고래 화석이 발견되고 있는 곳이다. 이는 돌고래 진화의 증거를 보여준다. (　)

⑩ 오래된 이슬람 도시 중 하나로 마드라사스, 하마스 이슬람 사원이 있는 곳으로 유명하다. (　)

⑪ 나일 강 악어들의 군락지이며 코끼리, 물소, 표범, 치타 등 야생동물들이 생활하는 곳이다. (　)

⑫ 짐바브웨 지역을 덮고 있는 화강암 지대 위에 솟아 있는 독특한 암석지형으로 석기시대부터 인간의 거주로 인해 다양한 암석 그림이 분포하고 있는 지역이다. (　)

⑬ 세계에서 가장 장엄한 경관을 연출하는 폭포로 요란스럽게 떨어지는 물길은 20km 떨어진 지점에서도 그 광경이 보일 정도이다. (　)

⑭ 케냐 소재. 동아프리카 지역에서 가장 오래되고 잘 보존되어 있는 스와힐리 정착지로 이슬람 문화의 중심부이다. ( )

⑮ 탄자니아 소재. 사바나 지역에 위치한 150만ha에 이르는 대평원으로 얼룩말, 영양, 들소 등의 서식지이다. ( )

보 기

ⓐ 와디 알 히탄	ⓑ 시멘국립공원	ⓒ 아와시 계곡
ⓓ 빅토리아 폭포	ⓔ 세렝게티	ⓕ 타실리 나제르
ⓖ 르웬조리 국립공원	ⓗ 누비아 유적	ⓘ 카이로
ⓙ 므자브	ⓚ 테베-네크로폴리스	ⓛ 매토보 언덕
ⓜ 마나플스 국립공원	ⓝ 라무 고대성읍	ⓞ 카스바

【5】 다음은 유네스코에서 지정한 기타 아프리카지역 세계자연유산에 관련된 설명문이다. 보기에서 정답을 골라 ( )안에 그 기호를 써 넣으시오.

① 아프리카의 노예무역에서부터 독립까지의 일대기가 기록되어 있는 곳으로 아프리카와 유럽을 가로지르는 대서양으로 나가는 감비아 강(Gambia river) 주변에 있다. ( )

② 나이지리아에 있는 힌디 궁과 함께 있는 문화경관 지역으로 인간의 정신적, 문화적 전통과 철산업의 유적이 남아 있다. ( )

③ 기니에 있는 라이베리아, 코트디브와르, 기니사이에 위치하고 있으며 기세가 가파르고 수풀림이 우거져 있다. 동물들의 좋은 서식지이다. ( )

④ 남아공에 있는 수용소, 병원, 군부대 등으로 사용되었던 장소로 20세기에는 정치범 수용소였으며 남아공의 자유와 억압, 그리고 인간정신의 승리를 상징적으로 보여준다. ( )

⑤ 남아공 요하네스부르크 서부에 있는 운석 충돌 지역으로 가장 크고 오래된 것으로 추정된다. 20억년전 직경 10km에 달하는 거대 운석이 떨어진 것으로 보이며 이것이 직경 300km에 달하는 거대한 돔을 형성한 것으로 알려져 있다. ( )

⑥ 남아공에 있는 짐바브웨와 보츠나와와 인접한 지역으로 아프리카의 왕성한 제국으로 성장했던 곳이다. 놀라운 것은 이곳에 있는 유물들이 전혀 손상되지 않은 것이다. ( )

⑦ 니제르에 있는 사바나와 삼림지대 사이의 위치해 있는 변이지구이며 이 지역의

생태계 특징을 보여준다. ( )

⑧ 리비아에서 사막의 진주라 불리며 사하라 사막 오아시스에 세워진 도시이다. 이곳에 있는 건축물의 특징은 여성을 위한 테라스가 있다는 것이다. ( )

⑨ 리비아에 있는 페니키아 무역지로 아프리카 배후지와 교역을 담당했으며, 2, 3세기 로마화가 되기 전 짧은 시간 누미디안 왕조의 한 부분이었다. ( )

⑩ 마다가스카르에 있는 카르스트 지형으로 석회암 고원으로 이루어져 있다. 호수와 습지대는 여우원숭이, 조류 등 희귀동물의 서식지이다. ( )

⑪ 중앙 말라위 고원지대에 있는 바위예술 지역으로 후기 석기시대 사람들과 농부들의 그림이 남아 있다. 여성과 밀접한 관련이 있으며 현재까지 축제의 장으로 사용되고 있다. ( )

⑫ 말리에 있는 주택, 곡창지대, 제단, 성소 등 중요 건축물을 보호해 온 절벽으로서 아프리카의 장엄한 경관을 지니고 있는 곳이다. ( )

⑬ 모로코에 있는 11세기 세워진 도시이나 17세기 이슬람 문화와 유럽문화가 혼재된 양상을 띠게 되었다. ( )

⑭ 원시 사하라 인들의 거주지였으며 서부 모로코 건축의 뛰어난 사례이다. ( )

⑮ 모로코 소재. 포르투갈의 식민지 요새였으며 르네상스식 설계의 초기 형태를 지니고 있다. 인도로 가는 길에 위치해 있으며 포르투갈 인의 초기 정착지 중 하나이다. ( )

⑯ 모리셔스 소재. 1834년 영국정부가 노예를 대체할 자유 노동자의 사용을 실험하기 위해 선택한 지역으로 현대 계약 노동자의 대량 이동이 시작된 곳이다. ( )

⑰ 모리타니에 있는 모래언덕, 늪지, 섬, 얕은 수심으로 이루어져 있는 공원으로 다양한 사막과 수생생물들이 서식하고 있다. ( )

⑱ 보트와나 소재. 사막의 루블로 불리는 암벽 예술품으로 4500여개가 넘는 그림이 보존되어 있다. ( )

⑲ 세네가라 소재. 다카 지역 반대쪽의 세네갈 해안에 위치한 섬으로 15~19세기까지 아프리카 연안의 노예무역의 중심지였다. ( )

⑳ 17세기 식민지 점령을 위해 온 프랑스인의 정착지였던 곳으로 1857~1957년에는 세네갈의 수도로 경제적, 문화적 중심지 역할을 했던 지역이다. ( )

보 기

ⓐ 수쿠 문화조경	ⓑ 베마하라	ⓒ W국립공원	ⓓ 반디아가라
ⓔ 로벤섬	ⓕ 사브라타	ⓖ 메크네스	ⓗ 아프라바시 가트
ⓘ 제임스 섬	ⓙ 세인트루이스 섬	ⓚ 고레섬	ⓛ 프레드포트돔
ⓜ 총오니	ⓝ 초디로	ⓞ 님바산	ⓟ 가다메스
ⓠ엘 자디다	ⓡ 방 다르긴 국립공원	ⓢ 아이트-벤-하도우	ⓣ 마푼구베 문화경관

【6】 다음은 유네스코에서 지정한 중동지역 세계자연유산에 관련된 설명문이다. 보기에서 정답을 골라 (　　)안에 그 기호를 써 넣으시오.

① 레바논 소재. 그리스시대 헬리오폴리스로 알려진 페니키아의 도시로 로마시대에 세워진 쥬피터 사원이 있다. (　　)

② 지중해 초기 신화와 밀접하게 연관되어 있는 지역이며 페니키아인들의 알파벳 역사와 관련이 깊은 곳이다. (　　)

③ 바레인 소재. 사람에 의해 인공적으로 만들어진 제방으로 중요한 선사 문명지 중 하나이며, 딜먼의 수도였다. (　　)

④ 시리아 사막의 오아시스로 고대 세계의 중요 문화적 중심지였던 도시 지구이다. 파미라 지역의 예술적, 건축적 특징을 보여주며 여러 문명의 교차점임을 알려준다. (　　)

⑤ 예멘 소재. 사막의 맨하탄이라고 불리는 지역으로 절벽에서 튀어나온 듯한 탑 같은 건축구조를 지니고 있는 지역으로 수직구조로 계획된 도시이다. (　　)

⑥ 오만 소재. B.C 3세기에 만들어진 종려나무 숲이며 인간의 정착지이다. (　　)

⑦ 요르단 소재. 완전하게 발굴되지 않은 지역이나 로마, 비잔틴, 초기 모슬렘 시기의 유적이 분포하고 있는 고고유적지 중 하나이며, 고대 농업활동의 흔적이 남아 있다. (　　)

⑧ 요르단 소재. 선사시대 이래로 아라비아, 이집트, 시리아-페니키아의 교차지점에 위치한 캐러반 도시이다. (　　)

⑨ 이라크 소재. 티그리스 강에 위치한 고대도시 아슈르는 종교와 무역의 중심지였다. 아시리안 제국의 첫 번째 수도였으며 5천년의 역사를 자랑한다. (　　)

⑩ 이라크 소재. 파르티아 제국의 요새화된 도시로 A.D 116년과 198년 2차례에 걸쳐 일어난 로마 침입을 격퇴하였다. (　　)

⑪ 이란 소재. 샤 압바스 1세 대왕이 건설한 것으로 2층구조의 아케이드와 연결된 거대한 빌딩군에 의해 다른 지역과 경계를 이룬다. ( )

⑫ 이란 소재. 고대 메소포타미아 문명과 연결된 지역으로 고대 지역의 유산이 남아 있다. ( )

⑬ 이란 소재. 엘램왕국의 신성도시 유적으로 세개의 거대한 동심의 성벽으로 둘러싸여 있다. 수천년동안 사용되지 않은 벽돌들이 남아 있다. ( )

⑭ 자연 요새지로 이스라엘 왕국의 파멸, 이스라엘 민족과 로마군과의 전쟁과 관련된 상징물이다. 곳곳에 공격 램프와 같은 로마 포위 흔적이 남아 있다. ( )

⑮ 기독교, 이슬람교의 성지로 220여개의 역사적 기념물이 산재해 있으며 통곡의 벽을 중심으로 각기 다른 종교적 집단이 경계를 이루고 있다. ( )

⑯ 터키 소재. 침식작용에 의해 조각된 자연 경관과 이를 근거로 바위를 깎아 들어간 신전이 있는 지역으로 비잔틴 문화의 독자성 및 인간 주거형태를 나타내주는 사례이다. ( )

⑰ 터키 소재. 세계에서 유명한 역사지구 중 하나로 4천여 년의 역사를 가지고 있다. 고고 학자 하인리히 슐레이만에 의해 발굴되었으며 호모의 작품 '일리아드' 에서 묘사한 장면이 일어난 곳이다. ( )

⑱ 터키 소재. 고대 유적군으로 히타이트 제국의 수도이며 현재까지 보존되어 있다. 사원, 왕의 침실, 요새 등 당시의 건축물이 산재해 있다. ( )

⑲ 터키 소재. 200m 높이의 평원이 보이는 절벽으로 방해석과 물이 어우러진 경관을 연출하며 천연 숲과 폭포 등이 한데 모여 있어 유명하다. B.C 2세기경 아탈리드 왕조의 왕들이 열 공급을 위한 설비를 이루게 하였으며 이로 인해 목욕탕, 사원 등이 발달하였다. ( )

⑳ 흑해와 지중해를 끼고 있는 2000년 동안 터키의 종교적, 사회적, 정치적, 문화적 중심지였다. ( )

보 기

ⓐ 페트라　ⓑ 마사다 국립공원　ⓒ 비블로스　ⓓ 예루살렘
ⓔ 카파도키아　ⓕ 바트, 알쿠틈, 알아윈 고고유적　ⓖ 비손튠
ⓗ 팔미라　ⓘ 트로이　ⓙ 메디안 에맘, 에스파한
ⓚ 바알베크　ⓛ 엄 에르 라자　ⓜ 아슈르　ⓝ 하트라
ⓞ 초가잔빌　ⓟ 딜먼의 고대만　ⓠ 히에라폴리스-파묵칼레
ⓡ 하츄샤　ⓢ 이스탄불　ⓣ 시밤 고대성곽도시

【7】 다음은 유네스코에서 지정한 서유럽지역 세계자연유산에 관련된 설명문이다. 보기에서 정답을 골라 (　　)안에 그 기호를 써 넣으시오.

① 독일 소재. 18세기 계몽주의 사상을 건축에 잘 접목시킨 이 건축물은 뛰어난 경관을 이루는 것으로 평가되고 있다. (　　)

② 독일 소재. 2천년의 세월에 걸쳐 시대마다 세워진 건물이 즐비하며, 신성로마제국의 중심지에서 프로테스탄트교의 중심지로 전환된 자취가 남아 있다. (　　)

③ 독일 소재. 10세기부터 슬리브 족(특히 폴란드인과 포르메니아인)을 이어주는 연결지점이었다. 12세기부터 이어진 이 지역의 건축양식은 독일과 헝가리에 영향을 끼쳤으며, 18세기에 이르러서는 계몽주의자들의 중심무대였다. (　　)

④ 독일에서 가장 크고 아름다운 바로크 양식의 궁 중 하나로 18세기에 국제적인 건축가, 조각가, 회화가에 의해 건립되었다. (　　)

⑤ 스페인 소재. 로마제국의 통치자들은 1세기부터 이 금광을 개발하기 위해 수압장치를 이용하는 기술을 이용했다. (　　)

⑥ 마드리드 북서쪽에 위치한 고대 대학 도시로 초기 로마인 이후 무어인이 정착하게 되었다. 로마네스크, 고딕, 르네상스, 바로크양식의 건축물들이 즐비하다. (　　)

⑦ 무어인들이 지배를 했던 8세기에 번영했던 도시로 300여개의 모스크 사원과 무수한 궁이 세워져 있다. (　　)

⑧ 스페인 소재. 선사 시대 사람들의 서식지로 동굴벽화가 유명하며 그것을 통해 선사시대 사람들의 생활상을 엿볼 수 있다. (　　)

⑨ 스페인 소재. 유대교, 기독교, 이슬람교의 3가지 색채가 깃들어 있는 도시로 로마시대부터 16세기까지 수도였다. (　　)

⑩ 영국 소재. 유토피안 이상주의자인 Robert Owen이 개조한 산업공동체로 주변의 경관이 아름답다. (　　)

⑪ 노르망 군사 건축물의 전형이며 런던의 템스 지역에 위치한다. 정복왕 윌리엄이 세웠으며 왕권을 상징한다. (　　)

⑫ 영국 소재. 세계적인 거석문화의 표본이며 두 구획으로 선돌 집단이 나누어져 있고 점성술적인 의미가 있으며 선사시대의 증거물이다. (　　)

⑬ 오스트리아 소재. 함부르크 시대의 변화에 따르는 건축양식을 보여주는 곳으로 주변 지역 건축양식에 영향을 끼쳤다. (　　)

⑭ 오스트리아 소재. 모짜르트와 같은 예술가들이 활동했던 예술의 도시로 드라마틱

한 도시전경, 역사적 의미가 깊은 도시구조, 수세기에 걸쳐 많은 교회건물과 유서 깊은 건축물 등을 가지고 있는 교회적 도시형태의 중요한 모범사례이다. ( )

⑮ 이탈리아 르네상스의 정신을 이끌었던 지성과 예술의 중심지였으며 Biagio Rossetti가 건설한 이후 당대 인문주의자들이 이곳을 이상적 도시로 여겨 이주하였다. ( )

⑰ 이탈리아 소재. '회사도시' 로 계획된 도시로 계몽주의자-산업인들이 노동자들의 요구를 들어주기 위해 건설되었다. ( )

⑱ 프랑스 소재. 13세기 새로운 건축법으로 지어진 것으로 고딕 양식의 건축물 중 걸작이라 칭송받는다. ( )

⑲ 프랑스 소재. 노르망디와 브리타니 사이의 해류가 드나드는 작은 섬으로 성미카엘 천사에 헌정된 고딕 양식의 베네딕트 수도원과 마을은 수도원과 수도원의 보호 아래 성장한 마을이 있다. ( )

⑳ 프랑스 소재. 루이 14세부터 루이 16세까지 프랑스 왕들이 거주했던 궁으로 내부 장식, 조경, 건축미가 탁월하며 현재까지도 이곳의 아름다움이 이어지고 있다. ( )

㉑ 프랑스 소재. 요새 도시의 전형으로 성을 둘러싸고 있는 방어벽과 주거지, 도로, 고딕 양식의 성당 등이 잘 보존되어 있다. ( )

보 기

ⓐ 알타미라 동굴	ⓑ 뉴래너크	ⓒ 레겐스부르크	ⓓ 스톤헨지
ⓔ 그라츠	ⓕ 살라망카	ⓖ 페라라와 포 삼각주	ⓗ 노트르담 성당
ⓘ 밤베르크	ⓙ 잘쯔부르크	ⓚ 톨레도	ⓛ 몽셀미셀
ⓜ 런던타워	ⓝ 베르사유 궁원	ⓞ 코르도바	ⓟ 데소 뵐리츠의 정원
ⓠ 레스피 다다	ⓡ 카르카손	ⓢ 뷔르츠부르크 주교관	ⓣ 라스 메둘라스

【8】 다음은 유네스코에서 지정한 동·북유럽지역 세계자연유산에 관련된 설명문이다. 보기에서 정답을 골라 ( )안에 그 기호를 써 넣으시오.

① 그루지아 소재. 중세의 주거생활, 건축, 도시배치 등 중세적 분위기를 잘 보존하고 있는 곳으로 마을 건축물과 자연 경관이 조화롭게 이루어져 있다. ( )

② 그리스 신화에 따르면 아폴로 신은 이 지역에서 태어난다. 현재까지 아폴로 신전을 보기 위한 관광객들의 발길이 끊이지 않고 있다. ( )

③ 그리스 소재. 아폴로 신탁이 내려지는 신전으로 알려져 있으며 6세기에는 고대 그리스 통일과 종교의 상징이었다. ( )

④ 그리스 소재. 1309~1523년까지 성 요한 기사단에 의해 점령된 이후 요새도시가 되었고 터키, 이탈리아의 지배를 받았다. 고딕양식과 오토만 시대의 양식이 혼재되어 있다. ( )

⑤ 그리스 소재. 사암 봉우리로 오래전부터 하늘의 기둥이라 불렸다. 24개의 수도원이 지형적인 어려움에도 불구하고 세워졌다. ( )

⑥ 그리스정교의 정신적인 성지로 여겨지고 있다. 여기 있는 수도원의 건축양식은 그리스 정교회 건축 양식에 영향을 끼쳤다. ( )

⑦ 그리스 소재. 펠로폰네수스의 작은 계곡에 위치해 있으며 신을 숭배하는 기념물이 존재한다. 순수 그리스 건축의 걸작으로 평가 받는다. ( )

⑧ 네덜란드 소재. 1924년에 지어졌으며 건축 현대화 운동의 상징이다. 디자인과 공간활용의 급진적 접근으로 현대 건축발전의 시원적 위치를 차지하고 있다. ( )

⑨ 노르웨이 소재. 구리 광산과 연관 있는 지역으로 17세기부터 1977년까지 번영을 구가했다. 스웨덴의 침략으로 인해 파괴되었으나 다시 복구되었다. ( )

⑩ 노르웨이 소재. 한자 동맹의 중요한 무역활동 중심지로 남겨진 지역이었으나 많은 화재로 아름답던 목재 건축물이 사라졌다. 그 중에 남은 중심 건축물이 현재까지 이어져 오고 있다. ( )

⑪ 폴란드 소재. 나치 학살의 생생한 현장으로 400만 명을 죽음으로 몰고 간 가스실, 철벽, 군영, 고문실 등이 있다. ( )

⑫ 라트비아 소재. 동유럽의 무역중심지였다. 화재와 전쟁으로 인해 초기 빌딩들이 소멸되었으나 남아 있는 아르누보 양식의 건축물이 유럽에서 가장 아름답다는 평을 받는다. ( )

⑬ 13세기 이래로 러시아의 주요 역사적, 정치적 사건과 연관이 있는 곳으로 14세기~17세기 사이에 건축되었다. ( )

⑭ 남동 시베리아에 위치해 있으며 세계에서 가장 오래전에 생성되고 가장 깊은 호수이다. 러시아의 갈라파고스로 불릴 만큼 고립되어 있어서 다양한 동식물이 분포해 있다. ( )

⑮ 러시아의 건축적 역사를 대변하는 두 지역은 12~13세기에 세워진 많은 수의 장엄한 공공기관과 종교 건축물이 즐비하다. ( )

⑯ 러시아 소재. 백해 서부지역의 6개의 섬으로 구성되어 있으며 B.C 5세기의 인간

생활 흔적이 보이는 지역으로 15세기부터 많은 수도원들이 건축되어 현존하고 있다. ( )

⑰ 루마니아 소재. 1960년대에 세워진 Brancovan 양식의 걸작품으로 평가되는 유산으로 조각의 정교함, 균형, 순수성, 종교적 구성이 탁월하다. ( )

⑱ 동부 리투아니아에 위치하며 천만년 동안 인류거주역사를 잘 나타내준다. 중세 봉건제도하의 주요 마을 중 하나이다. ( )

⑲ 우크라이나 소재. 중세 시대 후기에 세워졌으며 몇 세기 동안 행정, 종교, 상업의 중심지였다. 중세 도시구조가 거의 그대로 보존되어 있으며 바로크 양식의 건물 역시 많이 보존되어 있다. ( )

⑳ 몬테네그로 소재. 타라 강 협곡을 따라 형성된 유럽에서 제일 깊은 골짜기로 우거진 숲과 수정 같은 호수 등은 장관을 이룬다. ( )

보 기

ⓐ 로도스	ⓑ 베르겐의 브리겐지역	ⓒ 아우슈비츠
ⓓ 리가 역사지구	ⓔ 어퍼 스배네티	ⓕ 에피다우루스 고고유적
ⓖ 크렘린궁전과 붉은광장	ⓗ 솔로베츠키 섬	ⓘ 호레주 수도원
ⓙ 메테오라	ⓚ 리에트벨드 슈로더 하우스	ⓛ 로로스
ⓜ 바이칼 호	ⓝ 커네바	ⓞ 리비브
ⓟ 델로스 섬	ⓠ 아토스 산	ⓡ 블라디미르와 수즈달
ⓢ 두르미토르 국립공원	ⓣ 델포이	

【9】 다음은 유네스코에서 지정한 북아메리카지역 세계자연유산에 관련된 설명문이다. 보기에서 정답을 골라 ( )안에 그 기호를 써 넣으시오.

① 멕시코 소재. 스페인 사람들에 의해 16세기 초에 건설된 도시로 세계의 은 채굴 중심지로 변모했다. 중남미 바로크 건축물의 아름다움이 서려 있다. ( )

② 아즈텍 문명의 각종 유물이 존재하며 세계에서 인구밀도가 제일 높은 도시 중 하나이다. ( )

③ 멕시코 소재. 249개의 기념물들이 체스판 형태로 세워져 있고 그 구조형태는 17세기경 번영했던 도시의 문화적, 경제적 생활의 주요한 단면을 보여준다. ( )

④ 마야 인들의 신성한 성지 중 하나로 유카탄 반도의 마야문명의 건축기술과 톨텍 문명의 조각기술이 융화되어 있다. ( )

⑤ 스페인 식민 도시 계획을 잘 반영하고 있는 지역이다. ( )

⑥ 스페인이 신대륙에 세운 전형적인 미을 형태를 띠고 있으며, 카리브 만을 외부 공격으로부터 지키기 위해 설계되었다. ( )

⑤ 멕시코 소재. 성스러운 지역 중 하나로 신이 창조한 지역이라 알려져 있다. 이곳의 기념물인 달과 태양을 상징하는 거대한 피라미드가 있다. ( )

⑧ 멕시코 소재. 고대 마야시대의 신성지역으로 당시 이 지역은 Usumacinta 강이 있는 곳까지 뻗어 있었다. 건축물에 서려있는 마야문명의 성격과 수준을 알게 한다. ( )

⑨ 미국 소재. 세계에서 가장 흥미진진한 대협곡 중 하나이다. 애리조나 주에 위치해 있으며 20억 년 전에 생성된 것으로 추정되고 있다. ( )

⑩ 미국 켄터키 주에 위치해 있는 동굴로서 세계 제일의 자연동굴이며 지하통로이다. ( )

⑪ 미국 소재. 6세기부터 12세기까지 거주한 푸에블로 인디언들의 거주지의 집산지는 4400여개가 발견되었다. ( )

⑫ 미국 캘리포니아주 소재. 공원 안에는 폭포, 호수, U자 계곡, 빙퇴석 등이 있으며 이것들은 명관을 연출한다. ( )

⑬ 미국의 독립을 축하하기 위해 프랑스가 선물한 것으로 뉴욕 만에 위치해 있다. ( )

⑭ 캐나다 뉴펀들랜드 서해안에 위치하며 맨틀운동에 의한 지각변동 과정이 나타나는 곳으로, 이로 인해 만들어지는 경관이 탄성을 자아낸다. ( )

⑮ 캐나다 소재. 영국 식민 도시의 훌륭한 사례를 보여주고 있으며 1753년부터 만들어졌다. 이곳에 거주하는 주민들은 도시의 정체성을 지키기 위해 노력해 왔다. ( )

⑯ 캐나다 소재. 17세기 프랑스인들이 개척한 곳으로 북미 지역에서 유일하게 남아있는 역사 지구이다. ( )

⑰ 캐나다 앨버타 지역의 남서쪽에 있으며 들소 뼈, 원주민 자취가 남아있는 곳으로 6000년전 북아메리카의 원주민들의 생활양식을 볼 수 있다. ( )

⑱ 캐나다 소재. Haida사람들의 문화가 녹아 있는 곳으로 구전으로 내려오던 그들의 풍습을 보여준다. ( )

⑲ 캐나다 소재. 물고기 시대라 불리는 데본기 시대를 보여주는 지역으로 네발 달린 물고기, 척추 동물의 효시라 추측되는 폐어 등의 표본이 많이 발견되었다. ( )

⑳ 이 지역은 세계에서 가장 왕성하게 운동하고 있는 두 개의 활화산인 마우나로아 화산과 킬라우에아 화산이 있다. ( )

보 기

ⓐ캄페체	ⓑ그랜드캐년	ⓒ모렐리아	ⓓ메사 베르데
ⓔ그로스 몬 국립공원	ⓕ팔렝케	ⓖ앤소니 섬	ⓗ과나후아토
ⓘ 자유의 여신상	ⓙ루넨버그	ⓚ테오티와칸	
ⓛ헤드-스매쉬드 버팔로 지대		ⓜ맘모스 동굴	ⓝ미구아사 공원
ⓞ하와이 화산공원	ⓟ멕시코 시티와 소치밀코 역사지구		ⓠ퀘벡 역사지구
ⓡ오악사카	ⓢ요세미티 국립공원	ⓣ치첸이트사	

【10】 다음은 유네스코에서 지정한 중앙아메리카 및 카리브 해 지역 세계자연유산에 관련된 설명문이다. 보기에서 정답을 골라 (　　)안에 그 기호를 써 넣으시오.

① 과테말라 소재. 마야 문명의 중심유적으로 정글 속에 둘러쌓인 중심부에 위치해 있다. 사원, 궁전, 광장 등이 남아 있다. ( )

② 과테말라의 수도로 16세기에 세워졌다. 1773년에 일어난 지진으로 인해 많은 기념물이 훼손되었으나 대표적인 것들은 여전히 보존되어 있다. ( )

③ 니카라과 소재. 아프리카에 있는 오래된 스페인 식민지역으로 그 시대의 물질문화를 잘 보여준다. 이 지역은 스페인 사람들이 유럽의 건축기법을 다른 지역에 적용하려 했던 곳이다. ( )

④ 도미니카 소재. 1492년 콜럼버스가 신대륙에 도착한 이후 이 지역은 아메리카 대륙의 첫 번째 도시가 되었다. 교회, 병원, 대학 등과 같은 건물이 최초로 설립되었다. ( )

⑤ 온두라스 소재. 1570년에 발견된 마야문명의 가장 중요한 유적중의 하나로 19세기 전까지 발굴되지 않았다. ( )

⑥ 코스타리카 소재. 중미 대륙에서 가장 큰 건조수림지역을 가지고 있으며 육지 및 바다환경의 생물학적, 생태학적 변이를 잘 보여준다. ( )

⑦ 코스타리카 소재. 빙하의 흔적이 남아 있는 중미 대륙의 유일한 지역으로 4개의 서로 다른 인디안 부족이 여전히 거주하고 있다. ( )

⑧ 코스타리카 소재. 태평양에 있는 섬들 중 열대우림이 있는 유일한 섬으로 생물학적 변이 과정을 연구하게 하는 지역이다. ( )

⑨ 쿠바 소재. 카르스트 지형으로 계단식 단구와 해안 절벽, 변이중인 카르스트 지형 등 지형학적, 지질학적 변화과정을 잘 관찰할 수 있는 해안 유적이다. ( )

⑩ 쿠바의 수세기동안 전통적 농업 방법이 그대로 유지되고 있는 침식 석회암 지대인 카르스트 지형으로 이 지역 고유의 건축, 공예, 음악 등이 잘 보존되어 있다. ( )

⑪ 쿠바 소재. 지구에서 가장 다양한 종류의 생명체가 서식하는 열대섬 중 하나로 서반구에 있는 고유 식물 종 보호 공원 중 하나이다. ( )

⑫ 파나마 소재. 군사 건축물로 캐리비안 해를 통한 대서양 무역을 보호하기 위해 스페인군에 의해 건설되었다. ( )

⑬ 파나마에 있는 국립공원으로 38개의 조그만 섬과 해안 지역으로 구성되어 있다. 멸종위기의 생물들의 서식지이다. ( )

⑭ 파나마 소재. 현재 두 인디안 부족이 살고 있는 지역으로 모래해변, 바위해안, 습지, 열대삼림지대 등에 야생생물이 서식하고 있다. ( )

⑮ 에스파냐 사람들에 의해 1519년 세워진 쿠바의 수도로서 캐리비안의 중심부로 떠올랐다. 오늘날 인구 200만의 대도시이지만 구 지역은 바로크와 신고전주의가 혼합된 기념물이 남아 있다. ( )

⑯ 쿠바 소재. 16세기 초 세워진 이곳은 아메리카 대륙 정복을 위한 구심점이었다. 이 지역의 건물들은 설탕 무역의 번영을 말해준다. ( )

⑰ 19세기 아이티가 독립을 선포한 것을 기념하기 위한 공원으로 보편적 자유를 상징하고 있다. ( )

⑱ 해변지역은 북반구 최대의 암초지대이며 암초지역의 모범 사례이다. ( )

⑲ 세인트루시아 소재. 바다에서 융기한 2개의 첨탑이 있으며 화산 물질을 포함한다. 이것은 이 지역의 경관을 연출한다. ( )

⑳ 과테말라의 수도로 16세기에 세워졌다. 1773년에 일어난 지진으로 인해 많은 기념물이 훼손되었으나 대표적인 것들은 여전히 보존되어 있다. ( )

보 기

ⓐ 코판	ⓑ 포토벨로와 산 로렌조 요새	ⓒ 티칼 국립공원
ⓓ 훔볼트 국립공원	ⓔ PMA 산지 경관	ⓕ 코코스 섬
ⓖ 다리엔 국립공원	ⓗ 레온 비에즈 유적	ⓘ 하바나 구시가지와 요새
ⓙ 비날레스 계곡	ⓚ 트리니다드와 로스 인제니오스계곡	

ⓛ 안티구아시	ⓜ 데셈바르코 델 그란마 국립공원	
ⓝ 구아나카스트	ⓞ 시터들, 상수시 라미에르	ⓟ 코이바 국립공원
ⓠ 벨리즈 산호초 보호지역	ⓡ 산토 도밍고	ⓢ 안티구아
ⓣ 라 아미스테드 보호지역		

【11】 다음은 유네스코에서 지정한 남아메리카지역 세계자연유산에 관련된 설명문이다. 보기에서 정답을 골라 (　　)안에 그 기호를 써 넣으시오.

① 베네수엘라 소재. 300만ha에 걸쳐 있는 지역으로 기이나와 브라질의 경계를 따라 펼쳐져 있다. 세계에서 가장 높은 지대에서 떨어지는 폭포가 장관을 이룬다. (　　)

② 베네수엘라에 있는 스페인, 네덜란드 건축 기술과 지역 고유의 전통적 건축 기술이 잘 융화된 모범적인 사례로 602개에 달하는 역사적 건축물이 보존되어 있다. (　　)

③ 볼리비아 소재. 마을의 신령의식을 했던 곳과 행정을 담당했던 곳, 두 개로 나눠지며 거대한 조각 바위가 특히 독특하다. (　　)

④ 볼리비아의 첫 번째 수도로 16세기 스페인에 의해 건설되었으며 16세기 종교 건축물과 지역 전통 기념물들이 잘 보존되어 있다. (　　)

⑤ 볼리비아 소재. A.D 500~900까지 안데스 지역에 널리 분포하고 있던 선-히스패닉 문명의 수도였으며 다른 히스패닉 지역과 구분되는 정치적 문화적 문명의 증표이다. (　　)

⑥ 브라질 소재. 18세기, 19세기 식민지역으로 광산 지역으로 발전했다. 또한 공공건물과 사설건물이 조화롭다. (　　)

⑦ 대서양에 있는 112,000ha를 보함하고 있는 보호지역으로 8개가 구성되어 있다. 브라질 대서양 해별의 열대우림은 세계에서 가장 풍성한 생물 다양성을 보유하고 있다. (　　)

⑧ 브라질 소재. 이 지역은 마치 목에 걸려있는 보석처럼, 암산 주변 운치와 조화롭게 건설되어 있다. 18세기 유럽의 발전 모델이 그대로 적용되어 있다. (　　)

⑨ 브라질의 수도로서 도시 계발 계획의 지표로 주거지와 행정적인 모든 분야까지 도시와 완벽하게 조화를 이루었다. (　　)

⑩ 세계에서 손꼽히는 폭포 중 하나로 멸종위기의 식물들이 서식하고 있으며 길이가 2700m에 달한다. (　　)

⑪ 브라질 소재. 187,181ha에 달하며 4개의 보호 지구를 가지고 있다. 세계에서 가장 큰 습지지구이다. ( )

⑫ 수리남 소재. 17~18세기까지 네덜란드의 식민도시였던 곳으로 특이하고 고유하게 도시가 배치되어 있다. 건축물에는 네덜란드 전통적 기술이 풍긴다. ( )

⑬ 아르헨티나 소재. 자연의 미를 느끼게 해주는 곳으로 빙하 호수지대가 있고 그것의 크기는 160km에 달한다. ( )

⑭ 아르헨티나에 파타고니아 지방에 있는 바다 포유류의 서식지로 고래와 바다코끼리, 바다사자의 서식지이다. ( )

⑮ 아르헨티나 소재. 선사시대 사냥 공동체 모습, 15세기 잉카제국의 자취를 볼 수 있으며 19~20세기 독립을 위해 싸운 흔적을 찾을 수 있다. ( )

⑯ 에콰도르 소재. 살아있는 자연사 박물관이라 불리는 19개의 섬으로 아메리카 대륙으로부터 1천km 떨어져 있는 태평양에 위치해 있다. 찰스 다윈의 진화론에 영향을 준 섬으로 유명하다. ( )

⑰ 남부 에콰도르의 Andean산 계곡 근처에 있으며 식민도시였다. 현재 에콰도르의 세 번째 도시이며 400년 전 역사 현장을 보존하고 있다. ( )

⑱ 칠레에 있는 이스터 섬의 고유명칭. 이 지역의 독특한 문화 현상을 증명해주는 유적으로 이 섬에 정착한 폴리네시아 원주민 집단의 독창적인 삶의 모습을 보여주고 있다. ( )

⑲ 컬럼비아 소재. 거대한 지하무덤으로 생존시 거주했던 집안 내부 모습을 재현한 각종 소재로 꾸며졌다. ( )

⑳ 페루 소재. 넓이 450km에 달하는 지역으로 B.C 500년부터 A.D 500년 사이에 그어진 선이 있는데 그것의 연속성과 양, 규모 등이 세기의 수수께끼로 여겨진다. ( )

보 기

ⓐ 코로항구	ⓑ 브라질리아	ⓒ 파라마리보의 역사적 내부 도시
ⓓ 티와나쿠	ⓔ 쿠엔카 역사지구	ⓕ 디아만티나시 역사지구
ⓖ 발데스 반도	ⓗ 카나이마 국립공원	ⓘ 이구아수 국립공원
ⓙ 라파 누이 국립공원	ⓚ 수크레	ⓛ 갈라파고스 섬
ⓜ 판타날 보존지구	ⓝ 로스 글래시아레스 국립공원	
ⓞ 티에라덴트로 국립 고고공원		ⓟ 사마이파타 암벽화
ⓠ 디스커버리 해안	ⓡ 우마우카협곡	ⓢ 나스카와 후마나 평원
ⓣ 고이아스 역사지구		

【12】 다음은 유네스코에서 지정한 대양주 및 태평양 지역 세계자연유산에 관련된 설명문이다. 보기에서 정답을 골라 (　　)안에 그 기호를 써 넣으시오.

① 뉴질랜드 소재. 1993년도에 개정된 기준에 의해 세계문화유산에 등록된 첫 번째 유산으로, 공원 안에는 마오리족의 문화적, 종교적 상징물과 사화산이 있다. (　)

② 뉴질랜드 남서쪽에 위치한 공원으로 피오르드 빙하 현상이 이루어지는 장관이 연출된다. 너도밤나무가 섬의 3분의 2를 채우고 있으며 희귀조라 불리는 알파인 앵무새가 서식한다. (　)

③ 솔로몬 제도의 최동단 섬으로 세계 체대의 산호초 섬이다. 이 섬에 있는 염수호 Tegano는 석회암으로 이루어져 있으며 지역 특산의 생물들이 서식하고 있다. (　)

④ 대보초는 두드러지게 아름다운 호주의 북동쪽에 있는 해변으로 다양한 산호초가 서식한다. (　)

⑤ 호주의 해저산맥인 맥과이어 산맥의 노출로 만들어진 섬으로 맨틀로부터 생성된 바위들이 해수면 위로 솟아오는 세계유일의 지형을 가지고 있다. (　)

⑥ 호주 소재. 절벽, 협곡들로 103만 ha를 이루고 있다. 유칼립투스의 대표적인 산지이며 자연환경의 변화가 경관을 이룬다. (　)

⑦ 호주 소재. 지하 2000M 화산활동에 의해 생성된 오세아니아 지역의 섬으로 바다 가운데 격리되어 있으며 토종식물이 서식하고 있다. (　)

⑧ 호주에 있는 800Km에 달하는 세계에서 가장 크고 풍성한 거머리말의 서식지이며, 듀콩이라 불리는 해우류의 서식지대이다. 또한 이곳에서는 멸종위기에 있는 다섯종의 포유류가 생활하고 있다. (　)

⑨ 호주 중심에 있는 광대한 붉은 모래 평원으로, 거대한 암석 기둥과 지붕과 같은 모양을 가지고 있다. (　)

⑩ 호주 소재. 독특한 고고학적, 민속학적 보호지역으로, 4만년 이상 인류가 이곳에서 생활해 왔음을 알려주는 유적지이다. 여기에 있는 동굴에 그려진 벽화는 인류의 행동에 대한 기록이다. (　)

⑪ 호주 동부 해변가에 위치한 122km거리의 모래섬으로 세계에서 가장 크다. 모래의 움직임, 열대우림과 호수가 장관을 이룬다. (　)

⑫ 호주 남부의 섬 안에 가파른 협곡과 100만 ha에 이르는 심한 빙하지역으로 보존되어 있으며, 석회암동굴은 인류가 2만년 동안 거주했던 곳이다. (　)

⑬ 남극 대륙으로부터 1700km떨어진 호주 남부 해안에 위치한 섬으로 남극지역에서 화산활동이 이루어지고 있는 유일한 화산이다. ( )

⑭ 호주 서부에 위치하고 있는 이 유적지는 데본기 시대의 개석으로 이루어진 벙글벙글 레인지를 포함하고 있다. ( )

⑮ 호주 북동부 호주 연안까지 450km에 걸쳐 뻗어 있는 이 유적지는 넓은 열대우림으로 이루어져 있다. 이 소생물권에는 다양한 생물체가 서식하고 있다. ( )

보 기

ⓐ 그레이트 배리어 리프	ⓑ 울루루 카타 추타 국립공원	ⓒ 블루마운틴 산악지대
ⓓ 로드하우 군도	ⓔ 카카두 국립공원	ⓕ 테 와히포우나무 공원
ⓖ 프레이저 섬	ⓗ 샤크 만	ⓘ 허드와 맥도날드 제도
ⓙ 동 렌넬	ⓚ 푸눌룰루 국립공원	ⓛ 맥커리 섬
ⓜ 태즈매니안 야생지대	ⓝ퀸즐랜드 열대습윤지역	ⓞ통가리로 국립공원

여행사실무문제 해답집

여행사실무문제 해답집

여행사실무문제 (1)

【1】-④ 【2】-① 【3】-② 【4】-② 【5】-② 【6】-④ 【7】-① 【8】-④ 【9】-③ 【10】-② 【11】-④ 【12】-② 【13】-② 【14】-③ 【15】-④ 【16】-① 【17】-② 【18】-③ 【19】-④ 【20】-② 【21】-① 【22】-① 【23】-② 【24】-④ 【25】-④

여행사실무문제 (2)

【1】-③ 【2】-② 【3】-① 【4】-② 【5】-④ 【6】 ①-a ②-e ③-b ④-d ⑤-c 【7】-④ 【8】-⑤ 【9】-④ 【10】-② 【11】 ①-g ②-j ③-i ④-f ⑤-h ⑥-c ⑦e ⑧-a ⑨-d ⑩-b 【12】-② 【13】-⑤ 【14】-⑤ 【15】-④ 【16】-⑤ 【17】-② 【18】-④ 【19】-④ 【20】 ①-d ②-a ③-c ④-b ⑤-e 【21】 ①-O ②-X ③-X ④-O ⑤-O ⑥-X ⑦-O ⑧-O ⑨-X ⑩-X 【22】-④ 【23】-④ 【24】 ①-i ②-f ③-d ④-g ⑤-a ⑥-b ⑦-e ⑧-j ⑨-h ⑩-c

여행사실무문제 (3)

【1】 ①-ⓓ ②-ⓔ ③-ⓒ ④-ⓐ ⑤-ⓑ 【2】 ①-ⓓ ②-ⓔ ③-ⓐ ④-ⓒ ⑤-ⓑ 【3】 ①-ⓗ ②-ⓕ ③-ⓒ ④-ⓓ ⑤-ⓔ ⑥-ⓖ ⑦-ⓑ ⑧-ⓐ 【4】-② 【5】-③ 【6】-② 【7】-① 【8】-② 【9】-① 【10】-③ 【11】-④ 【12】-④ 【13】-④ 【14】-② 【15】-① 【16】-① 【17】-⑤ 【18】-② 【19】-⑤ 【20】 ①-ⓑ ②-ⓒ ③-ⓓ ④-ⓓ ⑤-ⓔ ⑥-ⓕ ⑦-ⓐ 【21】-④ 【22】-① 【23】-② 【24】-⑤

여행사실무문제 (4)

【1】-⑤ 【2】-① 【3】-③ 【4】-① 【5】-② 【6】-⑤ 【7】 ①-ⓐ ②-ⓒ ③-ⓖ ④-ⓑ ⑤-ⓓ ⑥-ⓙ ⑦-ⓗ ⑧-ⓘ ⑨-ⓕ ⑩-ⓔ 【8】-③ 【9】-① 【10】 ①-ⓔ ②-ⓐ ③-ⓑ ④-ⓓ ⑤-ⓒ 【11】-② 【12】 ①-ⓔ ②-ⓐ ③-ⓑ ④-ⓓ ⑤-ⓒ 【13】-② 【14】-②

여행사실무문제 (5)

【1】-⑤ 【2】-① 【3】-⑤ 【4】-⑤ 【5】-① 【6】-① 【7】-② 【8】-① 【9】-⑤ 【10】-③ 【11】-④ 【12】-②【13】①-ⓐ ②-ⓔ ③-ⓑ ④-ⓒ ⑤-ⓓ 【14】-② 【15】-② 【16】-① 【17】-④ 【18】-④ 【19】-① 【20】 ①-㉱ ②-㉮ ③-㉰ ④-㉳ ⑤-㉲ ⑥-㉴ ⑦-㉯ 【21】-③ 【22】 ①-ⓕ ②-ⓔ ③-ⓖ ④-ⓒ ⑤-ⓑ ⑥-ⓘ ⑦-ⓙ ⑧-ⓗ ⑨-ⓓ ⑩-ⓐ

여행사실무문제 (6)

【1】-Stockholm 【2】-Islamabad 【3】-Ulaan Baatar 【4】-Sofia 【5】-Canberra 【6】-Djakarta 【7】-Quito 【8】-Copenhagen 【9】-Kathmandu 【10】-Ottawa 【11】-Athens

【12】-New Delhi 【13】-Tehran 【14】-Nairobi 【15】-Paris 【16】-Plague 【17】-Manila 【18】-Brussels 【19】-Bern 【20】-Rome 【21】-Wellington 【22】-Mexico City 【23】-Rabat 【24】-Moscow 【25】-Lima 【26】-Warsaw 【27】-Lisbon 【28】-Monaco 【29】-Port Louis 【30】-Bangkok 【31】-Helsinki 【32】-Santiago 【33】-Buenos Aires 【34】-Beijing 【35】-Budapest 【36】-Pnompenh 【37】-Washington 【38】-Ankara 【39】-Cairo 【40】-Havana 【41】-Alger 【42】-London 【43】-Tallinn 【44】-Dublin 【45】-Harare 【46】-Bukarest 【47】-Kiev 【48】-Kingston 【49】-Damascus 【50】-Skopje 【51】-Cordova 【52】-Colombo 【53】-Salzburg 【54】-Cuzco 【55】-Granada 【56】-Quebec 【57】-K ln 【58】-Isfahan 【59】-Interaken 【60】-Adelaide 【61】-Urumuchi 【62】-Orleans 【63】-Casablanca 【64】-Calcutta 【65】-Cancun 【66】-Glasgow 【67】-Z rich 【68】-Sevilla 【69】-Heidelberg 【70】-Palmyra 【71】-Champagne 【72】-Milano 【73】-Geneve 【74】-Sian 【75】-Sydney 【76】-Jungfraujoch 【77】-Johannesberg 【78】-Marrakesh 【79】-M nchen 【80】-Luxor 【81】-Luzern 【82】-Mecca 【83】-Melbourne 【84】-Montreal 【85】-Hochiminh 【86】-Bordeaux 【87】-Firenze 【88】-Buddha Gaya 【89】-Peshawar 【90】-Bedhlehem 【91】-Venezia 【92】-Troy 【93】-Toronto 【94】-Barcelona 【95】-Hameln 【96】-Lahore 【97】-Manaus 【98】-New Orleans 【99】-Indianapolis 【100】-Istanbul

여행사실무문제 (7)

【1】-② 【2】-④ 【3】-① 【4】-③ 【5】-② 【6】-④ 【7】-③ 【8】-② 【9】-① 【10】-③ 【11】-④ 【12】-③ 【13】-① 【14】-② 【15】-④ 【16】-① 【17】-④ 【18】-④ 【19】-①

여행사실무문제 (8)

【1】-ⓔ, ㉣ 【2】-ⓘ, ㉩ 【3】-ⓗ, ㉥ 【4】-ⓓ, ㉧ 【5】-ⓚ, ㉦ 【6】-ⓙ, ㉨ 【7】-ⓑ, ㉪ 【8】-ⓒ, ㉤ 【9】-ⓛ, ㉮ 【10】-ⓖ, ㉰ 【11】-ⓜ, ㉼ 【12】-ⓕ, ㉯ 【13】-ⓐ, ㉻ 【14】 1-h 2-d 3-l 4-a 5-o 6-f 7-j 8-b 9-m 10-v 11-r 12-x 13-e 14-t 15-q 16-c 17-g 18-i 19-k 20-n 21-p 22-s 23-u 24-w 25-y

여행사실무문제 (9)

①아침 이른 시각이란 오전을 의미하므로 07:50에 출발하는 열차가 된다. 그 열차는 10:42에 브뤼셀(Nord)에 도착한다. 따라서 정답은 282

②가장 늦은 시각이란 오른쪽에서 찾아야 하는데 183, 181, 188, 179 열차가 되나, 이 중 3개 열차는 브뤼셀이 종점으로 파리까지는 가지 않는다. 따라서 정답에서는 제외이고, 88열차는 23:11에 파리에 도착하여 일단 정답으로 보이나, 각주에 JP가 적혀 있어 아래의 각주를 따라가면 J는 열차이름이 ILE DE FRANCE이며, P는 Daily Except Sat(not Apr 19), 즉 4월 19일을 제외하고 토요일에는 운행을 하지 않으므로 정답에서 제외되므로 정답은 286

③일요일에 파리를 가장 늦은 시각에 출발하는 열차는 89, 485, 87, 89나 485 및 87열차 모두 종점이 브뤼셀이므로 정답에서 제외되므로 정답은 85

④85열차의 각주 A를 따라가면 되므로 정답은 Etoile Du Nord
⑤TEE란 Trans Europe Express을 의미함.

여행사실무문제 (10)

이 문제를 풀려면 일단 지리적 개념을 익혀야 한다.

[1] ①덴마크, ②독일, ③Gedser 및 Wandemunde역은 모두 국경역으로 국경역 마크가 있으며 오른쪽에 선박모양의 기호가 있다. 따라서 정답은 Train Ferry, ④240, 328열차는 Berlin-Lichtenberg에 정차하나, 320열차는 정차하지 않으므로 모두 정차하는 역인 Berlin(Ost)가 정답, ⑤각주 N의 NEPTUN, ⑥Warzawa, ⑦국경역, ⑧Moskava, ⑨1 · 2, ⑩침대, ⑪Kobenhavn, ⑫Berlin(Ost), ⑬Berlin(Zoo)

[2] ①Oslo, ②Stockholm, ③Malm (cent), ④Train Ferry, ⑤독일, ⑥Berlin(Ost), ⑦Berlin(Zoo), ⑧Brest

[3] ①각주 B의 BERLINAREN, ②1054분 베를린 동물원앞발 열차는 0655에 Stockholm에 도착한다. 따라서 정답은 Stockholm, ③스톡홀롬 도착뒤의 h표시의 각주를 따라가면 Arr 0717 on Suns로 나와있으므로 정답은 07, ④17

[4] 오른쪽 자료에 의하면 바르샤바에서 17:57에 출발한 열차는 하루를 경과하여 모스크바에 21:57에 도착하고 있다. 따라서 소요시간은 1441 + 2400 = 38시간 41분-17시간 57분이므로 20시간 44분이 된다. 그러나 양도시간 시차가 2시간이므로 18시간 44분이 정답이다. 그러므로 ①18, ②44, ③말뫼에서의 거리가 바르샤바는 799km이며, 모스크바는 2113km이므로 모스크바에서 바르샤바까지의 거리는 2113-799 = 1314km이며, 이 구간을 18시간 44분 걸렸으므로 1314 ÷ 18.44 = 71.25이므로 약 70km가 된다. 따라서 정답은 ③1314, ④70

[5] ①09:35, ②11:06 마르세유에서 2행 우측으로 옮긴다, 화살표에 주의, ③시잘피노 · 몬테로사호, 밑의 각주, 열차번호를 참조, ④제네바 공항역에서 밀라노 중앙역까지와 그 반대방향, ⑤1등 및 2등 좌석차량, ⑥이들역에서는 승차객을 위해서만 정차함(하차불가), ⑦이들역에서는 하차객을 위해서만 정차함(승차불가), ⑧제네바(시내역)에서 로마까지와 그 반대방향, ⑨1등 및 2등 침대차, 2등 간이침대차, ⑩프랑스 국철 고속열차, Train Grande Vitesse.

[6] ①×, 각주에서 베네치아 산타루치아역이 종착임을 알 수 있음, ②×, 본격적인 식당차 서비스가 있음, 나이프와 포크 기호 표시, ③×, 국제구간 이용은 예약 필요, 사각에 R표시, ④○, 사각에 R표시가 있기 때문에 예약이 필요함, 침대열차이므로 당연함, ⑤×, 토 · 일,휴일 이외는 로잔느가 종착임, ⑥×, 각주에 브리그에서 파리까지 진행한다고 되어 있음, ⑦×, 각주에 ⑤⑥, 즉 그 기간의 금 · 토요일에 운행함.

[7] ①30분전까지 좌우에 표기 있음, ②세인트 · 판크라스(2007년 11월14일에 워털루역에서 옮겼음), ③노르(북)역, ④11:15발 14:20착이기 때문에 표기상으로는 3시간 15분이나 영국과 프랑스 간에는 1시간의 시차가 있으므로 소요시간은 2시간15분, ⑤10:13발 11:28착이기 때문에 표기상으로는 1시간 15분이나 영국과 프랑스 간에는 1시간의 시차가 있으므로 소요시간은 2시간15분, ⑥2007년 12월9일에서 2008년 7월5일까지, ⑦릴 · 유럽역에서 헤어진다. 2단 째 9030과 9138에서 헤어진다.

[8] ① ×, 3종류의 서비스 등급이 있다고 최상단에 표시되어 있다, ②×, 모든 차량, 모든 열차 금연이다, 2행 째에 표기되어 있음, ③×, 모든 좌석 지정제이다, 사각에 R마크표시, ④×, 런던과 이들 2역 간 승차는 할 수 없다, 최상단에 표기 있음, ⑤×, 전 열차에 식당차가 연결되어 있음, ⑥×, 일요일만 이용가능, 월~토요일에는 정차하지 않음, ⑦각주에 M은 마믈라부알레 · 쉐지까지라고 되어 있음, 이것은 파리 교외의 유로디즈니에 있는 역 이름이다. 런던에서 당일치기도 가능하게 되었다.

[9] ①이들 역에는 하차하는 고객들을 위해서만 정차한다(승차불가), ②이들 역에는 승차하는 고객들을 위해서만 정차한다(하차불가), ③1등 및 2등 침대차, 2등 간이침대차, 2등 좌석차, ④비엔나(남역)발, 로마(테르미니)역 종착, ⑤미켈란젤로호, ⑥1등 및 2등 좌석차와 식당차, ⑦Eurostar Italia, 유로스타 · 이탈리아, 이탈리아 철도의 고속열차, ⑧Euro Night 유로나이트, 국제야간열차, ⑨Eurocity, 유로시티, 국제장거리열차, ⑩ES9463열차, 로마착 11:08(EN235, E1237, ES9461은 모두 베네치아 메스트레역 출발로 운하가 있는 베네치아 섬의 산타루치아역 출발은 아니다.

[10] ①×, 이 열차는 로마에서는 티브르티나역에 정차하며, 테르미니역에는 가지 않는다, ②×, Intercity, 인터시티, 국내장거리 열차, ③×, ④○, ⑤×, 각주에 의하면 시발역은 토리에스테, ⑥×, 6월 1일과 9월 7일이 아니라 6월 1일에서 9월 7일까지의 기간, 금요일에 비엔나를 출발한다.

[11] ①06:54 및 11:50의 2편, ②각주에 의하면 Marne la Vallee-Chessy가 Disneyland Paris역이기 때문에 07:11 및 12:03발, ③06:54발, 13:25착이기 때문에 소요시간 6시간 31분(프랑스 국내구간이므로 시차가 없다), ④975-657 = 318km.

[12] ①×, 각주 B에 의하면 아비뇽에서는 하차하는 고객을 위한 것으로 승차할 수 없다, ②×, 운행구간은 맞으나 운행일은 6월 23일부터 8월 25일까지의 토요일만 운행, ③×, 각주 S에서 시발역은 스트라스부르크라는 것을 알 수 있다, ④×, 각주 W에서 열차는 벤티미글리아 : 이탈리아와의 국경역)까지 가는 것을 알 수 있다, ⑤×, TGV는 모든 열차, 모든 좌석 지정제, ⑥×, 식당차가 아니라 뷔페서비스이다, 각주에 글라스 마크표시.

여행사실무문제 (11)

[1] a) ①런던역 오른쪽 괄호 안이 역명이므로 정답은 Victoria,

②각주 b를 보면 10월 25일~12월 16일 및 1월 4일~3월 26일 기간중에는 제트익선으로 대체되며, 13:10출발, 각주 c를 보면 토요일과 일요일에는 12:45출발, 제트익선으로 대체되는 경우 토 · 일요일에는 13:10출발, 나머지 일자에는 13:30출발이므로 이 문제의 경우 12월 6일 일요일이므로 정답은 13:10.

b) ③1330

[2] 2. 1245

[3] ①Bassel, ②Chur, ③Milano, ④Brig

[4] ①벨기에, ②룩셈부르크, ③프랑스, ④스위스, ⑤이탈리아

[5] ①Victoria, ②Midi, ③Nord, ④SNCF, ⑤SBB

여행사실무문제 (12)

[1] TISZA EXPRESS/MAESTRAL

[2] ①Budapest, ②Hard, ③Sleeping

[3] ①화, ②일, ③1 · 2

[4] ①모스크바 출발일자가 A이고 로마의 도착일이 D이므로 정답은 4, ②Termini

[5] ①열차번호, ②국경, ③헝가리, ④이탈리아

[6] ①산타루치아(S.L), ②Table

[7] ①Moskva, ②0055, ③0130, ④35

[8] 키에프의 도착일자는 하루가 경과하였으므로 도착시각 1119 + 2400 = 3519 – 출발시각2359 = 11시간 20분이다. 따라서 정답은 ①11, ②20

여행사실무문제 (13)

[1] 런던 – 파리간은 by Rail and Hovercraft라고 나와 있으므로 정답은 ①Rail, ②Hovercraft, 열차는 1 · 2등급이고 Hovercraft는 One Class이므로 정답은 ③균일등급(one class)

[2] 날씨관계는 아래의 각주에 설명되어 있는 (영문)것을 보면 테이블번호 1004에 나와 있는 카페리로 갈아타야 한다는 내용이 있으며, 이 때에는 열차의 도착시각이 늦어진다고 나와 있다. 따라서 정답은 ①Car Ferry, ②Paris(Nord)

[3] 각주를 보면 B는 12월 25 및 26일 제외, C는 12월 25일 및 26일 제외하고 3월 26일까지 적용. D는 다음 해 3월 27일부터 적용, E는 10월 25일~11월 2일, 12월 18일~24일, 27일~31일, 1월 1일~4일, 3월 27일 이후 적용, ǂ는 Dover Priory와 Dover Hoverport간 버스서비스는 무료로 나와 있다. 따라서 12월 10일 한정이므로 D와 E가 안되므로 B와 C 편 2편이다. 정답은 2

[4] C가 안되나 D가 2편이므로 정답은 4

[5] ①버스, ②무료

[6] 도착시각은 1645, 출발시각은 1300이므로 3시간 45분이 소요되었으나, 두 도시간 시차가 1시간 나므로 정답은 ①2, ②45

여행사실무문제 (14)

[1] 직행편은 CONNECTION 위에서 찾아야 하므로 그 위에 나와 있는 항공사를 고르면 되므로 정답은 JL, NW, PA이다.

[2] 직행편이란 CONNECTION 위에 있는 항공편이므로 도착공항은 모두 JFK이다.

[3] 논스톱편이란 한번도 안 쉬고 가는 편이므로 맨 오른쪽에서 0으로 나와 있는 항공편을 고르면 되므로 정답은 ①PA800, ②1845, ③1815이 된다.

[4] 연결편은 CONNECTION 아래에서 찾아야 하므로 연결지점 샌프란시스코의 도시코드(SFO)가 나와 있는 것을 고르면 되므로 정답은 ①JL004, ②AA016, ③2010, ④LAX가 된다.

[5] ①TYO, ②NYC

여행사실무문제 (15)

[1] 도시코드는 도시명이 아니라 3문자 코드를 말한다. 따라서 정답은 BKK, FRA

[2] 실제거리란 TPM 즉 Tickted Point Mileage(발권구간거리)를 말하므로 정답은 5675이다. 왼쪽의 7273은 MPM 즉 Maximum Permitted Mileage(최대허용거리)이다.

[3] 직행편은 CONNECTION 위에서 찾아야 하므로 그 위에 나와 있는 항공사를 고르면 되므로 PR과 GA이며, 또한 월요일이란 1이므로 왼쪽의 1이 나온 숫자를 보면 PR730과 GA882 등 2편이나 도중하기 횟수가 적은 항공기는 맨 우측의 숫자가 적어야 하므로 정답은 PA730이다.

[4] FARES의 오른 쪽에 나와 있는 통화코드 즉 THB.

[5] 요금은 FARES에서 찾으면 되므로 여기를 보면 이등석 즉 Y Class THB46880이 정답.

[6] 코펜하겐 경유란 연결편을 의미하므로 CONNECTION 아래에서 찾아야 하므로 연결지점 코펜하겐(CPH)을 따라가면 SK972와 SK631이 나오는데 이것이 정답이다.

[7] 도착시간 뒤의 + 1은 해당항공편 출발일 다음날을 의미함.

[8] *가 항공편에 나와 있는 경우에는 기종 변경을 의미. ⓐ의 내용은 방콕/봄베이 간은 보잉 747편으로 운항하며, 봄베이/프랑크푸르트 간은 DC10여객기로 운항한다.

[9] 직행편의 총 편수는 항공편의 운항횟수를 조사하면 되므로 요일표시의 숫자를 세면 총 16편임을 알 수 있다.

[10] TG920편의 맨 우측의 숫자 즉 1이 정답.

여행사실무문제 (16)

[1]

1. ⓐORY(오를리공항), ⓑCDG(드골공항), ⓒGVA
2. 직행편은 CONNECTION 위에서 찾아야 하므로 그 위에 나와 있는 항공사 중 월요일 운항하는 항공사를 찾으면 되므로 숫자 7에 운항하는 항공사 가운데 운항 유효기간에 적용되는 항공사를 고르면 된다. 즉 보기 시각표에서는 왼쪽이 개시일을, 오른쪽이 마감일을 나타내므로 정답은 LH1742, LH1744, AF747, LH1746, AL155, AF749, LH1750등 7편이 정답.
3. 할증1등석이란 P Class를 의미하므로 P가 나와 있는 편은 TG934, 와 AR121 2편이 정답.
4. LG306편은 TRANSFER CONNECTION 아래에 나와 있으므로 이를 따라가면 정답을 찾을 수 있다. 즉 ⓐLUX, ⓑLG207, ⓒCDG
5. 오전중 늦은 시각이란 1200이전을 말하므로 1015분발 SR533이 정답.
6. LX563편은 TRANSFER CONNECTION 에서 보면 BSL(바젤)에서 환승하도록 되어 있다. 따라서 정답은 BSL.
7. 프랑크푸르트 공항에서의 APT에 나와 있으며, 여기를 보면 항공사코드와 수속소요시간이 명기되어 있는데, LX편은 나와 있지 않으므로 일반적 기준 30분이 정답.
8. LX563편은 0905분발이므로 공항체크인시간 30분전과 STR편에서 시내에서 공항까지의 소요시간 10분을 계산하면 0825이다. 따라서 정답은 ⓐ08, ⓑ25

[2]

1. 자료-2의 TRANSFER CONNECTION 위에서 SN261편을 보면 ⓐ1300, ⓑ*표시가 있어 출발일 다음날을 나타내므로 6, ⓒ1315, ⓓ(1315-1300)-(9-2) + 24 = 15/60-7 + 24 = 17시간 15분
2. SR883편은 TRANSFER CONNECTION 아래에 나와 있으며, 이를 따라가면 정답을 구할 수 있다. 즉 ⓐ0930, ⓑZRH, ⓒ1040, ⓓ1200, ⓔKE904, ⓕ12, ⓖ1610, ⓗSEL, ⓘSEL, ⓙ 1800, ⓚ12, ⓛKE002, ⓜBRU/ZRH 구간은 시차가 없다. 따라서 0930출발 1040도착이므로 소요시간은 1시간 10분, ZRH/SEL 구간은 (1610-1200)-(9-1) + 24 = 4와10/60-8 + 24 = 20과 10/60, SEL/NRT 구간은 시차가 없다. 따라서 출발시각 1800, 도착시각 2000이므로 소요시간은 2시간. 정답은 ⓜ 23, ⓝ20
3. NATIONAL
4. 12
5. ⓐ30, ⓑ0900

여행사실무문제 (17)

[1] BA8편은 터미널 4도착, AZ279편은 터미널2 출발의 인터라인연결(항공사가 다른 연결)이므로 Terminal4 to Terminal 2 그러므로 1:30. 따라서 정답은 ⓒ.

[2] BSN은 터미널1, BA479편도 터미널 1이므로 인터라인간 연결은 45분이므로 정답은 ⓑ.

[3] BOS는 터미널2, LY는 터미널1이므로, 1:15. 정답은 ⓑ.

여행사실무문제 (18)

[1] 27.4

[2] 30

[3] 12월25일 제외

[4] 공동운항(Joint Operation)을 의미하며 어느 항공사로도 예약가능함.

[5] 15:00경이므로 이 시각표를 보면 1500와 1525의 2편이 있음을 알 수 있는데, 이 가운데 여행자가 요구하는 1월 11일(월요일)을 맞추어야 하므로 우선 1500출발편을 검토하면 ×17로 월요일과 일요일에 운항하지 않으므로 일단 제외. 따라서 정답은 1525편임을 알 수 있다.

항공편	등급	일자	출발공항	연결(도착)공항	출발시각	도착시각
BA5615	M	11JAN	LHR	LHR	1525	1650
BA197	M	11JAN	LHR	LAX	1800	1655

여행사실무문제 (19)

[1] 기종변경 및 서비스 등급의 변경

[2] ⓐ는 기종변경으로 D10여객기에서 보잉747여객기로의 변경, ⓑ는 서비스등급의 변경으로 FYBM서비스에서 PJYB등급으로 각각 변경됨을 의미함.

[3] 도시코드는 BER이나 공항코드는 TXL이므로 정답은 TXL.

[4] 1400경의 항공편은 1405출발편 2편이 있다. 이 가운데 고객이 원하는 것은 12월 13일(수요일)이

므로 위의 편은 47, 즉 목요일과 일요일에만 운항하므로 일단 제외된다. 따라서 정답은 아래에 나와 있는 PA495편이 정답.

항공편	등급	일자	출발공항	연결(도착)공항	출발시각	도착시각
PA495	Y	13DEC	SJU	MIA	1405	1535
PA98	Y	13DEC	MIA	LHR	1830	0740
PA640	Y	13DEC	LHR	TXL	1030	1410+1

여행사실무문제 (20)

[1] 이등석은 Y, 편도요금은 왼쪽이므로 JPY237600

[2] 시드니경유의 여정은 From Tokyo to Sydney이므로 To SYDNEY, N.S.W., AUSTRALIA에서 정답을 구해야 한다. 따라서 고객이 원하는 날짜 및 시각은 5월 12일(목요일)이므로 목요일 출발편, 즉 6을 찾으면 QF22편임을 알 수 있다. 시드니 도착후 피지섬의 나디행은 다시 From Sydney To Nadi이므로 To NADI FIJI항목과 맨 아래에 나와 있는 시드니발 시각표에서 정답을 구해야 한다. QF22편의 시드니 도착시각은 0700 + 1이므로 날짜가 하루 경과된 5월 13일이 되며, 따라서 이날은 금요일이므로 5가 나와 있는 항공편을 골라 연결하면 된다. 따라서 정답은 PA812편. 그러나 여기서 중요한 것은 유효기간 체크. 유효기간이 E-MAR7로 나와 있어 3월 7일 이후 유효한 것이므로 탑승에 문제가 없다. 정답을 확인하면 ⓐQF, ⓑ22, ⓒ20, ⓓ30, ⓔ13, ⓕ07, ⓖ00, ⓗ16, ⓘ00, ⓙPA, ⓚ812, ⓛ13, ⓜ21, ⓝ45

[3] 호놀룰루 경유의 여정은 From Tokyo to Honolulu이므로 To HONOLULU, OHAU; HAWAII, USA 에서 정답을 구해야 한다. 여기서 목요일에 탑승가능한 항공편은 JL072편 2편이나 위의 것은 유효기간이 D-MAR31로 3월 31일 이후에는 적용불가하므로 제외. 따라서 정답은 밑에 나와 있는 JL072편. 호놀룰루 도착후 피지 섬의 나디행은 다시 From Honolulu To Nadi이므로 To NADI FIJI항목과 중간부분에 나와 있는 호놀룰루발 시각표에서 정답을 구해야 한다. JL072편의 호놀룰루 도착시각은 같은 날 1020분이므로 목요일 1020분 이후에 출발하는 편을 고르면 되므로 1235분에 출발하는 CP301편이 정답이다. 유효기간이 E-APR1이므로 4월 1일 이후 적용가능하여 별문제가 없다. 정답을 확인하면 ⓐJL, ⓑ072, ⓒ22, ⓓ10, ⓔ12, ⓕ10, ⓖ20, ⓗCP, ⓘ301, ⓙ12, ⓚ35, ⓛ13, ⓜ17, ⓝ05

[4] 호놀룰루

[5] (1) 동쪽은 E(East)이므로 ONT(온타리오) 따라서 정답은 ⓓ

(2) 아카풀코의 시간에는 CST(Central Standard Time) 즉 중부표준시이므로 정답은 ⓒ

(3) 직행편은 CONNECTIONS 위에서 찾아야 하며, 더구나 논스톱편은 오른쪽에 0이어야 하므로 DL305, DL923, UR648편 등 3편. 이들 3편 모두 토요일에 운항하므로 정답은 ⓒ

(4) MX528편은 왼쪽의 운항요일에 아무런 기재사항이 없으므로 매일 운항함을 알 수 있다. 따라서 정답은 ⓐ

(5) 야간편이란 오후 9시 이후를 의미하므로 여기서는 MX506편과 MX508편 2편. 따라서 정답은 ⓑ.

여행사실무문제 (21)

[1] (1)EH, (2)EH, (3)TS, (4)WH, (5)PO, (6)AP, (7)PA, (8)PA, (9)AT, (10)AP, (11)PA, (12)AP

[2]

No	NUC	MPM	TTPM	%	NEW MPM	ADJUSTED FARE
①	320	4771	5209	10	5248	352.00
②	248	5276	5277	5	5539	260.40
③	413	4239	4923	20	5086	495.60
④	503	5473	5945	10	6020	553.30

[해설] 이 문제를 풀기 위해서는 정찬종, 「여행사경영실무」, 백산출판사, 2001. 219쪽 참조.

[3] (1) TTPM은 HKG/TPE 492 + TPE/TYO 1330 = 1822마일. MPM은 TPE/TYO 2168마일이므로 1822 〈 2168이어서 직행운임이 그대로 적용된다. 따라서 HKG/TPE 구간요금 NUC435.89 ×환율(ROE) 7.80을 곱하면 HKD3399.942가 된다. 홍콩달러의 운임계산단위(R/U)는 1이므로 정답은 HKD3400

(2) TTPM은 TYO/SIN 3313 + SIN/BKK 894 = 4207마일. MPM은 TYO/SIN 3975마일이므로 4207 〉 3975이어서 커버가 안되므로 할증을 해야 한다. 따라서 4207 ÷ 3975 = 1.0583(factor)이 나오므로 ⇒10%를 인상해야 한다. 그러므로 정답은 NUC1562.30 x 1.1 = NUC1718.53. 여기에 환율(ROE) 115를 곱하면 JPY197630.95가 나오나 일본엔화의 운임계산단위(R/U)는 100이므로 정답은 JPY197700

(3) TTPM은 TPE/SEL 920 + SEL/OSA 511 = 1431마일. MPM은 TPE/OSA 1290마일이므로 1431 〉 1290이어서 커버가 안되므로 할증을 해야 한다. 따라서 1431 ÷ 1290 = 1.1093(factor)이 나오므로 ⇒15%를 인상해야 한다. 그러므로 정답은 TPE/OSA 구간 의 NUC319.50 x 1.15 = NUC367.42. 여기에 환율(ROE) 25를 곱하면 TWD9185.5001가 나오나 타이완달러의 운임계산단위(R/U)는 1이므로 정답은 TWD9186

(4) TTPM은 BKK/MNL 1368 + MNL/SEL 1631 = 2999마일. MPM은 BKK/SEL 2756마일이므로 2999 〉 2756이어서 커버가 안되므로 할증을 해야 한다. 따라서 2999 ÷ 2756 = 1.088(factor)이 나오므로 ⇒10%를 인상해야 한다. 그러므로 정답은 BKK/SEL 구간의 612.92 x 1.10 = NUC674.21. 여기에 환율(ROE) 25를 곱하면 THB16855.25이 나오나 태국 바트화의 운임계산단위(R/U)는 5이므로 정답은 THB16860.

[4] (1) 이등석 평상기 운임, (2)일등석 30일간 순회운임, (3)이등석 성수기 45일간 순회운임, (4)이등석 주중 15일간 순회운임, (5)이등석 야간 17일간 순회운임, (6)이등석 성수기 주말 1개월간 순회운임, (7)이등석 비수기 주중 야간 60일간 운임, (8)사전구입제 운임

여행사실무문제 (22)

[1] 도쿄에서 시애틀 구간은 태평양경유 운임이므로 여정지표는 PA이다. 따라서 정답은 PA의 직행마일 5791.

[2] 이등석 보통편도 운임이란 Y운임 중 글씨가 연하게 나온 부분이므로(진하게 나오면 왕복운임) 정답은 JPY154600

[3] TTPM은 TYO/HNL 3849 + HNL/SEA 2678 = 6527마일. MPM은 TYO/SEA 5791마일이므로 6527 〉 5791로 할증을 해야 하는 것으로 보이나, 태평양경유 여정 중 호놀룰루를 경유하면 TPM DEDUCTION 800마일을 적용할 수 있으므로 6527 − 800 = 5727이 되어 MPM으로 커버할 수 있게 된다. 따라서 정답은 직행운임이므로 JPY274500.

[4] AFFINITY GROUP이란 기성단체를 의미하며, 약어로는 GA이므로 GA 왕복(진한 글씨)운임 JPY243900이 정답.

여행사실무문제 (23)

[1] (1) MAD를 반환지점으로 한다는 것은 TYO/MAD까지를 OUTBOUND로 MAD/TYO구간을 INBOUND로 하여 요금을 계산한다는 것이므로, 여기서는 인바운드 구간인 TTPM MAD/TYO구간을 구하면 되므로 MAD/VIE + VIE/LON + LON/ROM + ROM/TYO = 1122 + 780 + 898 + 7335 = TTPM10155가 나오며, 복로는 ROM/DEL/TYO로 운항하므로 여정지표는 EH이다. 따라서 EH의 MPM10182와 비교하면 TTPM10155 〈 MPM10182(TS)이므로 직행운임 그대로 적용된다. 따라서 정답은 M.

(2) VIE를 반환지점으로 한다는 것은 TYO/VIE까지를 OUTBOUND로 VIE/TYO구간을 INBOUND로 하여 요금을 계산한다는 것이므로, 여기서는 아웃바운드 구간인 TTPM TYO/VIE구간을 구하면 되므로 TYO/MAD + MAD/VIE = 6795 + 1122 = 7917이며, TYO/VIE의 왕로 MPM과 비교하면 되나 여기서 왕로의 비행경로는 TYO/AMS/MAD이므로 여정지표는 TS이다. 따라서 TYO/VIE MPM7160(TS)과 비교하면 7917〈7160이므로 7917 ÷ 7160 = 1.1057(factor). 따라서 정답은 15M.

(3) LON을 반환지점으로 한다는 것은 TYO/LON까지를 OUTBOUND로 LON/TYO구간을 INBOUND로 하여 요금을 계산한다는 것이므로, 여기서는 아웃바운드 구간인 TTPM TYO/LON구간을 구하면 되므로 (2) + 780 = TTPM8697 〉 MPM7461(TS)이므로 8697 ÷ 7461 = 1.1656이므로 20%를 할증해야 한다. 따라서 정답은 20M.

(4) ROM을 반환지점으로 한다는 것은 TYO/ROM까지를 OUTBOUND로 ROM/TYO구간을 INBOUND로 하여 요금을 계산한다는 것이므로, 여기서는 아웃바운드 구간인 TTPM TYO/ROM구간을 구하면 되므로 (3) + 898 = TTPM9595 〉 MPM7375(TS)이므로 9595 ÷ 7375 = 1.3010이므로 할증요금의 최대범위인 25%를 초과하여 할증불가. 따라서 정답은 25M.

(5) 왕로요금 2099.99 + 복로요금 2099.99 = 4199.98

(6) 4199.98 ×149.5004(ROE) = JPY627898.689992 따라서 정답은 627900

여행사실무문제 (24)

[1] ① 1798.64, ② 1655.83(TYO/DFW) + ADD ON(0) = 1655.83, ③ 1854.33, ④ 6286 + 935 + 1415 = 8636, ⑤ TTPM8636 ÷ MPM8084 = 1.0682 ⇒ 10, ⑥ 1854.3 × 1.1 = 2039.76, ⑦2039.76 × 140.05 = 285668.338 ⇒ JPY285700, ⑧ (2039.76×$\frac{1}{2}$) = 1019.88 × 140.05 = JPY142834.194 ⇒ JPY142900, ⑨ 2039.76 × 0.1 = 203.97 × 140.05 = 28565.9985 ⇒ JPY28600

[2] (1) 도중하기(Stopover Point)란 어느 지점에서 24시간 이상을 체재하는 것이므로 여기서는 ROM가 정답.

(2) TYO/IST의 TTPM과 MPM과 비교하면 되므로 TYO/PAR + PAR/ROM + ROM/IST = 6110 + 687 + 852 = 7649마일. 왕로편이 TYP/PAR이 논스톱이므로 여정지표는 TS이므로 6906(TS)마일. 7649 〉 6906이므로 7649 ÷ 6906 = 1.1075 ⇒15M 따라서 정답은 15.

(3) 이 경우 여정요금은 Y운임인가 아니면 Y2운임인가를 결정하는 것이 관건. E490에 의하면 TRANSFER는 2회, 도중하기 불가이므로 Y2는 적용불가. 따라서 Y운임으로 결정한다. 즉 NUC3072.75 ×1.15 = NUUC3533.6625 ⇒NUC3533.66이 정답.

(4) TYO/PAR 구간은 경유지점이 없는 구간이므로 Y2 직행운임이 적용가능하므로 2360.04(TS). PAR/ROM/IST = 687 + 852 = TTPM 1539 〈 MPM 1670(PAR/IST) ⇒ M. 따라서 1016.89(TYO/IST) 〉 722.79(ROM/IST) 〉 614.56(PAR/ROM)이므로 전여정의 적용운임은 2360.04 + 1016.89 = NUC3376.93

(5) TYO/PAR/ROM의 TTPM 6797 〈 MPM 7376(TS) ⇒ M. TRANSFER 지점은 PAR 1회, 또한 연결지점(CONNECTION POINT)이므로 HIF(Higher Intermediate Point)는 불요. 따라서 Y2(TYO/ROM)의 2360.04와 ROM/IST 722.79의 합산요금이 전여정의 운임이다. 그러므로 정답은 전여정의 여정운임은 2360.64 + 722.79 = NUC3082.83

(6) 가장 싸게 요금을 산출한 NUC3082.83이 정답.

여행사실무문제 (25)

[1] TTPM : 1807 + 5698 + 723 = 8628 〉 MPM8517(EH) = 1.0130 ⇒5M이 정답.

[2] 4452.71 ÷ 2 = 2226.35(HRT) ×1.05 = 2337.67이 정답.

[3] TTPM : 657 + 440 + 5878 = 6975 〈MPM7261(TS) ⇒M. ∴ (TYO/ATH)NUC5209.33 ÷ 2 = 2604.66이 정답.

[4] ▲OUTBOUND TTPM 8628 + 657 = 9285 〉 9279(EH) 따라서 9285 ÷ 9279 = 1.0006 ⇒5M. (4923.15 ÷ 2) = 2461.57 × 1.05 = 2584.64 ▲INBOUND TTPM : 440 + 5878 = 6318〈 MPM7376(TS) ⇒M. ∴ (4923.15 ÷ 2) = 2461.57 = 2584.64 + 2461.57 = 5046.22 이 정답.

[5] ▲ROM을 반환지점(TAP)으로 할 경우 5046.21이나 CTM CHECK 공시운임 TYO/ROM 4923.15(HRT) = (TYO/MUC)4923.15(HRT)를 웃돌고 있으므로 OK. ▲ATH를 반환지점(TAP)로 할 경우 = 2337.66 + 2604.66 = 4942.32가 정답.

[6] 4942.32 ×127.54016 = 630344.2835 = JPY630400이 정답.

여행사실무문제 (26)

[1] EH(동남아시아 경유)

[2] 10240마일

[3] NUC6994.84

[4] M, 즉 TTPM : 3311 + 6487 = 10059 〈 MPM

[5] NUC3497.42 즉 6994.84 ÷ 2 = 3497.42

[6] TS 즉 MUC(유럽)/TYO가 논스톱임

[7] 7464마일

[8] 5M 즉 785 + 931 + 5866 = 7582 〉MPM ⇒ 7582 ÷ 7464 = 1.01 ⇒ 5M

[9] NUC3672 ≪6994.84(TS) ÷ 2 ≫ ×1.05 = 3672.29

[10] NUC7169.71 즉 3497.42 + 3672.29 = 7169.71

[11] NUC3847.16 즉 TTPM : 10059(TYO/LON) = 785 = 10844
10844 ÷ 10113 = 1.072(6994.84 ÷ 2) × 1.1 = 3847.16

[12] NUC3497.42 즉 TTPM : 6797 〈 MPM(TS)8154
6994.84 ÷ 2 = 3497.42

[13] NUC7344.58 즉 (11) + (12)

[14] NUC4371.77 TTPM : 10844(TYO/MAD) + 931 = 11775
11775 ÷ 9572 = 1.23 ⇒25M
(6994.84 ÷ 2) ×1.25 = 4371.77

[15] NUC3497.42 즉 논스톱구간이므로 M.
6994.84 ÷ 2 = 3497.42

[16] NUC7869.19 즉 (14) + (15)

[17] NUC7169.71

[18] JPY723200 즉 (17) ×ROE = 723136.66

여행사실무문제 (27)

[1] TTPM : 740 + 1631 = 2371 〉 MPM2254(EH) ⇒2371 ÷ 2254 = 1.0519 ⇒10M. ∴ 813.43 × 1.1 = 894.773 따라서 NUC894.77이 정답.

[2] TTPM 3331 + 174 = 3505 〈 MPM4158(EH) PEN까지 직행운임을 적용하면 (1796.78 ÷ 2) = 898.39 + 898.39 = 1796.78이나 HIF(중간높은 운임) TYO/KUL 1837.28이므로 이 요금까지 끌어올리지 않으면 안되므로 정답은 NUC1837.28.

[3] ▲OUTBOUND TYO/SEA 4776 〈 MPM 5731(PA) ⇒M. ▲INBOUND SEA/HNL/TYO 2678 + 3831 = 6509−800(HNL경유 DEDUCTION) = 5709 〈 MPM5731(PA) ⇒M. ∴ (2053.66 ÷ 2) = 1026.83 ⇒ 1026.63 + 1026.63 = 2053.66이 정답.

[4] 이 경우에는 SIN을 반환지점(TAP)으로 할 경우와, BKK를 반환지점(TAP)으로 할 경우, MNL을 반환지점(TAP)으로 할 경우 등 3개로 나누어 계산해 볼 수 있다. ▲SIN을 반환지점(TAP)으로 계산할 경우 ⇒ TTPM : 2868 + 1368 + 1478 = 5714 〉 MPM3975(EH) ∴ 5714 ÷ 3975 = 1.437 ⇒ 할증운임으로 계산불가. ▲BKK를 반환지점(TAP)으로 계산할 경우 ⇒ TTPM : 1368 + 1478 = 2846 〉 MPM1641(EH) ∴ 2846 ÷ 1641 = 1.7343 ⇒ 할증운임으로 계산불가. ▲MNL을 반환지점(TAP)으로 계산할 경우 ⇒ TTPM : 2868 = 1368 = 4236 〉 MPM3441(EH) ∴ 4236 ÷ 3441 = 1.2310 ⇒ 25M. 즉 NUC1161.30 ×1.25 = NUC1451.62 + NUC346.00 = NUC1797.62가 정답. 그러나 공시운임과의 비교를 해 보아야 하므로 ▲ TYO/BKK + BKK/MNL = 1161.30 + 350.22 = 1151.52 〉 TYO/MNL 818.43 ▲BKK/MNL + MNL/SIN = 350.22 + 346.00 =

696.22 > BKK/SIN 229.03 ▲TYO/SIN 1276.53을 모두 웃돌고 있으므로 문제될 것이 없다.

[5] 이 문제의 반환지점은 OSA에서 운임이 가장 비싼 KTM으로 하면 좋을 것이므로 OSA/KTM을 아웃바운드(왕로), KTM/OSA를 인바운드(복로)로 하여 요금을 계산하여 이들 요금을 합산하면 된다. ▲OUTBOUND TTPM : 269 + 1879 + 1368 + 1369 4885 > MPM 4804(EH) ∴ 4885 ÷ 4804 = 1.016 ⇒ 5M. ▲INBOUND TTPM : 1840 + 1545 = 3385 MPM 4804(EH) ∴ (2684.34 ÷ 2) = NUC1342.17 ×1.05 = 1409.27 따라서 왕로의 요금과 복로운임을 더하면 되므로 NUC1409.27 + 1342.17 = NUC2751.44가 정답.

여행사실무문제 (28)

[1] -① **[2]** -① **[3]** -② **[4]** -② **[5]** -② **[6]** -③ **[7]** -③ **[8]** -② **[9]** -④ **[10]** -③ **[11]** -② **[12]** -① **[13]** -④ **[14]** -① **[15]** -④ **[16]** -④ **[17]** -③ **[18]** -④ **[19]** -④ **[20]** ①-a ②-c ③-b **[21]** -④ **[22]** -① **[23]** -④ **[24]** -② **[25]** -④ **[26]** -④ **[27]** -① **[28]** -④ **[29]** -③ **[30]** -③ **[31]** -② **[32]** -③

여행사실무문제 (29)

[1] -③ **[2]** -④ **[3]** -① **[4]** -③ **[5]** ①-d ②-a ③-c ④-b **[6]** -④ **[7]** -② **[8]** 1-478 2-30200 3-6953 4-5760 5-517 **[9]** 1-SOTI 2-SITI 3-SITI 4-SOTI 5-SITI 6-SITI **[10]** 1-809.23 2-27.51 3-15.78 4-189.22 5-22.59 **[11]** 1-GMP 2-KWJ 3-KAG 4-KUN 5-YEC 6-CJU 7-SSN 8-ICN 9-WJU 10-PUS 11-USN 12-SHO 13-MPK 14-TAE 15-HIN 16-KPO 17-RSU 18-CJJ **[12]** -③ **[13]** -④ **[14]** -① **[15]** -④ **[16]** ①-O ②-X ③-O ④-X ⑤-X ⑥-O ⑦-X ⑧-O ⑨-X ⑩-O ⑪-O ⑫-O ⑬-X ⑭-O ⑮-O **[17]** ①-ⓓ ②-ⓒ ③-ⓕ ④-ⓐ ⑤-ⓑ ⑥-ⓔ ⑦-ⓖ ⑧-ⓙ ⑨-ⓘ ⑩-ⓗ ⑪-ⓚ ⑫-ⓛ ⑬-ⓜ

여행사실무문제 (30)

견적서 양식은 정찬종, 여행사경영실무, 백산출판사, 2009.를 참고할 것. 이 일정은 서울 1박 경주 1박의 열차를 이용한 일정이다. ①우선 호텔가격은 2인1실이 기본이므로 서울지역 특1급 호텔 288,600원의 ½ 가격인 144,300원, 경주지역 특1급 호텔 174,800원의 ½ 가격인 87,400원, 합계 231,700원(1인당)이 숙박료이다. ②다음은 식대로서 서울지역 호텔조식 24,200원, 경주지역 호텔조식 19,360원 + 점심 15,000원 × 2끼 = 30,000, 저녁 15,000원 × 2끼 = 30,000 합계 103,560원. ③포터비 및 입장료 : 1,300 + 2,400 + 1,500 + 300 + 4,000 + 1,300 + 700 + 1,200 + 2,000 = 14,700원. 티켓대금 서울/경주 간 새마을호 열차비 1인당 31,410원. 합계 46,110원. ① + ② + ③ = 381,370원. 381,370원 × 2/36 = 21,187원(Surcharge). 따라서 381,370 + 21,187 = 402,557원(Unit Price A). ④교통비 : 제1일 서울지역 S6번 적용 210,000원, 제2일 서울지역 S56번 + 부산지역 B16번을 적용하면 140,000원 + 372,000원 = 512,000원. 제3일 부산지역 B16번을 적용 372,000원. 합계 1,094,000원. ⑤운전기사 10,000원 × 4 = 40,000원(2일째 운전기사는 서울기사 및 부산기사가 동시에 나오므로 1명이 추가됨). ⑥안내원요금 30,000원 × 3일 = 합계 90,000원. ⑦안내원출장비 서울/경주 새마을호 비용 31,410원. ⑧고속도로 통행료 (서울–인천공항 왕복) + (부산–경주 왕복) = (11,200× 2) + (4,100× 2) = 합계 38,600원. 따라서

④+⑤+⑥+⑦+⑧ = 1,294,010원. 1,294,010원 ÷ 36명 = 35,944원(1인당).(Unit Price B) ∴ (Unit Price A) + (Unit Price B) = 438,501원. 438,501원에 대한 핸드링 차지(커미션 10%) = 43,850원.(Unit Price C). ⑨공항세 및 관광진흥기금 25,000원. (Unit Price D). ∴ Fixed Quotation(Unit A+B+C+D) = 507,351원. ⇒ 확정요금 508,000원이 정답.

여행사실무문제 (31)

견적서 양식은 정찬종, 여행사경영실무, 백산출판사, 2009.를 참고할 것. 이 일정은 서울 1박 경주 1박의 항공기를 이용한 일정이다. ①우선 호텔가격은 2인1실이 기본이므로 서울지역 특1급 호텔 288,600원의 $\frac{1}{2}$ 가격인 144,300원, 경주지역 특1급 호텔 174,800원의 $\frac{1}{2}$ 가격인 87,400원, 합계 231,700원(1인당)이 숙박료이다. ②다음은 식대로서 서울지역 호텔조식 24,200원, 경주지역 호텔조식 19,360원 + 점심 15,000원 × 1끼 = 15,000원, 저녁 15,000원 × 2끼 = 30,000원. 합계 88,650원. ③포터비 및 입장료 : 1,300 + 2400 + 1500 + 1200 + 700 + 4000 = 11,100원, 티켓대금 서울/부산 간 국내선 항공료 1인당 78,900원. 합계 90,000원. ① + ② + ③ = 410,350원. 410,350원 × 2/36 = 22,797원(Surcharge). 따라서 410,350 + 22,797 = 432,147원(Unit Price A). ④교통비 : 제1일 서울지역 S6번 적용 210,000원, 제2일 서울지역 S56번 + 부산지역 B16번을 적용하면 140,000원 + 372,000원 = 512,000원. 제3일 부산지역 B16번을 적용 372,000원. 합계 1,094,000원. ⑤운전기사 10,000원 × 4 = 40,000원(2일째 운전기사는 서울기사 및 부산기사가 동시에 나오므로 1명이 추가됨). ⑥안내원요금 30,000원 × 3일 = 90,000원. ⑦안내원출장비 서울/부산 국내선항공료 78,900원. ⑧고속도로 통행료 (서울–인천공항 왕복) + (부산–경주 왕복) = (11,200× 2) + (4100× 2) = 38,600원. 따라서 ④+⑤+⑥+⑦+⑧ = 1,341,500원 ÷ 36명 = 37,263원(1인당). (Unit Price B) ∴ (Unit Price A) + (Unit Price B) = 469,410원. 469,410원 대한 핸드링 차지(커미션 10%) = 46,941원. (Unit Price C). ⑨공항세 및 관광진흥기금 25,000원. (Unit Price D). ∴ Fixed Quotation(Unit A+B+C+D) = 541,351원. ⇒ 확정요금 542,000원이 정답.

여행사실무문제 (32)

견적서 양식은 정찬종, 여행사경영실무, 백산출판사, 2009.를 참고할 것. 이 일정은 서울 1박 제주 1박의 항공기를 이용한 일정이다. ①우선 호텔가격은 2인1실이 기본이므로 서울지역 특1급 호텔 288,600원의 $\frac{1}{2}$ 가격인 144,300원, 제주지역 특1급 호텔 310,800원의 $\frac{1}{2}$ 가격인 155,400원, 합계 299,700원(1인당)이 숙박료이다. ②다음은 식대로서 서울지역 호텔조식 24,200원, 제주지역 호텔조식 22,990원 + 점심 15,000원 × 2끼 = 30,000원, 저녁 15,000원 × 2끼 = 30,000 합계 107,190원. ③포터비 및 입장료 : 1,300 + 300 + 1,400 + 2,400 + 1,500 + 2,000 + 2,500 + 800 = 18,100원, 티켓대금 서울/제주 간 국내선 항공료 1인당 92,900원. 합계 111,000원. ① + ② + ③ = 517,890원. 517,890원 × 2/36 = 28,771원(Surcharge). 따라서 517,890 + 28,771 = 546,661원. (Unit Price A). ④교통비 : 제1일 서울지역 S6번 적용 210,000원, 제2일 서울지역 S56번 + 제주지역 J3번을 적용하면 140,000원 + 155,000원 = 295,000원. 제3일 제주지역 J7번을 적용 265,000원. 합계 770,000원. ⑤운전기사 10,000원 × 4 = 40,000원(2일째 운전기사는 서울기사 및 제주기사가 동시에 나오므로 1명이 추가됨). ⑥안내원요금 30,000원 × 3일 = 90,000원. ⑦안내원출장비 서울/제주 항공료 78,900원. ⑧고속도로 통행료 (서울–인천공항 왕복) 11,200 × 2 = 22,400원, 따라서 ④+⑤+⑥+⑦+⑧ = 1,001,300원. 서차지 1,001,300원 ÷

36명 = 27,813원(1인당). (Unit Price B) ∴ (Unit Price A) + (Unit Price B) = 574,474원. 574,474원에 대한 핸드링 차지(커미션 10%) = 57,447원. (Unit Price C). ⑨공항세 및 관광진흥기금 25,000원. (Unit Price D). ∴ Fixed Quotation(Unit A+B+C+D) = 656,921원. ⇒ 확정요금 657,000원이 정답.

여행사실무문제 (33)

[1] ①-ⓗ ②-ⓒ ③-ⓟ ④-ⓕ ⑤-ⓖ ⑥-ⓞ ⑦-ⓘ ⑧-ⓜ **[2]** -④ **[3]** ①-ⓖ ②-ⓘ ③-ⓜ ④-ⓙ ⑤-ⓓ ⑥-ⓕ ⑦-ⓔ ⑧-ⓛ ⑨-ⓗ ⑩-ⓒ ⑪-ⓐ **[4]** ①-ⓒ ②-ⓐ ③-ⓑ ④-ⓔ ⑤-ⓓ **[5]** ①-X ②-X ③-O ④-O ⑤-O ⑥-X ⑦-O ⑧-X ⑨-O ⑩-X **[6]** ① (A)-X (B) O ② (A)-O (B)-X ③ (A)-O (B)-X ④ (A)-X (B)-O **[7]** ①-O ②-O ③-O ④-X ⑤-O ⑥-X ⑦-O ⑧-X ⑨-O ⑩-X **[8]** ①-X ②-O ③-X ④-X ⑤-X

여행사실무문제 (34)

[1] ① + 1 ② + 8 ③ + 1 ④ + 8~ + 10.5 ⑤ + 7 ⑥ + 8 ⑦ + 5.5 ⑧ -5~-10 ⑨ -10 **[2]** -③ **[3]** ①-ⓔ ②-ⓒ ③-ⓓ ④-ⓑ ⑤-ⓐ ⑥-ⓕ ⑦-ⓖ ⑧-ⓘ ⑨-ⓗ **[4]** -① **[5]** -④ **[6]** -④ **[7]** -③ **[8]** -② **[9]** -④ **[10]** -③ **[11]** -④ **[12]** ①-ⓓ ②-ⓐ ③-ⓔ ④-ⓖ **[13]** ①-X ②-O ③-X ④-X ⑤-O **[14]** ①-ⓒ ②-ⓗ ③-ⓓ ④-ⓕ ⑤-ⓔ ⑥-ⓐ ⑦-ⓑ ⑧-ⓖ **[15]** -①, ②, ③ **[16]** ①-ⓕ ②-ⓑ ③-ⓑ ④-ⓐ ⑤-ⓗ ⑥-ⓘ **[17]** -④ **[18]** -① **[19]** -④ **[20]** -①

여행사실무문제 (35)

[1] ①-O ②-O ③-X **[2]** ①-O ②-O ③-X ④-X ⑤-X ⑥-O ⑦-O **[3]** ① ㉮-ⓕ, ㉯-ⓓ ②-ⓑ ③-ⓐ ④ ㉮-ⓖ, ㉯-ⓗ **[4]** ①-O ②-O ③-X ④-X ⑤-X ⑥-O ⑦-O ⑧-O ⑨-O ⑩-X ⑪-X ⑫-X **[5]** ▲종교란에 무종교로 적으면 파렴치한 사람으로 취급될 우려가 있음. ▲음주금지【지입금지 : 사우디아라비아, 리비아】 ▲인샬라(신의 뜻) 부크라(내일 언젠가) - 약속이 잘 지켜지지 않음. ▲스크(시장)에서의 요금교섭 ▲이슬람사원에서의 촬영금지 ▲예배중 접근금지 ▲여성에게 사진촬영요구 금지 **[6]** ▲모자 ▲선그라스 ▲쌍안경 ▲점퍼 ▲옷솔 ▲회중전등 ▲살충제 ▲키니네 등 의약품 **[7]** ①-O ②-X ③-O ④-O ⑤-X **[8]** ①-O ②-O ③-X ④-O ⑤-O **[9]** ①-O ②-O ③-O ④-O ⑤-O ⑥-X ⑦-X ⑧-O ⑨X- ⑩-O

여행사실무문제 (36)

[1] ①-X ②-O ③O- ④-X ⑤-O **[2]** ①-ⓒ ②-ⓕ ③-ⓐ ④-ⓔ ⑤-ⓚ **[3]** ①-X ②-**0** ③-X **[4]** ①-O ②-X ③-O ④-X ⑤-O **[5]** ①-ⓒ ②-ⓑ ③-ⓑ ④-ⓒ **[6]** ①-X ②-O ③-O ④-X **[7]** ①-ⓒ ②-ⓒ ③-ⓖ ④-ⓐ **[8]** ①-O ②-X ③-O ④-X **[9]** ①-O ②-X ③-O ④-O

여행사실무문제 (37)

[1] (가) ⓒ, ⓔ (나) ⓒ (다) ⓔ, ⓗ (라) ⓙ, ⓜ **[2]**-② **[3]** -③ **[4]** -④ **[5]** -② **[6]** -③ **[7]** -② **[8]** -① **[9]** -④ **[10]** -② **[11]** -③ **[12]** -③ **[13]** -③ **[14]** -① **[15]** -② **[16]** ①-O ②-O ③-X ④-X ⑤-X **[17]** ①-O ②-X ③-O ④-X ⑤-X **[18]** ①-ⓑ ②-ⓑ ③-ⓑ ④-ⓒ ⑤-ⓙ ⑥-

ⓕ ⑦-ⓔ ⑧-ⓓ ⑨-ⓗ ⑩-ⓒ ⑪-ⓐ ⑫-ⓘ ⑬-ⓖ **[19]** ①-ⓛ ②-ⓖ ③-ⓓ ④-ⓒ ⑤-ⓚ ⑥-ⓜ ⑦-ⓗ ⑧-ⓑ **[20]** -① **[21]** -② **[22]** -④ **[23]** -④ **[24]** -④ **[25]** -② **[26]** -① **[27]** -④ **[28]** -② **[29]** -② **[30]** -④

여행사실무문제 (38)

[1] 1-are flying, 2-weather in, 3-land in, 4-another help of, 5-work reclining, 6-taking orders, 7-let you know, 8-plug in, 9-shown before, 10-does it take,

[2] 1-have to open all of our, 2-everything out, 3-a gift for, 4-perishable keeps, 5-pamphlets, 6-tour conductor' s

[3] 1-in the bus, unload, 2-resister, have made, 3-rooming list, No, so far, 4-two singles, of one twin room, 5-a local elevator, 6-could not find, to room number 508. 7-porters, the wrong room, 8-keep this baggage, 9-have outside seat, 10-pitcher with water, 11-put on coat, ties, 12-sunny side up, slice of bacon, 13-"chef"s suggestion" for today, 14-bill, it to, 15-any incidentals, 16-rate of exchange 17-break, into 18-electric, bathroom, doesn' t work what, 19-doesn' t flush, check, 20- left my room key, door with a master key,

여행사실무문제 (39)

[1] 1-make an international call to, 2-on person to person to call, it a collect call, 3-hang up, wait, 4-you charge, 5-reconfirm our reservations, 6-at least one hour before the take off time, 7-the bus to meet us, 8-pay extra, 9-disband our party, leave the party, 10-leave our things, 11-move down the departure time, 12-go round anti-clockwise, 13-with pencil notation, 14-the special products, 혹은 specialities, 15-accept traveler' s check,

[2] 1-fever 또는 temperature, 2-diarrhea, 3-constipation, 4-neurosis, 5-athlete' s foot, 6-perspiration, 7-feeling chilly, 8-abdominal pain, 9-sore eyes,

[3] 1-통행금지(사유지가 많음), 2-정차금지, 3-최저음식요금, 4-나이트클럽 등에서 커버요금이 없는 것, 5-입장금지

[4] 1-very superior old pale(브랜디의 품질표시) 2-r pondez s' il vous plait(프랑스어로 부디 답신을 주십시오의 뜻) 3-estimate time of arrival(도착예정시각) 및 estimate time of departure(출발예정시각) 4-니로마 숫자로서 1,665,(M은 1,000, D 는 500, C는 100, L은 50, X는 10, V는 5) 5-AD는 Anno Domini(기원후) BC는 Before Christ(기원전)

[5] 1-ⓕ 2-ⓑ 3-ⓗ 4-ⓔ 5-ⓐ

[6] 1-Is this the ABC airlines? (give me) group desk please. We will take ABC airline' s flight 009 to New York this Saturday afternoon. We' d like to reconfirm reservation for our party of 32 people in all. 2-Did you make reservations when you purchased the air tickets? 3-Yes I did it in Seoul. 4-May I have your group' s name? 5-It' s Mushiro tours. 6-I don' t see your name on the reservation list. 7-It could be listed MSR tour. Could you check it again, please. 8-Hold the line a minute, Yes I have it now, 32 seats are now confirmed on flight 009 to New York this Saturday afternoon. May I ask your local contact? 9-I am at ABC hotel. with telephone number 212-6031. extension 1524. My name is Hong, Gil-Dong.

[7] 1-ARRIVED SFO SAFELY. EVERYTHING FINE EVERYONE HAPPY.
2-ARRIVED HONOLULU BUT MEETING TRANSFER NOT PROVIDED AS UNABLE CONTACTING OPERATOR ON HOLIDAY HOWEVER CHECKED IN BY TAXI WAIKIKI HOTEL WHO SAY WE ARRIVED ONE-DAY EARLIER RECORD SHOWS FIVE NIGHTS 1/16-21 WILL CONTACT OPERATOR ASAP TO RESCHEDULE MEANWHILE MEMBER ARE OK AND ENJOYING AFTER FREE TIME PLEASE CHECK YOUR CORRESPON AND MAKE CORRECTION FROM YOUR SIDE TOO. 3-DUE TO BLIZZARD LONDON AIRPORT CLOSED HIGHWAYS BLOCKED RAILWAYS PARALYZED EVERYONE CANNOT MOVE ASSUMING AIRPORT OPENS DAY AFTER TOMORROW BOOKED BA 106 ETA 4PM PLEASE MEET ARRIVAL AND ADJUST HOTEL BOOKING AND LAND ARRANGEMENTS ACCORDINGLY. 4-TOUR WENT NICELY SO FAR EVERYONE IS GOING HOME HAPPILY BY KE 819 AS SCHEDULED.

[8] 1-속달우편, 2-속달우편, 3-등기우편, 4-사서함

[9] 1-as soon as possible 2-account 3-bank 4-center 5-confirm 6-charge 7-do all possible efforts 8-destination 9-each 10-out of 11-full day 12-guide 13-I owe you 14-public address 15-per person 16-party 17-person 18-reply 19-service 20-vice versa

[10] 1-②, 2-④, 3-②, 4-②

여행사실무문제 (40)

[1] ⓐ여행수배내용의 검토와 수배담당자와의 협의, ⓑ여행자와의 계약내용 숙지, ⓒ단원에 대한 예비지식 및 수배담당자와의 연락. ⓓ여행목적국의 여행사정 파악, ⓔ긴급조치에 대해서의 공부, ⓕ여행휴대품의 준비(단원명부 및 바우처, 항공권 등)

[2] ⓐ면세구입품은 휴대수하물로 할 것을 알린다. ⓑ위탁수하물 수와 수하물표의 수를 확인한다. ⓒ항공권의 확인, 특히 플라이트 쿠폰의 오 · 절단은 없는지의 확인, ⓓ예방접종 증명서의 검역인 확인, ⓔ외국제품 및 고가품 휴대자는 고가품 신고서를 미리 작성하도록 주의환기, ⓕ관광진흥기금 및 공항세 영수증, 출입국신고서 등 확인.

[3] 단원 전체가 눈에 띄도록 단원좌석의 최후미, 더욱이 좌석의 이석이 자유롭도록 창문쪽을 배제하고 통로쪽을 선택함

[4] ⓐ공항에서 수령한 하물표와 버스에 실은 하물의 수를 확인, ⓑ버스에 승차한 인원수를 확인, ⓒ시계를 현지시간으로 조정, ⓓ호텔명과 호텔까지의 소요시간, ⓔ현지통화의 환산율 등 설명, ⓕ개인적 서비스에 대한 팁의 기준액, ⓖ특히 유의해야 할 현지습관, ⓗ차창밖에 비치는 연도의 주요목표에 대한 간단한 설명.

[5] ⓐ하물수의 확인, ⓑ방 배정(계약내용과 호텔에서 준비한 것을 확인, 여행 모든 기간 공평한 배정원칙), ⓒ열쇠분배, 인솔자의 객실번호를 알림, ⓓ객실과 객실간 연락방법 및 국제전화 사용법 안

내, ⓔ차후의 일정 및 장소, 복장 미팅시각 숙지시킴, ⓕ비상사태발생시의 탈출구의 숙지

[6] ⓐ이용항공편의 출발시각의 변경사항 확인, 이상이 있을 경우 체크아웃타임의 변경, ⓑ 단체하물의 집하 및 호텔정산은 사전에 호텔측과 연락하여 신속하게 진행, ⓒ하물 및 인원점검, ⓓ귀중품 보관소에 맡긴 것 확인, ⓔ호텔 방열쇠의 반환여부 확인

[7] ⓐ미리 현지여행사와 연락을 취해 관광버스의 배차시각, 주차위치 등 협의, ⓑ관광코스(개소)의 협의, ⓒ단원에게 복장 등의 설명(특히 교회나 사원, 고급식당 이용시 주의), ⓓ영국의 버킹검궁전, 파리의 리도쇼 등 일시에 버스가 쇄도하는 구역에서는 자신이 탄 버스의 특징, 번호를 외우고 있지 않으면 곤란하므로 이를 숙지시킴.

[8] ⓐ방문처는 공장이나 연구소로 버스운전수도 거의 가지 않는 곳이므로 미리 장소를 확인하고 시간적 여유를 가지고 출발한다. (예정방문시간이 지나서 가는 것은 절대로 피해야 함), ⓑ단장에게 다음 사항을 조언을 한다, ▲질문이 중복되지 않도록 단원간 사전 조율한다, ▲방문시의 간단한 선물전달(여유 있게 준비)

[9] ⓐ조식은 호텔에서, 중 · 석식은 시내식당에서 하는 것이 일반적이므로 교통비 등이 가산되지 않는 범위에서 수배하는 것이 무난, ⓑ식사시간은 밀리는 시간은 가급적 피하고 약간 일찍, 또는 약간 늦게 하는 것이 좋다, ⓒ일반적으로 식당에서의 에티켓은 ▲공석이 있다고 아무데나 앉지 않음(단 카페테리아의 경우는 예외), ▲식당에 가방이나 오버 등을 가지고 가서는 곤란함, ▲테이블 크로스 위에 수건 등 물건을 놓지 말 것.

[10] ⓐ미착(분실)하물의 영수증(클레임택)을 조사하여 잘 보관한다, ⓑ항공사 직원에게 사정 설명을 하고, 소정의 서류에 필요사항을 기입하여 제출함과 더불어 그 부본(copy) 을 보관한다. 이 작업을 할 때 하주를 입회시킨다, ⓒ하물발견 가망성이 없는 경우에는 해당인이 여구(旅具)가 없어 불편하므로 항공사와 사전연락을 취해 일용품구입비(DNF)를 활용한다(이때 물품구입 영수증을 보관토록 함), ⓓ상기에 대한 항공사의 변상은 바르샤바조약에 의한다, ⓔ항공사는 잃어버린 물건의 전액에 대해 변상해야 하는 것이 아니라 항공사측이 져야 할 책임사항은 규정되어 있는 대로 현금, 유가증권, 모든 소프트웨어, 보석, 귀중품, 상품견본, 서류, 파손되기 쉬운 것, 부패되기 쉬운 것에 대해서는 분실, 파손, 변질에 관해서 책임이 면제된다.

[11] ⓐ단체와 그 하물이 이동 중 어느 단계에서 사고가 발생했는지를 판단하여 관계책임자에게 조사를 의뢰한다, ⓑ이용교통기관이나 현지 지상수배업자 등 관계자와 협의하여 그 책임을 확실히 하도록 교섭함과 동시에 하물발견시의 처치 즉 발견통지처나 하물배송방법 등을 협의해 둔다, ⓒ발견이 불가능할 경우에는 후일의 배상교섭을 위해 사고발생사실을 인지하는 문장을 상대방으로부터 받아둔다.

[12] ⓐ하물을 각 방에 넣을 때, 잘못 넣을 수 있기 때문에 그것을 확인한다. 특히 빈방에 하물이 들어간 경우에는 발견이 늦어져 일을 어렵게 한다, ⓑ하물에 방 번호를 기입하는 경우 틀리지 않도록 주의시킨다.

[13] ⓐ귀중품은 호텔의 귀중품보관소에 의뢰하도록 의무화되어 있다. 따라서 호텔내에서 귀중품을 분실해도 호텔측의 변상의무는 없다고 보아야 한다, ⓑ그러나 이러한 사고가 발생한 경우, 곧바로 호텔책임자에게 통지하고 조사의뢰를 함과 더불어 관할경찰서에 신고하도록 조치한다, ⓒ출발시까지 발견되지 않을 때에는 이후의 여정이나, 인솔자의 성명, 회사명 등을 호텔측에게 기록

시켜 본국으로 조치하도록 한다. ⓓ여행자수표(T/C)의 분실 및 도난의 경우에는 분실한 T/C번호를 통지하여 재발행 받는다.

[14] ⓐ구급용 의약품으로 처치가 안될 환자의 응급처치의 경우 호텔에 투숙중일 경우에는 호텔의 협력을, 여행중인 경우에는 여행사의 협력을 받는다. ⓑ중태로 병원에 가야만 하는 환자의 경우에는 의사의 내진을 의뢰하지만, 그 때 환자의 병상을 미리 의사에게 통지하여 지시를 받아 둔다. 특히 뇌일혈환자처럼 절대안정을 필요로 하는 경우에는 환자를 무리하게 움직이면 위험하다. ⓒ단원이 입원할 경우에는 ▲환자를 돌볼 것인가, 환자를 남겨두고 단체를 인솔할 것인가 환자의 상태와 단체의 상태를 비교하여 단원의 동의를 얻어 결정한다. ▲인솔자가 2인 이상의 경우, 가능하면 1명을 환자에게 붙여 돌보게 한다. ▲비교적 병상이 가볍고 잔류할 필요가 없을 경우에는 단체와 이별 후의 환자가 입원치료에 지장이 없도록 최대의 처치를 해둔다. 이 경우 현지 여행사나 호텔의 협력을 얻는 수밖에 없다. 이는 케이스 바이 케이스이나 협력을 얻으려면 연락이 우선적으로 전제되어야 한다. ▲어느 경우에도 인솔자가 속한 여행사의 본사에 연락하고 가족에게 사실을 알리는 것이 중요하다. ⓓ환자를 병원에 남길 경우의 점검사항, ▲환자에게 항공권 및 여권 등을 건네줄 것. ▲항공사의 예약변경 확인. ▲자사를 통해 환자의 집에 연락을 취한다. ▲현지주재의 대한민국 공관에의 연락을 취함 ▲입원비의 문제, 보험금의 문제 확인 등.

[15] ⓐ즉시 국제전화로 자사에 긴급연락을 취함. 보고사항은 ▲사망인의 성명, ▲사망일시, 장소, 사인(死因), ▲유체의 현재위치와 금후의 처치방법, ▲인솔자의 연락처(호텔 등의 전화번호), ---유족에의 연락은 본사에 의뢰. ⓑ유족이 현지에 올 때에는 그 호텔 방을 예약해 둔다. ⓒ유족이 현지에 오지 않을 때에는 현지 또는 가까운 대한민국 대사관 또는 영사관과 긴급연락을 취해 유체의 처치에 대해 지시를 받아둔다. ※주의사항 ▲현지에서의 화장은 종교상의 관습에서 유족의 도착을 기다리지 않으면 불가능한 경우가 있다. ▲유체는 항공화물로서 한국으로 수송할 수 있으나, 사용하는 관의 형태나 규격은 엄격히 제한되어 있으며, 입관시 다량의 드라이아이스가 들어가므로 제작에 주의를 요한다. ⓓ이러한 최악의 비상사고는 인솔자가 단독으로 처리할 수 있는 것이 아니라 현지관계자의 조력을 기다려야 궁지를 탈출할 수 있으므로 냉정하게, 다른 단원의 동요를 극력 저지해야 한다.

[16] ⓐ항공사와 상담하여 타항공사에 탑승이 가능하도록 하는 것이 우선적이다. 이 때 2~3기로 나눠어 단체분리행동을 해야만 하는 경우도 생길 수 있다. ⓑ만약 승환예약이 안될 경우에는 기차 또는 버스 등으로 승환한다. 이 경우 비용은 항공사 부담으로 행하도록 교섭한다. ⓒ상기의 경우는 어느 것도 예약의 변경이기 때문에 여행약관에 정해진대로 처리하면 되고, 단원의 동의를 얻어 실행한다. ⓓ행선지에의 도착시각, 호텔도착시각 등을 선방(先方)에게 연락하여 혼란이 생기지 않도록 주의한다.

[17] ⓐ단체여행상해보험에 반드시 가입시킨다. ⓑ단원 각자에게도 상해보험의 취지를 이해시키고 개별적으로도 가입을 권유한다. ⓒ자사에 연락한 경우, 만약 밤중이거나(시차관계) 휴일, 일요일이거나 하여 사무실에 연락을 취할 수 없을 경우에 대비하여 상사 또는 회사의 책임자 자택전화번호 리스트를 준비해 둔다. ⓓ구급용 의약품을 어느 정도 구비해 지참한다. 또한 단원에게는 지병에 대한 약품을 준비해 가도록 주의를 환기시킨다.

[18] ⓐ 단원에게 주지시킬 주의사항 ▲현금, 유가증권, 귀중품을 화물에 넣지 않도록 주의, ▲너무

호화스러운 가방은 눈에 띄므로 가급적 갖고 가지 않도록 주의, ▲열쇠가 튼튼한 것인지 확인, ▲입국시보다 출국시에 주의를 더할 것. ⓑ 인솔자 주의사항 ▲ 만약 피해발생시에는 항공사에 피해신고서를 작성할 것.

[19] 한국인은 서명습관이 없어 대필을 하는 사람이 있으나, 이것은 절대적으로 금물임. 이것도 하나의 범죄임을 인식해야 함.

[20] ⓐ항공사의 카운터나 호텔의 프론트 직원과의 대화정도는 최저 필수요건임. ⓑ한국어 가이드가 없는 지역(중남미)의 경우 어느 정도의 관광내용을 숙지하여야 함. ⓒ업무방문의 경우 다소의 전문용어를 습득하여야 함. ⓓ외국여행중 외국어가 자주 이용되는 곳. ▲항공사, 호텔 카운터, ▲지방 여행업자와의 교섭, ▲호텔에서 교환원을 통해 전화할 때, ▲단원중 환자가 발생했을 경우 병원에서 의사와 대화시, ▲쇼핑시 단원이 물건을 고를 때 현지 판매원과의 대화시, ▲코치투어를 할 때 운전기사와 대화시 등

[21] 인솔자는 회사의 명령에 따라 회사를 대표하는 여정관리자이다. 인솔자는 회사와 여행자의 여행계약 이행은 물론 여행사로서 당연히 해야 할 상식적 서비스를 제공하는 것이다.

[22] ⓐ여정관리 서비스내용은 원칙적으로 미리 정해진 여행일정상 단체행동을 하기 위해 필요한 업무에 국한된다, ⓑ원칙적으로는 08:00시 20:00시까지의 업무이다. 따라 서 이 시간을 벗어난 여행서비스의 요구는 경우에 따라 거절할 수 있다, ⓒ여행을 원활히 진행하기 위해 여행자는 인솔자의 지시에 따라주도록 요구할 수 있다, ⓓ여행자가 인솔자의 지시에 불복종하거나 법령 또는 미풍양속을 저해하는 행위에 의해 여행의 원활한 실시에 지장이 있는 경우, 여행도중이라고 하더라도 당해 여행자에게 여행계약의 해지를 요구할 수 있다.

여행사실무문제 (41)

[1]-④ **[2]**-④ **[3]**-② **[4]**-② **[5]**-③ **[6]**-② **[7]**-③ **[8]**-② **[9]**-① **[10]**-① **[11]** ①-㉣ ②-㉢ ③-㉢ ④-㉡ **[12]**-② **[13]**-④ **[14]**-③ **[15]**-② **[16]**-① **[17]**-② **[18]**-① **[19]**-② **[20]**-③

여행사실무문제 (42)

[1]-④ **[2]**-① **[3]**-② **[4]**-③ **[5]**-③ **[6]**-② **[7]**-③ **[8]**-① **[9]**-③ **[10]**-③

여행사실무문제 (43)

[1]-③ **[2]**-① **[3]**-③ **[4]**-② **[5]**-① **[6]**-① **[7]**-③ **[8]**-② **[9]**-④ **[10]**-④ **[11]**-③ **[12]**-② **[13]**-③ **[14]**-① **[15]**-① **[16]**-② **[17]**-② **[18]**-① **[19]**-② **[20]**-③

여행사실무문제 (44)

[1]-① **[2]**-① **[3]**-③ **[4]**-② **[5]**-③ **[6]**-④ **[7]** ①-퀼른 ②-피렌체 ③-쥬네브 ④-프라하 ⑤-나폴리 ⑥-베네치아 **[8]**-③ **[9]**-③ **[10]**-④ **[11]**-④ **[12]**-① **[13]**-④ **[14]**-② **[15]**-① **[16]**-④ **[17]**-④ **[18]**-③ **[19]**-③ **[20]**-③ **[21]**-②

여행사실무문제 (45)

[1] (1)-우등석보통편도운임 (2)-OW (3)-5M (4)-(344.35 X 1.057) = 3619.71 (5)-3619.71 (6)-(3619.71 × 100.85996) = 365083.8058 ⇒ JPY365100

[2] (1)-우등석보통왕복운임 (2)-STO (3)-EH (4)-(6994.84 ÷ 2) = 3497.42 (5)-5M (6)-3672.29 (7)-3497.42 + 3672.29) = 7169.71 (8)-JPY723136.66 ⇒ JPY723200

[3] (1)-우등석보통편도운임 (2)-해당탑승용편 폐권처리(surface transportation) (3)-항공 여행구간으로 간주하여 계산 (4)-M (5)-3371.01 (6)-3371.01 (7)-3371.01 × 100.85996 = 339999.93 ⇒ JPY340000

[4] (1)-우등석보통왕복운임 (2)-3개 TYO/KUL, KUL/DEL, DEL/TYO (3)-2870.31 ÷ 2 = 1435.15(TYO/KUL) (4)-M (5)-TYO/BOM 4398.17이 HIF이다. 따라서 4398.17 ÷ 2 = 2199.08 (6)-TYO/BOM 102.19 (7)-4398.17 (8)-(4398.17 × 100.85996) = 443600 (9)-5Y32RV/JL (10)-11 OCT 95 (11)-SITI (12)-1 131 0100965799 (13)-2 (14)-OFC TRAVEL SERVICE (15)-30KG

[5] (1)-우등석보통왕복운임 (2)-SEA (3)-미예약(탑승일 및 편명 미정) (4)-TPM DEDUCTION (5)-항공사미정 (6)-미국내 세금내역 (7)-(4097.76 ÷ 2) ⇒ R(2048.88) (8)-(4097.76 ÷ 2) ⇒ M(2048.88) (9)-4097.76 (10)-(4097.76 × 100.85996) = 413299.909 ⇒ 413300 (11)-FUJIN0/ICHIRO MR (12)- 1USD / 102.5JPY

여행사실무문제 (46)

[1]

도시코드	도시명	국명	도시코드	도시명	국명
1. ADL	아델레이드	호주	19. DUB	더블린	아일랜드
2. AKL	오클랜드	뉴질랜드	20. DUS	뒤셀돌프	독일
3. BCN	바르셀로나	스페인	21. FRA	프랑크푸르트	독일
4. BER	베를린	독일	22. FUK	후쿠오카	일본
5. BKK	방콕	태국	23. GVA	제네바	스위스
6. BOM	봄베이	인도	24. HAM	함부르크	독일
7. BRU	브뤼셀	벨기에	25. HEL	헬싱키	필랜드
8. BUD	부다페스트	헝가리	26. HKG	홍콩	중국
9. BUH	부카레스트	루마니아	27. IST	이스탄불	터키
10. CAI	카이로	이집트	28. JKT	자카르타	인도네시아
11. CHC	크라이스트처치	뉴질랜드	29. JNB	요하네스버그	남아프리카
12. CJC	제주도	한국	30. KHI	카라치	파키스탄
13. CMB	콜롬보	스리랑카	31. KUL	콸라룸프르	말레이시아
14. CNS	케언즈	호주	32. LIS	리스본	포르투갈
15. CPH	코펜하겐	덴마크	33. LON	런던	영국
16. DEL	델리	인도	34. MAN	맨체스터	영국
17. DLC	다롄(大連)	중국	35. MEL	멜버른	호주
18. DPS	덴파사르	인도네시아	36. MOW	모스크바	러시아

37. MRS	마르세이유	스페인	49. SEL	서울	한국
38. NBO	나이로비	케냐	50. SIN	싱가포르	싱가포르
39. NAN	나디	피지	51. SPK	삿포로	일본
40. NCE	니스	프랑스	52. STO	스톡홀름	스웨덴
41. NOU	누메아	뉴칼레도니아	53. SYD	시드니	호주
42. OKA	오키나와	일본	54. PUS	부산	한국
43. OSA	오사카	일본	55. TPE	타이베이(臺北)	타이완(臺灣)
44. OSL	오슬로	노르웨이	56. TUN	튜니스	튀니지
45. PEN	페낭	말레이시아	57. TYO	도쿄	일본
46. PPT	파페테	폴리네시아 (프랑스령)	58. VCE	베니스	이탈리아
			59. WAW	바르샤바	폴란드
47. GUM	괌	미국	60. WLG	웰링턴	뉴질랜드
48. ROM	로마	이탈리아			

[2]

도시코드	도시명	국명	도시코드	도시명	국명
1. ACA	아카풀코	멕시코	16. NYC	뉴욕	미국
2. ATL	애틀랜타	미국	17. ORL	올랜도	미국
3. BOS	보스턴	미국	18. RIO	리우데자네이루	브라질
4. BUE	부에노스아이레스	아르헨티나	19. SAN	샌디애고	미국
5. BUF	버팔로	미국	20. SAO	사웅파울루	브라질
6. CHI	시카고	미국	21. SEA	시애틀	미국
7. DEN	덴버	미국	22. SFO	샌프란시스코	미국
8. DFW	댈라스/포트워스	미국	23. SLC	솔트레이크시티	미국
9. DTT	디트로이트	미국	24. STL	센트루이스	미국
10. HNL	호노룰루	미국	25. TPA	탄바	미국
11. HOU	휴스턴	미국	26. YEA	에드먼튼	미국
12. LIM	리마	페루	27. YTO	토론토	캐나다
13. MEX	멕시코시티	멕시코	28. YMQ	몬트리올	캐나다
14. MIA	마이애미	미국	29. YVR	밴쿠버	캐나다
15. MSP	미니애나폴리스	미국	30. WAS	위싱턴	미국

[3]

도시코드	도시명	국명	도시코드	도시명	국명
1. LAS	라스베이거스	미국	5. MIL	밀라노	이탈리아
2. LAX	로스앤젤레스	미국	6. MNL	마닐라	필리핀
3. MAA	마드라스	인도	7. PAR	파리	프랑스
4. MAD	마드리드	스페인	8. PER	퍼스	호주

[4]

도시코드	도시명	국명	도시코드	도시명	국명
1. AGP	말라가	스페인	9. LED	상트페테르부룩	러시아
2. ATH	아테네	그리스	10. MES	메단	인도네시아
3. BJS	베이징(北京)	중국	11. MUC	뮨헨	독일
4. BKI	코타키나바루	말레이시아	12. PRG	프라하	폴란드
5. BNE	브리즈번	호주	13. SCL	샌디애고	칠레
6. CCU	캘커타	인도	14. SGN	호치민	베트남
7. CNX	치앙마이	태국	15. VIE	비엔나	오스트리아
8. KHH	카오슝(高雄)	타이완(臺灣)	16. ZRH	취리히	스위스

[5]

MPM	TTPM	FACTOR(계산식)	M~25M 또는 X
① 5184	4943	1.0487	5M
② 7024	7024	0.9750	M
③ 8236	8646	1.0011	5M
④ 4230	4853	1.1472	15M
⑤ 3975	4970	1.2503	x

[6]

계산하려는 운임액(NUC)	계산식	단수처리후 요금
1. NUC2132.28의 $\frac{1}{2}$의 운임	2132.28 × 0.5	NUC1066.14
2. NUC3200.01의 $\frac{1}{2}$의 운임	3200.01 × 0.5	NUC1600.00
3. NUC1089.51의 5%할증운임	1089.51 × 1.05	NUC1143.98
4. NUC1909.60의 5%할증운임	1909.60 × 1.05	NUC2005.08
5. NUC1312.10의 33%할증운임	1312.10 × 1.33	NUC1745.09
6. NUC1200.99의 50%할증운임	1200.99 × 1.5	NUC1801.48
7. NUC2105.89의 90%할증운임	2105.89 × 1.9	NUC4001.19

여행사실무문제 (47)

[1]

	항공사명	국적명		항공사명	국적명
1. AA	아메리칸항공	미국	2. AC	에어캐나다	캐나다
3. AF	에어프랑스	프랑스	4. AI	인도항공	인도
5. AN	안셋호주항공	호주	6. AY	필랜드항공	필랜드
7. AZ	알리타리아항공	이탈리아	8. BA	영국항공	영국
9. BG	비만방글라데시항공	방글라데시	10. BI	로얄브루나이항공	브루나이
11. BR	에바에어(長榮航空)	타이완	12. CA	중국국제항공	중국
13. CI	중화항공	타이완	14. CP	캐나디언항공	캐나다

	항공사명	국적명		항공사명	국적명
15. CS	컨티넨탈마이크로네시아항공	미국	36. NZ	뉴질랜드항공	뉴질랜드
16. CX	캐세이퍼시픽항공	홍콩	37. OS	오스트리아항공	오스트리아
17. DL	델타항공	미국	38. OZ	아시아나항공	한국
18. EG	일본아시아항공	일본	39. PK	파키스탄항공	파키스탄
19. EL	에어닛폰	일본	40. PR	필리핀항공	필리핀
20. FJ	에어퍼시픽	피지	41. QF	콴타스항공	호주
21. GA	가루다인도네시아항공	인도네시아	42. RA	로열네팔항공	네팔
22. IB	이베리아항공	스페인	43. RG	바리그브라질항공	브라질
23. IR	이란항공	이란	44. SK	스칸디나비아항공	덴마크, 노르웨이, 스웨덴
24. IW	AOM프랑스항공	프랑스			
25. JD	일본에어시스템	일본	45. SN	사베나벨기에항공	벨기에
26. JL	일본항공	일본	46. SQ	싱가포르항공	싱가포르
27. KA	홍콩드래곤항공	중국	47. SR	스위스항공	스위스
28. KE	대한항공	한국	48. SU	아에르포르트러시아	러시아
29. KL	KLM네덜란드항공	네덜란드	49. TG	타이국제항공	태국
30. LH	루프트한자항공	독일	50. TK	터키항공	터키
31. MH	말레이시아항공	말레이시아	51. UA	유나이티드항공	미국
32. MS	이집트항공	이집트	52. UL	에어랑카항공	스리랑카
33. MU	중국동방항공	중국	53. VS	버진아일랜드항공	영국
34. NH	전일본공수	일본	54. VN	베트남항공	베트남
35. NW	노스웨스트항공	미국			

[2]

여 정	GI
①. SEL-SIN-SYD-AKL	EH
② SEL-PAR-LON-WAS	AT
③ SEL-HNL-LAX-NYC	PA
④ LAX-NYC-MAI-SAO	WH
⑤ SEL-FRA-ATH	TS
⑥ SEL-ANC-PAR-LON	PO
⑦ SEL-LAX-NYC-ATH	AP
⑧ SEL-HKG-SIN-MOW	FE
⑨ SEL-MOW-CAI	EH
⑩ SEL-AMS-LON	TS

[3] 6-보통운임 7-보통운임 10-출발일

[4] 1-출발일 2-발권일(취급일) 4-제6위까지 그대로 5-NUC 6-67% 7-10% 8-1명 9-미만 10-100원단위

[5] 1-ⓔ 2-ⓗ 3-ⓒ 4-ⓖ 5-ⓐ 6-ⓕ 7-ⓓ 8-ⓑ

여행사실무문제 (48)

【1】 1-ICN-PAR-GVA-NCE-LON-ICN 2-GVA-NCE 3-RT 혹은 CT, 4 ①-ICN ②ICN ③GVA, NCE, LON 5-왕로 복로 모두 TS 【2】 1-TPM 2-MPM 3-EMS 4-EMA 5-FBP 혹은 FCP 6-CF 7-LCF 8-OW 9-RT 10-HRT 11-OW 12-RT 13-CT 14-RT 혹은 RTW 15-NOJ

여행사실무문제 (49)

【1】 1-131 0101213 959 2-JL 3-2001/03/23 4-2001/04/10 5-JL 6-JL 7-2002/04/10 8-TYO 9-TYO 10-30KG 11-3장 12-TOKYO발 SYDNEY행 13-1 14-왕복 15-AKL 16-C 17-2757.09 18-2757.09 19-5514.18 20-102.879947 21-567300 22-4490 23-CASH 【2】 1-2장 2-4장 3-CHI 4-2001/04/05 5-2001/03/24 6-OJ 7-C 8-DTT 9-NYC 10-개수제적용

여행사실무문제 (50)

문1 정답	A군	①	b	②	d	③	a	④	j	⑤	h
		⑥	e	⑦	i	⑧	c	⑨	g	⑩	f
	B군	(1)	d	(2)	g	(3)	c	(4)	i	(5)	e
		(6)	j	(7)	h	(8)	b	(9)	a	(10)	f
	C군	i	e	ii	c	iii	a	iv	b	v	f
		vi	a	vii	c	viii	b	ix	f	x	d

문2 정답	①	c	②	d	③	d	④	a	⑤	b
	⑥	b	⑦	b	⑧	c	⑨	b	⑩	a

문3 정답	①	a	②	c	③	d	④	b	⑤	c
	⑥	d	⑦	b	⑧	a	⑨	d	⑩	a
	⑪	c	⑫	d	⑬	d	⑭	b	⑮	a

문4 정답	①	O	②	O	③	X	④	X	⑤	O
	⑥	O	⑦	X	⑧	O	⑨	O	⑩	X

문4 정답	①	c	②	b	③	a	④	d	⑤	c

문6 정답	(1)	①	c	②	a	③	e	④	b	⑤	d
	(2)	①	e	②	a	③	c	④	b	⑤	d
	(3)	①	b	②	c	③	d	④	a/e	⑤	감점없음
	(4)	①	b	②	a	③	e	④	d	⑤	c
	(5)	①	a	②	c	③	e	④	b	⑤	d
	(6)	①	c	②	e	③	a	④	d	⑤	b
	(7)	①	e	②	c	③	d	④	b	⑤	a
	(8)	①	b	②	d	③	a	④	e	⑤	c
	(9)	①	a	②	d	③	e	④	b	⑤	c
	(10)	①	e	②	b	③	a	④	c	⑤	d

문7 정답	A군	①	a	②	e	③	h	④	f	⑤	c
		⑥	g	⑦	d	⑧	j	⑨	i	⑩	b
	B군	(1)	f	(2)	d	(3)	h	(4)	a	(5)	i
		(6)	a	(7)	h	(8)	g	(9)	c	(10)	b

문8 정답	(1)	a	(2)	x	(3)	k	(4)	i	(5)	b
	(6)	a/c	(7)	x	(8)	k	(9)	j	(10)	c
	(11)	k	(12)	x	(13)	f	(14)	l	(15)	g
	(16)	d	(17)	e	(18)	h	(18)	x	(20)	b

문9 정답	①	X	②	X	③	O	④	O	⑤	X
	⑥	O	⑦	X	⑧	O	⑨	X	⑩	O

여행사실무문제 (51)

〈여행실시 전후 및 실시중(평상시)〉

(1) 1-①고산증세에 대비한 컨디션조절(충분한 수면, 음주 금지 등), ②복장 및 구두 등의 장비(추위와 미끄러짐 방지대책), ③고지(高地)에서의 신중한 행동(뛰지 않음, 큰 소리를 내지 않음) 2-①치안문제(집시, 소매치기, 빽치기 등 주의), ②교회입장시의 복장(찢어진 바지, 핫팬츠 등), ③일반적 정보(통화, 물, 전화, 팁 등), ④구두(도보관광이 많기 때문에 걷기 쉬운 구두 등), ⑤점포의 영업시간, 3-①역에서의 하물정리는 포터가 하지만 그 장소에서의 하물의 관리, 열차에서 홈으로 옮기는 작업은 여행자가 한다. 고객의 협력의뢰(피렌체에서는 정차시간이 짧기 때문에 홈으로 하물을 옮기는 작업은 신속하게), ②열차의 도·발착신호가 없으므로 승·하차에 주의, ③기내 차내의 도난 등에 대한 주의, ④인원수, 하물수의 파악 등. 4-①모델코스, 관광개소, 호텔 지도 등을 미리 준비하여 안내, 교통기관의 이용안내, ②사고 등에 있어서의 긴급연락체계(인솔자의 소재)의 안내, ③소매치기, 빽치기, 상냥하게 접근하는 사람 등의 주의, ④자유시간 중의 인솔자의 행동예정, 기본코스 외의 인기있는 관광개소를 선정하여 설명하고, 동행을 희망하는 고객을 안내함.

〈여행실시중(이상시)〉

1-①고객자신의 의향확인,(증상의 판단, 입원, 의사의 진찰필요성, 이단(離團)의 필요성 등 확인, ②이단할 경우의 대응(이단서, BA직원의 협력, 지상수배업자 혹은 현지여행사에 연락 등), ③도중까지 동행하는 경우의 대응, ④당면의 휠체어 등의 수배, ⑤여행사 등에의 연락, 지시요청. 2-①BA에의 항의와 좌석확보를 위한 교섭실시, 불가능시에는 전원 SR의 좌석확보를 교섭, 최종적 대체안의 결정, 고객에의 상황설명(BA와의 교섭상황, 대체안에의 이해확보 등), ②현지 대리점에의 연락 등(2팀으로 나뉘는 경우 인솔자가 동행하지 않는 BA에서의 조치), ③선발대의 취리히 도착시의 영접수배의 실시. 3-①취리히 입국은 불가하므로 차선책의 검토(이탈리아로 직행), ②이탈리아에 선행(先行)하므로 이에 따른 수배와 관계자에게 협력의뢰, ③비자 미확인에의 책임문제에 대한 언급. 4-①인솔자는 전차에 탑승한다. (여행계약상의 이유), ②하이킹 고객에의 여행계약상의 취급, 특히 사고시의 책임소재 등의 설명, ③하이킹 고객을 위한 코스안내, 주의사항 전달 등. 5-①당면의 대응책으로서 다음 날 아침 로마로 출발하기 전 들를 수 있도록 여정변경요청, ②대체 관광대상을 설정하여 방문함(피티 궁전 등), ③고객에게는 우피치 미술관의 폐관이유, 관광순

서 변경의 이유, 대체안의 설명 등을 통해 이해를 구한다.

(2) 1-고객에게는 인솔자가 안내하는 주의사항을 반드시 각자가 확인하도록 설명한다. ① 비상구, 피난경로를 확인할 것, ②피난에 지장이 없는 최소의 비상품(여권 지갑 등)을 신변에 두고 취침할 것(귀중품은 호텔의 금고에 맡기도록 안내할 것), ③비상용 회중전등(비상등)의 장소를 확인시킬 것, ④화재발생을 알면 빠른 시간에 피난, 옷은 필요한 만큼 걸치고(연기가 있어도 자기방에서 탈출함), ⑤피난에는 엘리베이터를 사용하지 않음, ⑥인솔자 및 호텔직원의 유도는 기대하지 말고 우선 피난(유도가 있으면 그에 따름), ⑦피난 후에는 소정의 집합장소(호텔밖에 정함)에 집합, ⑧프론트, 인솔자의 전화번호를 안내(연락가능성이 있으면 이용), ⑨자기방에서 불이 발생할 위험성에 대비하여 소화기 등의 장소를 확인함(다른 방으로부터의 화재에 대한 소화는 생각하지 않음), 2-가능한 고객의 피난을 돕지만 인솔업무에 필요한 물품, 서류를 휴대하여 피난함. ① 구내방송에 주의, 가능하면 발화확인, ②상황에 따라 고객을 화재발생과 피난을 연락함, 그 경우 발화층, 발화층 직상(直上)의 발화지점에 가까운 사람, 고령자, 신체장애자 등에 우선 연락함, ③인솔자로서의 필요한 물품을 휴대하여 피난함, ④곧 고객의 안부확인, 확인할 수 없는 고객이 방에 있을 가능성이 있는 때에는 소방관에게 구조요청, ⑤부상을 입은 고객에게는 응급조치 및 입원수배, ⑥여행사(지점, 지상수배업자, 현지여행사)에게 화재, 상황, 고객의 안부, 조정 필요성에 대해서 연락함, ⑦가능한 범위에서 화재의 원인이 되는 정보를 수집함(호텔의 책임과의 관련). 3-①호텔선정에 있어서 방재, 피난설비, 응급체제의 조사, 확인(설비, 체제의 불비(不備), 피난유도의 서투른 조처가 원인이라면 이 조사가 충분한지 묻게 됨), ②인솔자의 조치에 과실이 있었기 때문에 부상을 당했다면 여행사에게 책임을 묻게 됨, ③인솔자의 행위에 부적절한 원인이 여행사의 교육의 불철저 때문인지, 여행사와 파견회사의 책임인지를 묻게 됨, ④고령자를 포함한 20인 이상의 중 · 대형 단체는 인솔자에게 과중하지 않았는지, 그것이 유도의 불비 등 인솔자의 부적절한 행위의 원인이 되지는 않았는지의 추궁. 4-①고객에게 화재의 발생에 대비한 안내가 불충분한 것이 부상의 원인이 되었는지의 여부, ②고객의 방이 가장 높은 층에 배정되었기 때문에 피난이 곤란하여 부상을 당한 경우, 고층에 배정한 것이 부적절했는지의 여부(호텔에서 배정한 것을 일방적으로 수용했다고 하더라도), ③ 화재발생시에 인솔자가 피난을 원조하고 있었는지의 여부, ④고객이 부상을 입었을 때, 필요한 응급조치, 입원수배를 확실하게 취했는지의 여부.

〈여행실시 전후 및 실시중 (평상시)〉

(3) 1-①우비의 대여가 있다 해도 젖어도 좋은 복장을 착용하도록 안내함, ②잘 미끄러지지 않는 구두가 좋음, ③예비용 수건, 갈아신을 양말 등 준비, ④카메라를 쌀 수 잇는 비닐봉지 등, ⑤미국쪽 폭포관광을 위해 미국에 입국하기 위한 여권 휴대. 2-①예약의 재확인(버스, 항공기, 호텔 등), ②지상수배업자 혹은 현지여행사에 옵셔널 투어에 대한 확인, ③다음번 여행을 위한 지역탐사(area study), ④인솔자의 행동예정을 설명하고 희망자와 동행함. 3-①발차 후는 하물에 짐을 넣거나 꺼내기 불가. 필요한 것은 수하물로 취급하도록 주의환기, ②발차신호가 없으므로 도중 정차역에서 홈에 내리지 않도록 주의환기, ③미국의 철도역에는 포터의 숫자가 적으므로 하물은 각자 책임하에 옮기도록 안내함. 4-①섬에 상륙할 때 나누어주는 승선카드는 승선시에 필요한 것이므로 분실하지 않도록 주의 환기, ②하선시에는, 승선시 선내에서 결정한 집합장소에 집합하도록 함, ③선박회사의 옵셔널 투어인 아페아신전 관광에 대한 설명, ④점심 안내(선내 어나운스멘트가 있다), ⑤각 섬의 관광개소에 대한 설명, ⑥크루즈가 종료된 후, 버스에 탈 때 다른 차에 타지 않도록 주의 환기(같

은 회사 버스가 수십대씩 주차하고 있을 경우도 있다).

〈여행실시 전후 및 실시중 (이상시)〉

1-①버팔로행 가장 빠른 편의 확보, ②당일 숙박하는 호텔의 확보, ③호텔까지의 교통문제 처리, ④밤과 익일 아침 식사, 세면키트의 처리, ⑤고객에게 제수배상황과 금후의 예정에 대한 설명, ⑥현지 지상수배업자와 현지의 여행사에게 연락. 2-①여정의 확보와 의사의 진찰을 생각하여 워싱턴까지 어떻게든 가야 한다는 것에 우선 노력한다, ②현지 여행업자의 협력을 받아 어떻게든 성질을 누그러뜨려 탑승할 수 있도록 조치한다, ③탑승이 곤란하면 공항보안관에게 연락하여 현지 의사의 진찰을 받게 한다, ④여행사에게 연락을 취하여 고객의 상태를 가족에게 연락하여 별도행동에 대한 양해를 구하도록 하고 여행을 실시한다. 3- ①호텔에 의뢰하여 의사를 부른다, ②식중독, 감염증의 가능성을 생각하여 다른 고객에게도 똑같은 증상이 없는지 확인한다, ③발병한 고객의 해외여행상해보험의 가입유무의 확인, 신용카드 소지유무를 확인한다, ④고객이 다른 단원과 동행할 수 있는지의 유무를 의사와 상담하여 만약 고객이 잔류하는 경우, 현지여행사에게 간호를 부탁한다. 4-①지상수배업자 또는 현지여행사에게 간호를 부탁한다, ②발병한 고객의 동행자에게 잔류의향을 타진한다. 잔류의 경우에는 항공권을 건네고, 지상수배업자에게는 숙박수배를 의뢰한다, ③지상수배업자에게 연락하여 본 단체와 합류할 수 있도록 의뢰한다, ④여행사에 조치상황을 연락한다. 자택에도 전화로 의뢰한다. 5-(대처법)①고객을 놓친 시점과 장소를 다른 고객에게 묻는다, ②선박의 관계자와 함께 선내와 다른 버스를 확인한다. (방지책)①하선전의 집합장소를 고객에게 철저히 전달하는 한편 미아가 될 경우의 집합장소를 사전에 정해둔다, ②하차시 버스의 차량번호나 운전기사의 얼굴을 확인하도록 주의를 환기한다.

여행사실무문제 (52)

[1] ⓐ-④ ⓑ-③ ⓒ-① ⓓ-⑥ ⓔ-⑤ ⓕ-② ⓖ-⑫ ⓗ-⑩ ⓘ-⑧ ⓙ-⑨ ⓚ-⑦ ⓛ-⑪ **[2]** ⓐ-② ⓑ-③ ⓒ-① ⓓ-⑤ ⓔ-⑥ ⓕ-④ **[3]** ①-ⓐ ②-ⓚ ③-ⓛ ④-ⓑ ⑤-ⓒ ⑥-ⓜ ⑦-ⓝ ⑧-ⓓ ⑨-ⓔ ⑩-ⓞ ⑪-ⓕ ⑫-ⓟ ⑬-ⓖ ⑭-ⓗ ⑮-ⓘ ⑯-ⓙ **[4]** ⓐ-④ ⓑ-② ⓒ-③ ⓓ-① **[5]** -② **[6]** -① **[7]** -③ **[8]** -③ **[9]** -② **[10]** -③ **[11]** -④ **[12]** -① **[13]** -③ **[14]** 1-j 2-n 3-q 4-c 5-a 6-h 7-l 8-t 9-o 10-k 11-p 12-g 13-s 14-b 15-d 16-m 17-f 18-i 19-r 20-e **[15]** -② **[16]** -④ **[17]** -③ **[18]** -① **[19]** -② **[20]** -④

여행사실무문제 (53)

[1] ①-ⓓ, ㉣ ②-ⓑ, ㉤ ③-ⓔ, ㉯ ④-ⓐ, ㉰ ⑤-ⓒ, ㉮ **[2]** ①-ⓑ ②-ⓕ ③-ⓓ ④-ⓐ ⑤-ⓖ ⑥-ⓘ ⑦-ⓗ ⑧-ⓒ ⑨-ⓔ ⑩-ⓙ **[3]** ①-ⓙ ②-ⓘ ③-ⓗ ④-ⓕ ⑤-ⓒ ⑥-ⓑ ⑦-ⓐ ⑧-ⓓ ⑨-ⓟ ⑩-ⓞ ⑪-ⓠ ⑫-ⓝ ⑬-ⓜ ⑭-ⓚ ⑮-ⓛ **[4]** ①-ⓒ ②-ⓔ ③-ⓖ ④-ⓓ ⑤-ⓕ ⑥-ⓑ ⑦-ⓗ ⑧-ⓐ ⑨-ⓙ ⑩-ⓚ ⑪-ⓘ **[5]** ①-ⓑ ②-ⓒ ③-ⓐ ④-ⓔ ⑤-ⓓ ⑥-ⓕ

여행사실무문제 (54)

[1] ①-ⓓ ②-ⓑ ③-ⓔ ④-ⓘ ⑤-ⓗ ⑥-ⓒ ⑦-ⓚ ⑧-ⓐ ⑨-ⓕ ⑩-ⓖ ⑪-ⓙ **[2]** ①-ⓑ ②-ⓒ ③-ⓐ ④-ⓓ ⑤-ⓔ ⑥-ⓖ ⑦-ⓗ ⑧-ⓕ **[3]** ①-ⓑ ②-ⓒ ③-ⓐ ④-ⓕ ⑤-ⓓ ⑥-ⓔ **[4]** ①-ⓒ ②-ⓐ

③-ⓑ ④-ⓖ ⑤-ⓔ ⑥-ⓕ ⑦-ⓓ ⑧-ⓗ ⑨-ⓛ ⑩-ⓝ ⑪-ⓙ ⑫-ⓚ ⑬-ⓘ ⑭-ⓜ 【5】 ①-ⓒ ②-ⓑ ③-ⓐ ④-ⓓ ⑤-ⓝ ⑥-ⓖ ⑦-ⓜ ⑧-ⓚ ⑨-ⓕ ⑩-ⓛ ⑪-ⓗ ⑫-ⓔ ⑬-ⓙ ⑭-ⓘ

여행사실무문제 (55)

【1】 ①-ⓒ ②-ⓐ ③-ⓓ ④-ⓑ 【2】 ①-ⓑ ②-ⓐ ③-ⓔ ④-ⓓ ⑤-ⓒ 【3】 ①-ⓑ ②-ⓓ ③-ⓒ ④-ⓐ 【4】 ①-ⓒ ②-ⓔ ③-ⓐ ④-ⓓ ⑤-ⓑ 【5】 ①-ⓒ, ㉱, ㉷ ②-ⓑ, ㉳, ㉰ ③-ⓕ, ㉮, ㉲ ④-ⓐ, ㉴, ㉶ ⑤-ⓔ, ㉯, ㉵ ⑥-ⓓ, ㉳, ㉮ 【6】 ①-ⓓ, ㉱, ㉮ ②-ⓐ, ㉮, ㉷ ③-ⓕ, ㉲, ㉶ ④-ⓑ, ㉰, ㉴ ⑤-ⓔ, ㉳, ㉸ ⑥-ⓒ, ㉯, ㉵

여행사실무문제 (56)

【1】 ①-ⓒ ②-ⓓ ③-ⓑ ④-ⓔ ⑤-ⓐ 【2】 ①-ⓑ, ⓔ ②-ⓓ ③-ⓒ ④-ⓐ 【3】 ①-㉮-ⓐ ㉯-ⓑ ㉰-ⓔ ㉱-ⓓ ㉲-ⓒ ②-ⓒ ③-ⓗ ④-ⓖ ⑤-ⓕ 【4】 ①-ⓒ ②-ⓑ ③-ⓐ ④-ⓓ 【5】 ①-ⓖ ②-ⓒ ③-ⓙ ④-ⓕ ⑤-ⓚ ⑥-ⓜ ⑦-ⓛ ⑧-ⓞ ⑨-ⓝ ⑩-ⓘ ⑪-ⓑ ⑫-ⓐ ⑬-ⓗ ⑭-ⓔ ⑮-ⓓ 【6】-② 【7】-③ 【8】-② 【9】-② 【10】-③ 【11】-④ 【12】-③ 【13】 ①-CHUNG C. ②-15 ③-19 ④-이르크츠크/노보시비르스크 ⑤-1548.8루불 ⑥-08:55 【14】 2→5→4→3→1 【15】-⑤ 【16】-③ 【17】 ①-2001.11.13. ②-5 ③-20루불 【18】-② 【19】-③ 【20】-③ 【21】 ①-O ②-X ③-X ④-O ⑤-O ⑥-X ⑦-X ⑧-X ⑨-O ⑩-O ⑪-O ⑫-X ⑬-X ⑭-X ⑮-O 【22】-② 【23】-④ 【24】-⑤

여행사실무문제 (57)

【1】 ①-ⓔ ②-ⓑ ③-ⓓ ④-ⓒ ⑤-ⓐ 【2】 ①-ⓓ ②-ⓑ ③-ⓐ ④-ⓒ 【3】 ①-ⓒ ②-ⓐ ③-ⓑ 【4】 ①-ⓑ ②-ⓔ ③-ⓔ ④-ⓓ ⑤-ⓒ ⑥-ⓐ

여행사실무문제 (58)

【1】 ①-ⓖ ②-ⓓ ③-ⓐ ④-ⓕ ⑤-ⓘ ⑥-ⓑ ⑦-ⓔ ⑧-ⓒ ⑨-ⓗ 【2】 ①-ⓓ ②-ⓔ ③-ⓐ ④-ⓑ ⑤-ⓒ ⑥-ⓗ ⑦-ⓕ ⑧-ⓘ ⑨-ⓖ 【3】 ①-ⓑ ②-ⓓ ③-ⓐ ④-ⓒ ⑤-ⓗ ⑥-ⓖ ⑦-ⓕ ⑧-ⓔ 【4】 ①-ⓑ ②-ⓓ ③-ⓒ ④-ⓐ, ⓓ ⑤-ⓔ 【5】 ①-ⓚ ②-ⓛ ③-ⓘ ④-ⓖ ⑤-ⓕ ⑥-ⓔ ⑦-ⓗ ⑧-ⓙ ⑨-ⓒ ⑩-ⓓ ⑪-ⓑ ⑫-ⓔ

여행사실무문제 (59)

【1】 ①-ⓔ ②-ⓓ ③-ⓐ ④-ⓒ ⑤-ⓑ ⑥-ⓕ ⑦-ⓖ 【2】 ①-ⓔ ②-ⓘ ③-ⓕ ④-ⓒ ⑤-ⓓ ⑥-ⓖ ⑦-ⓗ ⑧-ⓐ ⑨-ⓙ ⑩-ⓑ 【3】 ①-ⓑ ②-ⓙ ③-ⓘ ④-ⓓ ⑤-ⓗ ⑥-ⓐ ⑦-ⓖ ⑧-ⓒ ⑨-ⓕ ⑩-ⓔ 【4】 ①-ⓕ ②-ⓑ ③-ⓘ ④-ⓗ ⑤-ⓐ ⑥-ⓓ ⑦-ⓒ ⑧-ⓖ 【5】 ①-ⓒ ②-ⓐ ③-ⓓ ④-ⓔ ⑤-ⓕ ⑥-ⓑ 【6】 ①-ⓒ ②-ⓓ ③-ⓑ ④-ⓔ ⑤-ⓐ 【7】 ①-ⓗ ②-ⓖ ③-ⓓ ④-ⓑ ⑤-ⓕ ⑥-ⓔ ⑦-ⓐ ⑧-ⓒ

여행사실무문제 (60)

【1】 ①-ⓒ ②-ⓓ ③-ⓔ ④-ⓐ ⑤-ⓕ ⑥-ⓑ ⑦-ⓗ ⑧-ⓖ 【2】 ①-아르헨티나, 브에노스아이레스, 탱고 ②-브라질, 리우데자네이루, 축구 ③-페루, 볼리비아, 고산병 ④-멕시코, 마야, 칸쿤 【3】 ①-ⓕ

②-ⓑ ③-ⓚ ④-ⓓ ⑤-ⓙ ⑥-ⓒ ⑦-ⓗ ⑧-ⓐ ⑨-ⓘ ⑩-ⓔ ⑪-ⓖ 【4】 ①-ⓑ ②-ⓒ ③-ⓔ ④-ⓓ ⑤-ⓐ 【5】 ①-ⓑ ②-ⓔ ③-ⓒ ④-ⓓ ⑤-ⓐ

여행사실무문제 (61)

【1】 ①-ⓘ ②-ⓐ ③-ⓙ ④-ⓓ ⑤-ⓗ ⑥-ⓕ ⑦-ⓔ ⑧-ⓖ ⑨-ⓒ ⑩-ⓑ 【2】 ①-ⓑ ②-ⓒ ③-ⓓ ④-ⓐ 【3】 ①-ⓑ ②-ⓔ ③-ⓒ ④-ⓓ ⑤-ⓐ 【4】 ① ㉮-ⓑ ㉯-ⓒ ② ㉮-ⓔ ㉯-ⓗ ③ ㉮-ⓐ㉮-ⓚ ④ ㉮-ⓖ ㉯-ⓕ ㉰-ⓓ ⑤-ⓘ ⑥-ⓙ 【5】 ① ㉮-ⓐ ㉯-ⓖ ㉰-ⓕ ② ㉮-ⓗ ㉯-ⓓ ③-ⓘ ④-ⓔ ⑤-ⓒ ⑥-ⓑ 【6】 ①-ⓒ ②-ⓓ ③-ⓑ ④-ⓐ

여행사실무문제 (62)

【1】 ①-ⓓ ②-ⓐ ③-ⓑ ④-ⓔ ⑤-ⓒ 【2】 ①-ⓑ ②-ⓐ ③-ⓓ ④-ⓒ ⑤-ⓕ ⑥-ⓔ 【3】 ①-ⓑ ②-ⓒ ③-ⓐ 【4】 ①-ⓓ ②-ⓐ ③-ⓒ ④-ⓔ ⑤-ⓕ ⑥-ⓑ ⑦-ⓖ 【5】 ①-ⓒ ②-ⓐ ③-ⓑ ④-ⓔ ⑤-ⓓ 【6】 ①-ⓒ ②-ⓐ ③-ⓓ ④-ⓑ 【7】 ①-ⓑ ②-ⓒ ③-ⓓ ④-ⓐ 【8】 ①-ⓑ ②-ⓒ ③-ⓓ ④-ⓐ ⑤-ⓔ 【9】 ①-ⓒ ②-ⓐ ③-ⓔ ④-ⓓ ⑤-ⓑ 【10】 ①-ⓔ ②-ⓑ ③-ⓓ ④-ⓒ ⑤-ⓐ 【11】①-ⓔ ②-ⓗ ③-ⓓ ④-ⓐ ⑤-ⓖ ⑥-ⓑ ⑦-ⓒ ⑧-ⓕ 【12】 ①-ⓑ ②-ⓒ ③-ⓓ ④-ⓔ ⑤-ⓐ 【13】 ①-ⓑ ②-ⓐ ③-ⓓ ④-ⓔ ⑤-ⓕ ⑥-ⓖ ⑦-ⓒ

여행사실무문제 (63)

【1】 ①-ⓑ ②-ⓒ ③-ⓐ ④-ⓔ ⑤-ⓓ 【2】 A-④, ⑦, ⑩, ⑫, ⑬, ⑭ B-①, ②, ③, ⑨, ⑪

【3】

국명	도시명	공항명
모로코	카사블랑카	모하메드5세공항
튀니지	튀니스	카르타고공항(Carthage)
알제리	알지에	부메디엔공항(Boumedienme)

【4】 ①-ⓓ ②-ⓑ ③-ⓒ ④-ⓔ ⑤-ⓕ ⑥-ⓐ

【5】 ①-ⓓ ②-ⓑ ③-ⓒ ④-ⓐ ⑤-ⓔ 【6】 ①-O ②-O ③-X ④-O ⑤-O ⑥-O 【7】 ①-O ②-O ③-O 【8】 ⓐ-②-㉰, ⓑ-③-㉯, ⓒ-①-㉮ 【9】 ①-ⓔ-㉳, ②-ⓓ-㉱, ③-ⓑ-㉳, ④-ⓗ-㉮, ⑤-ⓐ-㉰, ⑥-ⓖ-㉴, ⑦-ⓕ-㉯, ⑧-ⓒ-㉲

여행사실무문제 (64)

【1】 ①-ⓓ ②-ⓔ ③-ⓒ ④-ⓐ ⑤-ⓑ 【2】 ①-ⓘ ②-ⓕ ③-ⓖ ④-ⓐ ⑤-ⓑ ⑥-ⓒ ⑦-ⓗ ⑧-ⓙ ⑨-ⓓ ⑩-ⓔ 【3】 ①-ⓕ ②-ⓖ ③-ⓒ ④-ⓓ ⑤-ⓐ ⑥-ⓑ ⑦-ⓗ ⑧-ⓔ ⑨-ⓙ ⑩-ⓘ 【4】 ①-ⓑ ②-ⓒ ③-ⓐ ④-ⓕ ⑤-ⓔ ⑥-ⓓ ⑦-ⓗ ⑧-ⓖ ⑨-ⓙ ⑩-ⓚ ⑪-ⓛ ⑫-ⓜ ⑬-ⓘ 【5】 -⑥,⑦

여행사실무문제 (65)

【1】 ①-ⓒ ②-ⓔ ③-ⓑ ④-ⓕ ⑤-ⓓ ⑥-ⓘ ⑦-ⓗ ⑧-ⓙ ⑨-ⓐ ⑩-ⓖ 【2】 ①-ⓐ ②-ⓑ ③-ⓑ ④-ⓓ ⑤-ⓕ ⑥-ⓐ ⑦-ⓒ ⑧-ⓔ 【3】 ①-ⓑ ②-ⓐ ③-ⓒ ④-ⓔ ⑤-ⓓ 【4】 ①-ⓑ ②-ⓒ ③-ⓐ 【5】

①-ⓒ ②-ⓐ ③-ⓓ ④-ⓑ

여행사실무문제 (66)

[1] ①-ⓒ ②-ⓝ ③-ⓘ ④-ⓕ ⑤-ⓞ ⑥-ⓖ ⑦-ⓓ ⑧-ⓐ ⑨-ⓑ ⑩-ⓙ ⑪-ⓜ ⑫-ⓚ ⑬-ⓔ ⑭-ⓗ ⑮-ⓛ **[2]** ①-ⓑ ②-ⓖ ③-ⓔ ④-ⓐ ⑤-ⓒ ⑥-ⓕ ⑦-ⓓ ⑧-ⓗ **[3]** ①-ⓐ, ⓓ, ⓔ, ⓕ, ⓖ ②-ⓑ, ⓒ, ⓗ **[4]** ①-ⓘ ②-ⓐ ③-ⓕ ④-ⓙ ⑤-ⓑ ⑥-ⓒ ⑦-ⓔ ⑧-ⓓ ⑨-ⓗ ⑩-ⓖ **[5]** ①-ⓑ ②-ⓒ ③-ⓐ ④-ⓓ ⑤-ⓕ ⑥-ⓔ

여행사실무문제 (67)

[1] ①-ⓔ, ⓖ ②-ⓒ, ⓓ ③-ⓕ ④-ⓑ, ⓐ **[2]** ①-ⓒ ②-ⓓ ③-ⓑ ④-ⓐ ⑤-ⓔ **[3]** -③ **[4]** ①-ⓒ ②-ⓖ ③-ⓘ ④-ⓙ ⑤-ⓓ ⑥-ⓔ ⑦-ⓐ ⑧-ⓗ ⑨-ⓕ ⑩-ⓓ **[5]** ①-ⓖ ②-ⓒ ③-ⓙ ④-ⓑ ⑤-ⓕ ⑥-ⓘ ⑦-ⓐ ⑧-ⓗ ⑨-ⓔ ⑩-ⓓ **[6]** ①-ⓒ ②-ⓑ ③-ⓓ ④-ⓐ

여행사실무문제 (68)

[1] -×표 해당번호 ③, ④, ⑨, ⑫, ⑬, ⑭ **[2]** ①-ⓒ ②-ⓗ ③-ⓕ ④-ⓐ ⑤-ⓓ ⑥-ⓙ ⑦-ⓖ ⑧-ⓔ ⑨-ⓘ ⑩-ⓑ **[3]** ①-ⓐ, ⓛ ②-ⓕ, ⓝ ③-ⓖ, ⓘ ④-ⓔ ⑤-ⓗ, ⓙ ⑥-ⓑ ⑦-ⓚ ⑧-ⓜ ⑨-ⓓ ⑩-ⓒ **[4]** ①-ⓑ, ⓓ ②-ⓐ, ⓒ **[5]** ①-ⓓ, ⓔ ②-ⓐ, ⓒ ③-ⓑ, ⓕ

여행사실무문제 (69)

[1] ①-ⓙ ②-ⓔ ③-ⓑ ④-ⓘ ⑤-ⓒ ⑥-ⓓ ⑦-ⓗ ⑧-ⓖ ⑨-ⓐ ⑩-ⓕ **[2]** ①-ⓗ ②-ⓖ ③-ⓘ ④-ⓐ ⑤-ⓕ ⑥-ⓒ ⑦-ⓙ ⑧-ⓓ ⑨-ⓑ ⑩-ⓔ

여행사실무문제 (70)

[1] ①-ⓑ ②-ⓒ ③-ⓓ ④-ⓐ ⑤-ⓔ **[2]** ①-ⓐ ②-ⓑ ③-ⓔ ④-ⓒ ⑤-ⓓ **[3]** ①-ⓒ ②-ⓐ ③-ⓕ ④-ⓔ ⑤-ⓑ ⑥-ⓓ **[4]** ①-ⓓ ②-ⓐ ③-ⓒ ④-ⓑ **[5]** ①-ⓑ ②-ⓐ ③-ⓒ **[6]** ①-ⓕ ②-ⓐ ③-ⓒ ④-ⓑ ⑤-ⓔ ⑥-ⓓ **[7]** ①-ⓕ ②-ⓒ ③-ⓓ ④-ⓐ ⑤-ⓑ ⑥-ⓔ ⑦-ⓗ ⑧-ⓖ

여행사실무문제 (71)

[1] -④ **[2]** -④ **[3]** -③ **[4]** -③ **[5]** -④ **[6]** -② **[7]** -① **[8]** -① **[9]** -③ **[10]** -④ **[11]** -① **[12]** -② **[13]** -③ **[14]** -④ **[15]** -① **[16]** -④ **[17]** -④ **[18]** -③ **[19]** -① **[20]** -①

여행사실무문제 (72)

[1] -② **[2]** -④ **[3]** -③ **[4]** -④ **[5]** -④ **[6]** -④ **[7]** -① **[8]** -④ **[9]** -③ **[10]** -④ **[11]** -② **[12]** -① **[13]** -② **[14]** -④ **[15]** -④ **[16]** -② **[17]** -① **[18]** -④ **[19]** -② **[20]** -③

여행사실무문제 (73)

[1] -① **[2]** -① **[3]** -② **[4]** -① **[5]** -① **[6]** -① **[7]** -② **[8]** -① **[9]** -② **[10]** -④ **[11]** -①

[12] -④ **[13]** -① **[14]** -② **[15]** -③ **[16]** -④ **[17]** -② **[18]** -② **[19]** -②

여행사실무문제 (74)

[1] -① **[2]** -③ **[3]** -③ **[4]** -② **[5]** -① **[6]** -④ **[7]** -④ **[8]** -② **[9]** -③ **[10]** -① **[11]** -③ **[12]** -③ **[13]** -④ **[14]** -② **[15]** -② **[16]** -① **[17]** -② **[18]** -① **[19]** -②

여행사실무문제 (75)

[1] ①-ⓓ ②-ⓑ ③-ⓔ ④-ⓒ ⑤-ⓐ **[2]** ①-ⓓ ②-ⓑ ③-ⓔ ④-ⓒ ⑤-ⓐ **[3]** ①-ⓒ ②-ⓓ ③-ⓔ ④-ⓐ ⑤-ⓑ **[4]** ①-ⓔ ②-ⓑ ③-ⓒ ④-ⓓ ⑤-ⓐ **[5]** ①-ⓒ ②-ⓓ ③-ⓔ ④-ⓑ ⑤-ⓐ **[6]** ①-ⓔ ②-ⓓ ③-ⓐ ④-ⓒ ⑤-ⓑ **[7]** ①프랑스어, 네덜란드어, ③독일어, 이탈리아어, 프랑스어 ⑤영어, 힌디어 ⑦영어, 스페인어, 타갈어 **[8]** ①-ⓛ ②-ⓔ ③-ⓕ ④-ⓖ ⑤-ⓘ ⑥-ⓗ ⑦-ⓓ ⑧-ⓒ ⑨-ⓐ ⑩-ⓜ ⑪-ⓓ ⑫-ⓒ ⑬-ⓐ **[9]** ①-ⓓ ②-ⓒ ③-ⓒ ④-ⓒ ⑤-ⓑ ⑥-ⓒ ⑦-ⓒ ⑧-ⓒ ⑨-ⓒ ⑩-ⓔ ⑪-ⓔ ⑫-ⓔ ⑬-ⓑ ⑭-ⓑ **[10]** -④ **[11]** -④ **[12]** -③ **[13]** -③ **[14]** -② **[15]** -④ **[16]** -③ **[17]** -③ **[18]** -ⓓ **[19]** -② **[20]** -ⓓ **[21]** -① **[22]** -② **[23]** -③ **[24]** -②

[25]

국명	수도	통화단위	정치체제
유고슬라비아	베오그라드	뉴디나르(New Dinar)	연방자치제
중국	베이징	Yuan	인민(사회주의)공화제
러시아	모스크바	Rouble	독립국가연합
필리핀	마닐라	Peso	공화제
태국	방콕	Baht	입헌군주제
베트남	하노이	Dong	인민(사회주의)공화제
싱가폴	싱가포르	싱가포르 달러	공화제

[26] ①-O ②-O ③-O ④-O ⑤-O ⑥-O

여행사실무문제 (76)

[1] ①-**1** ②-**10** ③-**5** ④-**25** ⑤-50 **[2]** ①-ⓗ ②-ⓒ ③-ⓐ ④-ⓓ, ⓕ ⑤-ⓕ ⑥-ⓓ ⑦-ⓐ **[3]** -①, ③, ④ **[4]** ①-ⓐ ②-ⓑ ③-ⓒ **[5]** ⓐ ①-모스크바 ②-모피 ③-보르시치 ⓑ ①-런던 ②-양복지 ③-스모그드서몬 ⓒ ①-파리 ②-향수 ③-에스카르고 ⓓ ①-제네바 ②-시계 ③-퐁듀 ⓔ ①-로마 ②-가죽 ③-파스타 **[6]** ①-ⓩ ②-ⓢ ③-ⓡ ④-ⓛ ⑤-ⓙ **[7]** -① **[8]** -③ **[9]** -③ **[10]** ①-High Speed Train ②-Trans Europe Express ③-Trans Europe Nacht ④-Inter City ⑤-Train Grande Vitesse

여행사실무문제 (77)

[1] -④ **[2]** -① **[3]** -④ **[4]** -③ **[5]** -① **[6]** -④ **[7]** -③ **[8]** -① **[9]** -④ **[10]** -② **[11]** -① **[12]** -③ **[13]** -② **[14]** -③ **[15]** -① **[16]** -② **[17]** -④ **[18]** -① **[19]** -② **[20]** -③ **[21]** -

② 【22】-① 【23】-② 【24】-① 【25】-① 【26】-① 【27】-③ 【28】-① 【29】-④ 【30】-②

여행사실무문제 (78)

【1】-① 【2】-② 【3】-③ 【4】-④ 【5】-④ 【6】-② 【7】-④ 【8】-① 【9】-① 【10】-① 【11】-③ 【12】-④ 【13】-④ 【14】-④ 【15】-① 【16】-① 【17】-② 【18】-④ 【19】-③ 【20】-② 【21】-④ 【22】-④ 【23】-③ 【24】-③

여행사실무문제 (79)

【1】 1-ⓔ 2-ⓠ 3-ⓗ 4-ⓛ 5-ⓒ 6-ⓝ 7-ⓙ 8-ⓕ 9-ⓞ 10-ⓐ 11-ⓚ 12-ⓟ 13-ⓓ 14-ⓖ 15-ⓜ 16-ⓑ 17-ⓘ 18-ⓢ 19-ⓣ 20-ⓡ 【2】 ①-ⓖ ②-ⓙ ③-ⓒ ④-ⓘ ⑤-ⓓ ⑥-ⓔ ⑦-ⓐ ⑧-ⓑ ⑨-ⓕ ⑩-ⓗ 【3】 ①-ⓒ ②-ⓑ ③-ⓓ ④-ⓐ 【4】 ⓐ-⑥ ⓑ-⑦ ⓒ-⑤ ⓓ-③ ⓔ-④ ⓕ-① ⓖ-② ⓗ-⑨ ⓘ-⑩ ⓙ-⑪ ⓚ-⑫ ⓛ-⑭ ⓜ-⑧ ⓝ-⑬

여행사실무문제 (80)

【1】-③ 【2】-② 【3】-③ 【4】-② 【5】-③ 【6】-③ 【7】-③ 【8】-③ 【9】-② 【10】-① 【11】-② 【12】-② 【13】-② 【14】-② 【15】-① 【16】-② 【17】-② 【18】-③ 【19】-① 【20】-① 【21】-③

여행사실무문제 (81)

【1】-② 【2】-③ 【3】-② 【4】-③ 【5】-③ 【6】-② 【7】-③ 【8】-② 【9】-① 【10】-③ 【11】-④ 【12】-③ 【13】-③ 【14】-② 【15】-① 【16】-② 【17】-① 【18】-① 【19】 ①-ⓒ ②-ⓐ ③-ⓑ 【20】-③ 【21】-③ 【22】-② 【23】-① 【24】-② 【25】-① 【26】-③ 【27】-④

여행사실무문제 (82)

【1】 ①-ⓕ ②-ⓘ ③-ⓐ ④-ⓔ ⑤-ⓖ ⑥-ⓒ ⑦-ⓑ ⑧-ⓗ ⑨-ⓙ ⑩-ⓓ 【2】 ①-ⓐ ②-ⓒ ③-ⓕ ④-ⓓ ⑤-ⓔ ⑥-ⓑ 【3】 ①-ⓓ ②-ⓒ, ⓔ ③-ⓐ ④-ⓑ 【4】 ①-ⓒ ②-ⓓ ③-ⓐ ④-ⓑ 【5】 ①-ⓒ ②-ⓐ ③-ⓑ 【6】 ①-ⓒ ②-ⓓ ③-ⓐ ④-ⓑ ⑤-ⓖ ⑥-ⓕ ⑦-ⓔ ⑧-ⓙ ⑨-ⓘ ⑩-ⓗ ⑪-ⓚ ⑫-ⓛ ⑬-ⓝ ⑭-ⓜ ⑮-ⓞ 【7】 ①-ⓓ ②-ⓑ ③-ⓘ ④-ⓐ ⑤-ⓕ ⑥-ⓔ ⑦-ⓒ ⑧-ⓖ ⑨-ⓗ ⑩-ⓙ

여행사실무문제 (83)

【1】 ①-ⓔ ②-ⓒ ③-ⓑ ④-ⓐ ⑤-ⓙ ⑥-ⓓ ⑦-ⓗ ⑧-ⓖ ⑨-ⓘ ⑩-ⓕ 【2】 ①-ⓙ ②-ⓐ ③-ⓖ ④-ⓘ ⑤-ⓗ ⑥-ⓔ ⑦-ⓕ ⑧-ⓒ ⑨-ⓓ ⑩-ⓑ 【3】 ①-ⓓ ②-ⓕ ③-ⓙ ④-ⓑ ⑤-ⓔ ⑥-ⓘ ⑦-ⓐ ⑧-ⓒ ⑨-ⓖ ⑩-ⓗ

여행사실무문제 (84)

【1】 ①-ⓘ ②-ⓙ ③-ⓑ ④-ⓓ ⑤-ⓒ ⑥-ⓖ ⑦-ⓗ ⑧-ⓐ ⑨-ⓔ ⑩-ⓕ 【2】 ①-ⓙ ②-ⓐ ③-ⓕ ④-ⓑ ⑤-ⓘ ⑥-ⓓ ⑦-ⓗ ⑧-ⓒ ⑨-ⓔ ⑩-ⓖ 【3】 ①-ⓘ ②-ⓓ ③-ⓖ ④-ⓙ ⑤-ⓔ ⑥-ⓐ ⑦-ⓕ ⑧-

ⓒ ⑨-ⓗ ⑩-ⓑ

여행사실무문제 (85)

[1] ①-ⓔ ②-ⓚ ③-ⓞ ④-ⓓ ⑤-ⓐ ⑥-ⓖ ⑦-ⓙ ⑧-ⓜ ⑨-ⓗ ⑩-ⓕ ⑪-ⓘ ⑫-ⓑ ⑬-ⓒ ⑭-ⓛ ⑮-ⓜ **[2]** ①-ⓘ ②-ⓗ ③-ⓔ ④-ⓕ ⑤-ⓑ ⑥-ⓞ ⑦-ⓜ ⑧-ⓚ ⑨-ⓙ ⑩-ⓓ ⑪-ⓖ ⑫-ⓝ ⑬-ⓔ ⑭-ⓘ ⑮-ⓐ

여행사실무문제 (86)

[1] ①-ⓜ ②-ⓓ ③-ⓚ ④-ⓙ ⑤-ⓞ ⑥-ⓒ ⑦-ⓑ ⑧-ⓛ ⑨-ⓗ ⑩-ⓖ ⑪-ⓝ ⑫-ⓕ ⑬-ⓘ ⑭-ⓔ ⑮-ⓐ **[2]** ①-ⓔ ②-ⓗ ③-ⓓ ④-ⓖ ⑤-ⓐ ⑥-ⓑ ⑦-ⓕ ⑧-ⓒ ⑨-ⓘ ⑩-ⓙ **[3]** ①-ⓓ ②-ⓐ ③-ⓒ ④-ⓑ **[4]** ①-ⓔ ②-ⓗ ③-ⓐ ④-ⓑ ⑤-ⓕ ⑥-ⓒ ⑦-ⓖ ⑧-ⓓ **[5]** ①-ⓙ ②-ⓒ ③-ⓕ ④-ⓐ ⑤-ⓗ ⑥-ⓑ ⑦-ⓔ ⑧-ⓖ ⑨-ⓓ ⑩-ⓘ ⑪-ⓙ ⑫-ⓞ ⑬-ⓚ ⑭-ⓜ ⑮-ⓛ

여행사실무문제 (87)

[1] ①-ⓗ ②-ⓒ ③-ⓕ ④-ⓞ ⑤-ⓑ ⑥-ⓛ ⑦-ⓖ ⑧-ⓙ ⑨-ⓚ ⑩-ⓐ ⑪-ⓜ ⑫-ⓓ ⑬-ⓘ ⑭-ⓔ ⑮-ⓝ **[2]** ①-ⓘ ②-ⓒ ③-ⓛ ④-ⓞ ⑤-ⓓ ⑥-ⓚ ⑦-ⓙ ⑧-ⓕ ⑨-ⓜ ⑩-ⓐ ⑪-ⓔ ⑫-ⓑ ⑬-ⓝ ⑭-ⓗ ⑮-ⓖ **[3]** ①-ⓕ ②-ⓑ ③-ⓗ ④-ⓐ ⑤-ⓖ ⑥-ⓒ ⑦-ⓓ ⑧-ⓔ ⑨-ⓘ ⑩-ⓙ ⑪-ⓛ ⑫-ⓚ ⑬-ⓜ

여행사실무문제 (88)

[1] ①-ⓔ ②-ⓙ ③-ⓗ ④-ⓛ ⑤-ⓒ ⑥-ⓞ ⑦-ⓜ ⑧-ⓓ ⑨-ⓘ ⑩-ⓕ ⑪-ⓖ ⑫-ⓗ ⑬-ⓚ ⑭-ⓝ ⑮-ⓑ **[2]** ①-ⓖ ②-ⓞ ③-ⓑ ④-ⓙ ⑤-ⓐ ⑥-ⓒ ⑦-ⓚ ⑧-ⓓ ⑨-ⓗ ⑩-ⓘ ⑪-ⓜ ⑫-ⓛ ⑬-ⓝ ⑭-ⓕ ⑮-ⓔ

여행사실무문제 (89)

[1] ①-ⓘ ②-ⓞ ③-ⓓ ④-ⓛ ⑤-ⓐ ⑥-ⓕ ⑦-ⓜ ⑧-ⓑ ⑨-ⓒ ⑩-ⓔ ⑪-ⓝ ⑫-ⓖ ⑬-ⓗ ⑭- ⓙ ⑮-ⓚ **[2]** ①-ⓚ ②-ⓞ ③-ⓔ ④-ⓕ ⑤-ⓐ ⑥-ⓛ ⑦-ⓒ ⑧-ⓖ ⑨-ⓘ ⑩-ⓜ ⑪-ⓑ ⑫-ⓙ ⑬-ⓗ ⑭-ⓝ ⑮-ⓓ

여행사실무문제 (90)

[1] ①-ⓓ ②-ⓑ ③-ⓒ ④-ⓐ ⑤-ⓔ ⑥-ⓕ ⑦-ⓗ ⑧-ⓙ ⑨-ⓖ ⑩-ⓞ ⑪-ⓚ ⑫-ⓛ ⑬-ⓘ ⑭-ⓜ ⑮-ⓝ **[2]** ①-ⓗ ②-ⓚ ③-ⓕ ④-ⓘ ⑤-ⓑ ⑥-ⓐ ⑦-ⓛ ⑧-ⓒ ⑨-ⓔ ⑩-ⓞ ⑪-ⓜ ⑫-ⓓ ⑬-ⓝ ⑭-ⓙ ⑮-ⓖ

여행사실무문제 (91)

[1] ①-ⓘ ②-ⓚ ③-ⓒ ④-ⓞ ⑤-ⓕ ⑥-ⓐ ⑦-ⓜ ⑧-ⓝ ⑨-ⓓ ⑩-ⓗ ⑪-ⓑ ⑫-ⓛ ⑬-ⓙ ⑭-ⓔ ⑮-ⓖ **[2]** ①-ⓒ ②-ⓐ ③-ⓔ ④-ⓑ ⑤-ⓓ ⑥-ⓙ ⑦-ⓕ ⑧-ⓗ ⑨-ⓖ ⑩-ⓘ **[3]** ①-ⓗ ②-ⓓ

③-ⓚ ④-ⓞ ⑤-ⓑ ⑥-ⓕ ⑦-ⓔ ⑧-ⓜ ⑨-ⓐ ⑩-ⓛ ⑪-ⓖ ⑫-ⓘ ⑬-ⓒ ⑭-ⓙ ⑮-ⓝ

여행사실무문제 (92)

【1】 ①-ⓑ ②-ⓔ ③-ⓐ ④-ⓓ ⑤-ⓒ **【2】** ①-ⓔ ②-ⓜ ③-ⓒ ④-ⓐ ⑤-ⓘ ⑥-ⓕ ⑦-ⓑ ⑧-ⓞ ⑨-ⓓ ⑩-ⓖ ⑪-ⓙ ⑫-ⓗ ⑬-ⓛ ⑭-ⓝ ⑮-ⓚ **【3】** ①-ⓕ ②-ⓚ ③-ⓜ ④-ⓐ ⑤-ⓒ ⑥-ⓖ ⑦-ⓘ ⑧-ⓑ ⑨-ⓓ ⑩-ⓞ ⑪-ⓔ ⑫-ⓛ ⑬-ⓝ ⑭-ⓙ ⑮-ⓗ

여행사실무문제 (93)

【1】 ①-ⓘ ②-ⓜ ③-ⓓ ④-ⓞ ⑤-ⓐ ⑥-ⓛ ⑦-ⓙ ⑧-ⓑ ⑨-ⓒ ⑩-ⓕ ⑪-ⓔ ⑫-ⓚ ⑬-ⓝ ⑭-ⓖ ⑮-ⓗ **【2】** ①-ⓘ ②-ⓒ ③-ⓞ ④-ⓐ ⑤-ⓚ ⑥-ⓓ ⑦-ⓕ ⑧-ⓑ ⑨-ⓙ ⑩-ⓔ ⑪-ⓖ ⑫-ⓜ ⑬-ⓗ ⑭-ⓝ ⑮-ⓘ

여행사실무문제 (94)

【1】 ①-ⓕ ②-ⓒ ③-ⓚ ④-ⓞ ⑤-ⓐ ⑥-ⓛ ⑦-ⓜ ⑧-ⓑ ⑨-ⓓ ⑩-ⓖ ⑪-ⓘ ⑫-ⓗ ⑬-ⓙ ⑭-ⓔ ⑮-ⓝ **【2】** ①-ⓒ ②-ⓚ ③-ⓖ ④-ⓐ ⑤-ⓗ ⑥-ⓑ ⑦-ⓓ ⑧-ⓘ ⑨-ⓔ ⑩-ⓙ ⑪-ⓕ ⑫-ⓛ ⑬-ⓞ ⑭-ⓜ ⑮-ⓝ

여행사실무문제 (95)

【1】 ①-ⓚ ②-ⓔ ③-ⓞ ④-ⓒ ⑤-ⓐ ⑥-ⓗ ⑦-ⓕ ⑧-ⓑ ⑨-ⓖ ⑩-ⓓ ⑪-ⓘ ⑫-ⓝ ⑬-ⓜ ⑭-ⓙ ⑮-ⓛ **【2】** ①-ⓒ ②-ⓗ ③-ⓜ ④-ⓕ ⑤-ⓝ ⑥-ⓑ ⑦-ⓞ ⑧-ⓐ ⑨-ⓔ ⑩-ⓓ ⑪-ⓖ ⑫-ⓘ ⑬-ⓚ ⑭-ⓙ ⑮-ⓛ **【3】** ①-ⓕ ②-ⓗ ③-ⓑ ④-ⓐ ⑤-ⓒ ⑥-ⓓ ⑦-ⓔ ⑧-ⓖ ⑨-ⓘ ⑩-ⓙ **【4】** ①-ⓒ ②-ⓔ ③-ⓐ ④-ⓑ ⑤-ⓓ

여행사실무문제 (96)

【1】 ①-ⓘ ②-ⓑ ③-ⓓ ④-ⓖ ⑤-ⓐ ⑥-ⓙ ⑦-ⓒ ⑧-ⓞ ⑨-ⓔ ⑩-ⓗ ⑪-ⓕ ⑫-ⓛ ⑬-ⓜ ⑭-ⓝ ⑮-ⓚ **【2】** ①-ⓘ ②-ⓜ ③-ⓔ ④-ⓒ ⑤-ⓖ ⑥-ⓑ ⑦-ⓐ ⑧-ⓗ ⑨-ⓓ ⑩-ⓕ ⑪-ⓞ ⑫-ⓚ ⑬-ⓙ ⑭-ⓛ ⑮-ⓝ

여행사실무문제 (97)

【1】 ①-ⓚ ②-ⓕ ③-ⓒ ④-ⓐ ⑤-ⓘ ⑥-ⓞ ⑦-ⓑ ⑧-ⓜ ⑨-ⓓ ⑩-ⓔ ⑪-ⓛ ⑫-ⓖ ⑬-ⓗ ⑭-ⓙ ⑮-ⓝ **【2】** ①-ⓕ ②-ⓒ ③-ⓚ ④-ⓗ ⑤-ⓓ ⑥-ⓑ ⑦-ⓔ ⑧-ⓐ ⑨-ⓘ ⑩-ⓖ ⑪-ⓙ ⑫-ⓞ ⑬-ⓜ ⑭-ⓝ ⑮-ⓛ

여행사실무문제 (98)

【1】 ①-ⓝ ②-ⓓ ③-ⓐ ④-ⓖ ⑤-ⓚ ⑥-ⓑ ⑦-ⓞ ⑧-ⓕ ⑨-ⓔ ⑩-ⓒ ⑪-ⓘ ⑫-ⓗ ⑬-ⓜ ⑭-ⓙ ⑮-ⓛ **【2】** ①-ⓘ ②-ⓕ ③-ⓑ ④-ⓒ ⑤-ⓚ ⑥-ⓜ ⑦-ⓐ ⑧-ⓞ ⑨-ⓓ ⑩-ⓗ ⑪-ⓔ ⑫-ⓛ ⑬-ⓝ ⑭-ⓙ ⑮-ⓖ

여행사실무문제 (99)

【1】 ①-ⓚ ②-ⓔ ③-ⓑ ④-ⓗ ⑤-ⓐ ⑥-ⓕ ⑦-ⓒ ⑧-ⓞ ⑨-ⓓ ⑩-ⓖ ⑪-ⓘ ⑫-ⓜ ⑬-ⓙ ⑭-ⓛ ⑮-ⓝ 【2】 ①-ⓚ ②-ⓕ ③-ⓞ ④-ⓒ ⑤-ⓘ ⑥-ⓐ ⑦-ⓛ ⑧-ⓓ ⑨-ⓑ ⑩-ⓜ ⑪-ⓙ ⑫-ⓒ ⑬-ⓖ ⑭-ⓘ ⑮-ⓝ

여행사실무문제 (100)

【1】 1-ⓗ 2-ⓓ 3-ⓛ 4-ⓐ 5-ⓞ 6-ⓕ 7-ⓙ 8-ⓑ 9-ⓜ 10-ⓥ 11-ⓡ 12-ⓧ 13-ⓔ 14-ⓣ 15-ⓠ 16-ⓒ 17-ⓖ 18-ⓘ 19-ⓚ 20-ⓝ 21-ⓟ 22-ⓢ 23-ⓤ 24-ⓦ 25-ⓨ 【2】 ①-ⓜ ②-ⓓ ③-ⓖ ④-ⓐ ⑤-ⓙ ⑥-ⓑ ⑦-ⓚ ⑧-ⓒ ⑨-ⓕ ⑩-ⓞ ⑪-ⓔ ⑫-ⓛ ⑬-ⓝ ⑭-ⓗ ⑮-ⓘ 【3】 ①-ⓘ ②-ⓐ ③-ⓞ ④-ⓔ ⑤-ⓛ ⑥-ⓣ ⑦-ⓖ ⑧-ⓡ ⑨-ⓑ ⑩-ⓟ ⑪-ⓒ ⑫-ⓜ ⑬-ⓓ ⑭-ⓙ ⑮-ⓝ ⑯-ⓢ ⑰-ⓚ ⑱-ⓕ ⑲-ⓠ ⑳-ⓗ 【4】 ①-ⓙ ②-ⓞ ③-ⓕ ④-ⓑ ⑤-ⓒ ⑥-ⓖ ⑦-ⓚ ⑧-ⓗ ⑨-ⓐ ⑩-ⓘ ⑪-ⓜ ⑫-ⓛ ⑬-ⓓ ⑭-ⓝ ⑮-ⓔ 【5】 ①-ⓘ ②-ⓐ ③-ⓞ ④-ⓔ ⑤-ⓛ ⑥-ⓣ ⑦-ⓒ ⑧-ⓟ ⑨-ⓕ ⑩-ⓑ ⑪-ⓜ ⑫-ⓓ ⑬-ⓖ ⑭-ⓢ ⑮-ⓠ ⑯-ⓗ ⑰-ⓡ ⑱-ⓝ ⑲-ⓚ ⑳-ⓙ 【6】 ①-ⓚ ②-ⓒ ③-ⓟ ④-ⓗ ⑤-ⓣ ⑥-ⓕ ⑦-ⓛ ⑧-ⓐ ⑨-ⓜ ⑩-ⓝ ⑪-ⓙ ⑫-ⓖ ⑬-ⓞ ⑭-ⓑ ⑮-ⓓ ⑯-ⓔ ⑰-ⓘ ⑱-ⓡ ⑲-ⓠ ⑳-ⓢ 【7】 ①-ⓟ ②-ⓒ ③-ⓘ ④-ⓢ ⑤-ⓣ ⑥-ⓕ ⑦-ⓞ ⑧-ⓐ ⑨-ⓚ ⑩-ⓑ ⑪-ⓜ ⑫-ⓓ ⑬-ⓔ ⑭-ⓙ ⑮-ⓖ ⑯-ⓠ ⑰-ⓗ ⑱-ⓛ ⑲-ⓝ ⑳-ⓡ 【8】 ①-ⓔ ②-ⓟ ③-ⓣ ④-ⓐ ⑤-ⓙ ⑥-ⓠ ⑦-ⓕ ⑧-ⓚ ⑨-ⓛ ⑩-ⓑ ⑪-ⓒ ⑫-ⓓ ⑬-ⓖ ⑭-ⓜ ⑮-ⓡ ⑯-ⓗ ⑰-ⓘ ⑱-ⓝ ⑲-ⓞ ⑳-ⓢ 【9】 ①-ⓗ ②-ⓟ ③-ⓒ ④-ⓣ ⑤-ⓡ ⑥-ⓐ ⑦-ⓚ ⑧-ⓕ ⑨-ⓑ ⑩-ⓜ ⑪-ⓓ ⑫-ⓢ ⑬-ⓘ ⑭-ⓔ ⑮-ⓙ ⑯-ⓠ ⑰-ⓛ ⑱-ⓖ ⑲-ⓝ ⑳-ⓞ 【10】 ①-ⓒ ②-ⓛ ③-ⓗ ④-ⓡ ⑤-ⓐ ⑥-ⓝ ⑦-ⓣ ⑧-ⓕ ⑨-ⓜ ⑩-ⓙ ⑪-ⓓ ⑫-ⓑ ⑬-ⓟ ⑭-ⓖ ⑮-ⓙ ⑯-ⓚ ⑰-ⓞ ⑱- ⑲-ⓔ ⑳-ⓢ 【11】 ①-ⓗ ②-ⓐ ③-ⓟ ④-ⓚ ⑤-ⓓ ⑥-ⓣ ⑦-ⓠ ⑧-ⓕ ⑨-ⓑ ⑩-ⓘ ⑪-ⓜ ⑫-ⓒ ⑬-ⓝ ⑭-ⓖ ⑮-ⓡ ⑯-ⓛ ⑰-ⓔ ⑱-ⓙ ⑲-ⓞ ⑳-ⓢ 【12】 ①-ⓕ ②-ⓞ ③-ⓙ ④-ⓐ ⑤-ⓛ ⑥-ⓒ ⑦-ⓓ ⑧-ⓗ ⑨-ⓑ ⑩-ⓔ ⑪-ⓖ ⑫-ⓜ ⑬-ⓘ ⑭-ⓚ ⑮-ⓝ

부록-1

(1) 2008년도 외국인 단체관광객 전세버스 요금표 (서울지역)   (단위: 천원)

구분	번호	운행구간	대형요금
편도	S1	서울시내 - 인천공항	170
	S2	서울시내 - 워커힐, 롯데월드	140
	S3	서울시내 - 신공항	170
	S4	김포공항 - 서울시내	140
	S5	호텔 - 서울역	140
반일	S5	시내반일	210
	S6	인천공항 - 시내반일	210
	S7	인천공항 - 롯데월드 · 워커힐 - 시내반일	
	S8	워커힐 - 롯데월드 - 시내반일	
	S9	워커힐 - 시내반일	185
	S10	인천공항 - 서울시내 종일 - 인천공항	300
전일	S11	인천공항 - 서울시내 종일- 민속촌(통일전망대) - 인천공항	320
시내+근교	S12	시내 종일	250
	S13	워커힐 - 시내종일	250
	S14	시내종일 - 롯데월드 · 워커힐	250
	S15	인천공항 - 시내종일	300
	S16	인천공항 - 시내종일 - 인천공항	300
	S17	시내 - 민속촌 외 (서울 근교 추가운행)	300
	S18	인천공항 - 롯데월드 · 워커힐 -시내종일	300
	S19	시내종일 - 이천	397
	S20	시내종일 - 이천	397
	S21	서울시내 - 자유의 다리, 통일전망대, 에버랜드, 이천, 의정부베어스키장, 양평	290
당일	S22	서울 - 강화도	300
	S23	서울 - 전방(DMZ)	300
	S24	서울- 아산(현충사)	340
	S25	서울 - 천안(독립기념관)	340
	S26	서울 - 단양팔경	390
	S27	서울 - 대전(유성)	380
	S28	서울 - 공주	395
	S29	서울 - 전주	426
	S30	서울 - 속리산	414
	S31	서울 - 내장산	443
	S32	서울 - 남원	506
	S33	서울 - 용평, 대관령, 피닉스파크	414
	S34	서울 - 대구	495
	S35	서울 - 송광사	529

구분	번호	운행구간	대형요금
당일	S36	서울 – 광주	495
	S37	서울 – 화엄사	518
	S38	서울 – 경주, 울산	632
	S39	서울 – 지리산	506
	S40	서울 – 부산	678
	S41	서울 – 설악산	529
	S42	서울 – 수안보	397
	S43	서울 – 해인사	518
1박2일 (1일당)	S44	서울 – 공주, 부여	288
	S45	서울 – 해인사, 경주	316

* 성수기 4/1–6/10, 7/1–11/10. 나머지 일자는 비수기임. * 중형은 75%, 소형은 50% 적용.

(2) 2008년도 외국인 단체관광객 전세버스 요금표 (서울지역) (단위: 천원)

구분	번호	운행구간	대형요금
1박2일 이상 (1일당)	S46	서울 – 부산	489
	S47	서울 – 속리산	288
	S48	서울 – 내장산	351
	S49	서울 – 설악산	365
	S50	서울 – 지리산	371
	S51	서울 – 화엄사, 송광사	391
	S52	서울 – 수안보, 춘천	282
	S53	서울 – 용평스키장	328
	S54	서울 – 알프스스키장	334
	S55	서울 – 무주리조트	351
당일	S56	서울시내 – 서울역, 김포공항(2시간 이내)	140
	S57	김포공항 – 인천	140
	S58	김포공항 – 인천(2시간 이내)	140
	S59	김포공항 – 워커힐, 롯데월드(2시간 이내)	140
	S60	김포공항 – 시내반일	185
	S61	김포공항 – 시내반일– 김포공항	201
	S62	김포공항 – 시내전일	250
	S63	김포공항 – 시내전일 – 김포공항	260
	S64	김포공항 – 롯데월드 – 시내반일	196
	S65	김포공항 – 롯데월드, 워커힐 – 시내전일	250
	S66	김포공항 – 롯데월드, 워커힐	196

* 편도란 2시간 이내의 사용, 반일은 5시간 이내, 전일은 5시간 이상을 말함.

(2) 2008년도 외국인 단체관광객 전세버스 (부산 · 제주지역) (단위: 천원)

번호	운행구간	대형요금
B1	공항-호텔	242
B2	시내관광(반일)	285
B3	시내관광(전일)	322
B4	부산-통도사	368
B5	부산-경주	403
B6	부산-울산, 포항	285
B7	부산-대구	457
B8	부산-마산, 창원	403
B9	부산-통영	446
B10	부산-광주	620
B11	부산-대전	620
B12	부산-부여	726
B13	대구-서울	659
B14	경주-서울	713
1박2일 코스 (1일당 요금)		
B16	부산-경주	372
B17	부산-대구	398
B18	부산-울산공항	285
B19	부산-통영(진주)	372
B20	부산-속리산	520
B21	부산-설악산	558
B22	경주-서울	600
B23	부산-광주	557
B24	경주-대전	501
B25	경주-부여	558
B26	부산-경주-해인사-부곡	501
B27	부산-여수-광주	601
B28	부산-경주-대구-부여-서울	670
제주지역 요금표		
J1	제주시-공항 및 부두 · 식당 수송	57
J2	제주시-서귀포지역 숙소 수송	140
J3	제주시내 관광	155
J4	제주시-중문골프장-제주시	196
J5	제주시-한라산 등산(어리목)-제주시	176
J6	제주시-한라산 등산(영실)-제주시	187
J7	제주시-서회, 동회	265
J8	제주시-서회-동회-제주시(일주코스)	310
J9	제주시-만장굴(한림공원)- 제주시	196
J10	제주시-성산일출봉-제주시	265

(4) 호텔요금표(2008년도)

(단위: 원)

지역	등급	요금						조식
		개인			단체			
		주중	주말	연휴	주중	주말	연휴	
서울	특1급	360,750	375,280	461770	277,500	288,600	355,200	24,200
부산	특1급	216,500	231,000	245,300	166,500	177,600	188,700	21,780
인천	특2급	141,570	149,500	157,300	108,900	114,950	121,000	18,150
경주	특1급	216,450	227,240	238,100	166,500	174,800	183,150	19,360
제주	특1급	303,100	404,100	432,900	233,100	310,800	333,000	22,990

(주) ① 단체요금적용은 각 호텔의 숙박약관에 따라 다르나, 대개 5방 이상을 동시에 사용하는 경우를 말한다.

② 주중이란 월요일부터 목요일까지이며, 주말이란 금요일부터 일요일까지를 말한다.

③ 요금적용방법은 도착기준방식(Arrival Method)과 체재기준방식(Stayover Method)이 있는데, 전자는 투숙일자가 주중에 해당되면 숙박요금 전체가 주중요금을, 주말이면 숙박요금 전체가 주말요금을 적용하는데 비해 후자는 숙박당일을 기준으로 주중이면 주중요금을, 주말이면 주말요금을, 연휴인 경우 연휴요금을 적용하는 것이다.

④ 연휴에는 한국의 연휴와 일본의 연휴 모두를 포함한다.

(5) 고속도로 통행요금표(2008년도)

(단위: 원)

구 간	1종(소형)	2·3종(중·대형)
서울-인천공항	6,900	15,200
서울-수원	1,700	1,700
서울-대전	7,500	7,900
서울-동대구	13,100	13,800
서울-경주	15,000	15,900
서울-부산	18,100	19,100
서울-강릉	9,700	10,200
대구-경주	3,400	3,600
경주-부산	3,900	4,100

(6) 기 타

① 시내식당의 식사는 점심, 저녁 구분 없이 1끼 15,000원으로 한다.

② 운전기사 팁은 1일 10,000원으로 한다.

③ 관광안내사의 일당(안내료 · Guide Charge)은 1일 30,000원으로 한다.

④ 관광안내사의 출장비란 안내사가 고객과 행동을 같이 하는 경우에 적용되는 버스 이외의 타 교통기관의 교통비를 말한다.

⑤ 서울-경주 간 새마을호 열차는 보통실을 기준으로 하며 요금은 19명까지 34,900원, 20명 이상은 31,410원이다.

⑥ 공항세(관광진흥기금 포함)는 1인당 25,000원으로 하며, 여행요금에 포함시키는 것을 원칙으로 한다.

⑦ 포터비는 1~9명은 1인당 3,000원, 10명 이상은 1인당 1,500원으로 한다.

(7)국내항공요금표(2008년도) (단위: 원)

서울 ↔ 지방		제주 ↔ 지방	
구 간	금 액	구 간	금 액
서울-양양	65,400	제주-서울	92,900
서울-부산	78,900	제주-부산	71,900
인천-부산	78,900	제주-대구	78,900
서울-울산	77,900	제주-양양	131,700
서울-제주	92,900		

(8) 전국 주요관광지 입장요금표(2008년도) (단위: 원)

지역	관 광 지	요 금		지역	관 광 지	요 금	
		개인	단체			개인	단체
서울	경복궁	3,000	2,400	속초	권금성케이블카	8,000	8,000
	국립박물관	2,000	1,500		설악산국립공원	2,500	2,300
	덕수궁	1,0000	800		설악워터피아(당일권)	46,000	146,000
	에버랜드	28,0000	21,000		낙산사	2,800	2,600
	서울타워	7,000	4,000				
	창경궁	1,000	800				
	창덕궁(비원)	3,000	3,000				
	롯데월드	24,000	24,000				
	한국민속촌	11,000	7,000				
부산	범어사	무료	무료	부여	고란사	부소산성에	좌동
	부산타워	3,500	2,000			포함	
	유엔묘지	무료	무료		박물관	1,000	700
	태종대	무료	무료		백마강유람선	8,000	8,000
	통도사	2,000	1,500		정림사지	1,500	1,200
	부산시립박물관	500	200		부소산성	2,800	1,800
	아쿠아리움	16,000	9,000				
경주	대릉원	1,500	1,200	제주	만장굴	2,000	1,700
	국립경주박물관	1,000	700		주상절리	2,000	1,600
	분황사	1,300	1,300		탐라목석원	3,000	2,500
	불국사	4,000	4,000		산굼부리	3,000	2,500
	석굴암	4,000	4,000		산방굴사	2,500	2,000
	안압지	1,000	800		삼성혈	2,500	2,000
	첨성대	500	300		성산일출봉	2,000	1,600
천안 · 공주	국립공주박물관	300	300		여미지식물원	5,000	4,000
	무령왕능	800	700		제주민속박물관	1,100	800
	공산성	500	400		소인국	6,000	5,000
	마곡사	2,000	2,000		천지연폭포	2,000	1,600
	독립기념관	1,600	1,600		한림공원(협재굴)	7,000	4,500

* 단체는 20명 이상을 말함.

부록-2

CONDITIONS & TOUR FARE

Messrs. ______________________ Date: ______________________

Tour Name ______________________ Your Ref. No ______________________

Our Ref. No. ______________________

CONDITION

1. Arrange Pax: ( ) + ( ) free/s Tour Term ______________________
2. Acommodation: ( ) twins ( ) singles ( ) triples/suites at ______________________
( ) twins ( ) singles ( ) triples/suites at ______________________
( ) twins ( ) singles ( ) triples/suites at ______________________
( ) twins ( ) singles ( ) triples/suites at ______________________
( ) twins ( ) singles ( ) triples/suites at ______________________
3. Meals:
□ Breakfast only □ Half Pension □ Full Pension □ American □ Continental Breakfast
(All service charges and taxes are included)
4. Transportation: ( ) car/s □ Private mortorcoach □ Micro-bus □ Private car □ Taxi
□ between airport, stations, piers and Hotel v.v, with English/Japanese/( ) speaking Guide
□ Rail ( ) class tickets with ( ) pieces ______________________
□ Domestic air tickets with seat reservation ( ) pieces ______________________
□ Hydrofoil □ Ship ( ) Pieces ______________________
□ Long Distance Motorcoach ( )car/s ______________________
□ Through Escort □ English □ Japanese □ ( ) speaking ( ) Person/s
5. Sightseeing: ( ) car/s
□ Private motor coach □ Micro-bus □ Suttle-bus □ Private car □ Taxi
□ Including entrance fees of our recommend places only but including ________ □ Exc.
□ with English/Japanese/ ( ) speaking guides at ______________________
6. Porterage: □ Included. per person. per baggage □ Excluded
7. Airport tax □ Included □ Excluded
8. Others
9. Special Arrangement:
10. Payment at: □ □ New Booking □ Change □ Final

※ Flight Arrival : Date Flight: – (:) From: To:
Departure : Date Flight: – (:) From: To:

QUOTATION

We take great pleasure in submitting here with our quotation, including above conditions.

Party of Paying person/s plus free/s Net cost each paying: US $ Total US $

Party of Paying person/s plus free/s Net cost each paying: US $ Total US $

Party of Paying person/s plus free/s Net cost each paying: US $ Total US $

Single Supplement Charge: US $ Total US $

GRAND TOTAL US $

부록-3

旅行社

TRAVEL SERVICE CO., LTD.

日 程 表
ITINERARY

團體名:	日字:
Itinerary for.	Date.
旅行社名:	團體番號 :
To :	Tour No.

月 日 DATE	時 間 TIME	日 程 PROGRAMME	交 通 Transportation	宿泊其他 Accomodation

SCHEDULES AND MEANS OF TRANSPORT ARE SUBJECT TO CHANCE WITHOUT PREVIOUS NOTICE

부록-4

BREAKDOWN (A) COURSE: Exchange Rate USD 1.00=₩

ITEM	P A X	1	2	3	4-6	7-9	10-15	16-20	21-25	26-31	32-40	41UP
HOTEL R/Charge	NAME / F.I.T / G.I.T											
Meals	B: X Times= L: X Times= D: X Times=											
Transfer	DAY / TAXI / MICRO / BUS											
Admission	FIT: GIT:											
Poter Tip	Below 9 Pax ₩ Over 10 Pax ₩											
Guide Charge												
Staff traveling Expense												
Driver Tip												
Toll	Taxi: Bus:											
	Sub Total											
	Handing Charge 10%											
	Total											
Surcharge	Per 1Pax											
Tax	Per pax											
	Fixed Charge											

DATE : 20

부록-5

○○旅行社

TRAVEL SERVICE CO., LTD

결재	담당	과장	부장	이사	전무

QUOTATION

Date : 20 . . .

Tour Name : Travel Agency :		
Date : From To (Night Days)		
No of Pax : Paying Plus Free		
Hotel: (Name)		Amount
______ KRW ______ (1/2 Twin/Single) ______ Nights	KRW	______
______ 〃 ______ 〃 ______ 〃		______
______ 〃 ______ 〃 ______ 〃		______
______ 〃 ______ 〃 ______ 〃		______
______ 〃 ______ 〃 ______ 〃		______
Meals: (Name of Place)		
Breakfast ______ KRW ______ x ______ Times	KRW	______
Breakfast ______ 〃 ______ x ______ 〃		______
Breakfast ______ 〃 ______ x ______ 〃		______
Lunch ______ 〃 ______ x ______ 〃		______
Lunch ______ 〃 ______ x ______ 〃		______
Dinner ______ 〃 ______ x ______ 〃		______
Dinner ______ 〃 ______ x ______ 〃		______
K.T.R ______ 〃 ______ x ______ 〃		______
Other ______ 〃 ______ x ______ 〃		______
Porterage & Admission per Person:	KRW	
Tickets:	KRW	
Surcharge for Complimentary (× /) (P/P)	KRW	
Unit Price (A)	KRW	
Divisible Transportation: 1ST: ______	KRW	______
2ND: ______		______
3RD: ______		______
4TH: ______		______
5TH: ______		______
Driver's Tip : Guide Charge :	KRW	
Staff Traveling Expense:	KRW	
Extra Expense : Toll	KRW	
Divisible Total	KRW	
Divided by Paying Pax Unit Price (B)	KRW	
	KRW	
Net Total Unit Price (A+B)	KRW	
Company Handling Charge (10 %) Unit Price (C)	KRW	
Tax (Airport and Tourism) Unit Price (D)	KRW	
Fixed Quotation (A+B+C+D) P/P	KRW	
Rounding Unit : 100	KRW	

부록-6

여행일정표(모델)

(1) 1박 2일 서울관광

일차	일 정	교 통	숙박 및 기타
제1일	인천국제공항 도착(14:00) 전용차로 서울시내향발 서울시내관광(경복궁, 국립중앙박물관) 시내식당에서 석식 호텔투숙	전용버스	서울 특1급호텔
제2일	호텔에서 조식 오전 자유시간 오후 인천국제공항 향발 출국(16:00)	전용버스	

(2) 2박 3일 서울관광

일차	일 정	교 통	숙박 및 기타
제1일	인천국제공항 도착(16:00) 전용차로 호텔향발 시내식당에서 석식 호텔투숙	전용버스	서울 특1급 호텔
제2일	호텔에서 조식 오전 서울시내관광(경복궁, 국립중앙박물관, 북악 스카이웨이 드라이브) 시내식당에서 중식 오후 서울시내관광(창덕궁, 비원, 워커힐 카지노) 시내식당에서 석식 호텔투숙	전용버스	서울 특1급 호텔
제3일	호텔에서 조식 오전 자유시간 전용차로 인천국제공항 향발 출국수속종료 후 출국(13:00)	전용버스	

(3) 2박 3일 서울관광

일차	일 정	교 통	숙박 및 기타
제1일	인천국제공항 도착(16:00) 전용차로 호텔향발 호텔체크인 시내식당에서 석식 호텔투숙	전용버스	서울 특1급 호텔
제2일	호텔에서 조식 오전 서울시내관광(경복궁, 국립중앙박물관, 서울타워) 시내식당에서 중식 전용차로 한국민속촌 향발 한국민속촌착 후 관광 전용차로 서울 귀환 호텔투숙	전용버스	서울 특1급 호텔
제3일	호텔에서 조식 오전 자유시간 전용차로 인천국제공항 향발 출국수속종료 후 출국(15:00)	전용버스	

(4) 2박 3일 서울관광

일차	일 정	교 통	숙박 및 기타
제1일	인천국제공항 도착(10:30) 전용차로 서울시내향발 시내식당에서 중식 서울시내관광(경복궁, 국립중앙박물관) 호텔투숙	전용버스	서울 특1급 호텔
제2일	호텔에서 조식 전용차로 민속촌 향발 민속촌 관광 후 민속촌 식당에서 중식 전용차로 워커힐 향발 워커힐 카지노 견학	전용버스	워커힐호텔 숙박
제3일	호텔에서 조식 오전 자유시간 전용차로 인천국제공항 향발 출국(12:00)	전용버스	

(5) 2박 3일 서울/경주/부산관광

일차	일 정	교 통	숙박 및 기타
제1일	인천국제공항 도착(13:00) 전용차로 서울시내향발 서울시내관광(경복궁, 국립중앙박물관) 호텔투숙	전용버스	서울 특1급 호텔
제2일	호텔에서 조식 새마을 열차로 경주향발 경주착 시내식당에서 중식 경주시내관광(첨성대, 고분공원, 불국사, 경주박물관) 전용차로 부산향발 부산착 시내식당에서 석식 호텔투숙	열차 전용버스	해운대 특1급호텔
제3일	호텔에서 조식 부산시내관광(범어사,유엔묘지,부산타워,용두산공원, 자갈치시장) 시내식당에서 중식 전용차로 김해국제공항 향발 출국(17:00)	전용버스	

(6) 2박 3일 서울/제주/부산관광

일차	일 정	교 통	숙박 및 기타
제1일	인천국제공항 도착(10:30) 전용차로 서울시내향발 시내식당에서 중식 시내관광(경복궁, 국립중앙박물관) 시내식당에서 석식 호텔투숙	전용버스	서울 특1급 호텔
제2일	호텔에서 조식 전용차로 김포공항 향발 공항착 국내선 수속 후 항공기로 제주향발 제주착 시내식당에서 중식 제주착 시내관광(관덕정,용두암,삼성혈,박물관,목석원) 시내식당에서 석식 호텔투숙	전용버스 항공기	제주 특1급호텔
제3일	호텔에서 조식 전용차로 공항향발 공항착 국내선 수속 후 부산 향발 부산 김해국제공항착, 전용차로 시내향발 시내식당에서 중식 시내관광(용두산공원, 부산타워, 자갈치시장) 전용차로 공항향발 출국(18:00)	전용버스 항공기	

(7) 3박 4일 서울/경주/부산관광

일차	일 정	교 통	숙박 및 기타
제1일	인천국제공항 도착(10:00) 전용차로 서울시내향발 시내식당에서 중식 시내관광(경복궁, 국립중앙박물관) 시내식당에서 석식 호텔투숙	전용버스	서울 특1급 호텔
제2일	호텔에서 조식 전용차로 경주향발 경주착 시내식당에서 중식 경주시내관광(석굴암, 불국사, 박물관, 대능원, 분황사) 시내식당에서 석식	전용버스	경주 특1급 호텔
제3일	호텔에서 조식 전용차로 부산향발 도중 통도사 관광 시내식당에서 중식 부산착 부산시내관광(유엔묘지, 부산타워, 용두산공원, 자갈치시장, 태종대) 시내식당에서 석식 호텔투숙	전용버스	부산 특1급 호텔
제4일	호텔에서 조식 전용차로 김해국제공항향발 출국(11:00)	전용버스	

(8) 3박 4일 서울/경주/부산관광

일차	일 정	교 통	숙박 및 기타
제1일	인천국제공항 도착(10:00) 전용차로 서울시내향발 시내식당에서 중식 서울시내관광(경복궁, 국립중앙박물관) 시내식당에서 석식 호텔투숙	전용버스	서울 특1급 호텔
제2일	호텔에서 조식 시내관광(창경궁, 종묘, 북악스카이웨이) 시내식당에서 중식 오후 시내관광(창덕궁, 비원, 워커힐 카지노) 시내식당에서 석식	전용버스	서울 특1급 호텔
제3일	호텔에서 조식 전용차로 민속촌 향발 민속촌착 관광 민속촌에서 중식 전용차로 경주향발 경주착 시내식당에서 석식	전용버스	경주 특1급 호텔
제4일	호텔에서 조식 경주시내관광(불국사, 박물관, 대능원) 시내식당에서 중식 전용차로 부산향발 부산착 시내관광(부산타워, 용두산공원, 자갈치시장) 전용차로 공항향발 공항착 출국수속종료 후 출국(18:00)	전용버스	

(9) 2박 3일 제주관광

일차	일 정	교 통	숙박 및 기타
제1일	제주국제공항 도착(12:00) 제주시내관광(만장굴, 자연사박물관, 목석원) 전용차로 호텔향발 시내식당에서 석식 호텔투숙	전용버스	제주 특1급 호텔
제2일	호텔에서 조식 오전 도내관광(산굼부리 분화구, 정방폭포, 식물원) 시내식당에서 중식 오후 도내관광(산방굴사, 조각공원, 협재굴, 삼성혈) 시내식당에서 석식 호텔투숙	전용버스	제주 특1급 호텔
제3일	호텔에서 조식 오전 자유시간 전용차로 제주국제공항 향발 출국수속종료 후 출국(13:00)	전용버스	

(10) 3박 4일 서울/경주/부산관광

일차	일 정	교 통	숙박 및 기타
제1일	인천국제공항 도착(10:00) 전용차로 서울시내향발 시내식당에서 중식 서울시내관광(경복궁, 국립중앙박물관) 시내식당에서 석식 호텔투숙	전용버스	서울 특1급 호텔
제2일	호텔에서 조식 서울시내관광(창덕궁, 비원, 북악스카이웨이) 시내식당에서 중식 새마을 열차편으로 경주향발 경주착 시내식당에서 석식 호텔투숙	전용버스 열차	경주 특1급 호텔
제3일	호텔에서 조식 경주시내관광(불국사, 박물관, 대능원) 시내식당에서 중식 전용차로 부산향발 부산착 부산시내관광(유엔묘지, 부산타워, 용두산공원, 자갈치시장, 태종대)	전용버스	부산 특1급 호텔
제4일	호텔에서 조식 전용차로 김해국제공항 향발 출국(11:00)	전용버스	

(11) 2박 3일 부산/경주관광

일차	일 정	교 통	숙박 및 기타
제1일	김해국제공항 도착(10:00) 전용차로 부산시내 향발 시내식당에서 중식 부산시내 관광(용두산공원, 부산타워, 태종대, 유엔묘지) 시내식당에서 석식 호텔투숙	전용버스	부산 특1급 호텔
제2일	호텔에서 조식 전용차로 경주향발 경주착 경주시내 관광(박물관, 첨성대, 대능원) 시내식당에서 중식 오후 시내관광(석굴암, 불국사, 안압지, 포석정) 시내식당에서 석식 호텔투숙	전용버스	경주 특1급호텔
제3일	호텔에서 조식 전용차로 공항향발 출국(12:00)	전용버스	

(12) 2박 3일 부산/제주관광

일차	일 정	교 통	숙박 및 기타
제1일	김해국제공항 도착(10:00) 전용차로 시내향발 시내식당에서 중식 부산시내 관광(용두산공원, 부산타워, 태종대, 유엔묘지) 시내식당에서 석식 호텔투숙	전용버스	부산 특1급 호텔
제2일	호텔에서 조식 전용차로 공항향발 제주착 제주시내 관광(삼성혈, 박물관, 목석원) 시내식당에서 중식 오후 도내관광(협재굴, 여미지식물원, 천지연폭포) 시내식당에서 석식 호텔투숙	항공기 전용버스	서귀포 특1급호텔
제3일	호텔에서 조식 오전 도내관광(만장굴, 성산일출봉) 시내식당에서 중식 전용차로 제주국제공항향발 출국(17:00)	전용버스	

(13) 2박 3일 서울/제주관광

일차	일 정	교 통	숙박 및 기타
제1일	인천국제공항 도착(10:00) 전용차로 서울시내 향발 시내식당에서 중식 서울시내관광(경복궁, 국립중앙박물관) 시내식당에서 석식 호텔투숙	전용버스	서울 특1급 호텔
제2일	호텔에서 조식 전용차로 공항 향발 제주착 제주시내관광(자연사박물관, 삼성혈, 목석원) 시내식당에서 중식 오후 도내관광(만장굴, 산굼부리, 성산일출봉) 시내식당에서 석실 호텔투숙	항공기 전용버스	제주 특1급 호텔
제3일	호텔에서 조식 오전 도내관광(조각공원, 산방굴사, 협재굴) 시내식당에서 중식 전용차로 공항향발 출국(17:00)	전용버스	

(14) 3박 4일 서울/공주/부여관광

일차	일 정	교 통	숙박 및 기타
제1일	인천국제공항 도착(10:00) 전용차로 서울시내향발 시내식당에서 중식 서울시내관광(경복궁, 국립중앙박물관) 시내식당에서 석식 호텔투숙	전용버스	서울 특1급 호텔
제2일	호텔에서 조식 전용차로 공주향발 공주착 공주시내관광(박물관, 무령왕능) 시내식당에서 중식 전용차로 부여향발 부여착 부여시내관광(부소산성, 박물관, 백제탑, 백마강유람) 전용차로 대전향발 대전착 시내식당에서 석식 호텔투숙	전용버스	대전 특2급 호텔
제3일	호텔에서 조식 전용차로 민속촌향발 민속촌착 관광 민속촌에서 중식 전용차로 서울향발 서울착 시내관광(창경궁, 덕수궁, 서울타워) 시내식당에서 석식 호텔투숙	전용버스	서울 특1급 호텔
제4일	호텔에서 조식 전용차로 인천국제공항향발 출국(11:00)	전용버스	

(15) 2박 3일 서울/경주/부산관광

일차	일 정	교 통	숙박 및 기타
제1일	인천국제공항 도착(10:00) 전용차로 서울시내향발 시내식당에서 중식 시내관광(경복궁,박물관,서울타워,카지노견학 등) 시내식당에서 석식 호텔투숙	전용버스	쉐라톤 워커힐 호텔
제2일	호텔에서 조식 새마을 열차로 경주향발(09:00) 시내식당에서 중식 경주시내관광(불국사, 박물관, 대능원) 전용차로 부산향발 (도중 통도사 관광) 시내식당에서 석식 호텔투숙	열차 전용버스	부산 특1급호텔
제3일	호텔에서 조식 부산시내관광(범어사, 유엔묘지, 부산타워, 어시장) 시내식당에서 중식 전용차로 김해국제공항향발 출국(17:00)	전용버스	

(16) 2박 3일 부산/경주/제주관광

일차	일 정	교 통	숙박 및 기타
제1일	김해국제공항 도착(10:00) 전용차로 경주향발 경주착 시내식당에서 중식 시내관광(석굴암, 불국사, 박물관, 대릉원) 시내식당에서 석식	전용차	경주 특1급 호텔
제2일	호텔에서 조식 전용차로 부산향발 부산착 부산시내관광(유엔묘지, 부산타워) 시내식당에서 중식 전용차로 김해공항향발 제주착 제주시내관광(삼성혈) 시내식당에서 석식	전용차 항공기	제주 특1급 호텔
제3일	호텔에서 조식 시내관광(자연사박물관,용두암,협재굴,여미지식물원) 시내식당에서 중식 전용차로 제주국제공항 향발 출국(18:00)	전용차	

부록-7

EXCESS MILEAGE PERCENTAGE TABLE

When the MPM is	Mileage permitted when fare is increased by					When the MPM is	Mileage permitted when fare is increased by					When the MPM is	Mileage permitted when fare is increased by					When the MPM is	Mileage permitted when fare is increased by				
is	5%	10%	15%	20%	25%	is	5%	10%	15%	20%	25%	is	5%	10%	15%	20%	25%	is	5%	10%	15%	20%	25%
						70	73	77	80	84	87	4000	4200	4400	4600	4800	5000	11000	11550	12100	12650	13200	13750
1	1	1	1	1	1	71	74	78	81	85	88	4100	4305	4510	4715	4920	5125	11100	11655	12210	12765	13320	13875
2	2	2	2	2	2	72	75	79	82	86	90	4200	4410	4620	4830	5040	5250	11200	11760	12320	12880	13440	14000
3	3	3	3	3	3	73	76	80	83	87	91	4300	4515	4730	4945	5160	5375	11300	11865	12430	12995	13560	14125
4	4	4	4	4	5	74	77	81	85	88	92	4400	4620	4840	5060	5280	5500	11400	11970	12540	13110	13680	14250
5	5	5	5	6	6	75	78	82	86	90	93	4500	4725	4950	5175	5400	5625	11500	12075	12650	13225	13800	14375
6	6	6	6	7	7	76	79	83	87	91	95	4600	4830	5060	5290	5520	5750	11600	12180	12760	13340	13920	14500
7	7	7	8	8	8	77	80	84	88	92	96	4700	4935	5170	5405	5640	5875	11700	12285	12870	13455	14040	14625
8	8	8	9	9	10	78	81	85	89	93	97	4800	5040	5280	5520	5760	6000	11800	12390	12980	13570	14160	14750
9	9	9	10	10	11	79	82	86	90	94	98	4900	5145	5390	5635	5880	6125	11900	12495	13090	13685	14280	14875
10	10	11	11	12	12	80	84	88	92	96	100	5000	5250	5500	5750	6000	6250	12000	12600	13200	13800	14400	15000
11	11	12	12	13	13	81	85	89	93	97	101	5100	5355	5610	5865	6120	6375	12100	12705	13310	13915	14520	15125
12	12	13	13	14	15	82	86	90	94	98	102	5200	5460	5720	5980	6240	6500	12200	12810	13420	14030	14640	15250
13	13	14	14	15	16	83	87	91	95	99	103	5300	5565	5830	6095	6360	6625	12300	12915	13530	14145	14760	15375
14	14	15	16	16	17	84	88	92	96	100	105	5400	5670	5940	6210	6480	6750	12400	13020	13640	14260	14880	15500
15	15	16	17	18	18	85	89	93	97	102	106	5500	5775	6050	6325	6600	6875	12500	13125	13750	14375	15000	15625
16	16	17	18	19	20	86	90	94	98	103	107	5600	5880	6160	6440	6720	7000	12600	13230	13860	14490	15120	15750
17	17	18	19	20	21	87	91	95	100	104	108	5700	5985	6270	6555	6840	7125	12700	13335	13970	14605	15240	15875
18	18	19	20	21	22	88	92	96	101	105	110	5800	6090	6380	6670	6960	7250	12800	13440	14080	14720	15360	16000
19	19	20	21	22	23	89	93	97	102	106	111	5900	6195	6490	6785	7080	7375	12900	13545	14190	14835	15480	16125
20	21	22	23	24	25	90	94	99	103	108	112	6000	6300	6600	6900	7200	7500	13000	13650	14300	14950	15600	16250
21	22	23	24	25	26	91	95	100	104	109	113	6100	6405	6710	7015	7320	7625	13100	13755	14410	15065	15720	16375
22	23	24	25	26	27	92	96	101	105	110	115	6200	6510	6820	7130	7440	7750	13200	13860	14520	15180	15840	16500
23	24	25	26	27	28	93	97	102	106	111	116	6300	6615	6930	7245	7560	7875	13300	13965	14630	15295	15960	16625
24	25	26	27	28	30	94	98	103	108	112	117	6400	6720	7040	7360	7680	8000	13400	14070	14740	15410	16080	16750
25	26	27	28	30	31	95	99	104	109	114	119	6500	6825	7150	7475	7800	8125	13500	14175	14850	15525	16200	16875
26	27	28	29	31	32	96	100	105	110	115	120	6600	6930	7260	7590	7920	8250	13600	14280	14960	15640	16320	17000
27	28	29	31	32	33	97	101	106	111	116	121	6700	7035	7370	7705	8040	8375	13700	14385	15070	15755	16440	17125
28	29	30	32	33	35	98	102	107	112	117	122	6800	7140	7480	7820	8160	8500	13800	14490	15180	15870	16560	17250
29	30	31	33	34	36	99	103	108	113	118	123	6900	7245	7590	7935	8280	8625	13900	14595	15290	15985	16680	17375
30	31	33	34	36	37							7000	7350	7700	8050	8400	8750	14000	14700	15400	16100	16800	17500
31	32	34	35	37	38	100	105	110	115	120	125	7100	7455	7810	8165	8520	8875	14100	14805	15510	16215	16920	17625
32	33	35	36	38	40	200	210	220	230	240	250	7200	7560	7920	8280	8640	9000	14200	14910	15620	16330	17040	17750
33	34	36	37	39	41	300	315	330	345	360	375	7300	7665	8030	8395	8760	9125	14300	15015	15730	16445	17160	17875
34	35	37	39	40	42	400	420	440	460	480	500	7400	7770	8140	8510	8880	9250	14400	15120	15840	16560	17280	18000
35	36	38	40	42	43	500	525	550	575	600	625	7500	7875	8250	8625	9000	9375	14500	15225	15950	16675	17400	18125
36	37	39	41	43	45	600	630	660	690	720	750	7600	7980	8360	8740	9120	9500	14600	15330	16060	16790	17520	18250
37	38	40	42	44	46	700	735	770	805	840	875	7700	8085	8470	8855	9240	9625	14700	15435	16170	16905	17640	18375
38	39	41	43	45	47	800	840	880	920	960	1000	7800	8190	8580	8970	9360	9750	14800	15540	16280	17020	17760	18500
39	40	42	44	46	48	900	945	990	1035	1080	1125	7900	8295	8690	9085	9480	9875	14900	15645	16390	17135	17880	18625
40	42	44	46	48	50	1000	1050	1100	1150	1200	1250	8000	8400	8800	9200	9600	10000	15000	15750	16500	17250	18000	18750
41	43	45	47	49	51	1100	1155	1210	1265	1320	1375	8100	8505	8910	9315	9720	10125	15100	15855	16610	17365	18120	18875
42	44	46	48	50	52	1200	1260	1320	1380	1440	1500	8200	8610	9020	9430	9840	10250	15200	15960	16720	17480	18240	19000
43	45	47	49	51	53	1300	1365	1430	1495	1560	1625	8300	8715	9130	9545	9960	10375	15300	16065	16830	17595	18360	19125
44	46	48	51	52	55	1400	1470	1540	1610	1680	1750	8400	8820	9240	9660	10080	10500	15400	16170	16940	17710	18480	19250
45	47	49	52	54	56	1500	1575	1650	1725	1800	1875	8500	8925	9350	9775	10200	10625	15500	16275	17050	17825	18600	19375
46	48	50	53	55	57	1600	1680	1760	1840	1920	2000	8600	9030	9460	9890	10320	10750	15600	16380	17160	17940	18720	19500
47	49	51	54	56	58	1700	1785	1870	1955	2040	2125	8700	9135	9570	10005	10440	10875	15700	16485	17270	18055	18840	19625
48	50	52	55	57	60	1800	1890	1980	2070	2160	2250	8800	9240	9680	10120	10560	11000	15800	16590	17380	18170	18960	19750
49	51	53	56	58	61	1900	1995	2090	2185	2280	2375	8900	9345	9790	10235	10680	11125	15900	16695	17490	18285	19080	19875
50	52	55	57	60	62	2000	2100	2200	2300	2400	2500	9000	9450	9900	10350	10800	11250	16000	16800	17600	18400	19200	20000
51	53	56	58	61	63	2100	2205	2310	2415	2520	2625	9100	9555	10010	10465	10920	11375	16100	16905	17710	18515	19320	20125
52	54	57	60	62	65	2200	2310	2420	2530	2640	2750	9200	9660	10120	10580	11040	11500	16200	17010	17820	18630	19440	20250
53	55	58	61	63	66	2300	2415	2530	2645	2760	2875	9300	9765	10230	10695	11160	11625	16300	17115	17930	18745	19560	20375
54	56	59	62	64	67	2400	2520	2640	2760	2880	3000	9400	9870	10340	10810	11280	11750	16400	17220	18040	18860	19680	20500
55	57	60	63	66	68	2500	2625	2750	2875	3000	3125	9500	9975	10450	10925	11400	11875	16500	17325	18150	18975	19800	20625
56	58	61	64	67	70	2600	2730	2860	2990	3120	3250	9600	10080	10560	11040	11520	12000	16600	17430	18260	19090	19920	20750
57	59	62	65	68	71	2700	2835	2970	3105	3240	3375	9700	10185	10670	11155	11640	12125	16700	17535	18370	19205	20040	20875
58	60	63	66	69	72	2800	2940	3080	3220	3360	3500	9800	10290	10780	11270	11760	12250	16800	17640	18480	19320	20160	21000
59	61	64	67	70	73	2900	3045	3190	3335	3480	3625	9900	10395	10890	11385	11880	12375	16900	17745	18590	19435	20280	21125
60	63	66	69	72	75	3000	3150	3300	3450	3600	3750	10000	10500	11000	11500	12000	12500	17000	17850	18700	19550	20400	21250
61	64	67	70	73	76	3100	3255	3410	3565	3720	3875	10100	10605	11110	11615	12120	12625	17100	17955	18810	19665	20520	21375
62	65	68	71	74	77	3200	3360	3520	3680	3840	4000	10200	10710	11220	11730	12240	12750	17200	18060	18920	19780	20640	21500
63	66	69	72	75	78	3300	3465	3630	3795	3960	4125	10300	10815	11330	11845	12360	12875	17300	18165	19030	19895	20760	21625
64	67	70	73	76	80	3400	3570	3740	3910	4080	4250	10400	10920	11440	11960	12480	13000	17400	18270	19140	20010	20880	21750
65	68	71	74	78	81	3500	3675	3850	4025	4200	4375	10500	11025	11550	12075	12600	13125	17500	18375	19250	20125	21000	21875
66	69	72	75	79	82	3600	3780	3960	4140	4320	4500	10600	11130	11660	12190	12720	13250	17600	18480	19360	20240	21120	22000
67	70	73	77	80	83	3700	3885	4070	4255	4440	4625	10700	11235	11770	12305	12840	13375	17700	18585	19470	20355	21240	22125
68	71	74	78	81	85	3800	3990	4180	4370	4560	4750	10800	11340	11880	12420	12960	13500	17800	18690	19580	20470	21360	22250
69	72	75	79	82	86	3900	4095	4290	4485	4680	4875	10900	11445	11990	12535	13080	13625	17900	18795	19690	20585	21480	22375

〈저자소개〉

■ 정찬종(鄭粲鍾)

- 충정남도 논산시 출생
- 경기대학교 관광대학 관광경영학과 졸업(경영학사)
- 경희대학교 경영대학원 관광경영학과 수료(경영학석사)
- 경기대학교 대학원 관광경영학과 박사과정 수료(경영학박사)
- 통역안내업면허취득
- 주식회사 동서여행사 국제부 이사 역임
- 미주여행업협회(ASTA) 정회원
- 한국자유총연맹 대구광역시지부 강사
- 대한보건위생교육 경상북도지부 강사
- 대구 · 경북 · 충북지역 관광종사원 시험출제위원 겸 면접위원
- 대구광역시 관광호텔 등급심사 자문위원
- 대구광역시 새마을연수원 강사
- 경기대학교 관광대학 강사
- 계명대학교 사회교육원 강사
- 경기대학교 대학원 강사
- 한국관광학회 평생회원 겸 이사
- 대한관광경영학회 평생회원 겸 회장
- 대구광역시 공무원교육원 강사
- 대구대학교 강사
- 계명대학교 강사
- 대구광역시 관광개발기획단 연구위원
- 영남일보 선정 21세기 대구 · 경북 뉴밀레니엄 리더 100인
- 대구광역시관광협회 관광불편처리위원
- 현, 관광경영학회 회장, 한국관광학회 이사, 대한관광경영학회 이사
- 대구광역시 종합복지회관 예지 · 동방여성대학 강사
- 한나라관광(주) 경영자문위원
- 계명문화대학 호텔관광외식학부 정년보장교수

[저 서]

- 서비스산업론
- 글로벌매너와 문화
- 여행사경영론
- 관광학원론
- 여행사 경영실무
- 여행정보시스템실무
- 여행사경영연구
- 국외여행 인솔실무
- 여행상품기획 · 판매실무
- 여행사취업특강

[논 문]

- 관광마케팅믹스요인이 여행사의 이미지형성에 미치는 영향에 관한 연구(박사학위논문)외 다수

[연구분야]

- 관광사업경영분야(특히 여행사경영분야)
- 관광(서비스)마케팅 분야

여행사실무연습

2002년 9월 10일 초판발행
2009년 3월 5일 재판발행

著 者 정 찬 종

發行人 (寅製) 秦 旭 相

發行處 **백산출판사**

서울시 성북구 정릉3동 653-40
등 록 : 1974. 1. 9. 제1-72호
전 화 : 914-1621, 917-6240
FAX : 912-4438
http://www.baek-san.com
edit@baek-san.com

값 18,000원
ISBN 89-7739-440-7